劳动赞歌

LAODONG ZANGE

韩震 主编

河北出版传媒集团

河北少年儿童出版社

图书在版编目（CIP）数据

劳动赞歌 / 韩震主编 . — 石家庄：河北少年儿童
出版社 , 2021.1
ISBN 978-7-5595-3457-6

Ⅰ . ①劳… Ⅱ . ①韩… Ⅲ . ①故事 – 作品集 – 中国 –
当代 Ⅳ . ① I247.81

中国版本图书馆 CIP 数据核字（2020）第 217970 号

劳动赞歌

LAODONG ZANGE

主　编　韩　震

内文插图：曹　源　张一枝等

选题策划：段建军　康文义
责任编辑：刘　欣　王广春
装帧设计：卞君君

出　　版　河北出版传媒集团　河北少年儿童出版社
地　　址　石家庄市桥西区普惠路 6 号　邮编　050020
　　　　　电话　010-87653015（发行部）
发　　行　全国新华书店
印　　刷　鸿博睿特（天津）印刷科技有限公司
开　　本　787 毫米 ×1092 毫米　1/16
印　　张　35.75
版　　次　2021 年 1 月第 1 版
印　　次　2021 年 1 月第 1 次印刷
书　　号　ISBN 978-7-5595-3457-6
定　　价　180.00 元

主 编

韩 震

编 委 会

杨增崟　吴晓云　张　伟　石　芳

梅亚萍　段建军　康文义

代序

劳动者的赞歌

韩　震

青少年朋友们，你们成长在新时代，你们是时代的幸运儿，也应该成为时代的弄潮儿。中华民族伟大复兴中国梦和社会主义现代化强国，将通过你们的努力而实现。你们要了解自己成长的国际国内的大背景。你们所处的时代是怎样的时代呢？目前，世界面临百年未有之大变局。中国的发展既充满现实挑战，更蕴藏着历史性机遇。中国特色社会主义进入新时代，面对中华民族伟大复兴和建设社会主义现代化强国的战略目标，必须大力弘扬伟大奋斗精神，脚踏实地、辛勤劳动、艰苦创业，以持续不懈的奋斗与努力，创造未来美好生活。习近平总书记多次围绕劳动的意义、如何弘扬劳动精神、加强劳动教育等内容进行深刻阐述，内涵丰富、思想深邃，为决胜全面建成小康社会、夺取新时代中国特色社会主义伟大胜利、实现中华民族伟大复兴的中国梦提供了强大的思想引领和精神支撑。你们是未来建成社会主义现代化强国的主力军，希望你们牢记总书记的谆谆教导和嘱托。

一、劳动是人类社会的永恒基础和发展动力

首先，劳动创造了人，劳动是人类文明的基石。习近平总书记指出，"人类是劳动创造的，社会是劳动创造的"。[①] 人来自何处？人不是源自上

---

① 2016 年 4 月 26 日，习近平在知识分子、劳动模范、青年代表座谈会上的讲话。

帝的创造，人类文明也不是神的恩赐。人类是自然界长期进化的结果，但人类进化超越了一般动物界的生物进化。人的进化是劳动工具和劳动方式的进化，人类文明是靠人逐渐发展起来的有目的有意识的劳动活动创造并且积累起来的。人力不如牛，但可以通过劳动创造出比牛力气更大且毫无疲倦感的机器；人跑起来不如马，但却可以通过劳动创造出比马跑得更快、更持久的汽车、火车；人不能像鸟一样飞翔，但却可以通过劳动创造出飞得更高、更快的飞机、航天器……人类及其人类文明的一切成就都源自劳动创造。劳动是真正属于人的本质性力量。中华民族是勤于劳动、善于创造的民族，因而创造了灿烂辉煌的古代文明和今天的"中国奇迹"。这就是习近平总书记指出的："正是因为劳动创造，我们拥有了历史的辉煌；也正是因为劳动创造，我们拥有了今天的成就。"①"劳动创造了中华民族，造就了中华民族的辉煌历史，也必将创造出中华民族的光明未来。"②在百舸争流的新时代，勤劳的中华民族应该"同心同德，开拓进取，用辛勤劳动创造中国人民的美好生活、创造中华民族的美好未来，继续同世界各国人民一道构建人类命运共同体"③。

显然，劳动不仅创造历史，而且开创未来，"劳动是推动人类社会进步的根本力量"④。劳动不仅创造了人、创造了社会文明，而且仍然在塑造着人、塑造着人类社会。新冠肺炎疫情期间，人们尽管宅在家中，但许多人通过网络在线的方式进行着各种"云工作"，不仅你们的老师要给你们"上网课"，而且仍然有无数人通过劳作从田间种植收获各种蔬菜、在工厂加工各种必需品、通过运输工具把各种生活用品送到家门口，保障人们的日常生活。离开劳动，人类根本就不能正常生存和发展。历史唯物主义认

---

① 2015 年 4 月 28 日，习近平在庆祝"五一"国际劳动节暨表彰全国劳动模范和先进工作者大会上的讲话。
② 2013 年 4 月 28 日，习近平在同全国劳动模范代表座谈时的讲话。
③ 2019 年 2 月 3 日，习近平在中共中央、国务院举行 2019 年春节团拜会上的讲话。
④ 2013 年 4 月 28 日，习近平在同全国劳动模范代表座谈时的讲话。

为，经济基础决定上层建筑，而在经济基础之中生产力决定生产关系。人的劳动是发展生产力和推动经济发展的最活跃的力量，劳动生产率的提高必定推动经济社会的发展，而且为人类的一切文明活动创造条件。生产力的提高是人民群众劳动经验的积累和技术发明的结果。人民群众创造了历史，就是说，人民群众的劳动推动了社会的发展和进步。今天，全面建成小康社会，进而建成富强民主文明和谐的社会主义现代化国家，从根本上说，也是要靠劳动、靠劳动者的创造。正如习近平总书记强调的："劳动是一切成功的必经之路。"①要实现确立的奋斗目标，归根到底要靠辛勤劳动、诚实劳动、科学劳动。你们是国家的未来，中国的未来就要靠你们的劳动来创造。

另外，劳动是创造财富的源泉，也是幸福生活的源泉。"人世间的一切幸福都需要靠辛勤的劳动来创造。"②功崇惟志，业广惟勤。民生在勤，勤则不匮。幸福不是毛毛雨，幸福不是免费午餐，幸福也不是天上掉馅饼；幸福不会从天而降，梦想不会自动成真。中国的经济"奇迹"，是你们的前辈们历尽千辛万苦奋斗出来的，凝聚的是亿万劳动人民的汗水和心血。我国仍处于并将长期处于社会主义初级阶段，实现中国梦，创造全体人民更加美好的生活，任重而道远，需要每一个中华儿女继续付出辛勤劳动和艰苦努力。"人世间的美好梦想，只有通过诚实劳动才能实现；发展中的各种难题，只有通过诚实劳动才能破解；生命里的一切辉煌，只有通过诚实劳动才能铸就。"③未来的美好生活，只能靠你们自己的双手来创造，只有通过劳动汗水的浇灌，才能绽放美好生活之花。

劳动是一切成功的必经之路，人只有通过劳动创造，才能实现自己的

---

① 2014 年 4 月 30 日，习近平在乌鲁木齐接见劳动模范和先进工作者、先进人物代表时的讲话。

② 2012 年 11 月 15 日，习近平同采访十八大的中外记者见面时的谈话。

③ 2013 年 4 月 28 日，习近平在同全国劳动模范代表座谈时的讲话。

人生价值。衡量人生价值的尺度不是占有和消费了多少价值，而是通过劳动为社会创造了多少价值。历史上，那些骄奢淫逸、虚度时光的人，不过是黑格尔所说的消费物质财富的"消极力量"，而只有通过劳动创造社会财富的人，才对社会历史发展贡献了真正积极的力量。中国梦是人民的梦，中国特色社会主义事业为所有人创造了人生出彩的机会。梦想属于每一个人，实现梦想就要靠每个人的辛勤劳动、诚实劳动、创造性劳动。成功从来不是给守株待兔的人准备的，成功的机遇属于甘于奉献、勇于创造的奋进者。劳动永远是走向人生成功的唯一坦途。三百六十行，行行出状元。任何劳动者，无论从事什么样的工作，无论技术含量如何，"只要勤于学习、善于实践，在工作上兢兢业业、精益求精，就一定能够造就闪光的人生"[1]。希望每一位青少年朋友，今天好好学习知识和技能，将来通过自己的辛勤铸就自己的辉煌人生。

二、让劳动光荣、创造伟大成为铿锵的时代强音

习近平总书记指出："劳动是人类的本质活动，劳动光荣、创造伟大是对人类文明进步规律的重要诠释。"[2]当下，面对新冠肺炎疫情和风云变幻的国际形势，我们不能有丝毫的彷徨和犹疑，必须以更为坚韧的奋斗精神，通过亿万人民的创造性劳动，实现既定的目标。"一勤天下无难事。"无论时代条件发生怎样的变化，都必须牢固树立劳动最光荣、劳动最崇高、劳动最伟大、劳动最美丽的观念，崇尚劳动、尊重劳动者，始终把劳动者看作是社会的主人翁，重视发挥广大劳动群众的积极性和创造力量。让每位中华儿女——包括今天的我们和明天的你们——都最大可能地焕发劳动热情、释放创造潜能，通过劳动创造更加美好的生活。

---

① 2016年4月26日，习近平在知识分子、劳动模范、青年代表座谈会上的讲话。
② 2015年4月28日，习近平在庆祝"五一"国际劳动节暨表彰全国劳动模范和先进工作者大会上的讲话。

劳动最光荣。劳动者的光荣，首先体现在劳动者创造的价值上。从衣食住行的物质条件，到"北斗"卫星定位系统；从飞天的"神舟"，到探索海底的"蛟龙"；从思想深邃的理论著作和脍炙人口的文学作品，到运用越来越广泛的人工智能——所有这些伟大的创造物，本身就是一枚枚表彰劳动者荣光的勋章。劳动者的光荣，也体现在人类在劳动实践中自身素质的提高上。人类在改造自然的劳动实践中，不断认识自然世界的客观规律，把握了驾驭自然规律的各种技术技能。无论是大国工匠，还是专家、院士；无论是种田能手，还是妙手回春的名医，他们的声誉都是通过不懈的劳动创造而成就的。正如习近平总书记指出的："劳动没有高低贵贱之分，任何一份职业都很光荣。"① 希望你们大力弘扬劳动精神，高歌劳动光荣、知识崇高、人才宝贵、创造伟大的时代风尚，从小热爱劳动、投身劳动，长大之后爱岗敬业、报效祖国，为改革开放和社会主义现代化建设贡献智慧和力量。

劳动最崇高。劳动者的崇高，一方面体现在劳动者创造的成就上，宏伟的三峡大坝、壮观的港珠澳跨海大桥、风驰电掣般奔驰的"复兴号"高铁、威武的"东风"系列导弹——所有这些成就，其壮美的雄姿映照的都是劳动者的崇高；另一方面更体现在劳动者的精神境界上，如在抗击新冠肺炎疫情中不顾个人安危的逆行者：医护人员的医者仁心、社区工作者的任劳任怨、公安干警的无私无畏、志愿者的默默奉献——所有这些都映照了劳动者崇高的思想境界。人们的职业有不同，但只要他能够通过辛勤劳动为社会、为他人做有益的事情，只要他有先人后己、克己奉公的思想境界，他就是一个崇高的人；而那些投机取巧、不劳而获却自以为高明的人，反而是身陷"低级趣味"而不能自拔的人。希望每一位青少年朋友都能够成为热爱劳动、诚实劳动、自立自强、奋发有为的劳动者。

① 2016 年 4 月 26 日，习近平在知识分子、劳动模范、青年代表座谈会上的讲话。

劳动最伟大。劳动者的伟大，首先基于他们的劳动创造的伟力。人通过劳动把自然对象转化成为人类生活必需的产品，实现了自然的"人化"、创造了社会财富和文明价值。劳动者的伟大，也来自他们在改造自然的活动中不断觉醒、不断提升的主体性力量。劳动者在劳动活动中体现了创造的力量，也提升着自己的自觉自主意识，正是这种自由自主的内在力量，彰显了人类的伟大与价值。黑格尔关于主奴辩证法的论述，已经证明了劳动者的价值，也说明了不劳而获者在社会中的"多余"。社会主义社会的意义，就在于坚持不劳动者不得食，建立劳动者的"联合体"。正如习近平总书记指出的："在我们社会主义国家，一切劳动，无论是体力劳动还是脑力劳动，都值得尊重和鼓励；一切创造，无论是个人创造还是集体创造，也都值得尊重和鼓励。全社会都要贯彻尊重劳动、尊重知识、尊重人才、尊重创造的重大方针，全社会都要以辛勤劳动为荣、以好逸恶劳为耻，任何时候任何人都不能看不起普通劳动者，都不能贪图不劳而获的生活。"①青少年朋友们，中华民族的伟大梦想正呼唤着你们的劳动创造！

劳动最美丽。劳动者的美丽，首先在于他们内心世界的美丽。劳动者创造美丽的世界，描绘着绚丽多彩的人间生活。但是，劳动者的内心世界更加美丽。塞罕坝的防护林美丽，那是因为有一代代育林工人的美丽品格支撑了这壮美的景色。有些工作岗位是非常脏、非常累、非常辛苦的，越是艰苦的工作越是需要美丽心灵的支撑。譬如，淘粪工时传祥，他用自己的辛苦，为他人换来了卫生洁净的生活环境。他身上时常有挥之不去的臭味，但他的内心世界是最香甜的。再如，抗击新冠肺炎疫情中的年轻医生、护士，身穿"全副武装"的防护服，再爱美也不能露出那美丽的容颜，但是他们救死扶伤的工作身影却在我们眼中显得那么的美丽，让每个人都为之感动。那是因为透过防护服，人们看到了他们美丽的心灵。劳动

---

① 2015 年 4 月 28 日，习近平在庆祝"五一"国际劳动节暨表彰全国劳动模范和先进工作者大会上的讲话。

者永远是美丽的，因为他们都有一颗美丽的心，他们美丽的内心世界就映照在美丽中国的建设之中。美丽中国，需要美丽少年！

总之，希望青少年朋友们大力弘扬劳动者的奋斗精神，充分认识劳动创造的意义，让劳动最光荣、劳动最崇高、劳动最伟大、劳动最美丽铭刻在你们的心灵之中，未来用你们的创造性劳动描绘中华民族伟大复兴更加美丽的画卷。

三、弘扬劳动精神，立志成为德智体美劳全面发展的高素质有用人才

劳动教育具有独特的育人价值，是实践育人、培育和践行社会主义核心价值观的有效途径。通过劳动教育，特别是劳动观念、劳动精神的培养，可以让我们每个人树立正确的劳动观念，崇尚劳动、尊重劳动、热爱劳动，增强对劳动人民的感情，立志报效祖国、奉献社会，自觉成长为勤于劳动、甘于奉献、善于创造的劳动者。

首先，青少年朋友要充分认识劳动教育在教育体系之中具有基础性和全局性地位。劳动创造了人类。人类历经千百万年的劳动，才创造了人本身，实现了人类文明的跃升。人类最初的教育恰恰是劳动教育，在漫长的岁月里劳动创造了人，现在劳动依然塑造着每一个现代人的素养。劳动教育仍然支撑着每个人的成长，特别是少年儿童阶段的成长，离不开劳动环节的淬炼。如果青少年缺少劳动教育，也就缺失对人而言具有本质意义的实践能力，缺失了在人格和非智力因素上的必要淬炼，难以塑造孩子良好的意志品质和责任意识。劳动教育也支撑着智育。体力劳动和脑力劳动可以分工，但不能分割。人类的任何创造性活动既需要观念性创新，也需要体力劳动的支撑。即使最前沿的科学研究，也需要体力和动手能力制造试验装备并通过操作仪器实现技术性介入，才能推动研究有所进展。现在教育的问题并不在于智力培养不够，而是与体力劳动相脱节所造成的学生片面发展。美育与劳动的关系也非常密切。在劳动创造中，人们才能真正发

现美、创造美、欣赏美，塑造优美的精神世界。体育与劳动的关系更加直接。在创造性的劳动中，人们不仅得到体力的磨砺，更能真正体悟到身体健康的重要性。经验证明，社会上的成功者往往都有劳动锻炼的经历。

其次，青少年朋友要充分认识劳动的意义，培养与劳动人民的深厚感情。要知道人民创造历史、劳动开创未来的道理。从小就要热爱劳动、热爱创造，通过学会劳动和创造播种未来的希望、收获成功的果实，也通过劳动和创造磨炼意志、提高自己的素养。要弘扬劳动精神，养成崇尚劳动、尊重劳动的习惯，"懂得劳动最光荣、劳动最崇高、劳动最伟大、劳动最美丽的道理，长大后能够辛勤劳动、诚实劳动、创造性劳动"[①]。

最后，青少年朋友要通过各种方式和途径，牢固树立热爱劳动的思想、自觉养成热爱劳动的习惯，立志成为祖国需要的勤于劳动、善于劳动的高素质劳动者。素质是立身之基，技能是立业之本。从小就要在家庭中、在学校里、在与社会互动时，注意观察、学习，勤于动手、实践，不断提高自己的劳动素养，自觉地把爱国心、强国志、报国行融入到中国特色社会主义事业中去，立志为实现中华民族伟大复兴中国梦而学习。当然，你们还是学生，要勤于学习，学文化、学科学、学技能、学各方面知识，不断提高综合素质。与此同时，要注意实际动手能力的培养，既向书本学习，更要向实践学习。青少年是未来建成社会主义现代化强国的主力军，希望你们能够勤奋实践、善于学习，以劳动模范为榜样，长大之后爱岗敬业、勤奋工作，锐意进取、勇于创造，不断谱写新时代的劳动者之歌。

社会是教育的大课堂。人是社会关系总和，劳动关系是最基本的社会关系之一。我国坚持社会主义公平正义的核心价值，不断促进社会主义和谐劳动关系，持续营造全社会尊重劳动、尊重知识、尊重人才的良好氛

---

① 2018 年 9 月 10 日，习近平在全国教育大会上的讲话。

围，强化维护和发展劳动者的利益、保障劳动者权利的制度安排，形成了人人热爱劳动，以辛勤劳动为荣、以好逸恶劳为耻的社会风气，这就为我们构建了劳动教育的良好社会环境。

为了大力宣传和贯彻落实习近平总书记对劳动教育的一系列指示精神，我们编写了《劳动赞歌》。书中以新中国成立以来各行各业涌现出的辛勤劳动、诚实劳动、创造性劳动的典型人物和先进事迹为内容，弘扬劳动光荣、创造伟大的主旋律，帮助青少年朋友理解和形成马克思主义劳动观，牢固树立劳动最光荣、劳动最崇高、劳动最伟大、劳动最美丽的观念，形成正确的世界观、人生观、价值观，自觉成长为德智体美劳全面发展的社会主义建设者和接班人。

青少年朋友们！祝愿你们高唱劳动赞歌，用你们的创造性劳动铺就未来辉煌的人生之路！

第一篇章

劳动最光荣

拓展深厚知识

一代伟人毛泽东说:"一个人的知识,不外直接经验的和间接经验的两部分。"在新中国成立后艰苦的建设初期,有许多在旧社会没有机会上学的劳动者,他们从自己的劳动经验中一点点积累、摸索、大胆尝试,获得新的创造和突破。他们通过老一辈的口耳相传,通过自学研习书本,在实践中反复试验验证,方才让自己的劳动有了更多的收获和更大的突破。实践是认识的基础,生活处处有知识,我们要从实践当中获得真知。

无产阶级革命家陶铸也曾说过:"劳动是一切知识的源泉。"这告诉我们,只有辛勤劳动,才能点燃智慧的熊熊大火;只有辛勤劳动,才能获得宝贵的生活、生产知识;只有辛勤劳动,才能攀上事业成功的巅峰。

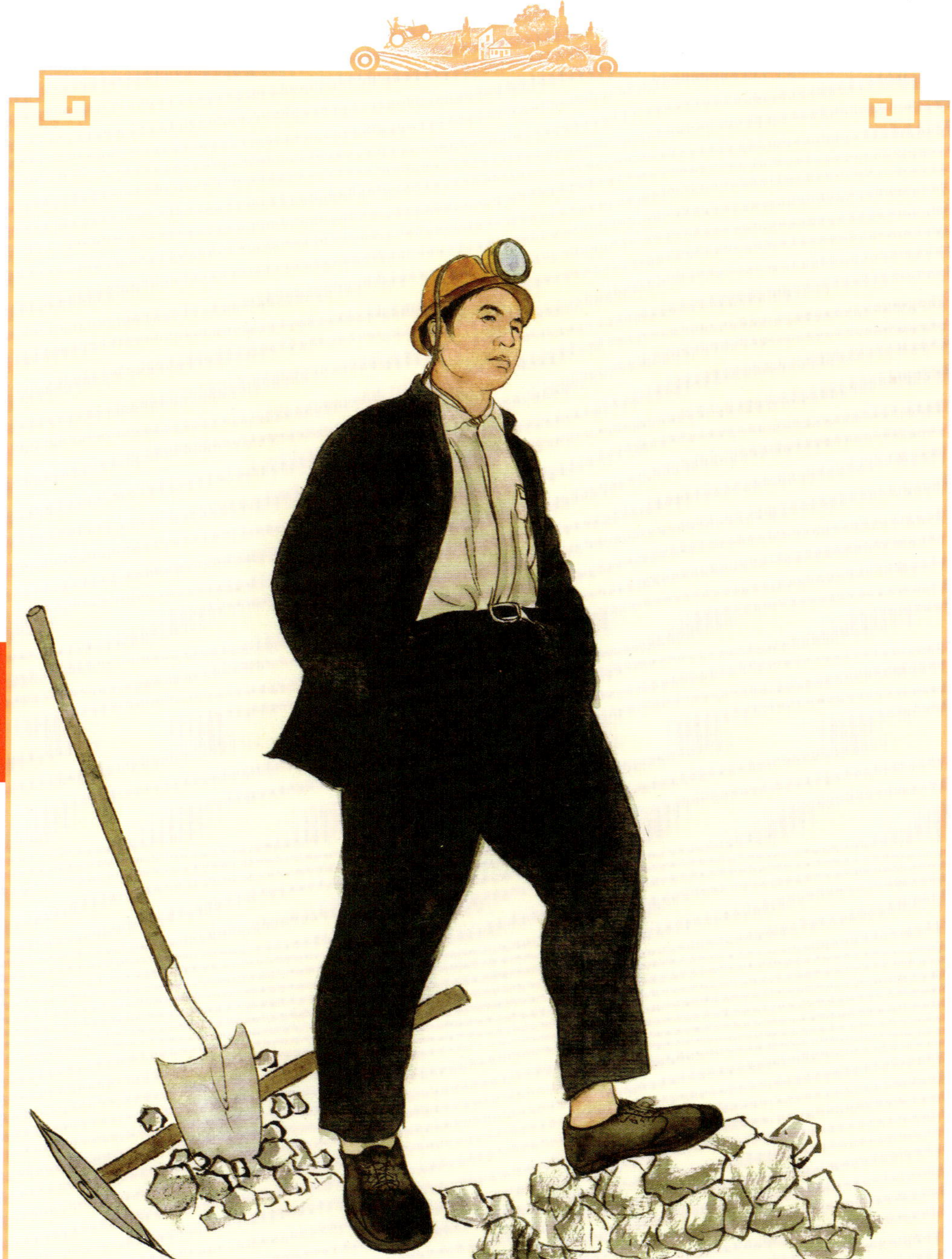

为祖国建设加油干

马六孩 1916 年出生于山西一个贫苦家庭，祖父、父亲都是煤矿工人。迫于生计，马六孩从 8 岁起就开始下井做矿工，每天在黑暗、狭窄的坑道里爬行、劳作，忍饥挨饿，吃苦受累。后来，他的儿子在 9 岁的时候，也不得不像他的祖辈三代一样下井挖煤。一家人生活在水深火热之中，备受煎熬。

新中国成立后，新旧社会两重天。马六孩成为新中国的第一代矿工，收入大幅增加，儿子被送入小学读书，全家从山坡的土洞里搬进宽敞明亮的大同煤矿职工宿舍，生活过得有滋有味。马六孩真正体会到了翻身做主人的幸福，下定决心报答改变他穷苦生活的共产党，把所有感激之情和全部工作热情都注入到为国家"多出煤，出好煤"的劳动之中。

艰苦中创奇迹

1949 年 11 月，大同矿务局正式组建成立。面对旧中国留下来的满目疮痍、破败不堪的烂摊子，马六孩和矿工们立即投入到恢复生产、重建矿山的紧张劳动中。当时，煤巷掘进全靠手工，留给马六孩和他的工友们的工具，都是一些不那么结实、更不怎么锋利的铁镐。1950 年 4 月，为了向新中国第一个"五一"国际劳动节献礼，大同矿务局工会发出号召，在全局矿工中开展生产竞赛活动。竞赛开始的第一天，马六孩和他的工友连万禄憋足了劲儿，一个人顶两个人干，在巷子里分开左右，同时做槽口、刨底根、凿眼、装药……就这样，用着简单的工具和方法，在简陋的环境中一钎一镐，一镐一钎，不停地工作，不断地挑战极限。4 月 17 日，他们终于实现了每班掘进 1.36 米的进度，是当时定额产量的 2 倍多，创造了全国手工掘进的最高纪录。这个数字现在看来不算什么，但对于当时一镐下去只能刨下核桃大小煤块的手工掘进来说，在 3 米宽、2 米高的巷道能有如此进度绝非易事。后来，他们还改用硝爆破，将成本降低了约 25%。为此，国家煤矿管理总局向全国各地煤矿推广马六孩的先进工作方法，马六孩成为全国煤矿生产战线上的一面红旗。

然而，这个纪录只是一个开始。1951 年，大同矿务局为了解决采掘失调问题，加快掘进速度，正式组建成立"马连掘进组"。马六孩同连万禄一起，带着他们的 8 人掘进小组，接下了全矿最难啃的"硬骨头"——501 通风巷的掘进任务。这是一条水巷，每一钎每一镐下去都有水不停地往外涌，水一路没过脚脖子，作业条件十分艰苦。那个时候，没有太多的换洗衣物，也没有条件每天清理自己，但在那样的条件下，他们仍然坚持每天浸着冰冷的井水持续作业，每天都被冰冷的湿漉漉的衣服所包裹。当作业完工一出巷道，冬日里的寒风一吹，干不掉的衣服就被冻成了冰，支棱棱地裹在身上。马六孩一到家，就要围着火炉慢慢地烤，直到把衣服上的冰烤化了，衣服变软了，才能将衣服慢慢地从身上脱下来。每当此时，他整个皮肤已经冻得发紫，手上更是布满冻伤裂痕。马六孩的妻子看在眼里，疼在心上，劝他不要太拼命干了。马六孩却说，自己向组织上保证过，要啃下这块"硬骨头"，作为一个男人，怎么能说话不算数呢。男子汉大丈夫，身上有些伤又算得了什么。

马六孩一直坚定着自己的信念，把全部精力投入到劳动之中去。靠着给中国工人争口气的决心和常人无法想象的顽强毅力，马六孩带领掘进小组的工友们，硬生生啃下了 501 通风巷这块"硬骨头"。凭着全体工人的辛勤付出与劳动，马六孩所在的掘进组获得了全国总工会命名的"无坚不摧掘进组"的光荣称号。

积累经验，大家分享

除了有着坚定的信念和勤劳的双手，马六孩更有着一往无前、攻坚克难的勇气。他不仅在奉献付出中务实、勤奋，同时他还在煤矿生产和劳动实践中寻找窍门和方法，充分发挥设备效能，不断提高作业效率。马六孩非常善于在劳动中钻研摸索，不放过任何细节，总结出了许多先进的经验，采用了许多高效的办法，一次又一次地打破了自己班组创造的一项又一项的掘进纪录。

同时，马六孩还凭着多年观察的经验，熟练掌握了在什么地方打炮眼最适合爆破，在什么地方能用同样的药量带来更好的爆破效果，在什么地方可以避免爆破所产生的不良影响。"打炮眼需要看绽纹，拉槽要从软面开口"等，都是马六孩在长期的劳动作业中所总结出的先进经验。

在马六孩身上体现出强烈的集体主义精神，他从不吝啬自己总结出来的经验方法，总是将这些行之有效的经验和方法毫无保留地传授给其他工友，联合大家一同改进生产技术，采掘并进，掘进先行，共同为国家更多、更快、更好地创造财富。

1951 年 6 月，马六孩所率领的快速掘进组突破了月进 300 米的大关，创造了电钻打眼掘进 318.7 米的全国最新纪录。在之后的 10 年中，马六孩和他的快速掘进小组在大同煤矿乃至全国掘进队（组）中一直遥遥领先。马六孩还和工友们一起，反复琢磨，多次试验，创造出了双孔循环快速掘进法，使掘进速度直线上升，创造了月进 516 米的新纪录。之后，马六孩率领的快速掘进组又创造了"马六孩循环作业""深孔作业""运搬机械化""马六孩多孔道循环掘进工作法"等先进操作技术，取得了月进 1300 多米的惊人成绩。马六孩及其快速掘进组不但月月超额完成任务，没有发生过重大事故，而且推广和创造了 54 项先进经验，培养出 46 名干部和大批技术工人。大同矿务局认真推广马六孩快速掘进组的先进经验，组成

"马六孩先进经验传播班"，由马六孩担任教员，在进行爱国主义教育的同时，用实地表演的方法介绍经验，倡导科学工作法，使全矿区掘进效率普遍提高。

20世纪50年代，煤炭作为我国的主要能源，在国民经济中具有举足轻重的地位。为此，煤矿管理总局向全国各地的煤矿推广了马六孩先进工作法。新方法的实施，为整个煤炭行业增加开采量、提高效率作出了巨大的贡献。"马六孩多孔道循环掘进工作法"在华北区国营京西、阳泉、峰峰、焦作、井陉等煤矿推广成功，各煤矿掘进速度普遍在原来的基础上提高了2倍至3倍，最高的提高了5.8倍。京西城子煤矿推广实施马六孩工作法后，连续月平均掘进速度达日进35.7米，是推广前的3倍，不但解决了掘进赶不上采煤需要的问题，而且为国家节省了大量开支。

劳模精神永传承

1998年12月15日，马六孩因病去世。尽管马六孩已经离开我们多年了，但是他的奋斗故事和模范事迹并没有随着时光的流逝而被人们淡忘。

当人生可以掌握在自己的手里时，马六孩积极地抓住了这样的时机，用自己勤劳的双手，一钎一镐，创造了自己的人生和未来。旧社会，马六孩的劳动是被压迫的，被剥削的，是为了生计而身不由己；新社会，马六孩的劳动则是光荣的、伟大的，是自食其力、自立自强，以自己的努力劳动，踏实进取，为自己，为人民，为国家建功立业。马六孩身上体现出的劳模精神将永载史册，代代相传。

马六孩为新中国的煤炭事业作出了突出贡献。1950年4月30日，他被大同矿务局授予"一等劳模"称号；1950年获全国劳动模范称号；1952年获山西省劳动模范称号；1953年获煤炭工业部劳动模范称号。1994年10月，全国煤炭工业著名英模塑像纪念仪式在山西太原举行，马六孩被列为首位。2009年，他又被评为"时代领跑者——新中国成立以来最具影响的劳动模范"。2019年9月25日，马六孩被授予"最美奋斗者"荣誉称号。马六孩还先后当选中国共产党八大代表，第一、二届全国人大代表，第五、六届全国政协委员。

最光荣的名字是劳动，最伟大的精神是劳模精神。在深深的矿井里，有一代煤矿工人的光荣历程，他们为了新中国的煤炭事业，无私，忠诚，奋斗，奉献。今天，我们弘扬和传承劳模精神，就是要在平凡的工作岗位上，自强不息，持之以恒；吃苦耐劳，争创一流；不断创新，锐意进取，成为新一代的劳模，谱写出新时代劳动最光荣的赞歌。

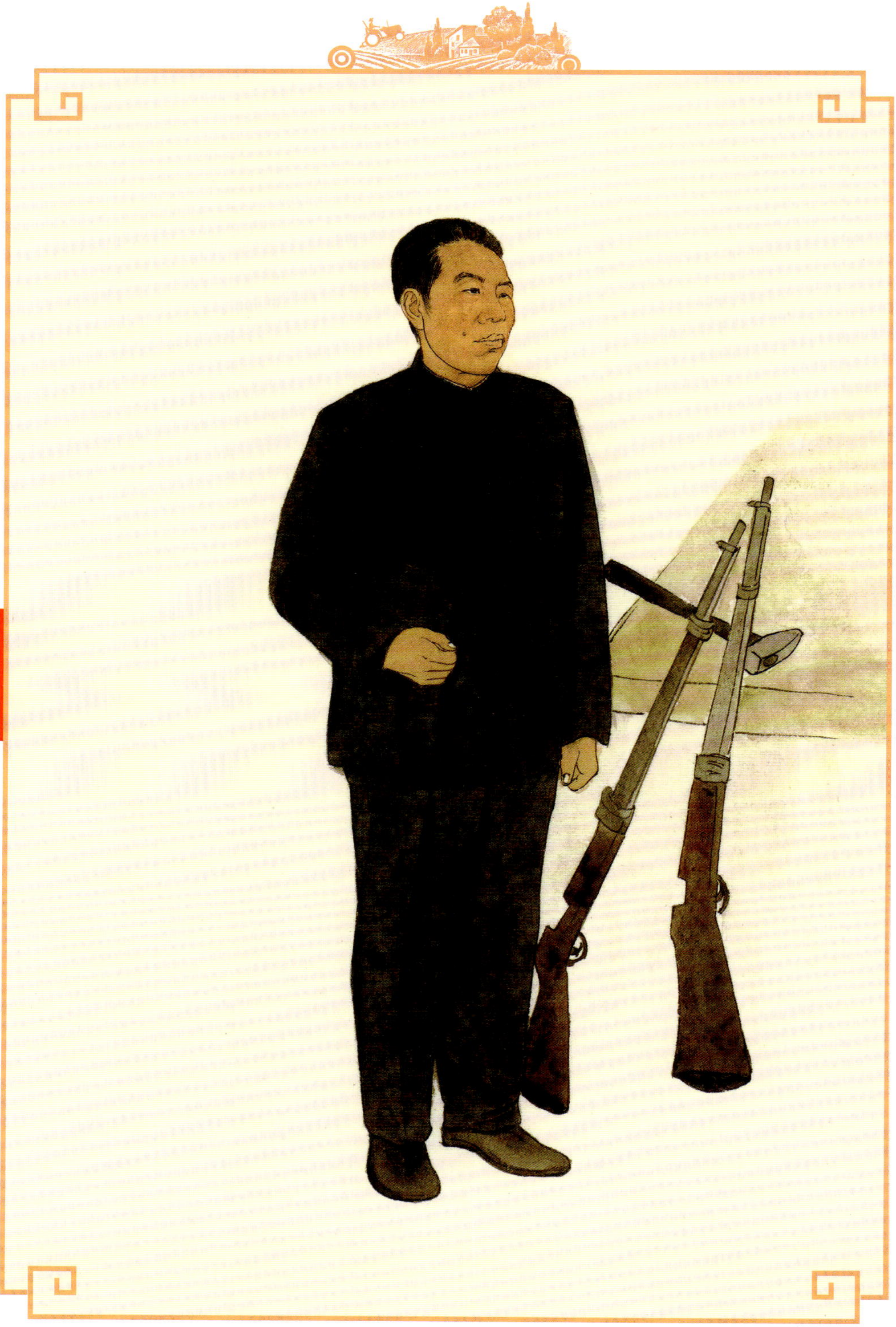

中国的"保尔"

吴运铎,男,祖籍湖北省武汉市。1938年参加新四军,1939年加入中国共产党。曾任中南兵工局副局长、机械科学研究院副总工程师、五机部科学研究院副院长等职。

学无止境,百炼成钢

1917年1月17日,吴运铎出生在江西萍乡安源煤矿一个普通人家。父母亲节衣缩食,将吴运铎送去读书识字。由于煤矿上有许多机器设备,年少的吴运铎对机械产生了浓厚的兴趣,他当时最大的梦想是做一名管理机器的工人。1931年,吴运铎随家人迁到湖北黄石,进煤矿当了学徒。在繁重劳动的间隙中,吴运铎将一个杂物间打扫干净,随便找了几个破木箱当书桌,又买来一些书籍,开始学习机械知识,希望从中可以弄清机器工作的原理。

1937年七七事变后,日本军国主义侵略者发动全面侵华战争,侵略者凭借先进的武器装备,在中国的土地上肆虐横行。吴运铎的心被深深地刺痛了。这位20岁的青年,下定决心投身到全民抗战的洪流中去。

1939年,吴运铎加入中国共产党后,开始从事地下组织活动,随后被派到皖南云岭的新四军司令部修械所工作。吴运铎通过战友们了解到,在战斗中,劣质的枪榴炮无法在关键时刻发挥作用,甚至正常爆炸都无法完成。劣质的军火不但没能对敌人形成有力打击,反而导致我方一些不必要的伤亡,削减了战斗力。为了保障前方军需,造出质量相对优良的军火,在革命队伍中自学完中学课程,掌握了机械制造专业理论的吴运铎担起大任。吴运铎和战友们在荒山野岭中因陋就简，开始试制武器弹药。通过一次又一次的爆炸试验，多次受伤的吴运铎冒着生命危险研制出了杀伤力很强的枪榴弹和发射架。

由于敌人的封锁，制造军火的材料供应和运输都面临着重重困难。吴运铎不得不着手寻找一切可能的替代品。在试验中，吴运铎设法将火柴的红燃头刮下来用酒精泡开，制成有杀伤力的火药。当没有酒精的时候，就用老烧酒蒸馏后代替酒精使用。由于这样配制的火药易燃易爆，难以控制，吴运铎就把它和锅灶上的烟锅子掺在一起，配成合用的火药。到后来火柴用量大，根据地供应不上，他就又从药店买来雄黄和洋硝配合混制，解决难题。用于制造子弹和炮弹头的金属材料供应更是难上加难，吴运铎就尝试着把四处收集来的铅熔化了，注入模型做弹头。但由于铅耐不住高温，步枪会有炸毁的可能，危及战士的生命，他又想起用旧铜钱替代。将旧铜钱放在弹头钢模中，冲压成型，再在里面灌上铅，才制成了有杀伤力的可以用于实战的子弹。

工欲善其事，必先利其器。为了革命的胜利，吴运铎带领他的战友建成我军第一个军械制造车间，第一次制造出了步枪、平射炮、火炮、枪榴弹、子弹及多种地雷。为了制造生产用的机床，吴运铎开动脑筋，就地取材，组织大家收集了几节铁轨，然后把铁轨钉在案上，中间打眼钻洞，安装模型，算是代用"冲床"。就这样，吴运铎和战友们利用废铁废钢制成了一批简易机床，装备了军工厂。在极其艰难困苦的战争年代，军工厂在吴运铎的带领下，制造和修复了大批枪炮，研制和生产了大量弹药。这些枪炮和弹药被源源不断地运到前线，成为战士们手中的杀敌武器，为中国人民的抗日战争和解放战争取得胜利立下了功劳。

虽然吴运铎早先接受正式教育不多，只有小学文化程度，但是，他通过日后的努力自学，达到了许多人达不到的学识高度。新中国成立后，吴运铎更加刻苦努力地学习文化知识，并将其很好地运用于新中国的建设之中。吴运铎从1953年开始发表文学作品，1955年加入中国作家协会。他根据自己的成长、战斗经历，写成传记文学《把一切献给党》，后被译成7种文字，在国内外广为流传，发行量1000多万册。吴运铎先后发表了上百篇文章，曾写下了《劳动的开端》《和青少年谈道德修养》《人生絮语》《十老叮咛》等，与青少年谈理想、人生、前途、情操，鼓励青少年树立正确的世界观、人生观、价值观，积极投身社会主义现代化建设和改革开放事业。

吴运铎曾说："我们时代的年轻人虽然不是驴推磨似的打发日子，但如果我们今天不比昨天做得更好，学得更多，生活就会失去意义。"吴运铎人生的每一天，都在劳动和学习中度过。每一个明天都在比每一个今天学得更多，做得更好。每天汲取更多的知识，让这些知识成为劳动和实践中的源泉和动力。

以身试险，满身伤痕

在生产、研制武器弹药的过程中，吴运铎多次负伤，九死一生。

一次，吴运铎在检修土枪后进行实弹射击，土造枪管突然发生爆炸，炸伤了他的左手。在一次使用发动机时，发动机的摇柄突然掉下，砸伤了他的左脚。由于当时医疗物资匮乏，条件艰苦，造成伤口发炎，发高烧40℃，左腿感染。经过医治后，他的踝骨处留下了一处月牙形的伤口。这个伤口使吴运铎在相当长的一段时间内，不得不拄着双拐走路。

还有一次，为了修复前方急需的旧炮弹，吴运铎想从报废的雷管中拆取雷汞做击发药。虽然这是一个好想法，但当时的技术条件和设备都十分有限，拆取十分困难，雷管很容易发生爆炸，人身安全根本无法保证。可一想到前方浴血奋战的同志们，吴运铎早把个人安危抛在脑后，他亲自拆取这些雷管。虽然这些雷管预先用水浸泡过，但在拆取过程中，雷管还是在他手中突然爆炸。他的左手被炸掉了4根手指，左腿膝盖被炸开，露出了膝盖骨，左眼几近失明，昏迷了整整 15 天。

最严重的一次，是 1947 年在大连附近的试验场。吴运铎和兵工厂厂长一起检查发射出去的哑火炮弹。在检查过程中，炮弹突然爆炸，厂长当场牺牲，吴运铎左手腕被炸断，右腿膝盖以下被炮弹炸劈一半，脚趾也被炸掉一半。进行手术抢救时，医生怕他麻醉后醒不过来，连麻药也没敢用。就这样，吴运铎咬紧牙关，忍着剧痛，硬生生地挺了过来。由于当时的医疗设备和技术水平落后，吴运铎右眼残存的一小块弹片实在无法取出，随时都有失明的危险。吴运铎得知情况后，坦然面对。养伤期间，他利用尚存的微弱视力，在病床上坚持把炸药引信的设计完成，并让人买来了化学药品和仪器，在疗养室里办起了炸药实验室，成功制造出一种新型的高级炸药。

1991 年 5 月 2 日，吴运铎在北京逝世，终年 74 岁。

兵工功臣，人民英雄

吴运铎的事迹传播很广。新中国成立后，组织上将吴运铎送到苏联去诊治眼睛。在莫斯科，《钢铁是怎样炼成的》作者奥斯特洛夫斯基的妻子听到了吴运铎的英雄事迹，特地到医院去看望他，表达自己的敬意。1960年，吴运铎到苏联做角膜修补手术。奥斯特洛夫斯基的妻子激动地告诉吴运铎，《把一切献给党》俄文版已出版发行。她夸赞吴运铎的斗争经历和"保尔"很相似，都是具有坚强意志、顽强毅力，愿为人民的事业而献出一切的共产党人。吴运铎具有高尚的人生境界和人生价值追求，他将自己的智慧，自己的力量，自己的生命，自己的一切，都交给了祖国，交给了人民。

吴运铎一生获得了很多荣誉和表彰。1951 年，吴运铎被中央人民政府政务院和全国总工会授予"全国特等劳动模范"称号。1951 年 10 月 5 日，《人民日报》发表专题报道《钢铁是这样炼成的——介绍中国的保尔·柯察金兵工功臣吴运铎》。自此，中国的"保尔"吴运铎的英雄事迹传遍祖国大地。1991 年 5 月 1 日，国家民政部、人事部、中国残疾人联合会授予吴运铎"全国自强模范"光荣称号。2009 年 9 月 10 日，吴运铎被评为"100 位为新中国成立作出突出贡献的英雄模范人物"。2019 年 9 月 25 日，吴运铎入选新中国成立 70 年"最美奋斗者"。

吴运铎是我国兵工事业的开拓者，他先后主持无后坐力炮、高射炮、迫击炮和轻武器等多项重大课题研究，取得了重大研究成果，为国家培养了一大批兵工人才，为我国国防现代化和改善我军装备作出了贡献。吴运铎无私奉献、舍生忘死、刻苦钻研、从不动摇的精神，也成为了中国兵工史上永不磨灭的丰碑，激励着一代又一代兵工人用忠诚和坚强书写人生，献身党和国家的伟大事业，勇往直前，高歌猛进。

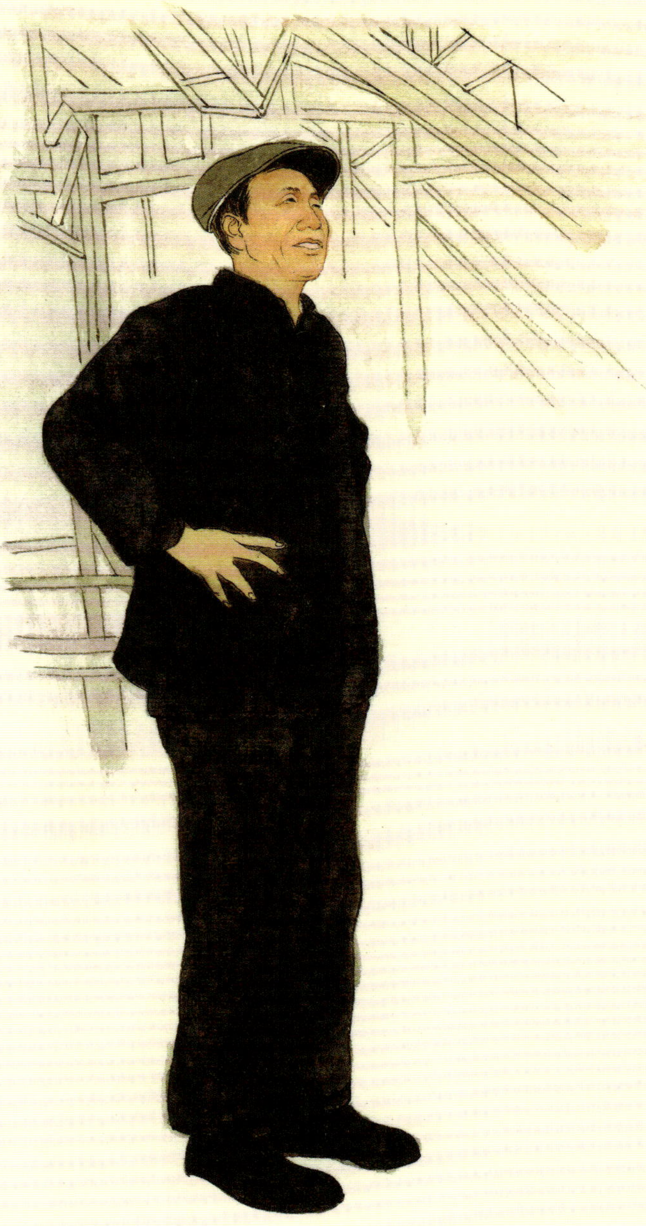

鞍钢的"老英雄"

孟泰，男，汉族，中共党员，1898 年出生，河北省丰润县（今唐山市丰润区）人，历任鞍钢炼铁厂副厂长、鞍钢工会副主席等职务，先后当选中华全国总工会第七、八届执行委员和第一、二、三届全国人大代表。多次受到毛泽东等老一辈党和国家领导人的亲切接见。孟泰先后荣获全国劳动模范、"100 位新中国成立以来感动中国人物"、"时代领跑者——新中国成立以来最具影响的劳动模范"等荣誉称号。

孟泰是鞍钢工人阶级的优秀代表，是新中国第一代全国著名劳动模范。为了恢复鞍钢生产，支援国家建设，他日夜坚守在高炉上，建起闻名全国的"孟泰仓库"，在鞍钢全面恢复生产中发挥了巨大作用，为我国钢铁事业发展作出了重要贡献，被赞誉为"老英雄"。

跟着共产党走，棒打不回头

在积贫积弱的旧中国，孟泰一家人生活在水深火热之中。祖上数辈为地主扛活儿，家境贫寒。孟泰 12 岁就跟随父亲下地干活儿，16 岁时又同祖辈一样为地主扛活儿，饱受剥削。18 岁那年，家乡大旱，为了谋生，他只身一人闯关东，找到远房叔叔，一起在抚顺一个煤窑里当采煤工。后来几经辗转，孟泰跑到鞍山，进了日本人开的制钢所当配管，受尽了支使和凌辱，在苦难中苟活……1945 年 8 月 15 日，日本宣布无条件投降，鞍钢落到了国民党接收大员的手中。他们鱼肉工厂、中饱私囊，工人们的生活苦不堪言。

1948 年 2 月 19 日，鞍山解放。解放军送来的粮食，让孟泰全家多年来终于吃上了一顿饱饭。孟泰铭记这份恩情，认定共产党是人民的大救星，一心一意跟共产党走。1948 年 4 月 4 日，鞍山钢铁厂成立。为了革命需要，钢铁厂组织一批政治可靠、有技术专长的工人，向后方根据地抢运器材。孟泰凭借自己丰富的经验，积极参加抢运重要器材。他带领全家随解放军部队转移到吉林通化，在通化铁厂，他带领着大伙儿，只用 35 天就修复了原定 80 天修复的两座高炉。

孟泰是新中国第一代钢铁工人。他从旧社会的劳工成为新中国的主人，对党有着极其深厚的阶级感情。在鞍钢恢复生产的日日夜夜里，他以主人翁精神始终战斗在工作岗位上，建立了不朽的功绩。

爱厂如家，高炉胜命

1948 年底，东北全境解放，开始进入大规模经济恢复和建设的新时期，孟泰被调回鞍钢炼铁厂修理场。为了支援全国解放战争，党中央要求鞍钢迅速恢复生产。但由于日本侵略者和国民党的破坏，鞍钢只剩下一个空壳。望着千疮百孔、七歪八扭的高炉群，孟泰心痛不已，暗下决心要为国家分忧解难。当时配件奇缺，孟泰领着工人们刨开厚厚的冰雪，把日伪时期遗留下的几个废铁堆翻了个遍，将埋在地下和废铁堆里的各类器材一件一件收集起来。那时的孟泰，不分昼夜，不惧风雪，一直奔波在十里厂区。每天泥一把、油一身、汗一脸，捡回一根根铁线、一颗颗螺丝钉、一个个零配件。在他的带动下，全厂工人都行动了起来，在短短的数月内，回收了上千种材料，捡回上万个零配件。堆放这些"宝贝疙瘩"的屋子，后来成了闻名全国的"孟泰仓库"，为恢复生产起了重要的作用——炼铁厂修复 3 座高炉用的管道系统材料，全都来自"孟泰仓库"，没花国家 1 分钱。

"出铁啦！出铁啦！"1949 年 6 月 27 日，在震耳的欢呼声中，鞍钢炼铁厂 2 号高炉炼出了新中国第一炉铁水。望着滚滚涌出的金色铁流，在场的很多人都流下了激动的泪水。工友们都称赞孟泰了不起，说高炉能这么快修复，都是他的功劳。孟泰却谦虚地说："我热爱咱们的工厂，把这里当成自己的家。为家着想是应该的，谈不上功劳。" 1949 年 7 月 9 日，鞍钢举行盛大的开工典礼，从废墟到恢复生产，鞍钢人只用了不到 16 个月的时间，新中国的钢铁工业从此翻开了崭新的一页。鞍山市委、市总工会、鞍钢公司命名孟泰为一等功臣。8 月 1 日，孟泰光荣地加入了中国共产党。8 月 15 日，又获得了特等功臣的光荣称号。不久，孟泰晋升为工人技术员、工人技师及修理厂厂长。

1950 年，朝鲜战争爆发，美国把战火一直烧到鸭绿江边，并出动飞机在中国边境狂轰滥炸。孟泰主动当了护厂队员，把行李扛到高炉旁，抱着"誓与高炉共存亡"的决心，日夜守护在高炉旁。每当空袭警报响起，孟泰都是手拎大管钳子，跑到高炉总水门旁边，准备随时用身体护卫，被誉为"高炉哨兵"。1950 年 8 月的一天，4 号高炉炉皮被烧穿，铁水与顺炉皮而下的冷水相遇产生爆炸。孟泰置生死于度外，摸索到炉台上，关上冷却水开关，避免了一起炉毁人亡的重大事故。又有一次，3 号炉炉皮被烧穿，孟泰顶着烈火用几条浸水的麻袋堵住裂口，化险为夷。还有一次，高炉水门被堵，影响作业。孟泰跳入刺骨的冰水之中，俯身抠除堵塞的杂物，终于使高炉循环水线恢复通畅。当工友们把他从水里拉出来时，孟泰已冻得嘴唇发紫，浑身发抖，神志不清了。

善于革新，乐于奉献

孟泰是爱岗敬业、勤恳实干的楷模。孟泰把对党的热爱，对新中国的热爱，对社会主义的热爱，全都倾注在高炉上。高炉状况好，他脸上全是笑容；高炉有问题，他就紧皱眉头。孟泰与高炉循环水打交道几十年，积累了丰富的工作经验。他对高炉上密如蛛网的 1000 多根冷却水管了如指掌，总结出一套高炉循环水系统维护操作法，被称为"孟泰操作法"——

眼睛要看到，耳朵要听到，手要摸到，水要掂到。在工作现场，孟泰只要把手伸进流淌的循环水水流，便可以精准地判断出水的温度、压力，以及管路流通状况。每次高炉循环水出现故障，只要孟泰出马，总能手到"病"除，工友们亲切地称他为"高炉神仙"。在鞍钢，提起孟泰甘于奉献、勤于工作的精神，人们赞不绝口。

孟泰也是刻苦钻研科学技术的模范。1958年的一天，孟泰到配矿槽了解生产状况，发现这个岗位由于上道工序厂家运送来的烧结矿热量未散而高温难耐，最高温度接近80℃，工人整天大汗淋漓。他立即召集能工巧匠到现场研究降温方案，并亲手画出安装冷却水管线的草图。经过一番苦战，冷却系统启动运转，作业环境的温度降到规定标准以下。一个多年来的"老大难"问题得以彻底解决。他亲手建立了"孟泰储焦槽"，每年可以节约上千吨焦炭。1959年，鞍钢炼铁厂因冷却水水量不足，影响了高炉的正常生产。面对这一难题，孟泰日思夜想，寝食难安。经过反复思考，并结合自己的工作经验，孟泰提出将高炉循环水管路由并联式改为串联式。经过全厂各方面人员联合攻关施工改造，这一方案使炼铁厂高炉循环水节约总量大约1/3，每年可节约费用23万元。孟泰自己设计研制成功的双层循环水给冷却热风炉燃烧筒寿命提高100倍。他试制成功的瓦斯储藏器防尘罩，在减少环境污染的同时增加了企业的经济效益。孟泰还提议和主持搞了很多小发明、小革新。

1959年，鞍钢在孟泰、王崇伦的倡议和带动下，形成了一支以各级先进模范人物为骨干的1500多人的技术革新队伍。1960年初，苏联政府背信弃义撕毁合同，停止对我国供应大型轧辊，致使鞍钢面临着停产的威胁。孟泰、王崇伦迅速动员和组织了500多名技术协会的积极分子开展了从炼铁、炼钢到铸钢的一条龙厂际协作联合技术攻关，先后解决了十几项技术难题，终于自制成功大型轧辊，填补了我国冶金史上的空白。此项重大技术攻关的告捷，在当时的全国冶金战线轰动一时，被誉为"鞍钢谱写的一曲自力更生的凯歌"。

1964 年，孟泰担任了炼铁厂的副厂长。走上领导岗位后，他依然朴实无华，朴素如初，坚持不脱离群众，保持工人阶级的本色。他经常深入现场解决生产实际问题，时刻把职工群众的冷暖挂在心上。

1967 年 9 月，孟泰因积劳成疾在北京去世。

孟泰虽已去世多年，但孟泰精神永不过时！

他信念坚定，忠诚于党；他爱厂如家，无私奉献；他作风优良，率先垂范。在新中国第一代劳动模范的英雄谱里，永远记载着他光辉的名字。孟泰精神就像一面闪光的旗帜，引领着新时代的劳动者忠诚奋斗、拼搏奉献。

距离"数论明珠"最近的人

自然科学的皇后是数学，数学的皇冠是数论，而哥德巴赫猜想则是皇冠上的明珠，陈景润就是离那颗明珠最近的人。

1933年5月22日，陈景润出生在人杰地灵的八闽大地的福州市。陈景润自小身材瘦弱、单薄，性格内向，但他老实好学，在所有学科中，对数学情有独钟。一有时间，他就会演算数学题，枯燥乏味的数字、符号对他来说就像美妙的音符，给他带来了无穷的乐趣。

1948年2月，陈景润凭借优异的成绩考进福州英华中学高中部春季班，这是一所享有盛誉的名牌学校，有良好的教学设施和强大的教师阵容。在这里，陈景润遇到了他进攻"哥德巴赫猜想"最早的启蒙老师——沈元老师。在课堂上，沈老师给同学们介绍了受到欧美人尊崇的孙子定理，陈景润听后，萌发了一个念头："我也要像孙子一样，在数学上搞点儿名堂出来，为祖国争点儿光。"沈老师后来又讲了一个有关数学的故事：德国数学家哥德巴赫有个猜想，是数论中一直未解的难题，自1742年提出以来，引得世界上数不清的数学家为之苦思冥想……人们把它比作皇冠上的明珠，至今都没人能够完成证明，如果要是把它摘下来就非常了不起。从那以后，"哥德巴赫猜想"便悄悄地走进了陈景润的心窝里。

1950年，陈景润考上厦门大学数理系。陈景润的大学生活宛如一个固定的数学公式：宿舍——食堂——教室——阅览室。因为在陈景润看来，时间是如此宝贵。所以，他要和时间赛跑，抢时间学好本领，将来才有可能在数学领域为国家作出贡献。1953年9月，因国家急需人才，陈景润所在班级的学生全部提前一年毕业，陈景润被分配到北京一所中学任教。

1954年10月，因身体和多方面原因，陈景润回到家乡福州休养。

当时担任厦门大学校长的王亚南是我国著名的教育家，他惜才爱才，对陈景润这位毕业于厦门大学的高才生知人善任。在得知陈景润的工作和生活状况后，几经协调，把陈景润调回厦门大学做助教工作。回到厦门大学以后，陈景润开始接触著名数学家华罗庚的《堆垒素数论》。从一接触，他就像入了迷一样陷进去了。当时，他几乎没有作息时间表，不论是上班、下班，白天、黑夜，走路、吃饭，他都在不停地构想和思索，除了买饭不得不去食堂，上班不得不去办公室之外，陈景润几乎都在他的小房间里埋头演算着。1956年，陈景润完成了数学高峰的第一次冲刺，他的论文《塔内问题》改进了华罗庚的《堆垒素数论》中的结果。得知有人改进了自己的成果，华罗庚非常高兴，并邀请陈景润到北京报告他的论文。会议结束后，华罗庚就开始谋划着和厦门大学"抢人"了。刚开始，厦门大学还不同意调走陈景润，最后，华罗庚花费了好大一番功夫才从厦门大学手里"要到了"陈景润。

1957年，陈景润进入中国的最高数学殿堂——中国科学院数学研究所，任实习研究员。从入所那天起，陈景润整日往图书馆跑，不知疲倦地阅读、思考和演算，每天工作近20小时。为了晚上学习不影响室友休息，陈景润就把床和书桌搬到仅有3平方米的厕所。天气渐渐变冷，厕所没有暖气，陈景润的手经常被冻得握不住笔，大家都劝他回房间住，他摇摇头又继续演算。直到有一天，陈景润的钢笔水被冻住了，工作被打断，他才意识到应该采取取暖措施。于是，他向领导请求装一个100瓦的大灯泡，照明取暖兼用。从此，这间小屋的灯光经常彻夜不熄。就是在这间3平方米的厕所里，陈景润先后写出了关于华林问题、圆内整点问题、球内整点问题、三维除数问题等多篇论文，这其中每一个问题的解决都具有很高的学术价值。不久，中国科学院的集体宿舍盖好了，陈景润同样为了不影响室友休息，搬到了当时3楼的一个6平方米的锅炉房里继续搞研究。从

1964 年起，陈景润开始攻克哥德巴赫猜想。

马克思说："在科学上没有平坦的大道，只有不畏劳苦沿着陡峭山路攀登的人，才有希望达到光辉的顶点。"哥德巴赫猜想就像是数学世界的一座陡峭的高峰，陈景润越是往上走，步履就越加艰难。不良的居住环境和不分昼夜的学习，使得陈景润的身体越来越虚弱，严重的咽喉炎、结核病折磨着他，咳嗽、腹胀、腹痛是常事，严重的腹膜结核，使得他几度腹水。诊治医生甚至认为他活不了几年，但陈景润竟然奇迹般地从死神手中溜了出来，而且把手中的笔握得更稳健了。在前往顶峰的路途中，除了病痛的折磨，还有失败的打击。无数次的失败，并没有阻挡陈景润攀登顶峰的决心。这个方法不行，他就换另一种方法进行演算，直到找到正确的方法为止。数字、符号、公式和几麻袋的稿纸化成了登山的梯子和绳索，他终于找到了攀登顶峰的必由之路。

1966 年，陈景润以 200 多页的命题证明，登上了（1+2）的台阶。站在（1+2）的高峰上，展现在他眼前的是数学巅峰的美景。陈景润急于将他的成果分享给全世界，他找到了著名数学家闵嗣鹤帮他审阅论文。闵嗣鹤拿到陈景润送来的 200 多页的论文时，内心十分激动。他想，如果论文证明是正确的，中国在解析数论方面将处于世界领先的地位。经过一遍遍阅读，一遍遍核查，一遍遍修改，闵嗣鹤终于沿着陈景润开辟的路线登上了（1+2）的顶峰。他无暇顾及赏析顶峰的美景，急不可待地向世人宣布解析数论的一个重大的历史进展。1966 年 5 月 15 日，陈景润的证明登上了《科学通报》的最后一班车。由于陈景润的证明篇幅过长，论文以简报形式公布了结果，并没有具体的证明过程，所以并未得到国际上的承认。

陈景润没有停下苦苦钻研的脚步，为了简化证明，他又全身心地投入到论文的修改和优化中去，向更高的顶峰冲刺。1973 年 2 月，陈景润在极其困难的环境下，经过 6 年时间，终于完成了对（1+2）证明过程的简化，论文长度从原来的 200 多页减到了 100 页。几经周折，论文终于面世。1973 年 4 月，中国科学院主办的《中国科学》杂志在英文版 16 卷第 2 期上发表了陈景润的证明全文。中国的科学家证明了（1+2）的消息一经发布，极大地震撼了国内外数学界。英国著名数学家哈伯斯坦将其誉为"陈氏定理"，并称它是"光辉的顶点"。一位美国数学家写信说陈景润"移动了群山"。在日本出版的名著《一百个有挑战性的数学问题》中，仅刊登两位华人的名字，一位是祖冲之，另一位便是陈景润。从此，陈景润的名字成了中国人在数学领域的光荣与自豪。

由于在哥德巴赫猜想（1+2）的杰出贡献，陈景润当选为中国科学院学部委员，荣获国家自然科学奖一等奖、华罗庚数学奖等。面对荣誉，陈景润谦虚地说："在科学的道路上我只是翻过了一个小山包，真正的高峰还没有攀上去，还要继续努力。"

科学没有国界，但科学家是有祖国的。陈景润是一位爱国的科学家，陈氏定理发表后，英、法、德等国的一些大学和研究所曾邀请他前去工作。可是，他感觉国内还有很多工作要做，都婉言谢绝了。在美国完成论文《算术级数中的最小素数》后，有人希望他在美国发表，但他决定还是要拿回祖国发表。在英国讲学时，一位大学校长盛情挽留他，说要为他提供世界上最好的研究条件和生活待遇，他也毫不犹豫地拒绝了。在那以后的许多年里，只要陈景润愿意，移居国外享受更好的待遇，对他来说是件极其容易的事情。可是，他没有走，因为他有着一颗真诚的爱国心，这颗心深深地根植于中华大地。

陈景润曾经说过："我不想名利和地位，我只希望能好好地研究数学，在这一方面有一些贡献，可以为中国人争一口气。"继（1+2）之后，陈景润又向更高的目标挺进，向（1+1）冲刺！可正当他不断地取得研究成果时，却不幸地接连发生了意外事故，诱发了帕金森综合征。此后，陈景润一直在与病魔做顽强的抗争，但只要身体状况允许，他仍坚持思考和研究。

1996 年 3 月 19 日，中国数学界的一颗巨星——陈景润，陨落了，享年 63 岁。

陈景润走了，匆匆地走了。陈景润留给人们的，是一筐累累的科学硕果，是一位知识分子刻苦钻研、勇攀世界科学高峰的奋斗足迹，是一笔足以让后人细细揣摩、品味并发扬光大的精神财富。

2018 年 12 月 18 日，党中央、国务院授予陈景润同志"改革先锋"称号，颁授"改革先锋"奖章。2019 年 9 月 25 日，陈景润荣获新中国成立 70 年"最美奋斗者"称号。

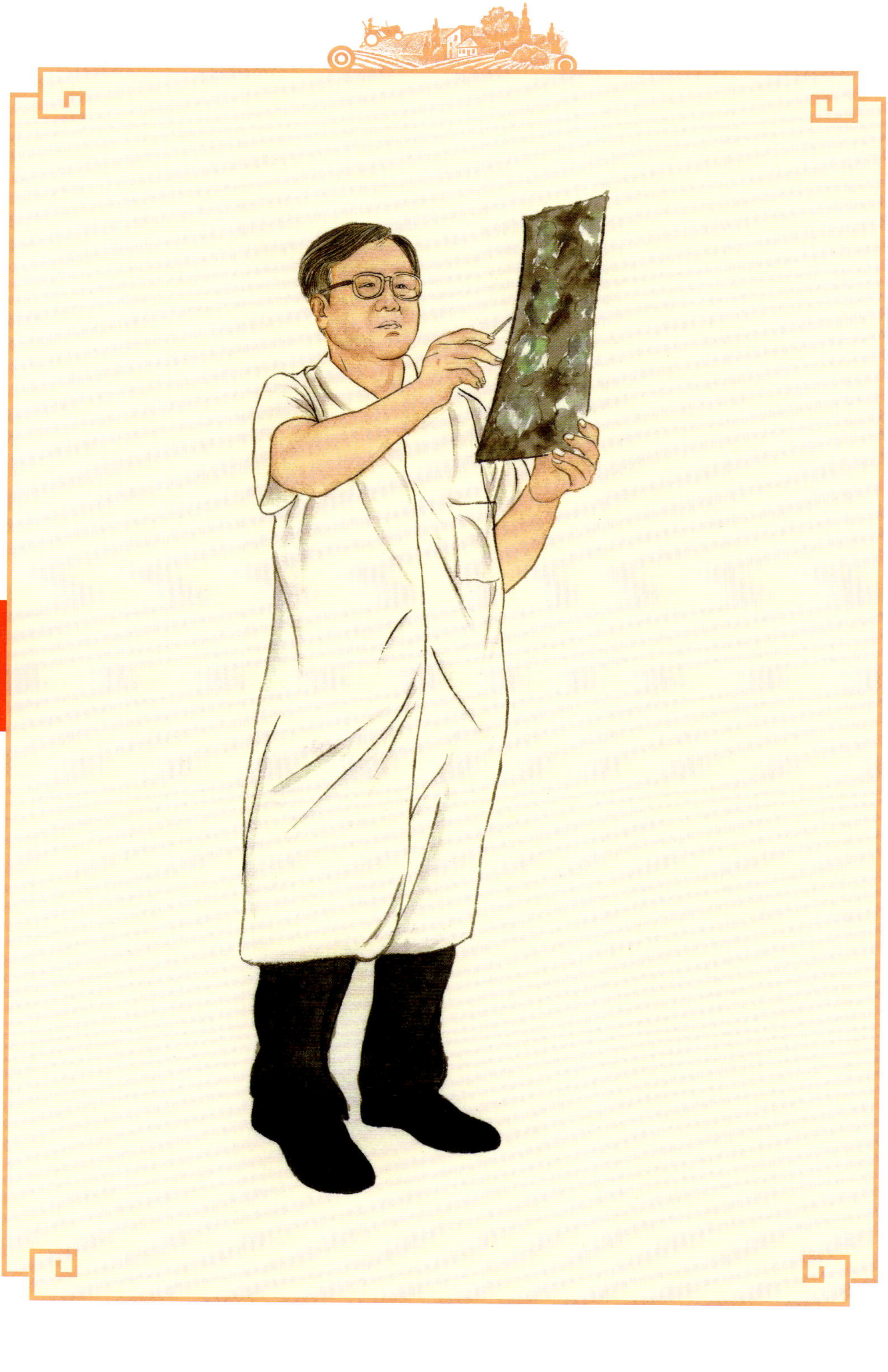

大医精诚，大爱无疆

大脑神经纵横、血管交错，联系着人体的各个器官，但它又是人体中最脆弱的地方。因而，在大脑上动手术，无异于在万丈深渊上走钢丝。

北京天坛医院神经外科专家、中国工程院院士王忠诚，作为我国神经外科事业的开拓者和创始人之一，带领着中国神经外科从无到有，从弱到强，为推动我国神经外科的建立、发展和走向世界前沿，作出了不可磨灭的贡献。

作为新中国第一代国际著名神经外科专家和我国神经外科事业的创始人之一，王忠诚被誉为"万颅之魂"。他是目前世界上唯一完成开颅手术上万例的人，这个数字曾被国外同行误以为多写了一个零，至今仍是世界神经外科手术史上 5 项世界纪录的保持者。

王忠诚属牛，本命年时他获得了一生中最重要的荣誉：2009 年 1 月 9 日上午，在人民大会堂的主席台中央，王忠诚获得了 2008 年度国家最高科学技术奖。

让中国的神经外科跻身于世界之林

自上个世纪 50 年代开始，王忠诚最熟悉的地方就是手术台，他坚守了整整半个多世纪。直到后来，84 岁高龄的王忠诚已经不能再像以前一样亲自在手术台上救治病人，但只要需要，他仍然坚持为重症疑难病人会诊，坚持在手术台前督阵。在神经外科的病房楼层，人们几乎天天能看到这位满头银发的老人穿着白大褂的身影。

这份坚守来自他的一个梦想——让中国的神经外科跻身于世界医学之

林。中国的神经外科起步艰难，比世界发达国家晚了近半个世纪。王忠诚进入这一领域后，为了提高颅内病变的确诊率，敢于攻关、勇于实践，率先在国内掌握了"脑血管造影"技术。

当时，我国对脑外伤和颅内肿瘤的检测手段非常落后，确定脑肿瘤的部位和性质，只能采用开颅检查的办法，手术死亡率高达24%。而西方国家对我国封锁了先进的"脑血管造影"技术。王忠诚的心里憋着一股劲：你们封锁，我就拼了命也一定要攻克它。

为了掌握这项技术，王忠诚全然不顾自身安危，在没有防辐射装备的情况下，成百上千次地做X光验证。由于超大剂量反复接触放射线，王忠诚体内的白细胞已经降到2000多，只有正常人的一半，后来一直没有彻底恢复。这使得他体质减弱，经常发烧，多次肺炎，还出现脱发、牙龈出血等，有两次险些丢掉性命。作为医生，他知道危害性有多大，但是为了成功，为了早一天掌握脑血管造影技术，他豁出去了。

就这样，王忠诚用7年时间积累了2500份脑血管造影资料，于1965年出版了我国第一部《脑血管造影术》专著。这本中国神经外科史上里程碑式的专著，使我国神经外科诊断水平一步跨越了30年。

上世纪70年代，王忠诚带领他的团队开展神经外科显微技术，把中国的神经外科从传统方法带进了现代医术，使颅内动脉瘤等重症死亡率由10%降至2%。在此基础上，王忠诚又向另一个"不治之症"——巨大脊髓内肿瘤发起进攻。他提出的"脊髓缺血预适应"观点，对防止脊髓内肿瘤术后瘫痪起到了关键作用。

在医学界，大脑被称作"生命禁区"——脑组织内神经纵横，血管交错，一条直径仅1毫米的脑血管，需要均匀地缝合12针，手术的那份精密，容不得丝毫疏忽。而在医学"吉尼斯世界纪录大全"里，王忠诚保持着成功切除直径9厘米以上巨大动脉瘤的纪录。那是1985年7月30日，一名17岁的颅内动脉瘤患者出现了预想不到的瘤体破裂出血险情。颅内动脉瘤是埋在人脑中的"定时炸弹"，出血就相当于引爆这颗"炸弹"。按国内外医学惯例，遇到这种情况就要放弃手术。可王忠诚果断地决定："立即开颅！"

颅骨打开，鲜血喷涌而出，常规方法无法止住这样的大出血。王忠诚出人意料地将两个手指伸进颅脑，凭着丰富的经验和准确的手感，一下探寻到破裂处，堵住了出血点。5 个半小时后，一个 9 厘米、迄今仍为世界上直径最大、内无血栓的颅内动脉瘤被摘除了。

这只是王忠诚创造的无数生命奇迹之一。2001 年，王忠诚获得了世界神经外科"最高荣誉勋章"，他使中国的神经外科在世界医学之林挺起了脊梁。

病人的生命比医生的名誉更重要

鲜花满怀，锦旗无数，王忠诚已经创造了太多的奇迹。颅内手术，险象环生，任何挑战自我的冒险都可能毁英名于一旦。但他却选择了超越，这似乎印证着他一生的从医哲学：病人的生命比医生的名誉更重要，病人的需要就是命令。

每天一大早，天坛医院灰色的门诊大楼前就聚集着从全国各地慕名而来的脑瘤患者，他们大多是奔着王忠诚来的。

一张简易长条桌、一块几乎占据了诊室整面墙的巨大灯光板、几十个颅内造影星星点点，这就是王忠诚为病人服务的空间。

病人的安危是王忠诚心中的"晴雨表"，而让患者术后基本享有正常人的生活是他始终不渝的追求。他常说："只要我拿起手术刀，就要不停地去掉病人身上的痛苦。"他常常语重心长地和他的学生说："你们一定要爱护病人，要去理解他们的痛苦与渴求康复的心情，要把他们当亲人看待。他们是我们最好的老师，他们用自己的身体，甚至是生命才换来我们的知识和经验。我们应该感谢他们，没有他们就不可能有我们的神经外科。"

1999 年 12 月，王忠诚收到一封来自云南的脑瘤患者母亲的求助信。信中说其子患病后，两次手术均告失败，病情不断恶化。看罢来信，王忠诚十分体谅患者家人的急切心情，立即通知他们来京治疗。王忠诚主持了这台罕见的高难度脑瘤切除术。凭着高超的医术，终于从患者的后脑中央深处紧靠脑干的部位，摘除一个直径 6.5 厘米的巨大血管网织细胞瘤，创造了世界神经外科领域的又一个奇迹。手术过程中，王忠诚一直做现场指导，就像他指导的每一次手术一样，医疗组总是听见他在不停地提醒：轻一点儿，再轻一点儿。

2003 年 2 月 27 日，近 80 岁高龄的王忠诚再一次走进手术室，亲自指导学生们完成了一例世界罕见的巨大颅底脑膜瘤手术。这位患者脑内的肿瘤相当于脑组织的 1/4，而且正常的脑组织结构受到破坏，粘连非常严重。这么棘手的病例，王忠诚一生从未见过。这名 53 岁的患者曾在美国一家州立医院实施过手术，手术中肿瘤破裂，医生只切除了部分肿瘤。抱着最后一线希望，患者找到王忠诚医治。王忠诚和他的学生们经过 13 个小时的手术，完整剥离取出了患者脑内的肿瘤。

王忠诚把 60 年的岁月都交给神经外科事业，并成为世界外科领域取得骄人成就的名家，但他想得最多的是患者。他说，一点一滴的医学进步，都与患者密不可分。医生的成长离不开病人的理解和谅解。患者是医生最好的老师，既然选择了医生这个职业，就要一心想着患者，一生执着于医学。

面对成功和荣誉，他自己退到了后面

王忠诚的一位学生清楚地记得，一名安徽患者因脑干胶质瘤半夜被送进医院，已经没有呼吸。王忠诚的这位学生虽然对治疗胶质瘤有把握，但面对患者呼吸停止这一手术禁忌有些顾虑，天还未亮就把王忠诚老师请来了。看过检查结果，王忠诚果断决定：有一线希望就要争取。在 4 个多小时的手术过程中，王忠诚一直坐在这位学生的身边，神态自若，不时提醒，消除了这位学生怕手术失败的心理恐惧，闯过了独当一面的手术关。

老师是学生的主心骨，学生是老师的心愿寄托。愈近高龄，王忠诚"把手术刀传下去"的愿望愈加强烈。离开手术一线后，王忠诚把主要精力放到了在全国建立更多的神经外科基地上。他创办了北京神经外科研究所，争取为国家培养更多的世界一流的神经外科医生。

在王忠诚的带领下，以神经外科为重点的北京天坛医院目前已发展为世界三大神经外科研究中心之一，是亚洲最大的神经外科临床、科研和教学基地。

王忠诚常对学生讲："我希望你们拿起手术刀，在世界神经外科状元榜上不断刻上'中国'两个字。"正是这样的目标追求，使王忠诚领导的北京天坛医院神经外科，先后为国家培养了2500多名神经外科医生，占了全国神经外科医生总数的1/3，许多人如今都已是当地的学科带头人。王忠诚讲学的足迹遍及西藏、新疆、宁夏、湖北、浙江、广东、福建……多次指导当地医院攻克难关，并在贵州建立起西部地区第一家脑外科专科医院。

说起王忠诚严谨治学、甘为人梯的奉献精神，他的学生们无不心怀感恩。血管内栓塞技术治疗脑血管病是上世纪90年代国际上一门新兴学科。刚开始，这一学科在国内无人问津，进口的栓塞材料价格昂贵。王忠诚瞄准这个难点，成立专项课题小组，把牵头攻关任务交给了自己的学生。在老师的鼓励和指导下，学生们不负众望，成功地研制出多种国产栓塞材料，填补了国内空白，广泛应用于临床，为数以千计的患者解除了病痛。课题组组长感慨地说："王老师花费的心血比我多得多，只是面对成功和荣誉，他把我推在前面，自己退到了后面。"

对于德才双馨、桃李满天下的王忠诚来说，一切荣誉都无足轻重。他最大的心愿，就是："如果我算是站在神经外科金字塔塔尖的话，真希望有人能超越我，而且最好是中国人！"

2012 年 9 月 30 日，王忠诚在北京逝世，享年 87 岁。王忠诚的一生，是奉献的一生，是推动神经外科医学发展的一生，是真心服务患者的一生，也是悉心培养人才的一生。经国际天文学联合会小天体命名委员会批准，中国科学院国家天文台将编号 18593 号小行星永久命名为"王忠诚星"。在浩瀚的宇宙里，这颗星以对人民和科学事业的赤诚，闪烁出夺目光辉。

第二篇章

劳动昭光荣

锤炼高尚品格

    人类劳动的目的并不仅仅在于获得报酬，还在于提升人格。教育家凯洛夫在他的《教育学》一书中写道："劳动使一个人的道德变得高尚，使他习惯于小心地对待劳动的工具、器械和产品，重视书籍及其他精神文化和物质文化的物品，尊重任何一种职业的劳动者，仇视那些寄生虫和剥削者、二流子、怯懦者和懒汉。"的确，在劳动过程中，人们能够体会劳动人民的辛苦，学会尊重他人的劳动成果，进而在辛苦和汗水中激发我们勇往直前、攻坚克难的精神，培育我们精益求精、严谨认真的态度。通过劳动的历练，我们既增强实际动手能力，又培养独立自主精神，成就高尚的人格特质。我们在劳动中创造真正的个人价值，也在劳动中获取正确的道德认知。

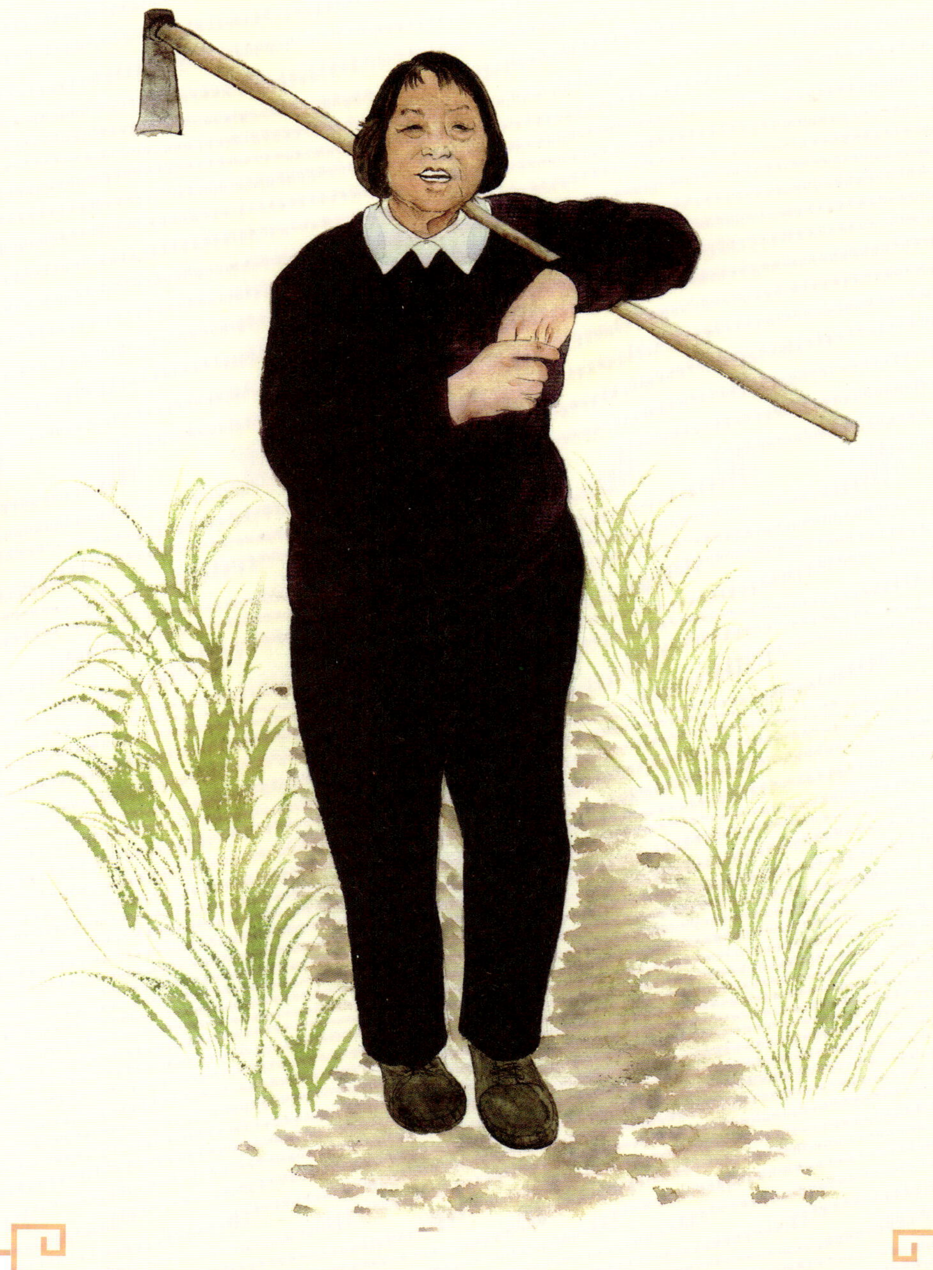

一句承诺，一生承诺

　　申纪兰，女，汉族，中共党员，1929年12月29日出生于山西省平顺县。她是平顺县西沟村党总支副书记，第一届至第十三届全国人大代表。她积极维护新中国妇女劳动权利、倡导并推动"男女同工同酬"写入宪法。改革开放以来，她勇于改革，大胆创新，为发展农业和农村集体经济，推动老区经济建设和老区人民脱贫攻坚作出巨大贡献。她先后荣获"全国劳动模范""全国优秀共产党员""全国脱贫攻坚'奋进奖'""改革先锋"等称号。2019年9月25日，被评选为"最美奋斗者"。

　　2019年9月29日，中华人民共和国国家勋章和国家荣誉称号颁授仪式在北京人民大会堂金色大厅隆重举行，中共中央总书记、国家主席、中央军委主席习近平向"共和国勋章"获得者申纪兰颁授勋章。

　　2020年6月28日，申纪兰因病去世，享年91岁。

　　申纪兰的一生很传奇。从1954年开始，65年的时光，她连任13届全国人大代表，见证了共和国人民代表大会制度的诞生与成长。申纪兰也因此被外国人称为中国最资深的"国会议员"，是当之无愧的全国人民代表大会制度的"常青树"。这位勤劳朴实的中国农村妇女，有着太多值得记录的经历，她的一生很辉煌，受到过毛泽东的接见，在周恩来家做过客，与邓小平合影留念，被江泽民称作"凤毛麟角"，胡锦涛、习近平曾亲自看望……她的一生又很平凡，是千千万万中国妇女中的普通一员，也是黄土地上的亿万农民之一。她的一生都在努力为自己所代表的农民群体和妇女群体争取合法权益，是一位了不起的平民代表。她用一生履行了"人民选我当代表，我当代表为人民"的庄严承诺。

为女性争取同工同酬

解放前，重男轻女的思想笼罩在中国大地上，特别是在农村，广大妇女被这种封建思想压得喘不过气来。解放后，在新中国建设初期，这种思想仍然没有彻底根除。1951 年，申纪兰所在的西沟村成立了初级农业生产合作社，申纪兰被选为副社长。当时，社里面缺少劳动力，社长鼓励申纪兰发动妇女下地一同劳作。要想改变旧思想、破除旧习俗，哪是那么容易的呀！申纪兰挨家挨户地去说服，不仅男人们不支持，就连妇女们自己也觉得出来劳动并不光彩，她们觉得女人就应该在家相夫教子。申纪兰不甘心也不服气，她决心去找村里面最难做通思想工作的一名妇女谈心。面对申纪兰苦口婆心的劝说，这名妇女刚开始死活不答应，她认为自己就应该待在家里面，出去了会被自家男人看不起。申纪兰急了，告诉她说，若想让别人瞧得起，就要自己劳动，自己去赚工分，想换新衣服就换，不用靠男人。入情入理的话语，终于打动了这名妇女。第二天，申纪兰就带着她下地干活儿了，其他妇女们一看也就跟着下地了。可是那个时候，每个男劳动力有 10 个工分计酬，女人下地却只有半个劳动力的工分。这种按性别划分的不公平计分方式，大大影响了妇女们的劳动积极性。申纪兰意识到，只有男女同工同酬，才能从根本上解决问题。于是，她在村里组织妇女和男人们比赛干农活儿。一场比拼下来，妇女们更早更快更高效地干完了撒肥的活儿，男人们干一干歇一歇，反而没有女人干得多。妇女们终于第一次拿到了全工分。申纪兰带领村里的妇女们也由此争取到了男女同工同酬的平等权益。

1953 年，申纪兰光荣地加入了中国共产党。《人民日报》发表了长篇通讯《"劳动就是解放，斗争才有地位"——李顺达农林畜牧生产合作社妇女争取同工同酬的经过》，详细地讲述了申纪兰为合作社的妇女们追求平等权益的过程，这篇文章在全国引起了巨大的反响。男女同工同酬作为一个重要的政治命题得到了广泛的关注，受到了党和国家的高度重视。1954 年，申纪兰也因此当上了第一届全国人大代表，而男女同工同酬也在此次大会上正式写入《中华人民共和国宪法》，第八十二条第二款规定：国家保护妇女的权利和利益，实行男女同工同酬。

求真务实，探索农村、山区发展之路

改革开放，让申纪兰的家乡发生了翻天覆地的变化。申纪兰积极响应党的号召，解放思想，敢想敢干，闯出了一片新天地。1983 年，西沟村实行家庭联产承包责任制，两年后在申纪兰的带领下办起了平顺县第一个村办企业，当年实现利润 150 万元。此后，西沟村又建起了磁钢厂、石料厂、饮料厂，村办企业成了西沟村的经济支柱。

党的十八大召开后，西沟村将这些高能耗、高污染、高排放的"三高"企业全部关停，提出打造红色西沟、绿色西沟、彩色西沟的新型"三色"产业发展思路。

在申纪兰的带领下，西沟村逐步走上了快速发展的道路。他们建起了60 多个光伏香菇大棚，实现了棚上发电棚下种菇；办种驴场、核桃露厂，引进知名服饰公司等。这些村办企业为乡亲们带来了可观的经济收入，让西沟村的村民们过上了更好的生活。随后，他们还建成了展览馆、太行之星纪念碑、村史亭、老西沟互助组雕塑等景点，着力打造以爱国主义教育为主题的红色旅游基地。为实现习近平总书记提出的"绿水青山就是金山银山"的理念，申纪兰带领村民们植树造林，修建西沟森林公园，大力发展绿色旅游线路。经过多年的艰苦奋斗，如今的西沟村从一个落后的纯农业村，变成了农、林、牧、工、商、游全面发展的现代化新农村。

1973 年 3 月，中共山西省委决定任命申纪兰为山西省妇联主任。尽管走上了领导岗位，可以进城当干部，但申纪兰却向组织提出了约定，要求"不转户口，不定级别，不领工资，不要住房，不调动工作关系，不脱离农村"。连任 10 年间，这"六不"约定也让心系农村、无私奉献、勿忘劳动，成为申纪兰一生的鲜明底色。

"我是农民，是农民的代表，每天生活在农村，知道农民想甚、盼甚。"在当人大代表的这些年里，申纪兰一直勤恳地在基层、在最接近她所代表的地方，与农民们沟通解决问题，反映农民们的需求，尽职尽责地履行自己人民代表的崇高使命。作为来自农村的人大代表，申纪兰时刻关注着中国农业、农村的发展变化。"中国人这么多，土地是命根子。"2004年，第十届全国人大二次会议期间，申纪兰提交了保护耕地的议案。此后，她又针对耕地保护多次在全国人代会上提出建议。

"修通路，迈大步，带领大家去致富。路修好了，才能实现更好的发展。"与交通相关的建议，申纪兰也提过很多。1996 年，在她的持续建言下，长治到北京的直达列车顺利开通。2001 年，她向大会提交推动山区交通建设的相关议案。2003 年，她向大会提交加快修建林长高速公路的相关议案。2019 年，她向大会提交"关于加快推进聊（城）邯（郸）长（治）客专项目"的议案。

2019 年，申纪兰向大会提交一件"关于支持平顺县创建中药材国家级现代农业产业园的建议"，并在闭会期间多方推动，助力平顺产业振兴、脱贫攻坚。她还就建设美丽乡村、加大扶持贫困地区旅游开发等问题发表意见、提交议案。

在 2020 年 5 月召开的十三届全国人大三次会议上，申纪兰还建议将农村水电自供区尽快并入国家电网，对自供区的农网进行升级改造，满足乡村振兴战略实施和农村经济社会发展的要求。

纪兰精神代代相传

对于全国劳动模范这一荣誉称号，"不劳动，还算甚劳模？"申纪兰如是说。

对于共产党员这一身份，"从 1949 年到现在，共产党领导这么大一个国家发展到现在这个样子不容易。我是个没知识水平的人，劳动给了我巨大的荣誉，党培养了我，支部书记李顺达带着我，西沟百姓支持我，我走到了今天。共产党把一个 13 多亿人口的国家带向富强，多难呀！不论是作为一名党员，还是一个普普通通的农民，我坚信，只有相信共产党，拥护共产党，中国才能走向繁荣富强！"申纪兰如是说。

对于人民代表这一职责，"人民代表就得代表人民。从人民代表大会来说，是一次比一次好，一个时期跟一个时期不一样，都是前进的方向。现在进入了新时代，就是要紧跟习近平总书记，紧跟党中央，撸起袖子加油干，争取早日实现中国梦！"申纪兰如是说。

"太行精神光耀千秋，纪兰精神代代相传。"这是习近平总书记对申纪兰的高度赞誉。

一句承诺，一生承诺。几十年的岁月里，她守护一颗初心，始终维护着人民利益。她没有多高的学历，没有卓越的技术水平，只是坚守着自己不忘初心，忠于党、忠于人民、忠于祖国的高尚品格。她通过自己勤恳的劳动，获得了无数的荣誉，对社会对国家作出了巨大的贡献。

纪兰精神永远引领着西沟，温暖着太行。

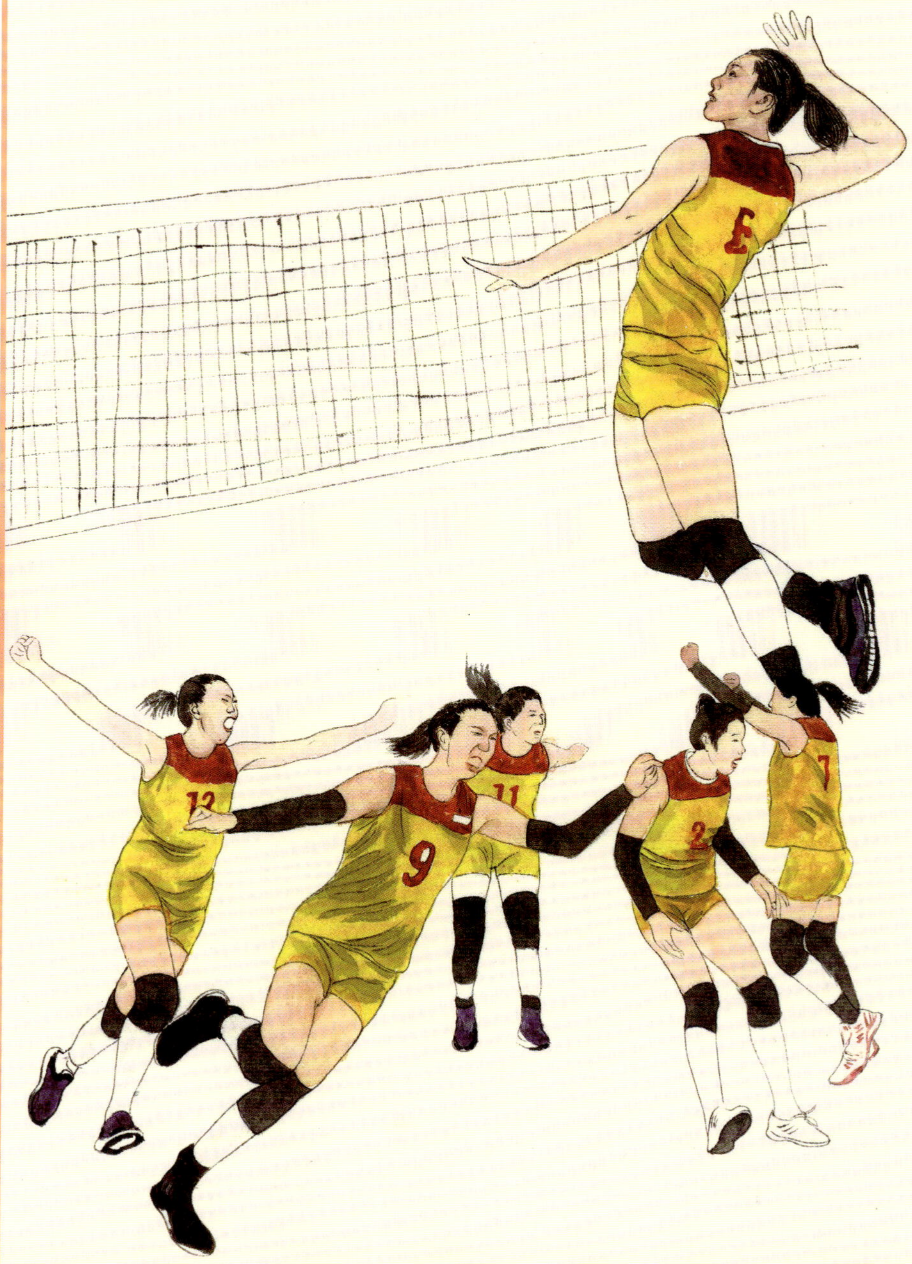

从中国女排到女排精神

　　2020年9月22日，习近平总书记主持召开教育文化卫生体育领域专家代表座谈会。会场上，当看到个头儿高挑的中国女排队长朱婷时，习近平总书记亲切地同她打招呼："朱婷也来了！"习近平总书记夸赞说，"女排是我们的骄傲"。

中 国 女 排

　　中国国家女子排球队，简称中国女排，是中国各体育团队中成绩突出的体育团队之一，曾在1981年和1985年世界杯、1982年和1986年世锦赛、1984年洛杉矶奥运会上夺得冠军，成为世界上第一个"五连冠"。在2003年世界杯、2004年雅典奥运会、2015年世界杯、2016年里约奥运会、2019年世界杯5次夺冠，共10次成为世界冠军（包括世界杯、世锦赛和奥运会），是中国"三大球"项目中唯一一个拿到世界冠军奖杯的队伍。

　　从建立之初到现在，中国女排创下了太多辉煌。

　　1979年11月26日，国际奥委会经过全体委员通讯表决，恢复了中国奥委会在国际奥委会的合法席位。仅一个月之后，中国女排就在主教练袁伟民的带领下夺得第二届亚锦赛冠军，成为"三大球"中第一个冲出亚洲的项目，为中国体育事业争了光。

　　20世纪80年代，中国女排开始腾飞。1981年11月6日至11月16日，第三届世界杯女子排球赛在日本东京举行。中国女子排球队和来自世界7个国家的女子排球劲旅进行了11天的角逐，在先后战胜巴西、苏联、韩国、美国和古巴后，中国女排经过激烈争夺，最后以3∶2战胜了上届冠军日本队，以 7 战 7 捷的成绩首次夺得世界冠军。39 年前的那一刻，赛事牵动亿人心，万人空巷看女排。让人热泪盈眶的夺冠时刻，给国人留下了深刻的记忆。"团结起来，振兴中华！"当时我国正处在改革开放初期的重要历史时期，女排的胜利极大地振奋了全国人民的士气。学习女排勇攀高峰、为国争光，成为那个时期的标志性事件，鼓舞着国人以更加昂扬的斗志和自信，大步迈开追赶世界的步伐。

1982 年，中国女排在秘鲁参加第九届世界女子排球锦标赛。面对初赛落败和强大对手，主教练袁伟民果断起用年轻队员，大胆变换阵容，过关斩将，闯入决赛。在决赛中，中国女排轻取主办国秘鲁女排，首次夺得世界女排锦标赛冠军。1984 年洛杉矶奥运会上，最终中国女排在决赛中以 3∶0 的比分击败美国女排，获得金牌。在接下来的 1985 年、1986 年两年间，中国女排又夺得了第四届世界杯冠军和第十届世界女排锦标赛冠军，创造了世界女排史上首个"五连冠"的好成绩。

在随后的日子里，中国女排也曾经历了新老队员更替，成绩起伏，甚至进入低谷时期。但一代代女排队员一直传承着老女排精神，刻苦训练，卧薪尝胆，永不言败。

2003 年 11 月，在日本举行的第九届世界杯女排比赛上，在主教练陈忠和的带领下，中国女排以 11 战全胜的战绩勇夺冠军。2004 年雅典奥运会女排决赛中，中国女排与俄罗斯女排争夺冠军，在先失两局的不利情况下，奇迹般地连扳 3 局逆转战胜俄罗斯，继 1984 年洛杉矶奥运会夺冠后第二次在奥运会女排比赛中摘得金牌。

2013 年 4 月，郎平正式挂帅，再次执教中国女排。在郎平的带领下，中国女排顽强拼搏，重现生机和活力，进入又一个"黄金时代"。2016 年里约奥运会，中国女排历尽艰难，一路起起伏伏杀入决赛。在决赛中，面对塞尔维亚的强有力挑战，中国女排在先输 1 局的情况下加强发球和拦网，连扳 3 局，以 3∶1 逆转获胜，继 1984 年洛杉矶和 2004 年雅典折桂之后，时隔 12 年第三次斩获奥运会冠军。2019 年 9 月 14 日至 9 月 29 日第十三届女排世界杯在日本举行,共有 12 支参赛队伍。4 年前,第十二届女排世界杯上,中国女排以 10 胜 1 负战绩力夺冠军,本届杯赛将以卫冕冠军的身份出战。最终,中国女排以 11 战全胜且只丢 3 局的成绩,成功卫冕本届世界杯冠军。

世界最佳教练

郎平,中国女排现任主教练,是世界排坛响当当的人物,世界三大扣球手之一,世界最佳教练。

1978 年,郎平入选国家集训队。1981 年,随中国女排夺得第三届世界杯冠军,被评为"优秀运动员";1982 年,随中国女排获得第九届世界女排锦标赛冠军,被评为"最佳运动员";1984 年,洛杉矶奥运会女排决赛,中美巅峰对决,身高 1 米 84 的中国女排主攻手郎平击溃了美国女排的防线,为中国女排登上冠军宝座立下汗马功劳。赛后,球迷们亲切地称呼郎平为"铁榔头"——临危不乱,一锤定音! 1986 年,郎平正式宣布退役。1995 年,郎平被聘为中国女排主教练,次年获得国际排联颁发的"世界最佳教练"称号。2002 年 10 月,郎平正式入选排球名人堂,成为亚洲排球运动员中获此殊荣的第一人。2013 年 4 月 25 日,王者归来! 郎平再次担任中国女排主教练至今。2018 年 12 月 18 日,党中央、国务院授予郎平"改革先锋"称号,颁授"改革先锋"奖章。

2012 年伦敦奥运会后,中国女排陷入低谷。困难时刻,郎平站了出来!"我来不是享受荣誉的,就是要和大家一起拼搏。"这是郎平接手中国女排时坚定的决心。上任伊始,郎平首先就是要求队员们学习老女排精神,为荣誉而战,激发斗志,磨炼意志。在训练场上,郎平很严苛。她一直不断地给队员们讲解、纠正。一个简单的动作,每天也要练习成百上千遍。为了让队员们更好地掌握技术要领,郎平经常亲自上阵,不顾身上多年的伤痛，拿着排球一次又一次地演示动作。每天超负荷的大运动量训练，队员们常常筋疲力尽，眼泪直流，可郎平却从不降低一点训练要求。在比赛场上，郎平很睿智。她知己知彼、运筹帷幄、指挥若定、调度有方，带领中国女排创造一个又一个的奇迹，重回世界排坛巅峰。

在一次接受记者采访时，郎平说："哪怕我输给你，但是我也要把我的水平打出来，永远不放弃。我跟运动员讲，如果说这场球我们输了，我们打得非常好，人家技术比我们高超，那没关系，我们回去再练。我们现在没有这个实力把人家都灭了，我们要求就是要把自己的水平发挥出来，要有这种韧劲，在场上大家互相弥补，互相包容，互相相信。比如说，我们有些场次竟然 12 个队员都上了，就是大家互相弥补。大家来把这盘拼图给拼好了。"

时至今日，郎平一直认为自己十分幸运。在中国女排最辉煌的时候，她参与了，作为一名主力队员，为之作出贡献。更幸运的是，能作为主教练带领着中国女排，通过扎实苦练，团结拼搏，为国争光！

女 排 精 神

2019 年 9 月 30 日，中共中央总书记、国家主席、中央军委主席习近平专门邀请刚刚获得 2019 年女排世界杯冠军的中国女排队员、教练员代表，参加庆祝中华人民共和国成立 70 周年招待会，并在会前亲切会见女排代表，同大家合影留念。习近平总书记指出，本届女排世界杯期间，全国人民都在关注你们，每一场比赛都有亿万人民为你们加油。38 年前，中国女排首夺世界冠军时，举国上下心潮澎湃，亿万观众热泪盈眶。中国女排"五连冠"，万人空巷看女排。广大人民群众对中国女排的喜爱，不仅是因为你们夺得了冠军，更重要的是你们在赛场上展现了祖国至上、团结协作、顽强拼搏、永不言败的精神面貌。女排精神代表着一个时代的精神，喊出了为中华崛起而拼搏的时代最强音。

中国女排具有凝心聚力的强大感召力，给予全国人民巨大的鼓舞。30多年前，中国女排"五连冠"。一时间，各行各业掀起了学习女排精神、发扬女排精神的热潮，女排精神成为中华体育健儿和中国人民砥砺奋进的象征，是那个时代为中华崛起而拼搏的最强音。一直以来，女排精神也随着国家的进步、社会的发展不断拓展其内涵，在爱国主义和拼搏精神这个最坚强的核心下，历久弥新，如今再度放射出耀眼的光芒！女排的精神内核一以贯之——是奋勇争先的拼搏精神、永不言败的顽强斗志、团结协作的集体主义、求真务实的科学态度，更是为国争光的爱国主义。

近些年来，中国女排获得多项荣誉表彰：2016 年，中国国家女子排球队获得"影响世界华人大奖"，全国五一劳动奖状，"感动中国"2016 年度人物致敬奖，"感动中国"2019 年度人物奖……荣誉和光环并没有让她们迷失自我，她们仍然保持着昂扬的斗志，不骄不躁，团结拼搏，争取再创佳绩。

现在的中国女排，在主教练郎平的带领下，日复一日挥汗如雨地进行着刻苦的训练。无论一场赛事的失败成功，或是新冠肺炎疫情的袭来，都没有阻挡住她们继续提升自我的步伐。大家总是互相鼓励，互相协作，互相帮助，始终以最团结的面貌、最拼搏的精神，在训练场上、在比赛中拿出自己最好的状态。

在新时代的前进道路上，女排精神毫不褪色，内涵更加丰富，仍然无愧于这个时代的最强音。中国正处于实现"两个一百年"奋斗目标的历史交汇期，向着实现中华民族伟大复兴迈进。在这样的历史关键节点上，爱国主义精神和奋勇争先的拼搏精神显得尤为重要。爱国主义情怀是每一个中国人最强大的精神力量，支撑着我们去奋斗，去创造。而奋勇争先的拼搏精神，会助力我们不断创新、不断突破自我，成长为真正的强者。

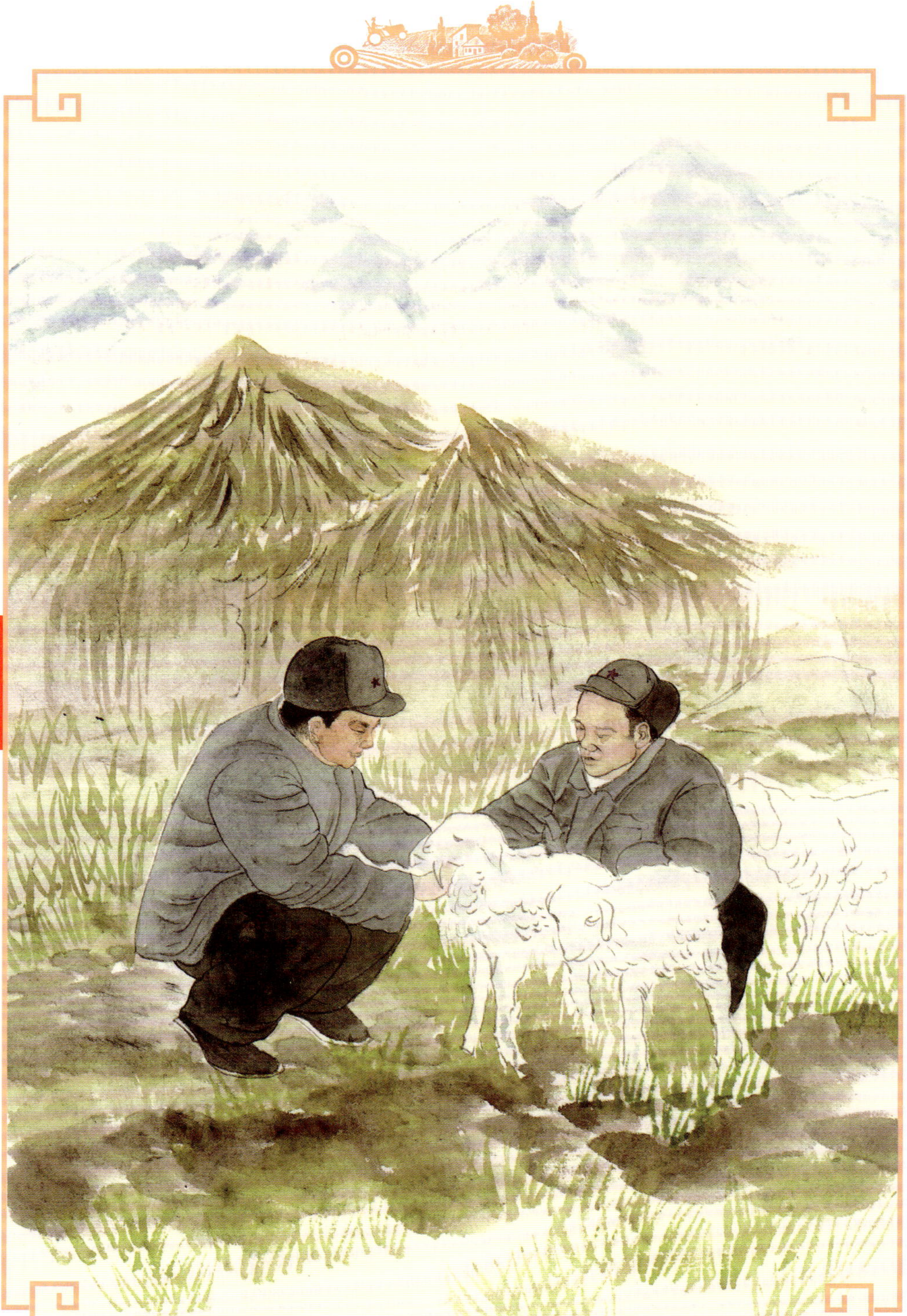

天山脚下是故乡

新疆，天山脚下涵盖万物大美的地方。

新疆生产建设兵团，共和国独一无二的骄子。

曾经，刚刚解放的新疆，百业凋零，物资奇缺，当地的生产力水平低下，生产方式落后，发展处于停滞状态，使得人民生活贫苦不堪。新疆军区为了解决军用粮食的需求，每月要派飞机去北京运一趟银元来购买粮食。这是因为当时新疆的广大农村异常贫困，平均每 3 户农民仅有 1 头耕畜，2 户农民 1 把砍土曼（一种新疆特有的农具），全疆人均占有粮食 195 公斤。农民除去地租、口粮和种子外，所剩无几，要想就地解决 10 余万军队粮食供应绝无可能。从苏联进口粮食，经费困难；从内地调运粮食，路途遥远，运输困难。鉴于此，毛泽东借鉴历代经验，要求军队屯垦戍边，确保西陲边疆的长治久安。1954 年，中央政府决定在新疆成立生产建设兵团。

而今，在祖国的西北边陲，以屯垦戍边为己任的兵团人，用执着的坚守、辛勤的劳动，以及"热爱祖国、无私奉献、艰苦创业、开拓进取"的兵团精神，履行着党中央对兵团提出的发挥建设大军、中流砥柱和铜墙铁壁"三大作用"的职责使命。他们用生命战胜苍凉，用富庶对抗贫穷，换来大漠边疆的七彩馈赠，换来了兵团千里沃野的丰收景象，创造着天山南北新的人间奇迹。

从亘古戈壁荒漠到生态绿洲，兵团人用艰苦奋斗开创了新疆现代化事业，建成了规模化大农业，兴办了大型工矿企业，建起了一座座新型城镇，绘就了改天换地的壮丽画卷。与此同时，当兵团人将自己的全身心投入到屯垦戍边事业当中之时，聚精会神、精益求精的劳动也在耕耘着他们的心田，造就着他们深沉厚重的人格。在这里，每一寸国土的捍卫，每一片荒原的开垦，每一座新城的崛起，都凝聚着新疆各族儿女的合力，澎湃着几代兵团人的豪情，磨砺着劳动者们崇高的品格。因此，新疆的美，不仅是自然造就的鬼斧神工，还是人类创造的巧夺天工，是汗水的结晶、智慧的喷发、奉献的崇高，是人与自然和谐共存的美妙乐章。

60多年来，新疆生产建设兵团白手起家，艰苦奋斗，忠实履行着国家赋予的光荣使命。为了"屯垦戍边"的伟业，来自河南、山东、湖南、上海、山西、四川、北京……天南地北，五湖四海的热血儿女一批批从家乡走向新疆，走向兵团。几代兵团人化剑为犁，将青春、热血甚至生命奉献给这片辽阔的土地。这些"献了青春献终生，献了终生献子孙"的热血儿女，从踏上新疆的那一刻，就将自己的根深深地扎进这片土地。兵团，成了"兵团人"的第二故乡，成了"兵团人"深深眷恋的故土。

戍边守土写忠诚

戍守这片土地的人被赞誉为"共和国永不移动的界碑，永不换岗的哨兵"。地处祖国边境线的新疆生产建设兵团第10师186团，就是这样一群戍边人。其中有一个人：他长年驻守在沙漠哨所，远离居民区，忍受着恶劣的自然环境，每天坚持在沙漠腹地执勤巡逻10余公里。他用坚守守护着边防线，用脚步丈量着国土；他用坚持在哨所的沙漠中植树绿化、种草放牧，用汗水浇灌绿色，使哨所环境一年一个样，三年大变样，靠勤劳的双手改变着生活环境；他用坚定把哨所当家建，建羊圈搞养殖，种菜种瓜建田园，用韶华铸就生命界碑守卫国土。他就是186团武装部北沙窝哨所所长付永强，一位边境线上名副其实的忠诚卫士。他多年如一日，守卫着边境线的稳定和长治久安，守卫着祖国的繁荣和安宁。自从付永强进驻哨所以来，一直兢兢业业工作，把守边当作自己一生为之奋斗的事业，扎扎实实守好边防。

"种地就是站岗，放牧就是巡逻。"这句话，正是付永强和他的家人生活的真实写照。为了维护边境安宁、社会和谐稳定，他默默地奉献和坚守着，用坚守镌刻忠诚，用生命铸就界碑，这种光荣和自豪也让他收获着一份可贵的幸福。

半个世纪一方棉田

今天的兵团，是名不虚传的"白银王国"。棉花总产占到全国的 1/5，平均皮棉单产连续多年保持全国第一。兵团塔里木垦区的长绒棉，占全国产量的 95% 以上，是中国唯一的长绒棉生产基地。中国十大棉花品牌，兵团独占其三。可在上世纪 80 年代以前，新疆棉花生产的总体水平相对较低。1982 年新疆棉花种植面积仅占到全国的 4.9%，总产量占全国的 4%，平均单产低于 18% 的全国水平。

"人来到这个世界上走一趟，能给这个世界留下点儿什么，也就不遗憾了。"这是中国工程院院士陈学庚时常挂在嘴边的一句话。上世纪 80 年代初，兵团石河子垦区引进地膜覆盖技术，在 7.5 亩地上试验种植棉花，结果增产 35%。但人工铺膜一天只能铺 4 分地，铺膜后要靠人工在地膜上点种，进度慢、劳动强度大。当时，只有中专学历的陈学庚，看到职工铺膜时的辛苦，心疼不已。后来，陈学庚有机会承担了技术革新的攻关任务，他和他的团队历经一次又一次的失败，终于在 1982 年成功研制出铺膜播种机，实现了铺膜、播种联合作业，大大加快了地膜覆盖栽培机械化的发展进程。当时在兵团引起了极大的轰动，后来王震同志对兵团的地膜植棉也进行了表扬和鼓励，同时提出了新的要求，要求全面推广地膜植棉技术。

"每到四五月的定苗期，全员定苗，棉花地里人山人海。"陈学庚看到种棉花给大家带来这么多困扰，就开始琢磨定苗问题。看场地、采数据，陈学庚带领团队又成功研制了一次作业完成 8 道工序的膜下滴灌精量播种机，并形成 11 个系列新产品。很快，精播机在南北疆打开了局面，2012 年新疆棉花种植面积占全国的 36.6%，成为我国最大的棉花生产基地。随后几年，棉花种植在新疆实现全程机械化生产。有人说，陈学庚就像一个"主攻手"，看到机会来了，就会快速地冲上去抓住。现在，陈学庚又开始将大量精力投入到残膜回收机具的研制中。

从一个中专生到如今的中国工程院院士，陈学庚用他执着坚守、默默奉献的经历告诉我们，英雄不问出处，只要一个人专心致志、脚踏实地地不懈奋斗，终能成就一番事业。有人问陈学庚，搞农机研究苦不苦、累不累？他回答："从事农机研究工作既苦又累，但是为农业发展解决了问题，为社会作出了贡献，我乐在其中。"半个世纪以来，陈学庚不知疲倦地奔走在大田里、实验室里、车间里。如今年过古稀，他依然没有停下前进的脚步。正是这样一种对事业的执着，支撑着他一路不断攻坚克难、永不懈怠。陈学庚把对事业的执着化为实实在在的行动，令人敬佩，值得学习。如果我们每个人都能脚踏实地，奋勇前行，就能在平凡的岗位上作出不平凡的成绩，对社会作出应有的贡献。

中国薰衣草之父

每年 7 月，新疆伊犁河谷的薰衣草"海洋"，就开始荡漾起蓝紫色的波涛，盛开的花海用独特的芬芳，吸引着无数游客为寻花而来，为留香而醉。然而，沉迷于这美景中的人们可能并不知道，那大片大片随风摇曳的紫色花海，已经在西北大地上默默绽放了近半个世纪。

薰衣草原本生长在欧洲阿尔卑斯山和地中海北岸一带，是当今世界重要的香精原料，被称为"蓝色的金子"。而当时这"蓝色的金子"在全世界仅有法国的普罗旺斯等地可以出产，要购买就必须花费大量宝贵的外汇。然而薰衣草又是一种很有个性的植物，对生存之地要求非常严格。由于新疆伊犁河谷与法国普罗旺斯同处一个纬度，气候和土壤条件也非常相似，1964 年，国家将试种薰衣草的任务下达到兵团，确定兵团第 4 师 65 团和 70 团作为试验基地。仿佛冥冥中自有安排，1963 年 8 月 11 日，年仅 19 岁的徐春棠，刚刚从上海轻工业学校毕业就主动报名参加边疆建设，来到了新疆生产建设兵团第 4 师 65 团。年轻的徐春棠作为技术员，责无旁贷地承担起培育薰衣草这一重任。寒来暑往，历经无数次的失败，徐春棠终于使薰衣草在伊犁度过了出苗、成活、繁育、越冬几大难关。1990 年，第 4 师 65 团薰衣草种植面积达到 4403 亩，总产精油近 20 吨。当年，第 4 师 5 个团场种植薰衣草 8965 亩，精油总产达 35.7 吨，占全国总产量的 95% 以上，不仅满足了国内需求，还开始少量出口，中国终于摘掉了使用薰衣草 "洋油" 的帽子。也是在这一年，第 4 师生产的薰衣草精油荣获 "部优产品" 称号。在原国家轻工业部及有关科研单位的支持和帮助下，经过大量科研生产实践，克服重重困难，徐春棠总结出一套符合当地实际的薰衣草栽培技术，终于使薰衣草生产基地从无到有、从小到大稳步发展，使第 4 师成为国家重要的薰衣草种植生产加工基地。

　　徐春棠 30 多年如一日，坚持对薰衣草种植、生产、加工等进行记录，积累了数十万字的笔记、数万字的授课稿，成为珍贵的资料。说起徐春棠，凡是和他一起生活工作过的人，都对他充满了赞美和敬意。第 4 师 65 团园林连连长说起徐春棠赞不绝口："我和徐春棠共事近 20 年，他是一个勤奋好学、低调谦和、事业心特别强的人，在职工群众中的威望很高，年底评先进大家都抢着选他。" 第 4 师科技局局长说："徐春棠是一个特别敬业的人。他刚调到师农业局时我们两家是邻居，经常看到他家的灯到很晚了还亮着，老徐在灯下埋头读书，不知疲倦。" 第 4 师 65 团 8 连技术员说："65 团的薰衣草从无到有，从小到大，从弱到强，在生产的过程中，慢慢形成了一种特色产业文化，这里面的人文就是第一代兵团人，第一代兵团人的杰出代表就是徐春棠老师。有的人称徐春棠老师为薰衣草之父，我认为一点儿也不过分。"

今天的新疆伊犁河谷，已经成为与日本北海道的富良野、法国南部的普罗旺斯齐名的世界三大薰衣草产地，薰衣草种植面积近 5 万亩，新疆已经成为名副其实的中国薰衣草之乡。而为中国薰衣草事业殚精竭虑的徐春棠，也越来越为大家所了解。徐春棠把一生中最好的年华献给了第二故乡，献给了这片热土。他给我们留下的不单是薰衣草，还有附着在薰衣草之上的对兵团的热爱，对科学的执着，对理想的追求。他潜移默化地影响着我们如何做人，如何不断地提高我们的精神境界。

新疆的美丽，数不胜数。大自然用粗细不一的线条和五彩缤纷的颜料，勾画出一幅又一幅美丽动人、色彩斑斓的图画。每年八九月，在这片土地上会出现一片红色的海洋。新疆生产建设兵团现在拥有一家亚洲最大的单体番茄加工厂，每天处理番茄 12000 吨，产品远销欧洲、非洲和日本。同样是红色产业，番茄主要用作食品，而辣椒红素却是化妆品，特别是口红的灵魂。中国女性经常使用的口红，很多都是大西北阳光的馈赠。每年辣椒成熟的时候，霍拉山下的戈壁滩，就是一片"火红的海洋"。而在"天马之乡"的伊犁昭苏，10 万亩油菜花铺展成光芒四射的"黄金地毯"，构成了我们祖国最美丽的边防线。与油菜花比邻而居的是香紫苏，它是这片土地的新移民，香紫苏花和油菜花竞相登场，蜂拥而来的游客让这里成为网络刷屏的风水宝地。在兵团第 4 师 68 团的土地上，当 10 万亩波光粼粼的水稻田呈现在眼前时，我们仿佛来到了江南水乡。天山万泉峰脚下的一万泉，群山起伏，宛如仙境。有人说它犹如上天打翻的调色板，每一种色彩都如此浓郁，每一个季节都绚烂无比。目前，兵团的绿色果园遍布天山南北，成为中国西部最重要的果品生产基地。葡萄、香梨、哈密瓜，以及红枣、枸杞、核桃等等，每到丰收的季节，到处是瓜果飘香，到处是色彩的盛宴。一年的辛苦，一年的奔波，满满的粮仓化为丰收的喜悦。

幸福都是奋斗出来的。正是人类生产活动以及对美好生活的憧憬，才使这片原本色彩单调、贫瘠荒凉的土地，变得鲜亮绚丽、丰饶富足。这多姿多彩的颜色，是共和国成立 71 年来伟大成就的光辉礼赞，是兵团人 60 多年饱含深情的寄托，是新时代中华儿女雄心壮志的凯歌。

新疆生产建设兵团自成立以来，为推动新疆发展、增进民族团结、维护社会稳定、巩固国家边防作出了不可磨灭的历史贡献。付永强、陈学庚、徐春棠……这些先进模范人物，当初也很平凡普通。但他们默默付出，奉献了自己的美好年华、辛勤汗水和聪明才智，他们的伟大才逐渐显现出来。他们无一例外地栉风沐雨，扎根边疆，同当地各族人民一道，通过艰苦卓绝的努力，在成就伟大功绩的同时，也造就了自己高尚的品格。

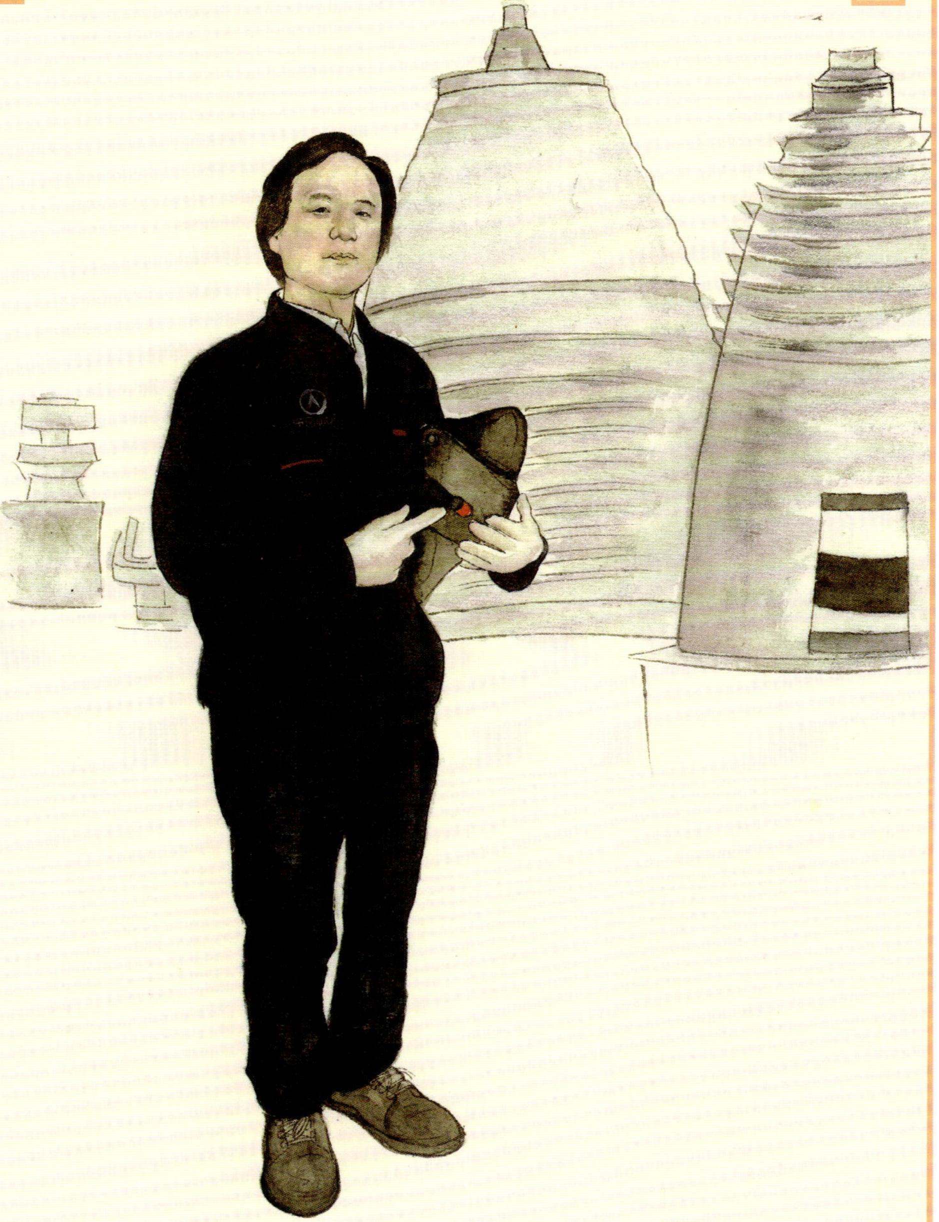

为火箭焊接"心脏"的大国工匠

高凤林自 1980 年参加工作以来，作为一名航天特种熔融焊接工，从他手中诞生了我国长三甲系列运载火箭、长征五号运载火箭的第一颗"心脏"——氢氧发动机喷管。"北斗"导航、"嫦娥"探月、载人航天等国家重点工程的顺利实施，一个个蓝图的绘出，都有他浓墨重彩的一笔。发展航天，火箭先行。作为一名普通航天人，高凤林几十年如一日，始终坚持以国为重，一次次攻克发动机喷管焊接技术难关，用勤勤恳恳的工作，助推了我国航天强国和世界科技强国建设。

勤学苦练少年成才

1970 年，我国第一颗人造地球卫星飞上太空，大街上的广播中回响着卫星传回的《东方红》乐曲。8 岁的高凤林是那么好奇：卫星是怎么飞到天上去的？由此，航天之梦便驻在他儿时的心中。

1978 年，高凤林报考了第七机械工业部第一研究院 211 厂技工学校焊接专业，毕业后，进 14 车间工作。从此，高凤林与航天结下了不解之缘。

要掌握过硬的焊接技术，离不开辛勤的努力和汗水。高凤林一面虚心向师傅求教，一面勤学苦练，吃饭时拿筷子练习送焊丝动作，喝水时端着缸子练稳定性，休息时举着铁块练耐力，冒着高温观察铁水的流动规律。

功夫不负有心人。渐渐地，高凤林练出了不少绝技，例如可以在焊接作业时 10 分钟不眨眼。因为焊接时需要紧盯微小的焊缝，一眨眼就可能会有闪失。眨眼是人很难控制的正常生理活动，正常的眨眼频率是每分钟 15 次，高凤林能做到 10 分钟不眨眼，是他经过了超常的自我训练，才练成的本领。

20 世纪 90 年代，科研人员在为长三甲系列运载火箭设计新型大推力氢氧发动机时，其大喷管的焊接一度成为研制瓶颈。大喷管的形状有点儿像牵牛花的喇叭口，延伸段由 248 根壁厚只有 0.33 毫米的细方管组成，仅 1 根管子的造价就高达数千元，这些全部要通过工人手工焊接而成。全部焊缝长达近 900 米，管壁比一张纸还薄，焊枪多停留 0.1 秒就可能把管子烧穿或者焊漏。

在首台大喷管的焊接中，凭借着高超的技艺，高凤林攻克了烧穿和焊漏两大难关，连续奋战 1 个多月，终于完成了任务。然而，高兴劲儿还没散去，X 光检测显示，大喷管焊缝有多达 200 多处裂纹，这台大喷管面临被判"死刑"的命运。此时的高凤林内心充满自信，他从材料的性能、大喷管结构特点等方面进行细致分析，最终给出自己的结论：裂纹是假的。经过剖切检验，证实高凤林的判断是正确的。

就此，第一台大喷管被成功送上试车台。这一新型号大推力发动机的成功应用，使我国火箭的运载能力得到大幅提升。

面对航天科学技术的飞速发展，高凤林越来越感到知识的宝贵。在离开学校 8 年后，他又重新走进课堂，开始了长达 4 年的艰苦求学，完成了从大学专科到本科、再到研究生的学习。

能工巧匠妙手回春

航天事业注定与高难度相伴。20 世纪 90 年代，在为长三甲系列火箭焊接第二台氢氧发动机的关键时刻，生产现场唯一的一台真空退火炉发生炉丝熔断，研制工作一时陷入停滞，大家都急得团团转。要想恢复设备运转，必须将炉丝重新焊接在一起。当时正值盛夏，炉内氧气本就稀薄，焊接时还要输送氩气进行焊接保护，缺氧问题成了"拦路虎"。在这关键时刻，高凤林主动要求钻炉抢险。在漆黑一片的炉腔里，高凤林打着手电筒，忍着闷热和缺氧的窒息感，一点儿一点儿焊……就这样，他三进三出，终于成功焊好了炉丝，真空炉又恢复了运转。

2007年9月，就在长征五号火箭研制的关键时刻，发动机内壁在试车时出现烧蚀。时间不等人，必须在最短的时间内排除故障。为了安全，现场只留下高凤林和助手在狭小的操作台上。操作台10米外是易燃易爆的大型液氢储罐，脚底下又是几十米的山涧，十分危险。相比环境的险恶，更困难的是，故障点无法观测，操作空间非常狭小。高凤林凭着多年的操作经验"盲焊"，终于成功地排除了故障。

在高凤林的职业生涯中，还碰到过许多"疑难杂症"，他总能"妙手回春"，创造奇迹。

2010年以后，长征五号火箭的研制进入新的阶段。根据研制需要，产品要在模拟使用状态下的试车中接受考验。为此，长征五号发动机推力室需要加装稳定装置。但是，稳定装置的固定是一大难题。如果采用焊接的方法，焊接部位位于头部喷出火焰的地方，接头根本经受不住火焰的冲刷。

面对这一难题，国外普遍采用的是粘接技术，而且这项粘接技术对我国实行技术封锁，因此必须完全依靠自己的力量来解决。时间紧迫，高凤林大胆地提出了采用低熔点氩弧钎焊的方法进行连接。接下来，如何避开冲刷的区间是要解决的关键。高凤林经过与设计人员共同讨论，计算出了冲刷的温度区间，精准地确定了施焊的位置，最终创造性地解决了推力室头部焊接的难题。试车考核结果证明，这一方法完全满足设计要求。

这一方法突破了国外技术封锁，为相关问题的解决开辟了新路，为加快长征五号火箭的研制提供了有力的保障。高凤林就是在一次次破解技术难题的过程中磨炼自己的本领，逐渐成长为名副其实的大国工匠。

技高一筹扬名海外

2006年11月底的一个晚上，诺贝尔奖得主丁肇中教授的秘书多方辗转找到高凤林，由世界 16 个国家和地区参与的"AMS-02 暗物质与反物质探测器"项目，在制造中遇到了焊接难题，希望高凤林帮助解决。

在高凤林以前，已经有两拨"顶尖高手"参与，但因为工程难度巨大，项目实施方案一直没能得到国际联盟总部的认可。由于液流氨具有极强的渗透力，只能使用焊接的方式，但焊接带来的变形是一大难题。在论证会上，高凤林一边了解特殊结构的要求，一边紧张地思索着。听完汇报后，高凤林说："对待这种复杂的特殊结构，必须创新设计方案。"说着，他把自己的思路和盘托出，各方专家听了纷纷点头称赞。但思路只是一个方向，要变成可操作的方案还要克服许多难关。高凤林苦思冥想了好几天，终于想到了一个创新设计方案，通过了国际联盟总部的评审，他本人也以特派专家的身份督导项目实施。

数十年如一日的奋斗，终于收获丰硕的果实。2014 年，第 66 届德国纽伦堡国际发明展（IENA）召开，这是一次创新成果比拼的大舞台。纽伦堡国际发明展历史悠久，位居世界三大发明展之首，每年都有数十个国家和地区的各行各业前来参展。高凤林携带自己的 3 个项目远赴德国纽伦堡，与参展的 600 余项发明成果一决高下。

展会上，高凤林对每个项目为众多顶级专家进行"车轮战"式的讲解，应对提问。最后，发明展共颁发 39 个金奖，而高凤林带去的 3 个项目全部获得金奖，这在发明展历史上也是十分罕见的。

高凤林在焊接岗位上，攻克难关 200 多项，著有论文 30 多篇，获得过多项国家级荣誉。但他没有停下前进的脚步，开始着力培养更多的航天技能人才。现在，高凤林 19 人的班组里，有 5 名全国技术能手、1 名央企技术能手和 1 名航天技术能手。2011 年，国家人力资源和社会保障部还以高凤林的名字，命名了国家级技能大师工作室，这也是首批 50 个国家级技能大师工作室之一。高凤林曾先后荣获国家科技进步二等奖、全军科技进步二等奖，荣获全国劳动模范、全国"最美职工""最美奋斗者"等荣誉称号，享受国务院政府特殊津贴。

这些荣誉的背后，是他辛苦的付出和不懈的努力。"事业为天，技能是地"。参加工作30多年来，高凤林默默奋战在火箭发动机系统焊接第一线。他爱岗敬业，淡泊名利，扎根一线，让"高凤林班组"人才辈出，屡创佳绩。他敢为人先、勇于创新，艰苦奋斗、甘于奉献，为中国航天事业的发展作出了积极贡献。他热爱自己的祖国和所从事的事业，以主人翁的责任感、刻苦钻研的精神、无私奉献的态度，走出了一条成才之路，成为新时代高技能人才的楷模。在他身上，劳模精神得以发扬光大，散发出更多的光和热，汇聚成这个时代最宝贵的精神财富。

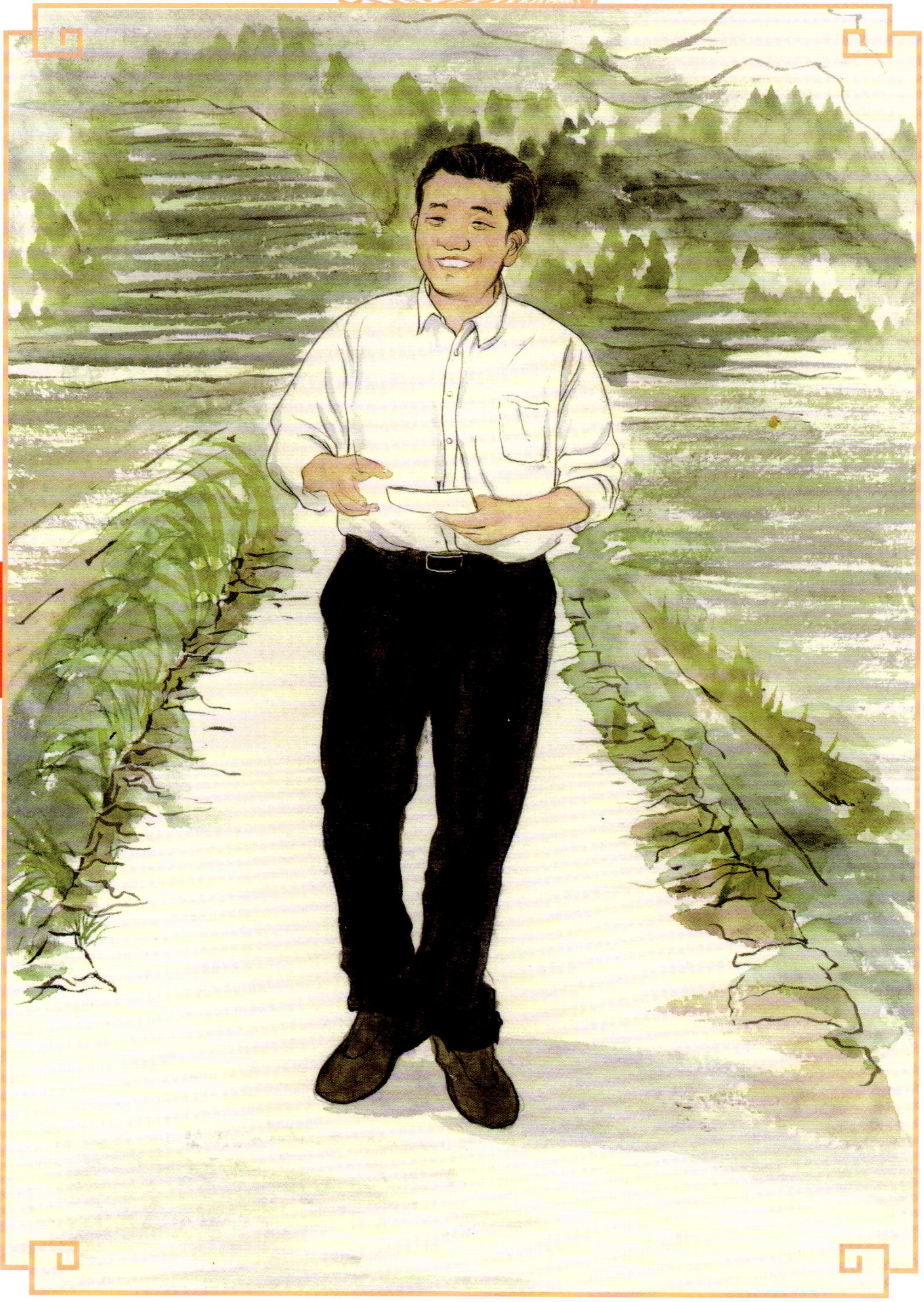

为人民造福的"樵夫"

2017年3月18日，周六，晚7时许，大雨如注，一辆略显陈旧的小轿车行驶在长深高速公路上。"路上下大雨了，估计晚到一会儿，请大家准备8点半开会。"后座上的一位中年男子刚刚挂掉电话，意外发生了——车辆突然失控侧滑，撞上了右侧的防护栏，中年男子在猛烈的撞击中被甩出车身，重重地砸向了金属护栏……救护车迅速赶到，然而一切为时已晚。

廖俊波，原福建省政和县委书记，现任南平市委常委、副市长，在一个周末的晚上，走完了他年仅48岁的一生。

"我至今不相信他真的走了！""都说焦裕禄是好干部，我觉得他就是当代的焦裕禄！"……几乎相同的话从不同的人口中说出，提起他的每个人都忍不住红了眼眶，流下热泪。

廖俊波给自己的微信昵称取名为"樵夫"。这个看似相貌普通的"砍柴人"，到底拥有着怎样的魔力，竟如此令人念念不忘，如此深得人心，如此声名远扬？

创业的魔力：他走到哪里，哪里就会大变样

"他就像个画家，在一张白纸上能画出美不胜收的图画；他就像个魔术师，总能在困境中拿出令人意想不到的新招；他就像个救火队长，哪里有急难险重的任务，哪里就有他的身影。"——这就是廖俊波特有的创业魔力，走到哪里，哪里就会大变样。

1998年，廖俊波任邵武市拿口镇党委副书记、镇长，摆在他面前的第

一个任务就是百年不遇特大洪灾的灾后重建。他二话没说，马上挨家挨户探访情况，很快就把受灾的几百户都走了个遍。紧接着就是定方案，抓落实，筹资金，开工建设……廖俊波事无巨细，事必躬亲，一竿子插到底。1999年春节，全镇共有500多户居民在灾后重建的新房里，高高兴兴地度过了除夕之夜。

"拿口镇到朱坊村的水泥路，直接受益的群众差不多有1.3万人，占全镇人口近一半，竣工时几百名群众自发地敲锣打鼓给镇政府送匾。"人们对当时廖俊波四处奔忙修通公路的情形，至今记忆犹新。

在邵武市任副市长期间，廖俊波创造性地提出建设专业化产业平台：新建了占地26平方公里的省级循环经济园区，规模工业产值3年翻了近一番。他先后化解原国有企业不良债务1.3亿元，盘活工业用地近200亩，为13家担保企业解除了债务链。

在南平市政府副秘书长的任上，城区地质灾害防治、配电站房整治、村用地纠纷调解、房地产项目遗留问题处理等一个个硬骨头，都被廖俊波一一"啃"下。

2007年，廖俊波走马上任荣华山产业开发区管委会主任，赤手空拳赴浦城县负责筹建工作，一起赴任的只有一名副主任和司机。面对一片待开发的山包，没有规划，他找规划单位来做规划设计；没有土地，他与浦城县委、县政府沟通协调征地拆迁；没有基础设施，他带领大家建路、挖沟、架电。为了招商引资，4年间，他驱车36万公里，往返奔波在浙江、广东等地。4年间，完成征地7000多亩，招商引资签约项目51个，开工项目23个，总投资28.03亿元。浦城人惊呆了，直呼廖俊波创造了奇迹！

曾几何时，政和县没有高速公路，没有市民广场，没有文化中心，没有像样的桥梁，甚至没有红绿灯、斑马线。2011年6月至2016年4月，廖俊波担任县委书记期间，将政和县城的城镇化率从31%提高到46%。迎宾大道建起来了，主街改造好了，政和广场、文化中心投入使用了，9座市政桥梁竣工了，宁武、松建高速公路通车了！25年高考没有人考上北大、清华的历史结束了，过去连想都不敢想的工业园区已经开发完毕3600亩了！

"家乡变样了！"那时候，从政和出去打工回家的人一下高速公路便要下车仔细观望，感叹家乡的模样焕然一新。

实干的魔力：能在现场就不在会场，创造新区速度与奇迹

荣华山，位于闽浙赣交界的浦城县，历史上曾是入闽商路要冲。

廖俊波是浦城人，熟悉人情地理。但环顾一片荒山野岭，再掂掂手里的6个人、1台车和2000万元启动资金，难免让人底气不足。

人们都清楚，在落后地区建开发区，不是什么好工作。其中一个难处，就是招商得到处求人。南平是山区，除了生态好，没别的优势，招商就更难了。

荣华山离南平市要3小时的车程，外出招商，光赶路就让人吃不消。可廖俊波不怕，他好像喜欢为工作求人和赶路。

时至今日，当年的同事回忆起廖俊波的荣华山往事，仍感慨万分，难忘创业的艰辛，难忘廖俊波那股"疯劲"。"那可是没白天没黑夜地干啊！连着4个春节假期，全都用来招商。"同事说，"俊波的父母就住在另一个乡，离荣华山18公里。4年中，他就回去探望过一次。"

4年下来，廖俊波乘坐的越野车跑了36万多公里里程，平均每天超过240公里里程。

荣华山岁月，廖俊波留下了闪光的业绩。"光从浙江引来的轻纺园，产值就有30个亿。"同事说道。

廖俊波在当地是位出了名的实干家，组织上对他十分信任，常常委以重任。因此，廖俊波工作过的岗位，都是任务最重、困难最大、问题最多、矛盾最复杂的岗位。

担任南平市副市长后，组织上安排廖俊波主抓武夷新区建设。

南平市区，沿河谷而建，发展空间局促。经国家批准，在北边调整建设一个规模较大的武夷新区，并且要把政务中心也搬过去。

虽然拥有"全国优秀县委书记"的光环，但廖俊波又干起了招商的活儿，开始到处求人。廖俊波对周围的人说，招商没什么秘诀，说穿了就是几句话，"接待真心真意、交流专业专注、服务贴心用心"。

有外地客商来，廖俊波一定会亲自赶到车站、机场迎送，亲自陪同考察、讲解情况。"咱们是穷地方，人家来投资，需要千百个理由。人家不来，只要一个理由就够。"廖俊波经常念叨。

遇到符合产业规划的高科技项目，他日思夜想，号称要"跪地求婚"。

在廖俊波生命的最后 45 天，有 22 个晚上在开会，14 个晚上在外出招商或者赶路。其中的一次，他 3 天跑 4 个省，去了 6 家公司走访。

武夷新区距离南平市有近两小时的车程，廖俊波后来作为副市长，市里还有一大摊事，只好不停地来回跑。

新行政中心按计划要求是 2018 年落成搬迁。但廖俊波提出，提前 1 年具备搬迁条件，并要求"起步就是攻坚，开局就是决战"！

这么多事，光白天时间哪够用？刚开始的时候，廖俊波有几次被反锁在新区办公楼里，因为值班保安不知道副市长总是深夜加班。

"每谈成一个大项目，他就一副春风得意的样子，真像求婚成功一样。"武夷新区管委会副主任说道。

跟随廖俊波多年的司机总是在车上备着"四件套"——衣服、雨鞋、雨伞和被子。那床被子，开车时廖俊波用，停车时司机用。

"领导，您不觉得累吗？"一次，司机问道。

廖俊波对此的解释是：带孩子够辛苦吧，但父母为何乐在其中呢？因为信念！人有信念，就不会觉得累。

扶贫的魔力：赚钱的事群众来干，不赚钱的事让我们来干

政和县经济基础一直比较薄弱，也因此成为福建几任省长固定的帮扶县。习近平同志在任福建省省长期间，曾3次到政和调研。2000年9月，习近平同志在政和县调研时指出，希望山区县的同志们发扬愚公移山、滴水穿石的精神，实实在在地发展山区特色经济。如何让山区群众脱贫，一直是廖俊波心头的一件大事。为让群众过上好日子，廖俊波开动脑筋，想出不少新招。

政和县石屯镇石圳村，如今是远近闻名的"美丽乡村"、白茶小圳，最多的时候一天接待游客超万人次。看着古朴的民居、潺潺的流水、幽香的茶社，很难想象在4年前，这里还是一个出了名的"垃圾村"。村里的河沟堆积了近30年的垃圾无人清理，年轻人都外出打工，除了本村留守的老人、儿童，外村人都不愿踏进村里一步。

廖俊波任县委书记后，听说石圳村的10名妇女成立了村巾帼理事会，义务清理垃圾，他就专程到村里走访。廖俊波鼓励她们不仅要整理卫生，还要恢复村容村貌，创建美丽乡村，想办法搞旅游项目，发展经济。从此以后，廖俊波每个月都要到村里来三四趟，帮助村里出主意，想办法，破解难题，解决问题。"赚钱的事你们来干，不赚钱的事让我们来干"，廖俊波常把这句话挂在嘴上。在他的帮助下，水、电、桥、路灯等基础设施逐步完善，石圳村发生了脱胎换骨的变化。有100多名村民回到本村从事旅游等相关产业，村民人均收入翻了几番，村里的老人们都说日子好得"像是掉进了蜜罐里"。

铁山镇东涧村在2012年的时候人均年收入仅5000元，村里900多口人中有1/3外出打工。2013年10月，廖俊波来到村里和村民们座谈，帮他们想办法增收。"能不能流转土地，搞花卉种植？"看到村民们渴望的眼神，廖俊波几经联系终于找到一家花卉种植公司的负责人，诚恳地邀请公

司落户东涧村，发展了 400 多亩的花卉基地，带动了本村 50 多人的就业。几年下来，这个村已有 5 家企业落户，村民的人均年收入已达 1 万多元。

外屯乡洋屯莲子合作社负责人许仁寿 2010 年创办合作社时，怎么也没想到，3 年不到的时间，合作社种植莲子的规模居然从 100 亩扩大到了 2700 亩。"多亏了廖书记帮我们出主意，办理了小额金融贷款，我们的莲子合作社才能逐年不断扩大规模。"2014 年，由于周转资金短缺，合作社找到银行却因承包的土地无法抵押贷不了款。在廖俊波到外屯乡调研时，许仁寿抱着试试看的态度提出了贷款的难题。廖俊波立即找县邮储银行等多个部门商讨，由县财政将扶贫贴息的 350 万元作为风险保证金，帮助他们开通了小额金融贷款项目。

汇集着闽北大地涓涓细流的闽江一路向南，汇入大海。孜孜不倦的"樵夫"累了，他放下了斧头，收起了魔法，化作一朵晶莹的浪花，折射着太阳的光芒。廖俊波走了，但他的精神依然在激励着每一位共产党人，像他一样不忘初心、勤勉不倦，永远为着光荣与梦想不懈地继续奋斗。

第三篇章

劳动最光荣

创造美好生活

高尔基说过："我们世界上最美好的东西，都是由劳动、由人的聪明的双手创造出来的。"环顾我们身边的一切，哪一个不是由劳动创造的呢？餐桌上的食物是农民的劳动成果，道路上的汽车是工人的劳动成果，整洁的街道是环卫工人的劳动成果，体验感良好的网站是程序员的劳动成果，便捷的物流是快递员的劳动成果……创造今天美好生活的，是亿万人民勤劳智慧的双手，是上上下下苦干实干的精神。没有亿万人民的胼手胝足、日耕夜作，就不会有今日中国的巨变。正是亿万劳动者不辞涓流、不拒细土，一瓶瓶水、一颗颗纽扣、一件件衬衣地生产，一块块砖瓦、一根根枕木、一条条公路地建设，才实现了中国的财富积累和经济发展，老百姓的日子越过越红火。因此，劳动是人类延续生命、创造幸福的根本途径，美好的生活需要用双手来创造。

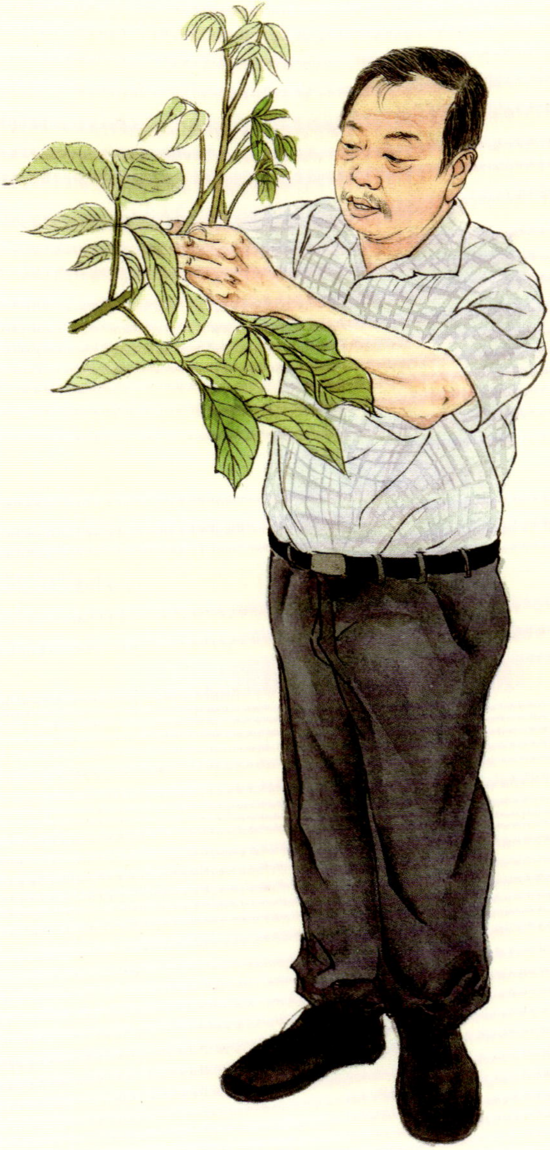

太行山上的新愚公

在河北，乃至在全国，提起"浆水"板栗、"富岗"苹果、"绿岭"核桃，人们都会同李保国这个名字联系起来。2016 年，习近平总书记对李保国事迹作出重要批示指出，李保国同志 35 年如一日，坚持全心全意为人民服务的宗旨，长期奋战在扶贫攻坚和科技创新第一线，把毕生精力投入到山区生态建设和科技富民事业之中，用自己的模范行动彰显了共产党员的优秀品格，事迹感人至深。李保国同志堪称新时期共产党人的楷模，知识分子的优秀代表，太行山上的新愚公。

把才学抱负植根在燕赵大地

李保国始终奋战在科技兴农、扶贫攻坚和教书育人第一线，先后取得研究成果 28 项，获得省部级以上奖励 18 项，技术累计应用面积 1826 万亩，打造系列全国知名品牌，带动山区农民增收 58.5 亿元。他参与研究提出聚集土壤、聚集径流的"两聚"理论，使邢台前南峪森林覆盖率达到 90.7%，植被覆盖率达到 94.6%。在李保国看来，自己一生感到最"过瘾"的两件事，"一个是把我变成农民，一个是把越来越多的农民变成'我'"。在他手机存储的电话号码中，三分之一以上是农民朋友的，农民朋友随时随地都能找到这位大学教授释疑解惑。

李保国说："作为农业科技工作者，就应当把实验室建在田野里，把论文写在大地上。"这个全国知名的山区治理专家、经济林专家，35 年如一日扎根太行，带领 10 万群众脱贫致富奔小康。每年进山"务农"超过 200天，帮助山区农民增收 28.5 亿元，让一片片野岭荒坡变成金山银山，被村民们亲切地称为"科技财神"。

按照李保国研究的128道工序栽培出的"富岗"苹果，果型、着色、个头像一个模子脱出来的，极受市场欢迎。可当初为了教村民掌握技术，李保国着实下了好大的功夫。那时候，整个河北省还很少见苹果套袋技术。"套上不烂了吗？"村民不接受。李保国自掏腰包买来16万个果袋，在果园里搞试验："套袋减了产，赔了是我的，赚了是大家的。"村干部说，赔了干部偿还。李保国摇头拒绝："你给我上保险没用，人们怀疑的是我。"为了让村民掌握技术要领，李保国抓着他们的胳膊找角度，捏着他们的手腕找力度，常常1个多小时才能教会一个人。秋天，套袋苹果果型端正，又大又红，重五六两的能卖到10元1斤，8两以上的能卖到50元1斤，甚至更多，比那些果皮厚、锈斑多的没套袋苹果的价格高出几倍十几倍。这下子，农民才真心服了。第二年，村民购买果袋160万个。第三年，购买1800万个。为了让128道标准化生产管理工序尽快教会更多的农民，李保国嘱咐村支书组织人将每道工序写成一个故事，投稿登在报纸上，最后印成书，免费发向社会。

把毕生心血挥洒在太行山脉

作为河北农业大学的教授，李保国立志"做太行山上一棵树"。他说，太行山人民为中国革命和发展作出了巨大贡献，作为一名党员、一名教授，有责任、有义务为太行山人民脱贫致富干几件实事。"干成点儿有益于人民的事，什么时候想起来，也是值得骄傲的。"这是李保国的"事业观"，也是李保国的"成功观"。

当时，山区农村青壮年劳动力有很多都进城务工了，只留下些"老弱病残"的农民从事农业生产。李保国就结合实际，把一次整地、架设黑光灯诱杀害虫等技术传授给了他们，既省力又省时。瞄准太行山区干旱阳坡具有充足的光热资源和具有自然阶梯的优势，李保国将平原日光温室错季栽培技术转移到山区，将高效循环利用技术传授给了他们，使山地效益超过良田效益的 1.4 倍。李保国的技术推广工作让很多农民扬起了希望的风帆，但是一个人的力量终究有限，于是，他牵头成立了河北省核桃产业技术创新联盟和苹果产业技术创新联盟，并亲任理事长。加盟的集中生产区域和大型龙头企业总数都超过了 50 个，覆盖核桃产业面积 100 余万亩，占全省总栽种面积的 80% 以上；覆盖苹果产业面积 30 余万亩，占全省总栽种面积的 60% 左右。两艘产业"航空母舰"，让更多的农民插上了科技致富的翅膀。

有人劝李保国："院士是一个科学家的珠穆朗玛峰，少往山里跑跑，说不定就能登上巅峰，一个科学家何必去干技术员的活儿？"他嘿嘿笑道："价值体现多种多样，国家需要院士，也需要技术推广服务的人才。对我来说，当院士是未知数，搞技术服务让更多的老百姓摆脱贫困是已知数，如果二选一，你说，一个共产党员该选哪个？领全国人民奔小康是咱们党正在干的千秋伟业，我参与其中并能作出贡献，不比院士差。"

常年野外工作，风吹雨打，让李保国面色黝黑。他自嘲是全国"最黑的教授"，但在农民眼里，他是农民教授、科技财神、太行新愚公，甚至是"大恩人""大救星"。他把最好的论文写在了燕赵大地上，让山岭披上了绿装，让农民摆脱了贫困。正如一首歌中所唱的：你像春风，迎来了山里久违的美丽；你像火种，燃亮了百姓梦中的日子！

在科技研究的选题上，李保国有一句名言："脱贫为科研出题，科研为脱贫解难。老百姓需要什么，我就研究什么。"所以，他选取的，都是能广泛应用于生产，让群众受益的课题，而不是在一般数据或一个点的突破，仅仅成为课堂上的一道考题。"深眼闷炮"控制爆破松土蓄水技术、隔坡沟状梯机械整地技术、太行山片麻岩区"蓄、集、整、改、排"防洪减灾工程技术、太行山板栗集约栽培技术、优质无公害苹果栽培技术、绿色核桃配套栽培技术……为山区农业发展带来了巨大的效益。他发现，现有节水灌溉设施在山区应用时有灌水时间不均、灌水量不匀的问题，竟对机械技术研发产生了兴趣，取得了一项国家发明专利——溢流式小管出流节水灌溉系统，很好地解决了这一难题。

有人说，李保国运气好，干什么成什么。却不知，为了每一项成果，李保国付出了怎样的辛劳。荒山野岭上，他不顾风吹日晒采集样品；实验室里，他反反复复地分析数据。却不知，为了让自己的知识更广博，李保国在干中学、学中干，不管是生态的、土壤的、肥料的，还是生理的、分子生物学的，从宏观到微观，从单项技术到宏观产业设计，都努力学，都努力精通。46岁时，已经当了博士生导师的他，竟然又踏踏实实地去攻读了经济林博士学位，这在全国的博士生导师中，也实属罕见。

把劳动果实奉献给致富百姓

为了使岗底村民变成专家，李保国办夜校，搞培训，长年不断。2009年，他提出借助邢台农校"送教下乡"活动，让100名果农在家里读中专。这些人毕业后，有62人又考上大专。现在，全村有了5名高级技师、1名农艺师、14名技师，191名果农获得国家颁发的果树工证书，成为全国第一个果农持证下田的村庄。

李保国一身农民打扮，他也细心地揣摩农民的心理和语言。他说："我变不成农民，农民就变不成我，这是教学相长的规律。"他真正地融入百姓中间，用他们听得进、听得懂的语言，使其快速地接受和掌握新技术。

给农民讲课，李保国言简意赅。赞皇县寺峪村的上千亩苹果园，产量一直上不去，请了一位专家讲了一天，名词、术语一大堆，村民听得晕头转向，直抓头皮。后来，慕名请来李保国，他只教给村民两样：一样是"结果枝"，一样是"不结果枝"。半个小时讲完，乡亲们一拍大腿："原来这么简单。"

教农民疏花疏果，李保国说："一棵果树所供给的营养有一定的限量，打个比方，10 个馒头 10 个人吃，一人只能吃 1 个，谁也吃不饱。如果 10 个馒头 5 个人吃，一人两个，大家就都吃饱了。这和计划生育的道理是一样的，孩子太多的家庭负担重，如果孩子少，上学就业、盖房娶媳妇就省钱多了，所以，果树也要实行'计划生育'。"

教农民剪枝，他总结的口诀通俗易懂，简单易记："去掉直立条，不留扇子面。""见枝拉下垂，去枝就留橛。"

每次培训，李保国都会留下手机号码，在他编写的一些普及栽培知识的书籍上，也都印着电话号码和电子信箱；他的手机 24 小时开机，只要农民打电话，他马上解答；有时，农民电话里说不清楚，他就不辞辛苦直接到现场去查看指导。手机通讯录里的 900 多个联系电话，有三四百个是农民朋友的。其中不乏"栾城杨核桃""平山西北焦核桃""宁夏杨苹果""江苏刘核桃""洛阳高核桃"这样的名字。这是因为，不同地方的农民打电话咨询却没说清楚自己的姓名，李保国只好这样记下来，以便随时指导和了解栽培效果。

一次，他在邢台一个村子路遇堵车，路旁的农户听说李保国老师急着赶回保定，便招呼来几个人，把自家土坯院墙推倒，让李保国从院内绕了过去。2015 年春节，李保国夫妇到岗底村基地，乡亲们你拉我拽，请他们吃饭，从初六一直请到正月二十二，并且一天六顿饭，早晨两顿、中午两顿、晚上两顿。在李保国的心中，这，是最大的幸福！"这么多年，名和利我没追求过，但到最后我都得到了。我相信，你只要干点儿事就行了，终究会有人认可。"这是多么朴素的一句话！当我们脚踏实地"干点儿事"的时候，在实现自己人生价值的同时也在为他人创造着美好。

为党和人民作出贡献的人，党和人民不会忘记他。30 多年来，李保国多次受到表彰和奖励，荣获"改革先锋""时代楷模""全国优秀共产党员""全国先进工作者""全国优秀教师""全国脱贫攻坚模范"等 57 项荣誉称号。

为人师表

劳动最光荣

先生之风，山高水长

提到启功，我们首先想到他是一位书法大家。启功的字独树一帜，风格鲜明，被称为"启体"。1999 年，"启体"纳入到了北大方正的字库中，当我们在电脑前输入文字时，便可以欣赏到启功字形优美、俊秀挺拔的书法。

启功不仅在书法领域颇有造诣，他还是中国当代著名的教育家，又是国学大师、文物鉴定专家，为国家的文化发展和教育事业贡献了毕生的心血。启功有一方古砚，上有铭文曰："一拳之石取其坚，一勺之水取其净。"他把自己小小的卧室兼书房命名为"坚净居"，自号为"坚净翁"。这一坚一净，既是启功为人处世的信条和坚守，也是启功书画作品、文化成就的衡量标尺。

书法——不落窠臼，自成一家

启功自小就开始接受良好的书法训练，对书法有着与生俱来的喜爱和超乎常人的禀赋，曾摹欧阳询的九成宫帖，后又练习颜真卿的《多宝塔》、赵孟頫的《胆巴碑》、柳公权的《玄秘塔》等，但他的书法也绝不是简单地复刻和临摹。一般人学书法都是从"九宫格"或"米字格"开始，在观察字形的时候，往往以方格中心为重要的参照物，围绕中心来书写。但启功却有自己独到的见解，在长期的书法练习实践中，他发现字的重心不在传统的米字格的中心点，而是在距离中心不远的四角处，即字格中有 4 个聚点。"聚点"，他又称之为"重点""重心"。通过观察各个笔画及其延长线，他发现这些笔画和延长线最为经常地通过 4 个点，或者这 4 个点邻近的区域，每个点和格子一条边的距离与另一条边的距离的比率恰好是5：8，即黄金分割率。启功对他发现的结字黄金分割率非常看重，曾作诗云："用笔何如结字难，纵横聚散最相关。一从证得黄金律，顿觉全牛骨隙宽。"启功所发现的结字黄金分割率，给书法学习者提供了学习书法的重要通则，同时他又希望大家在了解规则的同时，尝试去打破规则。由此可见，启功虽善于发现字体间的规律，但又希望大家打破传统的束缚。也正因为有如此创新意识的做事风格，启功书法的启体才能够硬瘦飘逸，集百家之长，又独具风采。书法界评论启功的书法"不仅是书家之书，更是学者之书、诗人之书"。其人其字，可窥见启功的风骨。

画家黄苗子认为，启功学养丰厚，兼具书法功底与诗赋修养，因此他的画作也自成一家。外人看来，启功已经表现出非凡的天分与才能，黄苗子却知道启功还有许多才能秘而不示，"像个藏宝者，只在无人偷窥的时候偶尔拿出来看上两眼"。

鉴定——一丝不苟，严谨求真

独特的身世和求学经历，使启功具有丰富的文史知识和卓越的文史修养，对历代书画作品的特征、作者风格了然于心，伪作和赝品总逃不过他的双眼。1947年，启功受聘为故宫博物院专门委员，负责鉴定书画、审阅文献档案、整理清代史料。1986年，启功担任国家文物鉴定委员会主任委员。启功曾说，书画鉴定是他"平生用力最勤、功效最显的事业之一"。在文物鉴定生涯中，启功认为文物鉴定应该秉持着绝对的公平公正，本应铁面无私，但鉴定工作不同于自然科学，会遇到很多形形色色的社会阻力，影响到鉴定的结果。鉴于此，启功总结了文物鉴定时要注意的7条忌讳，即：一、皇威，二、挟贵，三、挟长，四、护短，五、尊贤，六、远害，七、容众。时刻谨记，才能尽量客观公正。

1983年6月，国家文物局组织全国一流的书画鉴定专家组成鉴定组在全国范围进行最权威的公、私藏画鉴定，启功就是成员之一，当时的专家组平均年龄超过 66 岁。专家鉴定组从 1983 年到 1990 年，历时 8 年，行程数万里，遍及 25 个省、市、自治区，121 个市县，208 个书画收藏单位及部分私人收藏，每天平均鉴定 120 件作品，共过目书画作品 61596 件，制作资料卡片 34718 份，对中国内地保存的古代书画进行了一次全面的"摸家底"。长达 8 年的巡回鉴定后，他们留下一部心血之作——24 册《中国古代书画图目》(简称《图目》)。《图目》凝结了中国古代书画一线鉴定专家的心血，此后成为研究中国古代书画重要的参考资料，也是古代书画鉴定的重要指导图册。

虽然在文物鉴定中，启功一丝不苟，对书画作品"严以待人"，但他对自己个人作品的真伪却一笑置之。一次，有位电视节目主持人采访启功时，曾问询他对当时北京琉璃厂出现伪造启功书法作品的看法。启功开怀一笑，颇具幽默感地说："比我写得好。写得不好的，可能真是我写的。"对于书法赝品，启功曾这样描述自己的心态："人家用我的名字写字，是看得起我，再者，他一定是生活困难缺钱，他要是找我来借钱，我不是也得借给他？"……对文物鉴定工作，启功严谨求真；而对模仿自己的书法去艺术市场牟利的人和事，他又宽厚仁心。这样做人做事的态度，真是高山仰止，景行行止，虽不能至，心向往之。

教育——学为人师，行为世范

启功执教 70 余年，专门从事中国文学史、文献学等课程的教育和研究，尤其在中国古典文学方面取得了突出的成绩，并为国家培育了一大批古典文学教学和研究人才。

在长期的教学生涯中，启功深受恩师陈垣老校长的影响。陈垣老校长将自己一点一滴摸索出来的教育教学方法，传授给启功，这些都成为启功教书的准则。在教学中针对不同对象，因材施教，循循善诱；力求讲课生动活泼，将枯燥的知识深入浅出地表达出来；尽可能丰富自己的学养，最大程度地引导学生的学业。这些都是启功始终坚持的理念。

课上，启功经常以其妙趣横生、幽默智慧的语言吸引着听讲学生，有时本来给中文系开设的专业课，外系的学生也蜂拥而至，都希望能够亲耳聆听启功的教诲，一睹他的风采。

正因为有着渊博的学识和丰厚的积淀，启功曾经给本科生开设了很多的课程。他讲授过历代文选、中国文学史、历代散文选、中国古典文学作品选读、历代诗词选……不一而足。但无论开设哪门课，启功都能驾轻就熟、侃侃而谈。他的妙语连珠，他的博古通今，他的谦逊平和，无不让学生们心生叹服，崇拜敬仰。

1982 年，启功开始招收研究生，那时的他已经年过古稀，被安排在古典文献学研究所，只带古典文献学专业研究生。即使年迈体弱，启功也从不以此推托，坚持进课堂讲课，亲自指导研究生。

作为教师，启功可以说是一丝不苟，教过的学生都知道他治学严谨，对于学生的要求也非常严格。但是，启功并未因此而显得古板教条。为了能真正让学生学到东西，他会亲自带学生去"实地考察"，就像自己当年的老师陈垣一样。有时，启功也会带学生去游故宫，为学生当导游，如数家珍般地讲解每件文物和它背后的历史，让学生大开眼界，增长见识。当然，游故宫并不是走马观花看热闹而已，启功还会要求学生用文言文写游记。这样，比起老师在讲台上讲解刻板的文法、灌输枯燥的理论知识，效果截然有别了。

启功是一个非常爱国的人，曾经有人重金邀请他去国外居住，但他说："我不要钱，金钱买不了我。中国是我的故乡，给多少钱，我也不会出去。"他经常教育学生，一定要爱自己的国家，无论走到哪里都要记着自己是中国人，要为国争光。启功的言传身教，给学生树立了人格上的榜样，耳濡目染，润物无声，比起空洞的说教不知强过多少倍。

启功对学生始终非常亲切，有些学生知道老师是名人，且知识渊博，资历也很老，难免心怀忐忑，不敢和他接近。然而，启功却从不端架子，90岁高龄的他，一有学生来访都会热情接待。有时，启功甚至会坚持拄着拐杖在楼下等学生，为他们开门；学生走的时候，还会亲自送他们到门口，目送他们离去，才放心回房间。

正是这些待人接物的生活细节，让学生们感念不尽，铭记于心；也正是这样的小细节，更体现了他虚怀若谷的长者风范，潜移默化地影响着一代又一代的学子们。

"师者，所以传道授业解惑也。"启功执教70年里，踏实教学，勤恳育人，培养了一批学有专长的硕士生、博士生。他像一个辛勤的园丁，言传身教，用自己乐观豁达的精神品质、博古通今的知识涵养，丰富学生们的学识，帮助学生们成长，教导学生们做一个大写的人。"师垂典则，范示群伦"，成为他为人师表的象征和一生行止的概括。

尊师——励耘基金，绵延教泽

晚年的启功对陈垣老校长念念不忘，每当回忆起自己的恩师，他都抑制不住内心的激动，常常说："今天如果说我对文化教育事业有一滴贡献，那都是这位老园丁辛勤灌溉时的汗珠哇！"

在《启功韵语》上可以读到一首题为《扇上写青松红日为励耘师寿》的诗：

> 万点松煤写万松，一枝一叶报春风。
>
> 轮囷自富千春寿，更喜阳和日正东。

这是启功为恩师祝寿写的一首诗，那"一枝一叶报春风"的真情实感，着实令人感动。

陈垣老校长去世后，启功难以忘却老师对自己的知遇之恩，更忘不了老校长为教育事业所做出的一切，他总想找一种方法来纪念老师，既能表达自己对老师的感激和缅怀，又能把老校长的精神和品格传承下去。

由此，就有了启功书画作品义卖和奖学金的设立。

启功花了 1 年的时间精心书写绘制了 300 多幅字画，从中选出 100 幅字和 10 幅画送到香港拍卖，用拍卖所得的 163 万元人民币设立了"北京师范大学励耘奖学助学基金"。在设立奖学金的过程中，学校起初建议启功用自己的名字命名，以鼓励全校学生更加努力向学，把自己培养成为真正的知识分子。但对于这个提议，启功却坚决不同意，他要求以陈垣老校长的书斋名"励耘"命名。

启功说："我从 21 岁时，得识陈垣先生，从那时起，受到陈老师的教导，直到陈老师去世，经历了近 40 年。老师不但教导有关学术的知识，做学问的门径，以至处事做人的道理，恩谊之深，是用简单语言无法详述的。我自老师去世后，即想找一种办法来纪念陈老师的教泽，又想不同于一次两次的纪念活动，便想到筹划一笔奖学助学基金，定时赠给学习研究以及教学有卓著成果和需要资助的同学们、同志们，借此绵延陈老师的教泽，为祖国的科学教育培养更多的人才，或可以报师恩于万一。"

滴水之恩，当涌泉相报。在启功看来，陈垣先生之于自己培养教导提携之恩，又岂可以量计之。而他所做的一切，不过万一于自己所受之惠泽呀！

"励耘奖学助学基金"自 1992 年设立至今，表彰了一大批在教学、科研和学习中取得显著成绩的青年教师、研究生和本科生，为国家的教育事业作出了贡献。

在 66 岁的时候，启功曾为自己写下了一篇《自撰墓志铭》：

中学生，副教授。博不精，专不透。名虽扬，实不够。高不成，低不就。瘫趋左，派曾右。面微圆，皮欠厚。妻已亡，并无后。丧犹新，病照旧。六十六，非不寿。八宝山，渐相凑。

计平生，谥曰陋。身与名，一齐臭。

从这一带有"打油诗"意味的铭文中，我们可以感觉到，启功成长之路并不平坦，曾因生活来源断绝而不得不辍学，只好以临时教馆和卖画来度过穷苦困难的日子。即便如此，启功始终保持着乐观幽默的情怀。

2005年6月的最后一天，启功驾鹤西去。

启功留给这个世界的，不仅有他的书画作品、鉴定成果和古典文学著作研究，更有他"学为人师，行为世范"的教育理念和虚怀若谷、宽宏博大的精神境界。启功的精神影响着千千万万学子，进而融入了这个民族的未来。宋代名相范仲淹那句著名的话，今天用来形容启功再恰当不过："先生之风，山高水长。"

裴寨

以感恩心做踏实事

说着一口地道的乡音，怀着一颗感恩的心，一个功成名就的企业家走进了巍峨的太行山深处。在这片沟壑纵横的地方，从上向下俯瞰，就像几张偌大的烙馍片子，不起眼的河南辉县裴寨村就是其中的一小片。这一小片弥漫着质朴气息的小村落，不仅是他的故土，更是他挥洒热血、劳动奉献的归途。

穷人的孩子早当家

1972 年，裴寨村里，一个男娃出生了。这个取名叫裴春亮的新生婴儿，并没有给裴家人带来多少喜悦。因为裴春亮出生的张村乡本就是当地出了名的贫困乡，而裴寨村又是全乡最穷的村。更为糟糕的是，裴春亮家是全村最穷的户。由于家境贫寒，裴春亮几乎是靠着乡亲们的接济长大的。16 岁时，父亲去世，他是在乡亲们全力帮助下料理了父亲的后事。乡亲们的淳朴善良，在裴春亮的心田里播下了感恩的种子。

都说"穷人的孩子早当家"，这句话放在裴春亮的身上一点儿都没错。为了支撑起一家人的生活，16 岁那年，裴春亮得知安阳有一个机电维修学校，他就攥着东拼西凑的 120 元报名费去技校学手艺。在技校求学的日子并不轻松，白天他刻苦学习知识，晚上他勤工俭学，到饭店打工挣取生活费。在这样的努力下，裴春亮终于艰难地完成了学业。

技校毕业后的裴春亮，硬是用双手捡拾一砖一瓦，在裴寨村头盖起了两间门市房，开起了电器修理铺。俗话说"技多不压身"，裴春亮还就近学了一门理发的手艺来贴补家用。通过几年的辛苦努力，裴春亮的家境渐渐地有了好转，他自己开始有了一点儿积蓄。1992年，深受邓小平南方谈话精神鼓舞的裴春亮，决定去北京闯一闯……正是当初这个决定，让裴春亮在生意场上一路摸爬滚打，闯出了一片新天地，实现了人生中的重大转折。

裴春亮干出了一番大事业，业务集饭店经营、机械铸造、矿业开采于一体，成为河南当地知名的企业家。事业上的巨大成功，促使裴春亮产生了改变家乡贫困面貌的强烈愿望："人，不能没有良心。我是吃百家饭、穿百家衣长大的，富不能忘本啊！"就这样，裴春亮义无反顾地走上了回乡创业之路。

一人富不算富，众人富才心安

2005年4月，裴寨村村委会迎来了换届选举，大家的信任使裴春亮以高票当选为村委会主任。面对乡亲们充满期待的目光，裴春亮深深地感觉到责任的重大和肩上担子的分量：虽然自己事业有成，经济富足，但如何带领乡亲们脱贫致富奔小康，才是自己最终要实现的奋斗目标。于是，裴春亮决定用自己奋斗得来的财富去为乡亲们播种幸福。

作为土生土长的裴寨人，裴春亮太清楚这里的人们对水的渴求。裴寨村的百姓祖祖辈辈遭受干旱威胁，十年九旱，靠天吃饭。在童年时代，裴春亮经常因为干旱导致粮食歉收而忍饥挨饿，水井前时常排起近百米等待挑水的长队。到如今，裴寨村的百姓依然为吃水、用水问题发愁，对水的渴望几乎成为每个人日思夜想的事情。裴春亮上任后做的第一件事情，就是个人出资83万元，请专家论证，实地勘探，组织施工，为乡亲们打了一眼530米的深水井，安上自来水管，使这个缺水、盼水、想水、念水的山村，第一次用上自来水。不久，裴春亮又出资860多万元，率领党员干部和全村男女老少齐上阵。经过两年日夜奋战，在当地修建了一座容积为5000立方米的蓄水池和8公里长的地下输水管道，把100多公里外太行山石门水库的水引到了田间地头，让裴寨村的土地彻底告别了"望天收"，村民们亲切地唤它"田心池"。可裴春亮还是不满足，为了从根本上解决缺水难题，满足农业设施的用水需求，裴春亮得到立项批准，采用集资方式修建拦洪蓄水水库，工程总投资6000多万元，其中政府支持1000万元，他个人拿出5100万元。2013年12月，蓄水量达80万立方米的裴寨水库正式建成。

看到裴寨村的乡亲们多年来依旧住着破旧的土坯房，一些贫困的人家甚至还住在土窑洞里，感同身受的裴春亮心里很不是滋味，他想要改变这种窘况。几经思考，裴春亮作出一个惊人决定：在村南的荒山上建一个裴寨新村，让全村人住上别墅！裴春亮个人出资3000万元，不占耕地，挖平荒山，让全村153户人家实现安居。两年施工期间，裴春亮在工地上与工程队同吃同住，确保了工程质量。2008年底，全村人告别祖辈居住的土坯房，兴高采烈地集体搬进联排别墅。多少代人都不敢想的美梦，在裴春亮的操持下成为现实。裴寨新村也成为全国新农村建设的示范村。从2010年开始，辉县市张村乡依托裴寨新村，整合11个行政村建成了裴寨社区，现已入住1万多人。社区学校、幼儿园、医疗所、体育场、超市、办事服务大厅等配套设施，一应俱全。

裴春亮担任村（社区）党总支书记后，想着：一人富咋也不算富，众人富才心安足。他带领着乡亲们同创业，共致富。2006年，裴春亮以多方引资、村民自愿入股的形式兴建了一座环保节能水泥厂。水泥厂的投产，不但解决了村民的就业问题，而且每家每户还成了企业的股东，实现了多年的致富梦。后来，裴春亮又通过招商引资，扩大规模，成立了以水泥为主导产业的股份制企业，吸收周边农村劳动力实现家门口就业。裴春亮说："一人富不算富，全村人富了还不算富，把邻村都带富才叫富。"

不忘初心，感恩社会

裴春亮不忘初心，感恩社会，20年如一日，致力于扶贫帮困、捐资助学、兴修水利、异地扶贫和乡村文明建设等慈善事业。"宜工则工、宜农则农、宜商则商"，裴春亮积极谋划着增收致富的新平台。担任党总支书记以来，他全力带领乡亲奔小康，积极发展高效农业和乡村特色旅游，探索出独具特色、适宜推广的农村经济新模式，使农民增收由传统种植发展到工业、商业，乃至高科技领域。

习近平总书记指出，人民有信仰，民族有希望，国家有力量。"口袋富，思想更要富起来"。裴春亮坚持"情德法"理念，充分发挥党组织战斗堡垒和党员模范带头作用，群策群力治理乡村，让乡亲们收获满满的幸福感。他破旧俗、立新风，要求物质、精神双进步。裴春亮在村里成立红白事理事会，制定章程，坚决制止婚丧嫁娶大操大办、铺张浪费的陋习。为了更好地丰富村民的文化生活，裴春亮组织开办夜校，让村民白天上班、晚上学习知识。成立腰鼓队、秧歌队和篮球队，文体活动开展得有声有色。裴寨村（社区）被确定为河南省第二批社会主义核心价值观建设示范点，被中组部确定为"新乡先进群体"教育培训示范基地现场教学点之一；先后获得"省级卫生社区""河南省美丽乡村建设标准化示范区""河南省文明村镇""全国乡村旅游模范村""全国文明村"等荣誉称号。

裴春亮是自强不息、艰苦创业、率先致富的青年农民企业家。致富之后，他用实际行动感恩家乡、回报社会，带领乡亲们艰苦创业、共同致富。他用真情回报家乡的同时，也成就了自己人生的最大价值。裴春亮说："回到裴寨，一开始想的就是为了报恩。到后来，我感觉这是一种责任，人生最大的价值，就是让更多的人更幸福。"坚定的奋斗精神、高尚的人格魅力，裴春亮受到了党和人民的高度赞扬，他当选为党的十九大代表，第十一、十二、十三届全国人大代表。2019年9月，获得"最美奋斗者"荣誉称号。2020 年 9 月 8 日，在被评为"全国抗击新冠肺炎疫情先进个人"和"全国优秀共产党员"后，裴春亮激动地表示："感谢党给予这一崇高荣誉，我会继续努力，为党旗增光添彩。""只有撸起袖子加油干，带领乡亲致富奔小康，才对得起这份荣誉。"

功崇惟志，业广惟勤。在造福百姓，奉献社会的道路上，裴春亮每一步都步履坚定，每一步都铿锵有力。裴春亮以自己的大爱情怀，在成就裴寨村的同时也锻造出了一种难而不惧、富而不惑、自强不息的脊梁精神。贫穷困难的家庭生活培育出吃苦耐劳、不屈不挠的斗争精神，摸爬滚打的创业生活磨炼出努力拼搏、敢为人先的奋斗精神，苦尽甘来的幸福生活催生出与乡亲们骨肉相连、携手共进的奉献精神。裴春亮说："在只争朝夕的关键时期，慢一步差之千里，误一时遗憾终生。我们只能抢抓机遇，迎难而上，以对群众的亲劲儿、抓工作的韧劲儿、干事业的拼劲儿，为党分忧、为民解难，这是时代要求，更是历史担当。"

巍巍太行，华夏龙骨、天下之脊。她哺育了无数的英雄儿女，而后辈们也用奋斗让太行的山山水水更加美丽。立足新时代坐标点，裴春亮带领着家乡的父老乡亲，向着全面小康的康庄大道，"而今迈步从头越"。

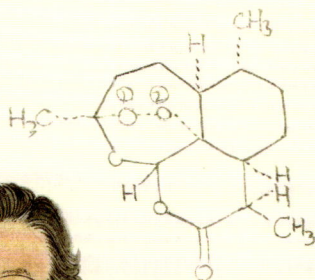

蒿草青青，呦呦晚鸣

屠呦呦，中国中医科学院首席科学家，通过发现抗疟药物青蒿素，攻克了一个世界性的健康难题，挽救了数百万人的生命。如果屠呦呦没有发现青蒿素，人类与疟疾已持续千年的战争，也许依旧一眼望不到尽头。在抗疟新药品尚未问世的时代，全世界每年大约有 50 万人死于疟疾，其中多数为儿童。如果以拯救了多少人的生命来衡量一个科学家的伟大程度，那么屠呦呦一定是人类历史上最伟大的科学家之一——由于她的发现，过去 20 年，疟疾的致死率降低了 50%，数百万人的生命得以挽救。

屠呦呦也许并非意识不到自己的贡献，只是相比于站在人群中央，她更加习惯的领奖台是一间弥漫着化学药剂气味的实验室。在屠呦呦 85 岁生日即将到来之际，她从瑞典国王手中接过了诺贝尔奖的奖章和证书，成为中国首位获得诺贝尔生理学或医学奖的科学家。

向 医 而 行

1930 年的冬天，一名女婴降生于浙江宁波开明街的屠家。屠家继三个儿子后喜得千金，喜不自胜的父亲吟诵《诗经》中的诗句"呦呦鹿鸣，食野之蒿……"吟完诗又对仗了一句"蒿草青青，报之春晖"。父亲没有想到，随口吟出的诗句，仿佛是一种预言，不仅吟出了女儿的名字，也冥冥之中为女儿一生的事业埋下了伏笔。许多年后，因为这株叫"青蒿"的小草，她打破了在自然科学领域，中国本土科学家获诺贝尔奖"零"的纪录。屠呦呦的一生像极了这株小草——低调、朴素无华，虽然没有美丽的花朵，扑鼻的香气，却能挽救数百万人的生命。

上中学时，屠呦呦就表现出对生物课浓厚的兴趣。生物课上，她总是听得津津有味，还喜欢提问。14岁时，哥哥赠给屠呦呦一张照片，照片背面写下留言——呦妹：学问是无止境的，所以当你局部成功的时候，你千万不要认为满足，当你不幸失败的时候，你亦千万不要因此灰心。呦呦，学问决不能使诚心求她的人失望。

屠呦呦理想的萌发，来自青春期的一场大病。16岁的她患上肺结核，不得不休学，经过两年多的治疗才得以康复。躺在病床上忍受疾病折磨的少女，开始思考未来的道路。"医药的作用很神奇，我当时就想，如果我学会了，不仅可以让自己远离病痛，还可以救治更多人，何乐而不为呢？"这是少年屠呦呦的理想。

几年后，屠呦呦如愿考入北京医学院药学系，毕业后接受中医培训两年半，并一直在中国中医研究院工作。这一工作，让屠呦呦几乎把自己的全部时间和精力都投入其中。

蒿草青青

屠呦呦的个性，像极了她手中的一株青蒿。这种不起眼却能挽救数百万人生命的植物，几乎在大半个中国的土地上都能找到它的身影：在山谷、河边、路旁，甚至在石缝里也能看到顽强生长的它。

"执着！"是屠呦呦身边的同事对她的一致评价。青蒿素的发现和提取过程并非一帆风顺，从1969年承担抗疟中药研发的任务，到1999年世界卫生组织将青蒿素列入"基本药品"名单进行全球范围的推广，屠呦呦花了整整30年时间，经历了无数次的失败，才最终赢得了这场"战役"。

"她是一位靠洞察力、视野和顽强的信念发现青蒿素的中国女性。"从拉斯克奖评审委员会对屠呦呦的评价中让人们看到，她就像一株挺立的青蒿，顽强、倔强、执着地向上生长，拥有着克服困难的巨大勇气。

在接受研发抗疟中药的任务后，屠呦呦开始马不停蹄地搜集整理历代中医药典籍，走访老中医，同时调阅大量民间药方，编写出以640种中草药为主的《抗疟单验方集》。

然而，要从 640 种药物中筛选出对疟疾真正有效的药物，其难度可想而知。在青蒿之前，屠呦呦还研究过 190 种样品，但都没有得到理想的结果，研究一度走入了死胡同。屠呦呦后来回忆道："我也怀疑自己的路子是不是走对了，但我不想放弃。"功夫不负有心人。就在她一筹莫展之际，却意外在古籍《肘后备急方》记载的"青蒿一握，以水二升渍，绞取汁，尽服之"中得到灵感，开始了对青蒿素的不懈研究。

20 世纪 70 年代，中国的科研环境十分艰苦。当时实验室设备简陋，连基本的通风设施都没有，但时间和任务又很紧迫，屠呦呦为了加快提纯速度，甚至用水缸取代实验室常规提取容器来提取青蒿乙醚提取物。没有防护装备的科研人员，接触大量对身体有害的有机溶剂，出现了各种程度的病状，屠呦呦也患上了中毒性肝炎。

"现在往回看，确实太不科学了。但当时就是这样。即使知道有牺牲有伤害，也要上。"中国工程院院士、中国中医科学院原院长张伯礼说。

为了确保青蒿素用于临床的安全性，屠呦呦决定甘当"小白鼠"，以身试药。她向领导提交志愿试药报告时，铿锵有力地说道："我是组长，我有责任第一个试药！"

对于屠呦呦的选择，她的丈夫既心疼又十分理解："一说到国家需要，她就不会选择别的。她一辈子都是这样。"

呦呦晚鸣

耄耋之年，屠呦呦的声音终于被全世界听到了。"青蒿素是传统中医药送给世界人民的礼物，对防治疟疾等传染性疾病、维护世界人民健康具有重要意义。青蒿素的发现是集体发掘中药的成功范例，由此获奖是中国科学事业、中医中药走向世界的一个荣誉。"这是 2015 年 10 月 5 日晚，刚刚获得 2015 年诺贝尔生理学或医学奖的中国女医药学家屠呦呦向世界表达的获奖感言。

屠呦呦获得诺贝尔奖后，荣誉也纷至沓来。2015年，国际天文学联合会将在宇宙中遨游的第31230号小行星命名为"屠呦呦星"。被评选为"感动中国"2015年度人物。2016年，屠呦呦获得2016年度国家最高科学技术奖。2018年，她被授予"改革先锋"称号。她的事迹被写入教科书，成为全国青少年学习的榜样。2019年9月17日，她被授予"共和国勋章"。但对于人生已进入第90个年头的屠呦呦来说，她更在意的事情是"在这座科学的高峰上，我还能攀登多久"？她赠送给世界的礼物是一座中国医药学的宝库。

在屠呦呦身上，能清楚地看见一个科学家淡泊名利的品质。获奖后的这些年，这位年已90岁高龄的科学家没有停歇，依旧把所有的精力都放在了科研上。面对荣誉，她只是摆摆手："得奖、出名都是过去的事，我们要好好'干活儿'。"她不想宣传自己，鲜少接受媒体采访，就连诺贝尔奖颁奖典礼结束后，有关方面组织的对所有诺贝尔奖得主的集体采访，她都婉拒了。

润 物 无 声

尽管收获了很多荣誉，但在很多场合，屠呦呦都不止一次表示过，"荣誉属于集体"。

正如张伯礼院士所说："青蒿素就是几十家科研机构和几百位科学家共同奋斗的结果。这种团队精神永远不会过时！"

这种精神，后来被总结为32个字"胸怀祖国、敢于担当，团结协作、传承创新，情系苍生、淡泊名利，增强自信、勇攀高峰"，也被概括为"青蒿素精神"。而这种精神也越来越多地体现在像屠呦呦一样的中医药科研人才身上。

1981年，屠呦呦开始招收硕士研究生。对待学生，屠呦呦总有操不完的心。

她耐心地为学生们确定研究的方向。在她招收的 4 名硕士研究生中，有两名学生分别承袭了屠呦呦做青蒿素研究的方法，研究出了传统中药延胡索、牡蒿、大蓟、小蓟的有效成分。

屠呦呦带的第一个博士生、现任首都医科大学中医药学院中药药剂学系系主任王满元，至今难忘屠呦呦对他科研生涯的启蒙。2002 年，王满元博士入学。导师屠呦呦十分郑重地赠给他一个笔记本。这个 32 开的深绿色笔记本记满了屠呦呦对各种中药进行化学成分提取、分离的相关信息。笔记本扉页上写着"向雷锋同志学习"。透过泛黄的纸页，王满元仿佛看到一位严谨笃行的学术前辈日夜伏案的身影。

当时已经 72 岁的屠呦呦每个月都会到实验室指导王满元开展相关研究。在王满元攻读博士学位期间，屠呦呦还出资让他去北京大学医学部、协和医科大学学习中草药化学、波谱分析等课程。"她对我的影响是潜移默化的。从她身上，我学到了，在找到关注的科研方向后就要坚定地走完科研道路。"王满元这样概括屠呦呦对他人生的重要影响。

直到今天，年过九旬的屠呦呦还未把自己列入退休人员行列。为中医药事业培养更多的后继人才，成为她 90 岁以后的新目标。

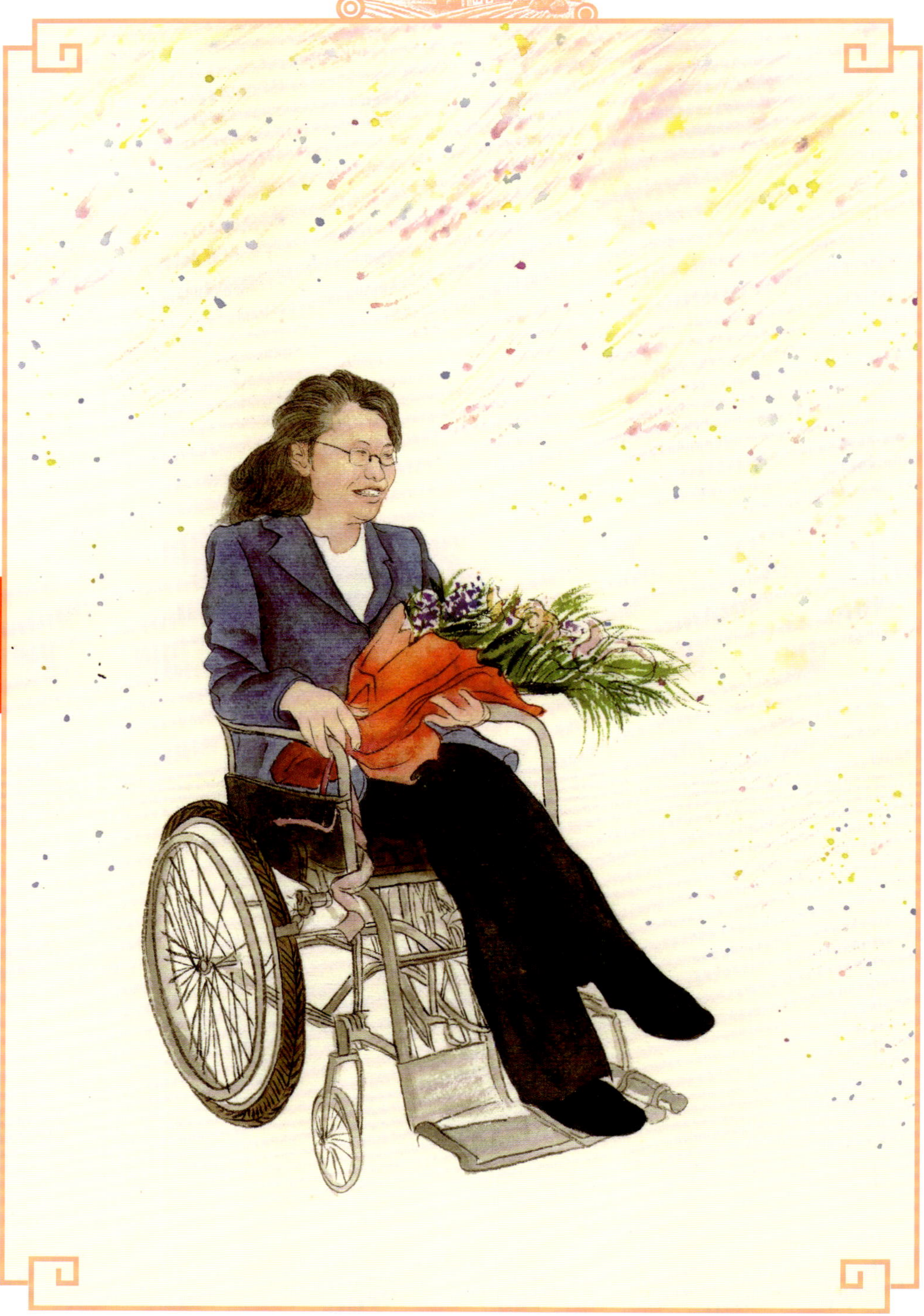

敢学女娲补天残

2008 年 11 月 13 日，张海迪当选新一届中国残疾人联合会主席。消息传出，许多网友在张海迪的博客上留言祝贺："张海迪姐姐，我为你今天的成功而落泪""我是听着你的故事长大的，你是我永远的榜样和动力"……留言中，"感动""激励""偶像"等字眼出现的频率极高。时光荏苒，如今的"80 后""90 后"对她的事迹可能不再耳熟能详，但要说张海迪是时代偶像，此言不虚。

20 世纪 80 年代，张海迪这个名字家喻户晓。当时中央电视台第一套节目播放张海迪报告会的实况录像，收视的观众达 2 亿多人次。张海迪身残志坚的励志故事和奋发向上的人生追求，深深打动了亿万观众的心。

1983 年 5 月，中共中央发出《向张海迪同志学习的决定》，邓小平、叶剑英、李先念等先后为张海迪题词，表彰她积极进取、无私奉献的精神。那时候，人们给她写信甚至不用写地址，只需写上"张海迪收"，信就能转交到她手里。

被称为"八十年代新雷锋""当代保尔"的张海迪，人生道路异常艰辛。5 岁时，可怕的疾病使她身体高位截瘫，胸以下部位完全失去知觉。在残酷的命运面前，张海迪开始了独特的人生跋涉。无法上学，她就躺在病床上，自学小学、中学、大学的专业课程，并自学了英、日、德等多门外语。她还学会了针灸，为农村群众无偿治疗 1 万多人次。1983 年，张海迪开始走上文学创作的道路，她以顽强毅力克服病痛和困难，投入全部身心进行创作，并取得了丰硕的成果。

1991 年，不幸再次降临，张海迪被发现患有基底细胞癌。然而，手术后不久，她就开始了研究生课程的学习，并在两年后成为我国第一个坐在轮椅上取得学位的哲学硕士。

做生活的强者

虽然是一个残疾人，张海迪却不愿意一直接受他人的照顾。她想要工作，想要劳动，想做一个对社会有用的人。

她四处申请，四处写信，要求工作。但是，一次次都被回绝了。

为了找工作，她遭冷遇，受歧视；为了找工作，她恳求，她呼吁。可是，这一点点要求也得不到满足。这撕心裂肺的痛苦，远远超过任何一次大手术。

如果不能为社会作贡献，还不如减少对社会的负担。趁着父母到聊城出差时，她服了大量的安眠药……

亲爱的爸爸妈妈，女儿就要离开你们了……我不愿做一个沸腾生活的旁观者，而要和别人一样，做一个社会主义的建设者……爸爸妈妈，请原谅我吧……

张海迪躺在床上，脑子里掀起了万顷波涛……

她想起了《钢铁是怎样炼成的》主人公保尔在海滨公园想要自杀的情景。假如那扳机一扣，就不会有保尔最终战胜了自己。

社会给了我那么多温暖，人民给了我那么多厚爱，我就这样离去了吗……乡下3年，我不是也做了一些有用的事情吗？乡亲们需要我，我还是个对社会有用的人……

不，不，我不能死！我还要活着！我还有一双手，我要用它开辟那荆棘丛生的生活道路。

"来人啊，救救我，我还年轻，我还有用，我要活着……我错了，快来救我……"张海迪呼喊着。

回忆起这段往事，张海迪说："也许有人认为，这是不光彩的事吧。但是，我不把它看成是我的耻辱。相反，我认为是我的胜利。这说明我经受住了考验……在人生的道路上，谁都会遇到困难和挫折。人们遇到困难时，出现一些消极的想法和做法是很自然的。但是，就看你能不能战胜它。战胜了，你就是英雄，就是生活的强者。"

后来，张海迪被分配到当地城关医院工作，她是多么高兴啊！因为高位截瘫，她大小便都不能控制。为了坚持工作，她白天不喝水，不吃流质食物。夏天干渴得嗓子冒烟，她也忍受着。给病人扎针时，胳膊不能支撑，脊椎一天天变形，弯曲得更厉害了。肋间神经疼，折磨得她必须服用大量的止痛片才能坚持工作。有人不解地说："唉，整天拖着病残的身子，这么拼命干，一个月才挣25块钱，何苦呢！"张海迪说："美国盲聋女作家海伦·凯勒说过，'倘若我能有三天光明，那么，用眼睛去观察到的该是一幅多么美丽的景象啊！但是，那些视力健全的人，对此视而不见。他们认为，世界上的一切五彩缤纷的壮观景色，都是理所当然的。'她讲得多么好哇！就像有些天天工作的人，他们习以为常，并不珍惜自己工作的权利。能为社会、为人民做点儿事，对我来说是最大的幸福！"

1981年10月，张海迪因为长年服用大量止痛片，药物中毒，间歇停止呼吸1小时50分，几天昏迷不醒。第5天她醒过来时，看见妈妈和妹妹坐在床边，高兴极了。"我还活着。"她用微弱的声音对妹妹说，"我不想死，我还有好多事要干呢！"

突然，她发现旁边放着许多对大脑有抑制作用的药品，生气地喊起来："我不要，我不要，这都是破坏记忆力的。我的身体已经残废了，大脑再坏了，拿什么为人民做事情呢！"

一会儿，张海迪又昏迷过去了。她断断续续地说着胡话："妈妈，我的书别弄乱……""别打搅我，别说话，我已经背了几个单词……"

第二天，张海迪完全清醒了。她急忙要过纸和笔，手颤抖着，歪歪扭扭地写下了6个大字："生命之树常青！"

"太好了。我还能写字，我还能工作，我还能回到岗位上去为人民做点儿事情。"张海迪没有倒下，她坚强地挺了过来，成为生活的强者。

徜徉在知识的海洋里

从 5 岁起，张海迪就瘫痪在家，不能上学。但她以惊人的毅力，在床上自学了汉语拼音，学会了查字典、读书、看报、写文章。书，给了她知识，给了她力量，为这个寸步难行的姑娘插上了翅膀，让她能在色彩缤纷的世界里翱翔。她在日记中写道："大脑需要营养，除了生理上需要血液的供应，在精神上还需要广博的知识去营养，否则，还是一个'低能儿'。而我们青年一代如果不努力，出现'低能儿'的可能性是有的，那便是一些不学无术的寄生虫。"

张海迪的英语完全是零基础自学，实在太困难了。开始背单词，她怎么也记不住。

"study，这不就是 5 个字母吗？为什么背了 3 天还是默写错了？唉，没上过学的人就是不行啊！"

"别人有学校，我有笨办法。"study study……张海迪一连写了几百遍，终于默写对了。就是从这种笨办法开始，她终于翻译出了 13 万字的小说《海边诊所》。在学习的征途中，她的练习本足足有两尺高，上面密密麻麻全是张海迪的笔迹。每当她艰难地读完一本英文书时，她都要高兴地欢呼，有时把书扔上房顶："我胜利了！"妹妹说："别叫了，像个狂人似的。"张海迪笑着说："我付出了比别人多几倍的精力才学到这点儿知识，怎么能不高兴呢！"

自学容易，坚持难。对张海迪这样的人，坚持就更难了。

动了第 4 次大手术后，张海迪疼得无法忍受，她咬着被单浑身颤抖。朋友们心疼地说："海迪，你哭吧，哭出声来就好受了。"但是，稍稍平静后，张海迪却央求说："让我看看书吧。"

她只能仰卧着，脖子不能朝左，也不能朝右，稍稍一动，都会揪心地疼痛。

"拿镜子来，放在床头柜……替我翻开枕头边的那本《英语九百句》。"

通过镜子的反照，张海迪学着《英语九百句》。周围的亲人和朋友，被感动得流下了热泪。回忆起这段往事，张海迪说："我早有思想准备，将来有一天我全身瘫痪了，我要像保尔那样继续学习和工作。那时，英语不是可以帮助我翻译点儿东西，奉献给人民吗？"讲到这里，张海迪的眼里闪着光芒。她说："一个人能发挥作用，能把学到的知识奉献给人民，就是最大的欢乐呀！"

最看重的荣誉是全国劳动模范称号

张海迪的写作是以身体健康作为代价的。她天天在写作，也天天在吃药，她吃的药可不是营养品或保健品，而全是止痛药与抗生素。一个人健康的时候劳动并不难，难的是有病的时候还在劳动，还在奉献。张海迪就在始终有病、天天吃药的状态下劳动着，奉献着。

张海迪是一个极为认真的人，总想把一切做得好上加好。2009年，张海迪的《轮椅上的梦》即将再版。这本书初版时，已经获得了庄重文文学奖和奋发文明进步长篇小说一等奖，并被译成日、韩等多种文字在海外出版。但她还是觉得当初写作时在艺术上不够自觉，今天看来尚有一些不足之处，说是要修订一下。其实，她一直在重写与改写。当她耗尽心力改写完之后，累得又是一场大病。张海迪的写作真的是字斟句酌、呕心沥血。张海迪的劳动成果是丰硕的，她的每一本新书都得奖，每一本书都上排行榜。

多年来，张海迪从事了大量的社会工作。她举办巡回报告会，讲述自己的亲身经历，鼓舞无数青少年奋发向上；她经常去福利院、特教学校、残疾人家庭，帮助和看望孤寡老人和残疾儿童，给他们送去温暖。

　　张海迪曾长期担任中国残疾人福利基金会理事、中国残疾人联合会主席团委员、山东省残疾人联合会副主席等职务。从 2008 年 11 月起至今，张海迪连续当选中国残疾人联合会第五届、第六届、第七届主席团主席。她领导和组织残疾人事业的各项工作和活动，呼吁全社会都来支持残疾人事业，关心帮助残疾人，激励他们自强自立，为残疾人事业的发展作出了突出的贡献。

　　"全国三八红旗手""世界五大杰出残疾人""环球二十位最具影响力的世纪女性""最美奋斗者"……在所有荣誉中，张海迪最看重的是全国劳动模范这一称号。因为在她看来，自己是一个残疾人，是一个本来不能够自食其力，本来应该需要被社会照顾的人。但是，通过自己的辛苦劳动，不仅仅成为了一个可以自食其力养活自己的人，而且成为了全国的劳动模范。张海迪动情地说，她感到无上光荣，因为她是一个对社会有用的人。世界上没有什么比做一个劳动者更光荣的事情。

　　今天，我们重温张海迪的故事，是为了重温一个道理：成功不是"中彩票"，人生梦想需要汗水和心血的浇灌。从这个意义上说，张海迪依然"年轻"，"张海迪精神"永远不会过时。

第四篇章

劳动最光荣

建设强大祖国

　　劳动是通向梦想和成功的阶梯，也是实现中华民族伟大复兴中国梦的必由之路。由于种种原因，近代中国落后于世界发展大势，落后就要挨打的历史教训刻骨铭心。新中国成立后，勤劳的中国人民在共产党的领导下，在新时代中国特色社会主义思想的引领下，不负历史使命，实现了从站起来、富起来到强起来的伟大飞跃。在实现中国梦的道路上，亿万劳动者正在以昂扬的斗志和拼搏进取的精神，用自己的双手书写"中国故事"、创造"中国奇迹"、刷新"中国速度"、成就"中国光荣"，释放更多推动社会发展的正能量，提供更多构建"人类命运共同体"的新智慧，构筑着通向伟大梦想的坚实路基。美丽的花朵，只有通过浇灌才能华丽绽放；伟大的梦想，只有通过劳动才能全面实现。让我们继续撸起袖子加油干，一起唱响新时代劳动者的奋进之歌，为实现中华民族伟大复兴中国梦砥砺前行。

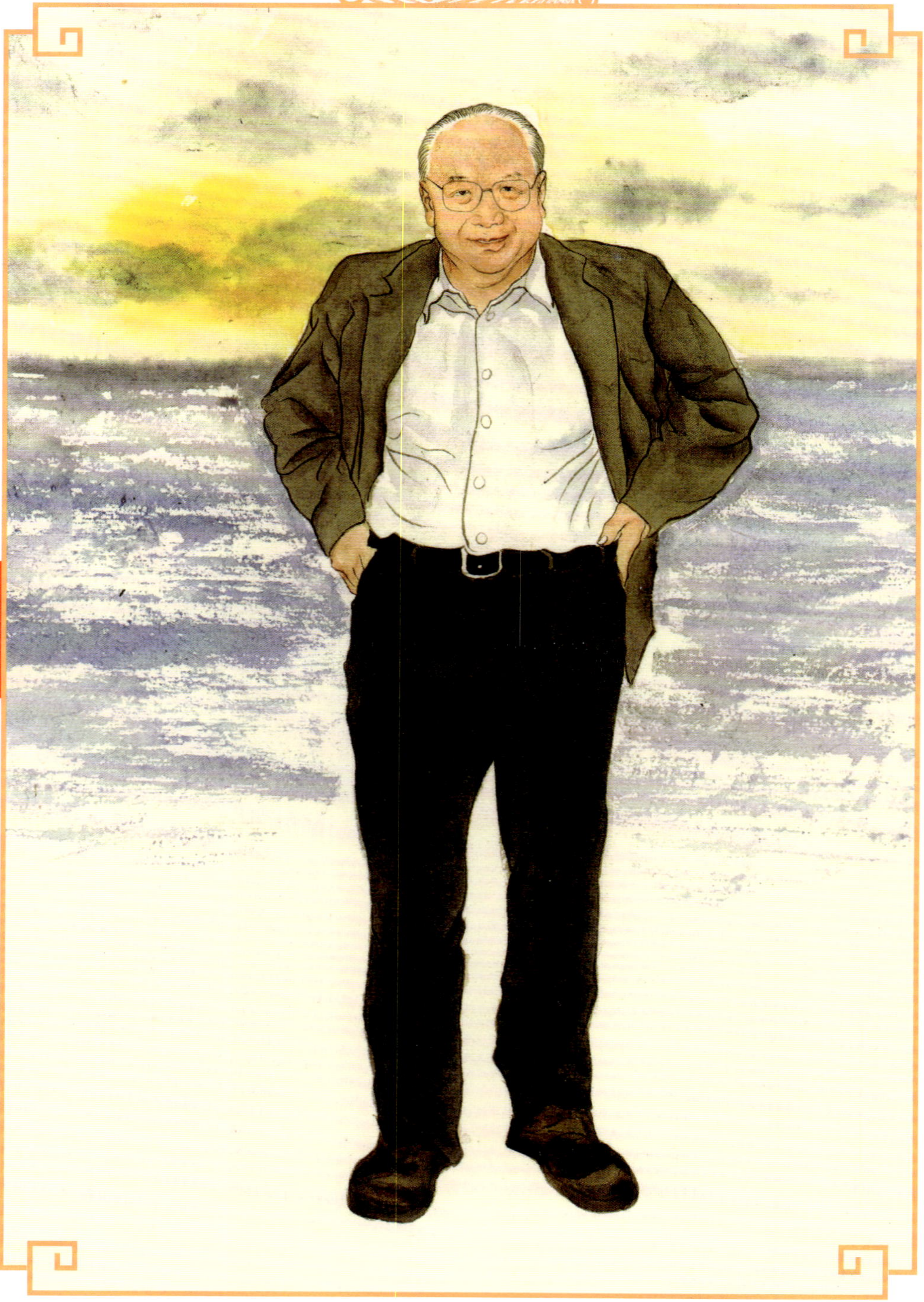

国家的需要就是我的专业

　　钱伟长是我国近代力学、应用数学的奠基人之一，也是中国科学院力学研究所、自动化研究所的创始人。他兼长应用数学、物理学、中文信息学，特别是在弹性力学、变分原理、摄动方法等领域有重要成就。

　　他被称为"万能"科学家，一生都在学习、研究，一直奉行为国而学的使命。他认为，学习是一个持续的过程，只有不断学习、终身学习，才能跟上时代的步伐。他说："我 36 岁学力学，44 岁学俄语，58 岁学电池知识。不要以为年纪大了不能学新知识，我学计算机是在 64 岁以后，我现在也研究计算机了，当然不像年轻人那么好，不过也吓不倒我。""我没有专业，祖国的需要就是我的专业。"钱伟长一生追求科学的脚步从来没有停歇，一直在超越自我，他把自己的一生毫无保留地献给了科学，献给了祖国的强盛与发展。钱伟长用赤子般的爱国情怀，实现了科学救国的伟大抱负。

　　1912 年 10 月 9 日，钱伟长出生在江苏无锡的一户书香世家。钱伟长16 岁的时候，父亲病逝，他就一直跟随四叔钱穆生活，受家庭环境的熏陶，钱伟长的国学功底非常扎实。18 岁那年，他以中文和历史两个 100 分的成绩考进了清华大学。在他刚刚开启清华园的生活时，1931 年 9 月 18 日，日本军国主义侵略者发动了震惊中外的九一八事变，侵占了中国的东北三省。钱伟长满怀悲愤，毅然作出了自己大胆的决定：不再读历史系了，要学造飞机、大炮，科学救国！这谈何容易。要知道，在之前的录取考试中，钱伟长物理只考了 5 分，数学、化学共考了 20 分，英文因没学过是 0 分。当钱伟长提出申请后，物理系主任吴有训教授翻阅了他的成绩单，认为钱伟长理科基础太差，底子太薄，一开始拒绝了他转学科的申请。后来，吴有训教授被钱伟长的诚意所打动，答应他试读一年。从此，钱伟长废寝忘食，用功苦读，付出了常人难以想象的努力：早起晚归，几乎每天都是宿舍、教室和图书馆"三点一线"。多年后，当时的同学们回忆往事时说，钱伟长天天躲在一个小角落里，不停地在草稿纸上演算。一年后，钱伟长数理化等理科成绩都超过了 70 分，成功地迈入自然科学的大门。毕业时，钱伟长成为物理系中成绩最好的学生之一。

为了实现自己科学救国的理想，钱伟长决定开眼看世界，踏上海外求学之路。谁想到，这个过程一波三折。

1939 年，新婚不久的钱伟长考取了由中英庚款会组织的第七届留英公费生，途经香港赴英时，他搭乘的去英国的客轮被扣作军用，第一次留学夭折了。同年 12 月底，中英庚款会第二次通知钱伟长等人在上海通过海运转去加拿大留学。登船时，钱伟长等人才发现轮船要在日本横滨停靠 3 天，他和大伙儿认为不能接受侵略者国家的签证。"我就不干了，敌国我们不能去，当场就有好多人把护照扔进黄浦江里头了。"钱伟长回忆道。于是，钱伟长等人携行李下船登陆，第二次留学也就此夭折。经过长时间的等待，1940 年 8 月，钱伟长一行人第三次接到通知，他们才搭乘不停靠日本的轮船出发，去加拿大多伦多大学留学。钱伟长对特意前来送行的四叔钱穆说："我此次西行，绝不是为了自己，也不是为了家庭，而是走向一条科学救国的道路。"

到了多伦多大学后，钱伟长跟随导师辛吉从事板壳理论研究。他刻苦钻研，勤于思考，用 50 天的时间完成了论文《弹性板壳的内禀理论》，发表在为纪念美国著名科学家冯·卡门 60 寿辰论文集里。在这本论文集里，还收录了当时美国著名科学家爱因斯坦的论文。爱因斯坦读了钱伟长的论文，感慨地说："我这一辈子，就这个问题没有解决，我一直睡不好，一直在研究，还有东西没弄清楚。"这篇论文具有极高的科学价值，使钱伟长在当时的数学界具有了一定的影响力。1942 年，钱伟长取得多伦多大学应用数学系的博士学位后，到美国加州理工学院喷射推进研究所继续做博士后研究。在冯·卡门教授的指导下，研究火箭弹道、火箭的空气动力学设计、气象火箭、人造卫星轨道、气阻损失、降落伞运动、火箭飞行的稳定性、变扭率的扭转、超音速对称锥流等课题。在此期间，他发表了世界上第一篇关于奇异摄动的理论，并因此被公认为该领域的奠基人。

1945 年，抗战胜利的消息传到美国，钱伟长向导师冯·卡门请求回国。但由于钱伟长在美国从事的是火箭、导弹技术研究工作，美国有关方面劝他留下，冯·卡门也始终不肯答应放他走。无奈之下，钱伟长只好申请回国探亲。1946 年 8 月，34 岁的钱伟长只带了简单的行李和少量的专业书籍，一路辗转终于回到阔别多年的清华园，在清华大学机械系担任教授。回国后，他几乎"承包"了北京大学、清华大学和燕京大学的应用力学、理论力学、材料力学、弹性力学等课程的讲授，为祖国培养了大批的科学人才。这一时期，无论在科学理论上还是工程技术上，他的研究工作取得了许多开创性的进展。

新中国成立后，钱伟长先后担任过清华大学教务长、副校长，中国科学院力学研究所副所长等职务。他是中国科学界享有盛誉的"三钱"（钱学森、钱三强、钱伟长）之一。后来，钱伟长虽经历人生波折，但他一直没有停止在科学道路上的跋涉。1968 年，钱伟长被下放到首都特钢厂劳动。他没有气馁，而是和工人们一起，建造了热处理车间，还帮助工厂设计制造了当时北京最好的液压机。之后，钱伟长接到周恩来总理特派的任务——研究坦克电池。可是，钱伟长只有学生时期的化学专业知识基础，他并不精通电池技术。为了研究坦克用的高性能电池，攻克难题，他骑着自行车跑遍了北京市所有跟电池制造有关的单位，查阅了 300 多万字的技术资料，用了 1 年多时间，终于研制出了比美国通用公司产品性能更高的电池。

1978 年 3 月，全国科学大会胜利召开，预示着我国科学春天的到来。1978 年 12 月 18 日至 22 日，党的十一届三中全会召开，实现了新中国成立以来党的历史性的伟大转折，党中央向全党、全国发出了"改革开放"和"实现四个现代化"的号召。

钱伟长以巨大的政治热情支持改革开放，全身心地投入到"四个现代化"建设中去。1977 年至 1983 年期间，他一方面在全国各地举办各种科学讲座，公开发表与宣讲他的科研成果与心得；另一方面，他在内地各省、市、自治区（除了青海和西藏以外）累计 180 个城市作了"关于实现四个现代化问题"的报告，听讲人数超过 30 万人。2007 年，时任中共上海市委书记的习近平到上海大学看望钱伟长，说起当年他还是河北省正定县委书记时，就曾参加过钱伟长的报告会，给他留下非常深刻的印象。习近平亲切地对钱伟长说："您老也是我国要实现'四个现代化'的创导者呀。"

除了在科学领域所作出的杰出贡献外，钱伟长还是一位著名的教育家。中国大学里第一个力学专业——北京大学力学系就是他参与创建的，并且招收了新中国成立后的第一批力学研究生。1982 年，邓小平同志在有关钱伟长任职文件中作出批示，明确表示钱伟长的任命不受年龄限制。1983 年 1 月，钱伟长出任上海工业大学校长，受到全校师生的热烈欢迎。1994 年 5 月，钱伟长又出任由当地 4 院校合并组建的上海大学校长。作为教育家，钱伟长提出了一套完整、丰富、系统、科学的中国高等教育理论，他最先提出了破"四堵墙"，即破学校与社会之间的"墙"、教与学之间的"墙"、各院系与学科之间的"墙"、教学与科研之间的"墙"；坚持"三制"（学分制、选课制、短学期制）；注重培养学生的科学思想和人文思想，提倡和谐教育思想和美育思想，为推动高校教学管理改革作出了重大贡献。

为国家工作，为国家搞教育，为社会培养合格、急需人才，这就是钱伟长贯穿一生的思想。回首自己的人生轨迹，钱伟长表示，为了我们的民族，个人吃点亏不要后悔，不值得后悔。历史上有许多英雄人物靠这么点精神，为中华民族立了大功绩！这就是公而忘私。"有人说我是'万能科学家'。其实不是万能，不过我会去学一类东西，我会看人家的东西，看懂了我自己能下结论，并在这个基础上再做下去。我懂得趴在人家肩膀上，我要永远趴在人家肩膀上。我们培养的学生首先应该是一个全面的人，是一个爱国者，一个辩证唯物主义者，一个有文化艺术修养、道德品质高尚、心灵美好的人；其次，才是一个拥有学科专业知识的人，一个未来的工程师、专家。有人说我不务正业，今天干这个，明天又干那个。我说我是看国家哪方面需要我，我就力所能及地去干。"这就是钱伟长的自我评价。对于青年人，钱伟长充满着期望，他在许多场合，反复告诫师生："我们中国青年应当有远大的理想和抱负，应当用高尚的思想去指导自己的工作和生活。我们的民族若没有那么一批人敢把国家的责任挑起来，用全部精力为国家和民族工作，我们这个民族就会永远被人欺压。"钱伟长曾说，他一生当中所有重大选择都是为了祖国的繁荣富强。

钱伟长近一个世纪的生命，犹如一条大河，时而浪花翻滚，时而曲折向前；宛如一首感人至深的赞美诗，字里行间都是赤子对祖国母亲的满腔热爱。在民族危亡之际，他毅然走上了科学救国的道路，此后就再也没有停歇过。他把自己的一生毫无保留地奉献给了科学和教育，献给了自己的祖国。

钱伟长被评为"感动中国"2010 年度人物，组委会给予他的颁奖辞是："从义理到物理，从固体到流体，顺逆交替，委屈不曲，荣辱数变，老而弥坚，这就是他人生的完美力学，无名无利无悔，有情有义有祖国。"短短几十个字，全面地诠释了他为祖国所做的一切。

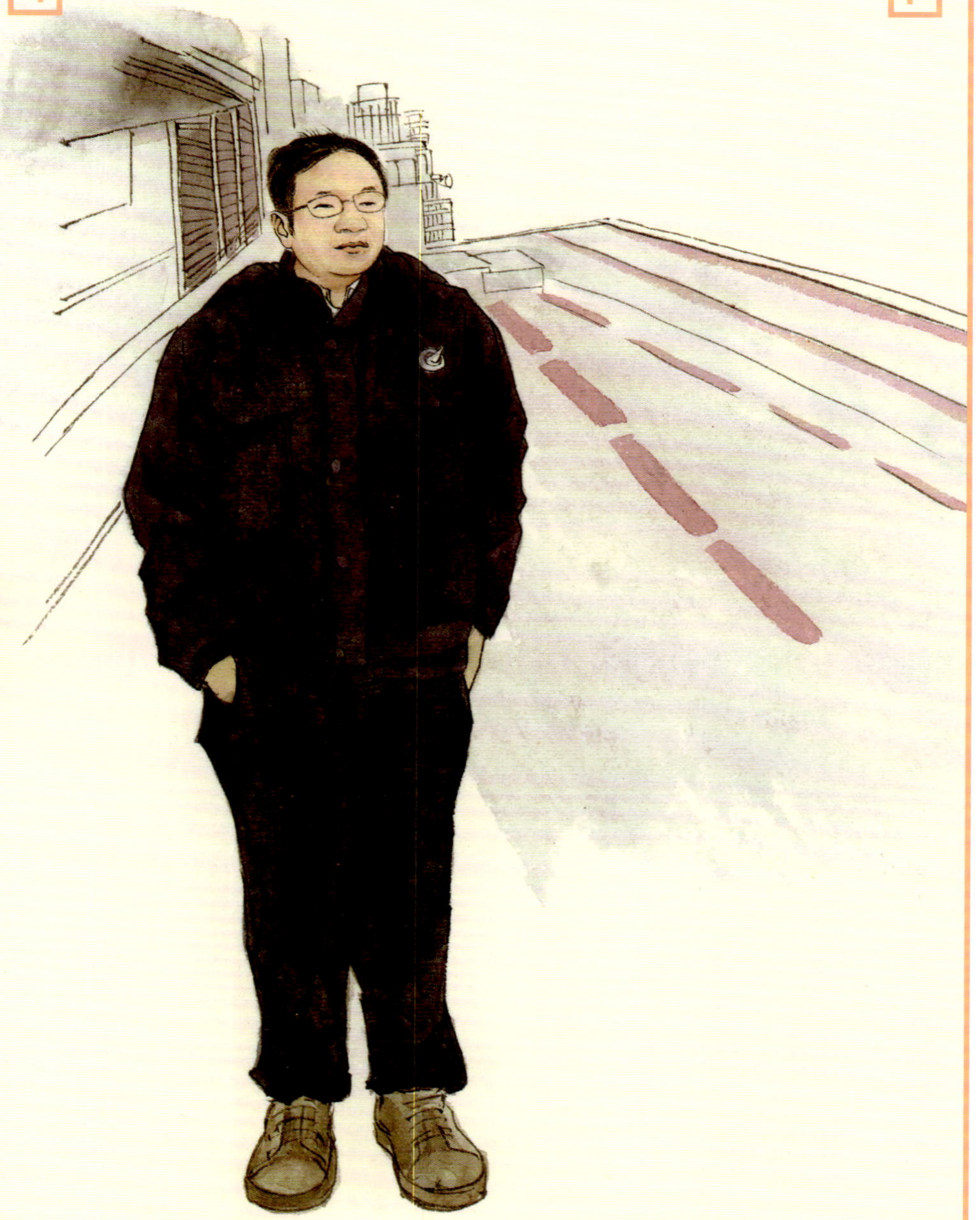

忠魂赤子心，航空报国情

歼-15从空中俯冲急下，瞬间降速至0，稳稳地停在我国第一艘航空母舰"辽宁舰"上——2012年11月24日，中国首批舰载战斗机全部完成航母起降训练，圆了几代航空人让战机从陆地跨向海洋的梦想。

一天之后，"辽宁舰"返航。罗阳，这位舰载机研制现场总指挥、中航工业沈阳飞机工业集团有限公司董事长，突发心梗，以身殉职，年仅51岁。

才见虹霓君已逝，英雄谢幕海天间。"辽宁舰"成为他一生奋斗的最后阵地，歼-15成为他航空报国的最后见证。

正当壮年的生命，默默坚守的足迹，慷慨献身的悲壮——无数人为他落泪，被他感动。他所蕴含的正能量，在现实和虚拟空间被反复传递。他所承载的精神，与航母、舰载机一起，激发着人们的爱国之情。

追梦——"我的任务完成了，我很欣慰。"

绽放的瞬间，轰然倒下。如果可以重新选择，罗阳还会选择从事航空事业吗？

"当然会"，"一定会"——他的家人、朋友、同事，无不这样回答。

干航空，最怕的不是辛苦、不是清贫，是没事儿干。我国的航空工业曾有过近10年的低谷期，几年等不来一个新型号研制，没有几项新任务。为了给员工发工资，军工企业去生产洗衣机、塑钢窗、蒸锅、菜刀……那段日子，很多人离开了。罗阳当时工作的研究所，1977、1978级的大学毕业生流失了2/3还多。

罗阳留了下来，拿着每月几十元的工资，默默积蓄着力量。工作任务吃不饱，他千方百计去找国外资料来翻译。英文、俄文的大部头书籍，被他一点点攻下来。有人打趣："你何必这么辛苦？"罗阳回答："我笨，笨鸟先飞就靠这个呀。"还有人劝他跳槽，他则回到北航攻读硕士学位，继续充电。

那几年，他常和几位志同道合的同学、同事互相打气："一个国家经济强大了，必须有强大的国防来保卫经济发展的成果，咱们肯定会有用武之地。"

梦想更让他投入。

经历了漫长的等待，当担子忽然压上来时，不难想象他有多兴奋。

罗阳如饥似渴地投入到型号研制任务中。2002年，他调至中航工业沈阳飞机工业集团有限公司，数个重点型号同时研制，他一天比一天忙。看到罗阳没日没夜忙碌的身影，有人好心地问他，是不是把自己逼得太狠、压力太大。罗阳说："研制新装备乐趣无穷，任务再多也开心。"

10年间，罗阳担任了多个重点型号的研制现场总指挥，他和班子成员一道，带领中航工业沈阳飞机工业集团有限公司实现了歼击机从二代机到四代机的跨越，年营业收入从20亿元增加到120亿元。

每个人心中都有一个属于自己的中国梦。罗阳不止一次讲述过他的梦想，那是一代航空人共同的报国梦想——让中国航空工业和世界最强者的差距，从"望尘莫及"到"望其项背"，力争未来能够"并驾齐驱"。

罗阳参加工作时，中国和国外顶尖航空制造企业的差距，曾让出国考察的一行人感到有点儿心灰意冷。现在，中国的航空工业则在不断创造"中国奇迹"，一步步缩短差距。

生前最后一次与家人通话，罗阳说："我的任务完成了，我很欣慰。"

苦干——"以冲刺的速度跑马拉松。"

"罗阳，你太累了。"11月25日，分别17天后，妻子王希利终于在抢救室见到了丈夫，只是他的心脏早已停止了跳动。

罗阳真的太累了。

这是他最后的行程——11 月 17 日 22 时，参加完珠海航展的他返回沈阳，没来得及回家看看，就连夜赶到舰载机所在基地。一到那里，他把应急保障团队成员召集来，对舰载机进行又一轮细致检查，直至 18 日凌晨 3 时。早上，同事们起床，发现他已在岸边观察天气情况了。

11 月 18 日早上 8 时许，罗阳上舰。他把行李扔到床上，坐都没坐一下，转身便上了塔台。这一天，他对相关环节全面监测，几乎不曾停下脚步。同事劝他："别着急，反正白天黑夜都在舰上，慢慢看。"他摇摇头："我上舰晚，不了解的东西太多了，必须抓紧。"

舰上 7 天，每个深夜，罗阳房间里的灯都要到凌晨两三点才熄。他留下的最后一本笔记里，记满了数据和规划。舰载机降落，外人看到的是雄健的身影，航母上的人所感受到的，则是巨大的震动和难以忍受的轰鸣。测试人员以外的人，通常会选择站在一个噪音相对小的地方，但罗阳不是。他总想离得近些再近些，要仔细地观测舰载机着舰的落点和状况。谁也不知道，他的心脏一次次承受着怎样的冲击。

他是拼了命在干。

罗阳不是只会工作。他家庭和睦，兴趣爱好广泛。但这些年，国防建设迫切需要的现实，真的不允许他顾及其他。

罗阳认为，搞航空太难了，不下功夫苦干，只能是一无所获。

舰载机项目启动时，国内完全是空白。获取国外现成的技术，想都别想，即使是资料也搞不到。造出来、飞起来、落得下，成千上万个环节，都是未知领域，都要绞尽脑汁去钻研。

许多行业，搞不出精品，可以降低标准搞个普通的。但航空不行，要么是满分，要么就是零分。作为总指挥的他必须"接招"，调集资源、组织攻关、寻求兄弟单位帮助，不知调了多少次、试了多少次，终于拿下这项核心工艺！那段日子，他吃住在厂部，常常就站在员工身后。

一个歼 -15 累不垮罗阳，这只是近年罗阳作为研制现场总指挥多个重点型号中的一个。

罗阳认为，任务太紧迫，不抓紧时间、倾力投入，就会拖后腿。

从接到舰载机任务那天起，他一直奋战在研制现场、试验一线。工作节奏最初是"711"，每周干 7 天，每天干 11 个小时。在最后冲刺的 1 个月里，他也冲到极限，变成"720"，几乎每天工作达到 20 个小时。

人们形容罗阳"是在以冲刺的速度跑马拉松"。在生命的最后阶段，他想必感到了疲惫。但他挂在嘴边的，还是航空人爱说的那句话——"既做航空人，就知责任重；既做新装备，就得多辛苦。"

实干——"我们是做事，不是作秀。"

起飞，如箭直刺长空；着舰，如鹰稳稳抓板。歼 -15 首批次应用演练，次次成功！外媒纷纷表示惊叹。舰载机的损耗率，即使在应用成熟的国家，仍高达 10% 以上。

如此完美的表现，并非幸运之神眷顾。其背后是罗阳和他的团队经年累月的默默实干。

实干，意味着脚踏实地，不做表面文章，不来半点儿虚头。

"我们是做事，不是作秀。"许多人对罗阳印象最深的就是这句话。

一次，沈飞公司承担的型号任务，在既定的下线日期前 3 天，发现一处小问题。怎么办？有人提出，战机下线并不会去飞，只是举行一个仪式，不管有没有问题，都要拉回厂里做后续调校，届时再修不迟。罗阳坚决不同意，并且进行了严肃批评。他马上向主管部门汇报，说明情况，表示如果要追究责任，愿意由自己承担。紧急修理后，战机推迟 4 天圆满下线。

实干，意味着精益求精，不存一丝侥幸心理。

有一年，交付空军的飞机出现漏油现象，经检查是胶圈出了问题。罗阳立刻组织人员寻找原因，最后发现是由于胶圈生产沿用老标准，未达到新工艺要求。在及时改正后，罗阳马上召集全厂大会，领导班子所有成员和 1 万多员工，手持剪刀一起动手，剪掉了剩余的 2 万多个老胶圈，给所有员工上了一堂"质量把关课"。

"天下大事，必作于细。"这句话经常被罗阳在工作中引用。一次，车间里某个工装架焊点开裂，差一点儿砸到旁边组装的飞机。他立刻要求对工装架质量全面体检，1 万多个工装架，查一遍用时近 1 个月。有人提出，工期这么紧，停下来做这件事值不值？罗阳坚定地回答："值。因为我们要为国家负责。"他让人在车间挂起横幅——"一手托着国家财产，一手托着战友生命"。

舰载机，10 大类、280 多项关键技术、3 万多零件，做到万无一失，靠的正是经年累月形成的对质量自觉地高标准追求。

实干不是蛮干。这是人们对罗阳中肯的评价。罗阳对新事物敏感，务实而讲究方法。他埋头赶路，也抬头探路。

歼 –15 的研制速度，出乎很多人预料：设计周期比过去缩短了 6 个月；制造周期比过去缩短了 4 个月；入列运行，国外预测至少要 1 年多，歼 –15 仅用了 2 个月。

我国航空事业的发展凝聚了几代航空人的心血和汗水，可以说，选择航空就是选择无声奉献。罗阳所做的贡献，所承受的压力，他的家人也是在他去世后才知晓的。选择航空就是选择国家利益至上，型号就是集结号。不论要奔赴西南深山还是西北荒漠，不论家中有什么困难，自己的事再大也是小事，任务来时，只有一个字——"上"。罗阳是众多苦干实干的航空人中普通的一员，是用生命践行航空报国理念的代表。不一样的年代，一样的奉献；不一样的事迹，一样的传承。不变的，是航空人守护家园、强军强国的赤子情怀和不老忠诚。

罗阳已逝，在他身后——

长空万里，高高飘扬着我们对和平的希冀；

复兴路上，中国梦引领一代代人奋发前行！

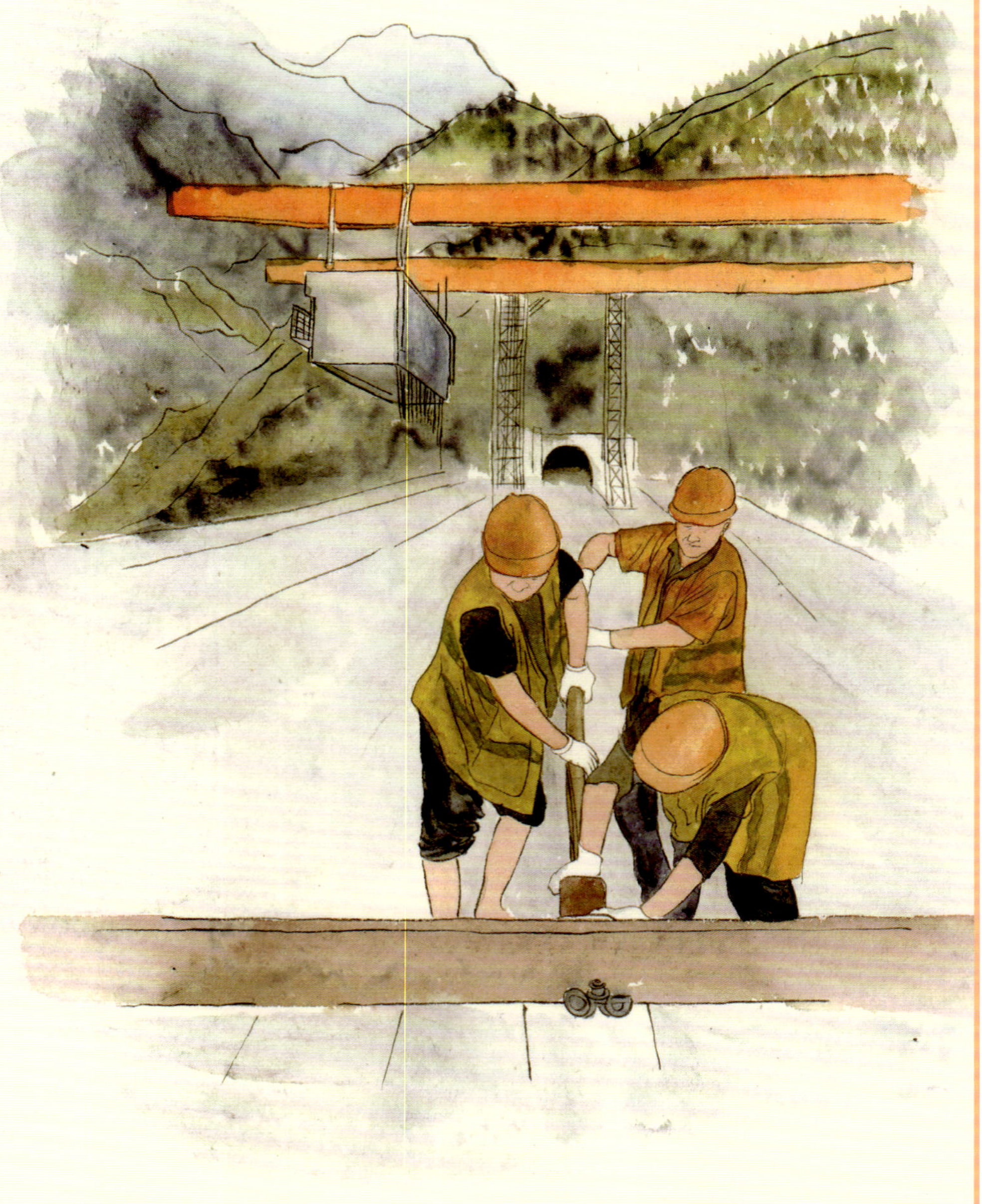

隧道里掘出希望

大瑞铁路穿过 22 座高山，跨越 82 条河流。大瑞铁路，一条建在地下的铁路。

大瑞铁路，始于云南大理，止于云南瑞丽，沿途设有漾濞站、永平站、保山站、龙陵站、芒市站等多个县级、地级中等站，全线整体全长 330 公里，桥梁、隧道总长占线路全长的 75%。

超过 1/2 的铁路是建在地下，只有不到 1/4 的铁路是建在正常的道路上。这条铁路的建设穿越了云南省西部的苍山、怒山、高黎贡山等山脉，跨过了怒江、澜沧江、西洱河等江河，沿线地质地貌复杂，修建难度高，修建耗时长，不可控因素多。地形地质构成复杂，建设方案不得不几易其稿。但这些都没能挡住建设者们前进的步伐。

其中控制性工程高黎贡山隧道全长 34.538 公里，是亚洲最长的山岭铁路隧道，也是中国第一铁路长隧。

高地热、高地应力、高地震烈度，活跃的新构造运动、活跃的地热水环境、活跃的外动力地质条件和活跃的岸坡浅表改造过程，让高黎贡山地质条件的复杂程度冠绝全国，堪称铁路建筑史上的"地质博物馆"。地势高低不平，山河纵横，地理环境十分恶劣，几乎包含了隧道施工的所有不良地质和重大风险，大瑞铁路被行业内称为"世界上最难修的铁路"。

那么，大瑞铁路为何非修不可呢？

大瑞铁路是"一带一路"沿线的标志性工程、泛亚铁路西线重点工程，也是我国迄今为止穿越横断山脉的第一条铁路。建成通车后，将成为连接中缅国际铁路中国境内的最后一段，成为中缅铁路通道的重要干线。

大瑞铁路的修建对于改善云南地区综合交通运输体系，助推云南与周边国家互联互通将起到积极作用，对促进铁路沿线城市经济发展，加大与周边国家间的沟通友好交流具有重要意义，对改变云南省西南部的交通运输格局，确保中缅能源进口战略通道安全等，都将产生重大而深远的影响。

此外，大瑞铁路的修建还是我国贯彻落实西部大开发战略的一项重要举措。这条路，再难也要修！

作为大瑞铁路全线工期控制性工程，全长 14.5 公里的大柱山隧道就是一个"超级拦路虎"。这条隧道的工期从最初的 5 年半，一度调整为 8 年，又再度调整为 13 年，预计到 2021 年才能完工。一洞 13 年，相当于举世闻名的三峡大坝的建设工期，只因为"太难了"！不过，2020 年 4 月 28 日，经过工人们 12 年的艰苦奋战，云南大（理）瑞（丽）铁路全线最高风险隧道大柱山隧道终于迎来全隧贯通，这为大瑞铁路大保段 2021 年建成通车奠定了坚实的基础。

打隧道，最怕的就是地质太复杂。

位于青藏高原东南部的横断山脉，是全世界最复杂、最险峻的山系之一。330 公里长的大瑞铁路是穿越横断山脉的第一条铁路，其中仅大柱山隧道就需要穿越 6 条断裂带。

自大柱山隧道开工以来，有关方面先后组织 500 多人次的专家考察论证。他们共同的结论是：大柱山隧道融合了国内长大隧道复杂断层、涌水涌泥、软弱围岩大变形、高地热、岩爆等各类风险，地质极其复杂多变，施工难度极大，施工技术和组织难题众多，是大保段唯一一座极高风险隧道。

2009 年 8 月 5 日，燕子窝断层。工人们开始在断层上钻孔放炮，按照他们形象的比喻，就相当于在豆腐里打洞。虽然勘探时已有预案，没想到意外还是发生了：施工的掌子面左上角很快出现了直径 20 厘米的溃口，不断喷涌而出的泥石流让溃口越来越大。不到 6 个小时，200 多米长、6 米高的洞里就全被泥石流灌满了。

隧道灌满了泥石流，工人们只好又再挖回去，在距离泥石流 20 米的地方建止浆墙，再注浆到泥石流中加固，"把豆腐变成冻豆腐"，再一点点挖开。

燕子窝断层，核心地段 156 米，从 2009 年 8 月到 2011 年 10 月，他们整整用了 26 个月。

大柱山隧道施工时，里面的水甚至多到能行船。进入隧道，水流的哗哗声格外清晰，地面的水流得又快又急，有如夏日雨后的河流。

大涌水在这里是"家常便饭"。一天，隧道出口平导反坡段掌子面大涌水。早上 6 点多，工程人员只能划着皮划艇进洞查看险情，6 米高的拱顶被淹的只剩 1 米，伸手就能碰到。就这一两个小时的工夫，水已经漫到七八百米开外。经过技术人员测算，1 小时仅一股涌水就达到 1500 立方，一天下来涌水近 6 万立方。

6 万立方，相当于 30 个标准游泳池的水量。9 年来，隧道累计涌水量达到 1 亿 4 千万立方，相当于 10 个杭州西湖。

"水深"之外，又遇"火热"。

2015 年 6 月，施工人员遭遇了 3.5 公里长的高地温段落。隧道里一年四季几乎都是近 38℃ 的高温，进洞越深，闷热感越强烈。再加上洞内涌水，十分潮湿。施工人员苦中作乐，说施工最大的福利就是天天"蒸桑拿"。

为了保证施工人员的安全和健康，除了规定工人每工作 20 分钟就要休息 15 分钟外，项目管理部每天都要采购大量冰块降低洞内温度。3 个施工作业面，每天需要消耗 3 吨的冰块。工人们干一会儿就要到冰块边，补充水分，休息一会儿。即使这样，一个班也只能撑 2 个小时。

然而，施工遇到最凶险的还不是高温，而是反坡作业，即隧道口地势更高，洞内的水无法自然流出，一旦发生涌水，后果将会非常严重。为了预防险情发生，项目部建立了 5 级泵站，24 小时不停歇地往外抽水。但就是这样，还是发生了被淹 800 多米、水深近 6 米的险情。进去查看险情，施工人员坐着皮划艇划进去，手往上一伸就能碰到隧道顶。

古语云，宰相肚里能撑船。今话说，长隧道里能划船。

大柱山隧道从开始施工到贯通，抽水泵就用坏了 116 个。施工人员都不知道这些水究竟是来自山体蓄水还是地下暗河。它就这样没完没了地喷涌了 9 年多，流出的水甚至形成了一条瀑布，不知情的人还以为是什么自然景观。

自开工以来，有一些人离开了大柱山隧道。但更多的人选择留了下来。他们以苦为荣，以苦为乐，无怨无悔地奋斗在一线。每当思念亲人的时候，他们就会想到西南边陲贫困地区的人们盼望通车的迫切心情。他们不忍心因为这一条隧道耽搁了整条铁路的通车，也不愿离开一起奋战了多年的战友。

有的人从毕业就一直在大柱山隧道工作，一心扎根深山，挥洒青春汗水，从一个小伙子熬成了两个孩子的父亲。

有的人一家三口分隔三地，一年只能团聚十几二十天，但他们没有怨天尤人。

还有的人父母遭遇变故，他们把悲伤埋在心底，仍然坚强地坚守着大柱山。

…………

中国之所以被称作"基建狂魔"，不仅仅是因为工程技术的发展，更关键的是那些数以万计的技术人员和工人们牺牲自我的无畏精神。随着西部大开发的脚步，大瑞铁路的施工建设者，逢山开路，遇水搭桥，战胜所有的恶劣环境，取得工程建设的重大进展。通车后，火车通过 14.5 公里长的大柱山隧道只要 7 分钟左右。但这短短的 7 分钟，却是他们用远离家人的孤独和 10 多年如一日的坚持换来的。在这条荆棘之路上，每一段工程都不得不跋山涉水、披荆斩棘，修建过程异常缓慢且艰辛。

大柱山隧道、阿克路隧道、福星隧道、高黎贡山隧道、澜沧江特大桥……这些不是冷冰冰的文字，它们的背后是无数建设者留下的数不清的故事。祖国今日的强大不是靠口号，而是靠各行各业的劳动者默默坚守在岗位上，无私奉献、无怨无悔地为民族复兴而努力换来的。

大瑞铁路的边界，彩云之南的光彩。让我们为云南铁路加油！让我们致敬默默奉献的建设者！

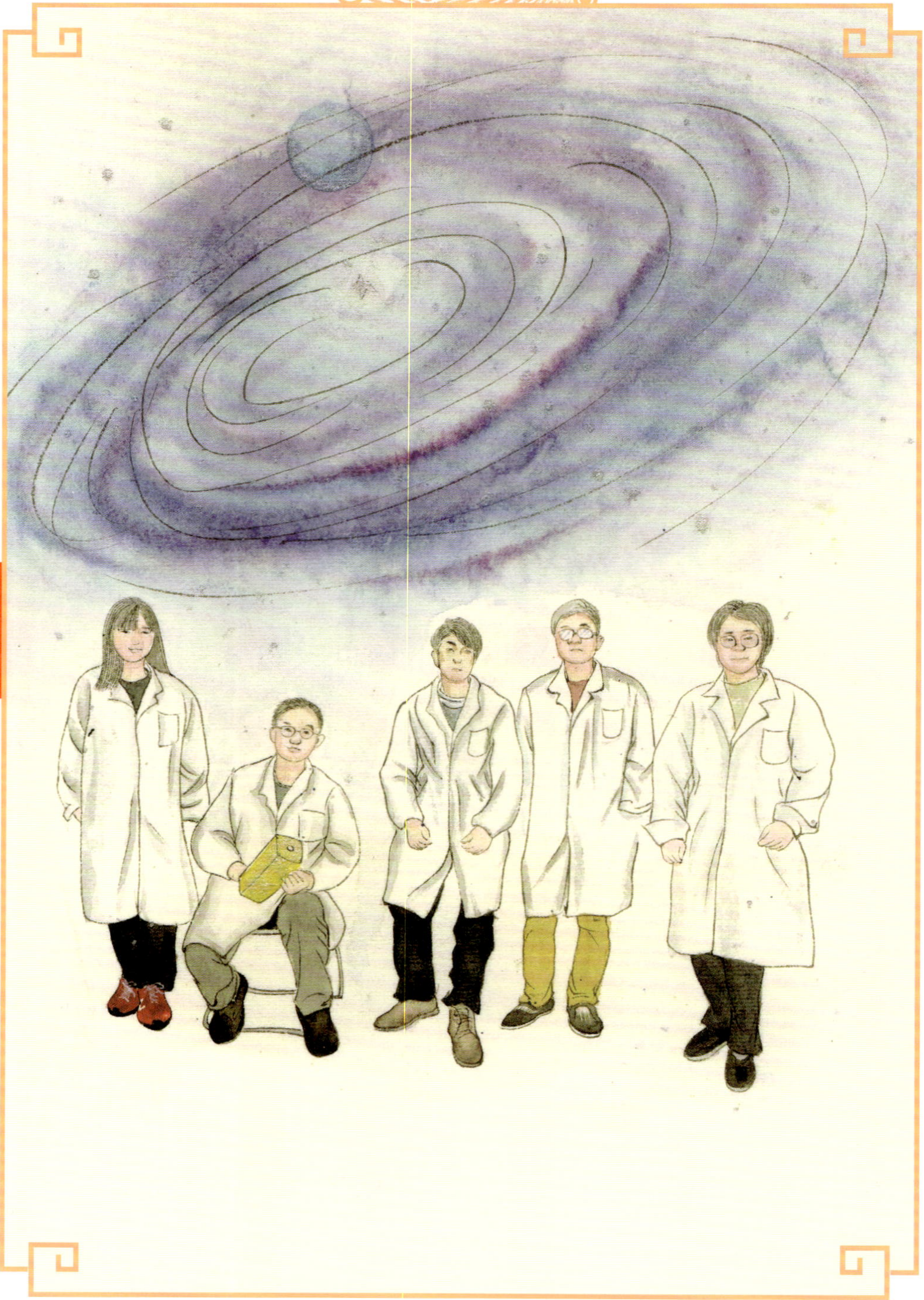

航天队伍里的"新生代"

在获得 2020 年度中国青年五四奖章的集体中，有一个"90 后"航天团队格外引人瞩目。他们用青春探索浩瀚宇宙，被称为中国航天队伍里的"新生代"。他们是哈尔滨工业大学紫丁香学生微纳卫星团队。这个团队平均年龄 24 岁，最小的只有 20 岁。就是这样一群年轻人，已经参与研制发射了多颗卫星，其中就包括世界上首个独立完成地月转移、近月制动、环月飞行的微卫星"龙江二号"。

向梦而行，初心不改

2009 年，进入哈工大不久，韦明川加入了学校无线电俱乐部。那一年，中国首颗业余无线电通信卫星"希望一号"发射成功，令他萌生了动手研制小卫星的冲动。

这一想法得到了学校方方面面的全力支持。2012 年，紫丁香学生微纳卫星团队正式成立。这支队伍以卫星技术研究所为依托，汇集 100 余人。他们来自航空宇航与科学技术、力学、计算机科学与技术、控制工程、机械工程等不同学科，实现了本科生、硕士和博士研究生协同创新、集智攻关。

"以学生为主的研制模式给了我们充分的发挥空间，大家自主学习、钻研攻关，激发和锻炼了迎难而上、不怕困难的意志力，而跨学科、跨专业的协作攻关，也让我们一起结下了深厚的友谊。"韦明川如是说。

为了这个看似不可能实现的梦想，韦明川和团队成员不分昼夜地查阅文献资料，有的同学甚至带病坚持验证测试。有时候，为了等待数据分析结果需要通宵熬夜，他们就在实验室里打地铺。因为还要兼顾学业，几年来，他们几乎没有假期，休息的时间也少之又少。他们的每一次创新和突破，都凝结着超出同龄人的付出和努力。为抓住机会学习，有的人曾到新疆的射电天文台，一"猫"就是一个月。为了赶工期，有的人假期没结束，就从家回到学校"泡"实验室。到了发射关键期，他们每天基本只睡2个小时左右……

团队成员吴凡回忆道："有一次，我们要对卫星的接收机做外场实收测试。那段时间经常下小雨，一直下到凌晨2点多才停下来。然后等我们测试完都已经凌晨四五点钟了，当时我们就只能在厂房里将就睡了一会儿，后来大家都冻感冒了。"

2015年9月20日7时01分，太原卫星发射中心。随着"10，9，8，7，6，5，4，3，2，1，发射！"的倒数计时，高耸的发射架上传来阵阵轰鸣，长征六号火箭破空而去——发射成功！

长征六号此次执行的任务，是将20颗卫星送入太空，创造了我国一箭多星的发射纪录。在这20颗卫星中，有一颗叫"紫丁香二号"，它就是韦明川团队的成果，这是我国首颗由高校学生自主设计、研制与管控的微卫星。随后，他们又相继研制发射了多颗卫星，开启了属于他们的太空征程，韦明川也成为了我国最年轻的卫星总设计师。

2016年，哈工大卫星技术研究所成功赢得了在嫦娥四号的中继星发射任务中进行搭载试验的机会，韦明川和团队成员由此发起了向更远深空的挑战。

韦明川直言自己很幸运能够参加到国家的探月项目中来，但是压力也很大。因为他已经是这个团队的带头人，需要带着跟他当年一样只有20多岁的同学们，朝着"航天梦"永不停歇地飞翔。

脚踏实地，创新不止

2019 年，"龙江二号"卫星拍摄的一张地月合影刷屏网络，在《科学》杂志上刊登，被誉为"最美地月合影"，受到国际关注。这一杰作，也是哈工大紫丁香学生微纳卫星团队完成的。

以韦明川为首的团队自主研制的"龙江二号"于 2018 年 5 月 21 日随"鹊桥"中继星一同发射，5 月 25 日 22 时，顺利进入环月轨道，成为世界上首个独立完成地月转移、近月制动、环月飞行的微卫星。"龙江二号"携带了由紫丁香学生微纳卫星团队研制的 VHF/UHF 通信模块，用于开展业余无线电通信试验、备份测试等任务，这是国际上首次在月球轨道进行的业余无线电通信试验。同时，UV 通信模块内置了一台微型 CMOS 相机用于空间摄影。

每当说起"龙江二号"的发射过程，紫丁香学生微纳卫星团队的每个成员都记忆犹新，感慨良多。

2018 年 5 月 21 日，这颗被命名为"龙江二号"的小卫星随嫦娥四号中继星发射升空。就在团队刚要松口气的时候，卫星却出现了轨控发动机无法关机，甚至面临发射失败的可能。

团队成员邱实也不知道那天他们几个人是一个怎样的状态，只能说大家满脑子想的只有一件事：就是必须、而且一定要把这个"龙江二号"抢救回来。现场他们发送了快 500 条指令，每一条指令都得到非常有效的执行。

经历了各种考验，"龙江二号"终于抵达月球附近，成为世界上首个独立完成环月飞行的微卫星。让团队更加惊喜的是，在卫星传回来的照片中，拍摄到了一张完美的"地月合影"。

这张照片让这个年轻的团队获得了更多的赞誉。但是他们自己却十分冷静，因为他们知道自己的航天梦才刚刚开始。

团队成员泰米尔说："我们用自己设计的这款相机拍摄到了月球，在以后的研究工作中，我们也会想方设法地给这个相机赋予更多的、更复杂的一些科学任务，让它（相机）代替我们的双眼，去看得更遥远，更加清晰，我想这也是一个不断进取、不断去突破的探索过程。"团队成员吴凡也说："虽然我们现在已经获得了一些荣誉，但是我清楚我们前面的路还有很长，这只是一个开始。无论是从技术层面还是精神层面，我们都还有太多的东西需要向我们的前辈们去学习。"

跨越时空，步履不停

通过研制卫星，紫丁香学生微纳卫星团队还极大促进了航天领域的民间国际交流，全世界的卫星和无线电爱好者都参与到了团队的卫星项目中。巴西无线电爱好者爱德森从事电子相关行业，卫星团队研发的"紫丁香二号"解调软件中的多普勒计算模块便是移植了他的成果。德国爱好者开发了遥测解析软件，西班牙爱好者设计了可以让接收卫星下行更容易的检测算法……各国爱好者还以极大的热情在网上交流心得，对卫星下行进行扩展实验。

而"最美地月合影"，无疑成为了国际交流合作的又一重大成果。

只有22岁的团队成员赵渝浩负责小卫星的数据解析系统。他介绍，照片的拍摄和普通拍摄没什么区别，瞬间就能完成，但是传回照片则需要10分钟到半个小时。"这是项国际工程，需要分布在世界各地的无线电爱好者共同完成。""目前，有20多个国家和地区的几十位爱好者都是我们的'粉丝'。我们在每一张照片上都会标注出他们的贡献。"赵渝浩说。

"全世界的卫星和无线电爱好者都希望参与到'龙江二号'卫星信号的接收，而且也十分认可这件事。当我们听到来自全世界不同国家的人一次次地对我们说，他们收到了中国'龙江二号'的卫星信号，团队的人都特别激动，这让我们的工作更有意义。"韦明川说。

青春由磨砺而出彩，人生因奋斗而升华。

让国际关注"地月合影"照片，不仅是浩瀚宇宙里两大天体的合影，也是紫丁香学生微纳卫星团队在最美青春里奋斗的见证。载人航天工程是当今世界高新技术发展水平的集中体现，是衡量一个国家综合国力的重要标志。中国航天人牢记使命、艰苦奋斗、开拓创新，铸就了"特别能吃苦、特别能战斗、特别能攻关、特别能奉献"的载人航天精神。如今，青年航天人已经逐渐成为中国航天领域中的骨干力量。

哈尔滨工业大学紫丁香学生微纳卫星团队为中国航天注入青春动力，靠的是他们脚踏实地地努力和勤奋，这是一种对航天精神的传承，也让世界看到了中国青年的智慧和担当。

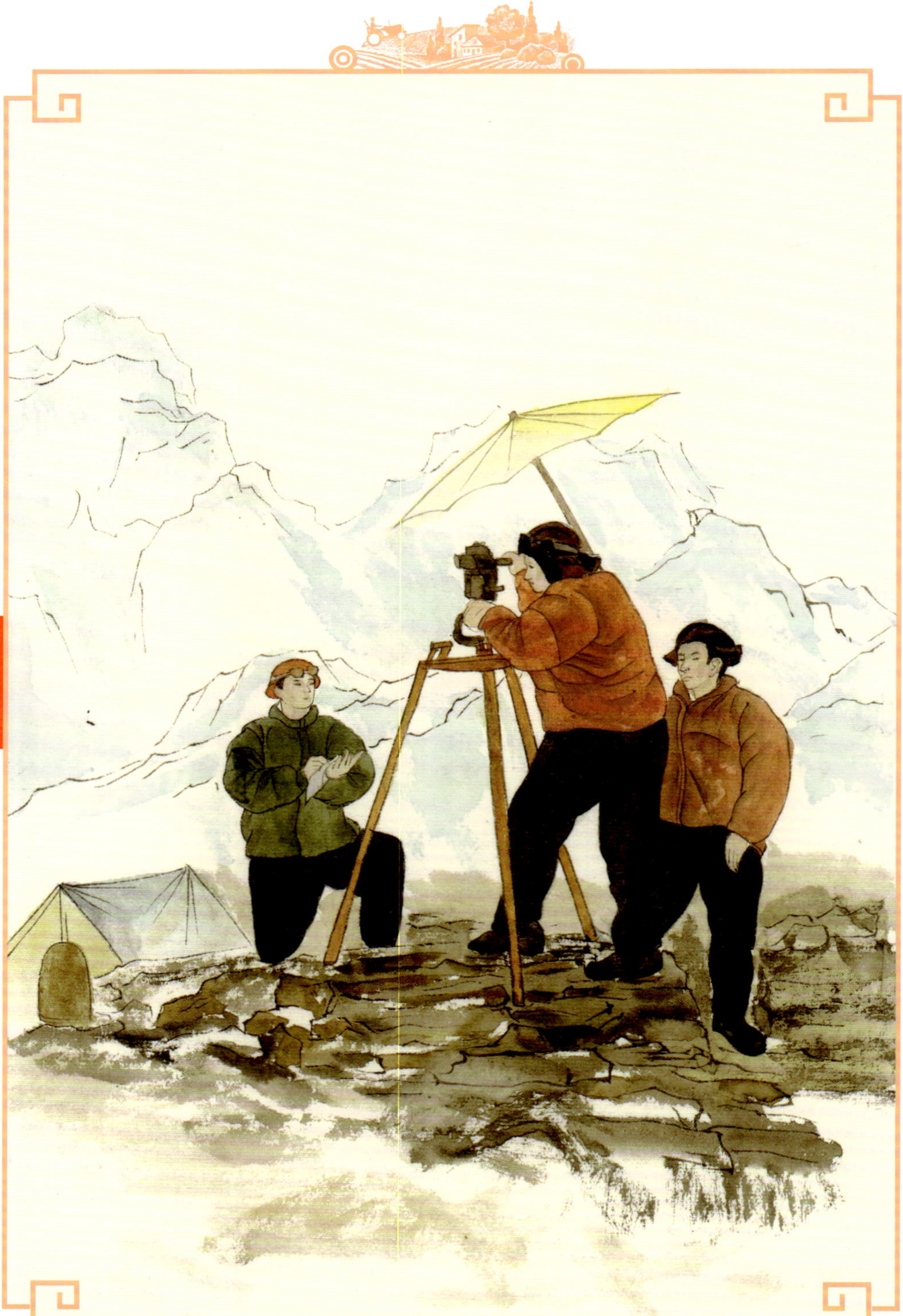

经天纬地绘蓝图

有这样一群人，90% 以上的队员都是知识分子，每一位技术人员一年中有大半年时间都在荒郊野外度过。

有这样一群人，他们 7 次登上珠穆朗玛峰，两下南极。

有这样一群人，他们 37 次进驻内蒙古荒原，48 次深入西藏无人区，48 次踏入新疆腹地，徒步行程总计 6000 多万公里，相当于绕地球 1500 多圈。

2015 年 7 月 1 日，中共中央总书记习近平的一封回信，让这个英雄群体再次受到世人的关注。他们，就是国家测绘地理信息局第一大地测量队。

将测量觇标矗立在地球之巅

"经天纬地，开路先锋"，是测绘事业的写照。这项鲜为人知的工作，基础却十分重要，从国家的发展规划到每一项建设工程，都需要测绘工作者绘制精确的地理坐标。

新中国成立之初，百废待兴，国防和经济建设急需测绘依据，而旧中国留下的测绘基础非常薄弱。为尽快改变这一局面，1954 年，国测一大队在西安成立。

珠穆朗玛峰，地球之巅。新中国成立初期，珠峰的相关数据被外国"测量权威"垄断，我国版图上的这一制高点也只有使用他们的数据。国家提出"精确测量珠峰高度，绘制珠峰地区地形图"。这一光荣而艰巨的任务，就落在了成立不久的国测一大队身上。

1975 年，邵世坤、张志林、梁保根、薛璋、陆福仁、郁期青等国测一大队队员，在地球之巅的生命禁区奋战 80 多天，最终将测量觇标牢牢矗立于珠峰之巅，圆满完成了我国首次珠穆朗玛峰测量任务，向世界宣布珠穆朗玛峰海拔高度为 8848.13 米。这个精确的"中国高度"，迅速得到了联合国教科文组织和全世界的承认。正是这一测，让国测一大队名扬天下。

著名作家冰心说过这样一句话："成功的花儿，人们只惊羡她现时的明艳！然而当初她的芽儿，浸透了奋斗的泪泉，洒遍了牺牲的血雨。"完成首次珠穆朗玛峰测量任务，当年的队员之一郁期青回忆："那时，我们的装备保障条件十分简陋，每人身负四五十斤重的仪器，还要攀悬崖爬冰山，避冰缝躲雪崩，但没有一个人提出后撤。在完成 7050 米珠峰天险北坳的重力测量后，我因长期疲劳抵抗力下降，出现肺水肿，被紧急送往日喀则野战医院抢救 40 多天，体重由原来的 70 公斤降到 35 公斤，牙齿几乎掉光。"这样的危难并没有让郁期青退缩，在国测一大队，一干就是 40 年。

时隔 30 年后的 2005 年，由于地壳运动、气候变化等导致珠峰高程发生变化，国测一大队再次承担测量珠峰的任务。这一次，无论装备和设备都比过去先进，但一样要面临恶劣的环境和不可预知的危险。这一次，要选拔 4 名年轻的队员，当时报名条件首先要求未婚、家里要有兄弟。因为这次的任务，随时可能有生命危险。

最终，队员们白天忍着缺氧头痛坚持作业，晚上蜷缩在 -30℃ 的帐篷里整理资料。为了更好地操作仪器，队员任秀波、柏华岗冒着冻坏双手的危险，在 -40℃ 的天气中脱掉了手套，史无前例地把重力测量推进到了海拔 7790 米的高度。就是靠着这样"不要命"的劲头，队员们仅用 1 个多月时间就在青藏高原布下了覆盖 30 多万平方公里的监测网，在珠峰脚下布设 6 个交会点位，并于 5 月 22 日成功登顶珠峰测量。

2005 年 10 月 9 日，中国再一次向世界宣布：珠穆朗玛峰的新高程数据 8844.43 米 ±0.21 米！

国测一大队的队员，前赴后继，用生命创造了我国珠峰测量上的 4 个世界第一：

——第一次将现代和经典两种大地测量技术，完美集中地展现在珠峰地区。

——第一次精确测定了珠峰地区的似大地水准面。

——第一次在同一时间段内顺利实施了珠峰高程交会和峰顶 GPS 测量。

——第一次获得了珠峰峰顶 35 分钟长时间、高质量的 GPS 观测数。

生死无畏，薪火相传

国测一大队是一支能打硬仗、能打胜仗的英雄团队，他们用生命铸就了"测绘精神"——热爱祖国、忠诚事业、艰苦奋斗、无私奉献。

测绘队员好比候鸟，绿叶发的时候出征，树叶黄的时候归来。国测一大队队员们一般春天离开家，在每年农历腊月中下旬才能赶回来，而且很多远征的战场都荒无人烟，条件艰苦。

他们到过最热的测区，地温高达 60℃，队员们一天喝 20 斤的水，依然焦渴难忍。

他们到过藏北无人区，因为缺氧，队员们头痛欲裂。为了止痛，他们把头卡在钢架床的床头钢管之间，这样卡得头皮生疼，里面的痛就不觉得了。

他们到过新疆阿尔金山，无数的黑蚊子云雾似的围着人和骑的马叮咬。一匹白马转瞬间叮满蚊子，成了"黑马"，"黑马"在地上打个滚，死蚊子的血又把黑马染成"红马"。

他们到过可可西里，泥泞的沼泽充满危险，一辆车一天陷了 30 多次，一整天只走了 3 公里。

他们到过南极冰原，队员们为了获得几个测绘数字，在大雪中坚守 4

天 4 夜。

…………

1960 年，国测一大队在新疆南湖戈壁作业时遭遇断水断粮，队员吴昭璞把仅剩的一点点水交给队友让他们撤离，自己一个人留下来看守仪器和资料。3 天后，队友从 200 公里外水源地赶回来，眼前的情景令他们终生难忘：牙膏吃光了，墨水喝干了，年仅 31 岁的吴昭璞口含黄沙，长眠于戈壁滩上。然而，仪器被他的衣服捂得严严实实，资料保护得整整齐齐……

吴昭璞牺牲 16 年后，他的儿子吴永安成为国测一大队的一员。茫茫戈壁滩，已分不清哪座是父亲的坟茔。于是，吴永安拿出一壶清水，滴洒在地，祭奠父亲的在天之灵，然后擦干眼泪继续工作。

高寒缺氧、山高路险、洪水猛兽、雪崩雷击、地温 70℃的沙漠、−40℃的冰川，对国测一大队的队员们来说已是家常便饭。危险总是相伴，甚至死亡也并不遥远。

60 多年来，国测一大队先后有 46 名队员在野外作业时因遭遇雪崩、坠江、落崖、冰冻等意外，为国家献出了宝贵的生命，大多数遗骨永远地留在了荒野测区，许多人连一块墓碑都没来得及立。但是一代代国测一大队干部职工，从没有因此而停下前进的步伐。他们把个人利益置之度外，坚守"国家把我放在这个岗位上，我就要把事情做好"，披荆斩棘、风餐露宿、以苦为乐，没有一丝抱怨和后悔。

这是一群普通人，这个职业收入并不丰厚。是什么让他们放弃了城市里安逸的生活，选择了艰难的旅途，甘愿年均 11 个月在野外作业？

不是我们想吃苦，想过苦行僧一样的生活，而是特殊的工作性质决定了我们必须不怕牺牲，否则无法完成任务。没有一点儿吃苦精神，没有一点儿拼搏精神，没有一点儿奉献精神，我们就无法在测绘事业上立足。这工作国家需要，我们不干，那让谁干？国家把我们放在这个岗位上，我们就要把事情做好。这就是国测一大队队员的回答。

对事业的忠诚，始终流淌在每个测绘队员的血脉之中。

时代在变，国测一大队也在变。跟踪世界最新的科技手段，更新科技装备，改革管理机制。同时，大力提倡和贯彻以人为本的理念，自1989年至今的20多年里，国测一大队极少再发生队员牺牲殉职的情况。

如今，一批批测绘队员们继续奔波在崇山峻岭、大漠戈壁、原始森林、五湖四海，而国测一大队坚守的品质始终没有改变——党员干部冲在前面的习惯没变，"传帮带"的传统没变，团队协作的精神没变，严谨踏实的作风没变，甘于奉献的品格没变……

"测绘如盐，是做任何'大餐'必不可少的东西，任何一个行业或重大工程都离不开测绘。"测绘者的身影，无处不在，国家很多耳熟能详的重大工程，都离不开国测一大队的支持。比如，青藏公路、西气东输、港珠澳大桥……但谈论起这些工程，很少有人知道测绘者发挥的重要作用。所以，测绘工作者是在背后默默无私奉献的。测绘，注定是一个给人幸福的先行者，这也是测绘人的幸福。

尖兵铁旅，勇于担当

近年来，我国经济社会快速发展，对基础测绘提出了更高要求。一座座水利枢纽拔地而起，勘探队在荒漠峻岭里寻找矿藏，城市面貌日新月异，新农村建设规划蓝图……这些都需要精确的测绘成果提供依据。

尽管测绘的技术装备有了很大改善，但测绘工作者的任务仍然十分艰巨。一代代测绘队员沿着老一辈测绘人的足迹，继续踏上一座座高山，穿过一片片戈壁。

在我国西部，一直有约200万平方公里的国土没有1：50000地形图，这一空缺严重制约了西部大开发的进程。国家测绘地理信息局从2006年起，用5年时间开展了西部测图重大专项工程。

青藏高原西部的C1测区，平均海拔高度5000米，天气诡谲多变；

B12 区域位于昆仑山脚下，深入无人区域 500 多公里，到处是沼泽与草地；C2 区域位于川藏交界，包括当时全国唯一不通公路的墨脱县；塔里木西部 B 区域深入塔克拉玛干沙漠 200 多公里……这些最危险、最困难的测绘任务，自然交给了身经百战、技术过硬的国测一大队。

2007 年至 2009 年，国测一大队累计投入人员 90 人，车辆近 40 台，圆满完成了任务区的测量任务，共完成控制点、检查点 46 个，531 幅 5 万图幅地表覆盖图。以水准测量组为例，根据技术要求，他们必须扶着标尺和仪器徒步前进，以 30 米为一段，每公里误差不能超过 1 毫米，每天最多行进 10 公里，因为至今世界上没有更省力的办法。

作为国家测绘事业的一支尖兵铁旅，66 年来，国测一大队累计完成国家各等级三角测量 1 万余点，建造测量觇标 10 万多座，累计实施各等级水准测量 20 多万公里，建设等级 GNSS 测量点 2 万多座，重力点超过 2 万个，提供各种测量数据 5000 多万组，得出了近半个中国的大地测量控制成果，为经济社会发展作出了重要贡献。

只步为尺测乾坤，丹心一片绘社稷。

这，就是英雄的国测一大队！

第五篇章

劳动最崇高

用一生奉献人民

我死后，只有一个要求，请组织上把我运回兰考，埋在沙堆上。活着我没有治好沙丘，死了也要看着你们把沙丘治好！

——焦裕禄

只要我的心脏还能跳动，我有一分热，发一分光，一定为建设一个幸福的农村贡献自己的力量。

——甘祖昌

一个共产党员爱的最高境界是爱人民。

——孔繁森

做人要有价值，不能光为自己活，还要为民族活、为国家活。

——黄文秀

沙涝碱的"克星"，老百姓的"福星"

为官任职鞠躬尽瘁，造福人民碧血丹心。生是公仆心系百姓，死化焦桐长眠沙丘。

1922 年 8 月 16 日，一个新的生命降生在了山东省淄博市博山县（今博山区）北崮山村一户贫苦农民家里，这个刚出生的小生命便是焦裕禄。艰难困苦一直伴随着焦裕禄的童年。十几岁时，焦裕禄被日军抓到抚顺当矿工，因不堪忍受日寇的残害，在 1943 年，终于逃出虎口，回到家乡。

回到家乡的焦裕禄，终于迎来了人生的第一缕阳光。1945 年 8 月，他加入了共产党领导的民兵组织，投身革命，出生入死。1946 年 1 月，焦裕禄光荣地加入了中国共产党。博山县解放后，焦裕禄任职于区武装部，带领百姓锄汉奸、斗地主、分土地，工作开展得有声有色。

1948 年 5 月，焦裕禄被调到河南省尉氏县任宣传干部。同年冬天，他身先士卒组织队伍奔赴淮海战役前线，在枪林弹雨中抢救伤员，被评为"支前模范"。1949 年春，焦裕禄被调回尉氏做县委工作，他主动请缨冲在一线，领导队伍开展剿匪工作。

短短数年，焦裕禄经历了抗日、土改、剿匪等多次生死考验，充分证明了他是一名赤胆忠心、无私无畏的好党员，是一名有干劲有智慧的好干部。

风尘仆仆，临危受命。1962 年，针对河南省兰考县的实际情况，组织上考虑选派一名有能力有担当的干部担任县委书记。从古至今，兰考县灾害频繁，积重难返，是一个"难啃的光骨头""沉重的大担子"。此前，组织上也曾先后物色了几个人选，但因各种原因没有实现。最后经过慎重考虑，决定派焦裕禄到灾情严重的兰考县担任县委书记。在做决定前，组织上找焦裕禄谈了一次话，向他介绍了兰考县的实际情况。焦裕禄郑重表态："党组织把这个任务交给我，这是对我的信任。"并表示坚决服从组织决定和安排，一定完成党交给的任务，带领兰考人民走出困境。

虽然兰考县的西北边有黄河相伴，但它没有享受到黄河水的恩惠，反而遭受到了无穷无尽的灾难。历史上，黄河在兰考曾多次决口、改道、漫堤。兰考县志记载："一岁三灾，三年大旱，四年大涝，麦尽于枯，秋禾无望，四野一空。"旧社会时，当地流传的民谣诉说着百姓水深火热的生活：

> 冬春风沙狂，夏秋水汪汪。

> 一年辛苦半年糠，扶老携幼去逃荒。

> 卖了儿和女，饿死爹和娘。

新中国成立后，在党和政府的领导下，兰考人民的生活有了很大的改善，但仍然难以抵御自然灾害的侵袭。1959 年以来，连续三年的自然灾害毁坏了全县的水利防御工程，肆虐的风沙使 20 多万亩麦田绝收。秋季收获时节，连续的雨水又将 20 多万亩庄稼淹没，白茫茫的盐碱烧死了 10 多万亩禾苗。农业经济凋零，兰考人成群结队外出逃荒要饭，局面很是严峻。就是在这样的紧急关头，焦裕禄迎难而上，带着党的重托和人民的期望，来到了兰考县。

深入群众，摸清民情。1962 年 12 月 6 日傍晚时分，焦裕禄到达兰考县委，恰逢县委开会研究当前灾情和救灾工作。焦裕禄参加了会议，并在会议上作了简明扼要、分量十足的发言，给当时参会的同志留下了深刻印象。当时，大家还不知道他是新来的县委书记。散会之后，大家议论纷纷，有人说可能是上级派来的干部，但又有人感到疑惑，他穿的衣服破破烂烂的，全身上下就像一个实实在在的农民，哪里像个救灾干部呀！后来向县委组织部一打听，才知道是新来的县委书记焦裕禄。第二天早上天还没亮，焦裕禄就已经下乡调查民情去了。冬天的早晨格外寒冷，狂风卷着黄沙，漫天飞舞。焦裕禄带着几个同志，骑着自行车，逆风而行，来到了灾情最重的老韩陵大队。到了之后，他将大队的东南西北都转了一遍，看到风口上的麦苗枯黄，谷场上满是暄土，心情不禁沉痛起来。从这天起，焦裕禄每天都下乡和农民一起劳动，深入到农民家里访问，他的足迹踏遍了兰考县 120 多个村落。走到哪家，他就揭开哪家的锅盖看一看粮食够不够吃，摸一摸孩子身上的棉服能不能御寒。为了争分夺秒，尽快解决兰考人民的困难，他干脆不回县城，直接住在农民的草棚子里，与群众同吃同住同劳动，和农民促膝长谈，在群众中学到了许多治理风沙、洪水和盐碱的办法。真正做到了从群众中来，到群众中去。

在一个夜深人静的晚上，焦裕禄陷入沉思：知己知彼，百战不殆。虽说通过走访村民，对兰考的灾情有了更深的认识，但对兰考人民的三大"敌人"还没有一个全面的认识。全县的沙丘、风口有多少个？洪水的流向如何？盐碱地的分布和碱化程度怎样？这一切，自己心中都还没个底。于是，他作出一个决定，要把兰考大地的自然灾害摸个透彻，亲自去会一会"三害"。

漫天黄沙查风口。 1963 年春天，弥天的大风沙又开始袭击兰考。焦裕禄正带着"三害"调查队的同志调查风口。狂风犹如排山倒海，夹着漫天飞沙，像海浪一般，一波风未平一波沙又起。大家的脸上、嘴里满是泥沙，但依然坚持追寻风口，直到沙落尘埃，才肯罢休！有一天早上，狂风骤起，黄沙弥漫，有同志建议，改天再去。焦裕禄说："不起狂风，就显示不出风沙的来龙去脉，我们要抓住时机。哪里风沙最大，沙丘最多，我们就到哪里去。"焦裕禄的话鼓舞了同志们的士气，他们继续大步向风沙走去。最后，焦裕禄带领的调查队，查清了全县共有 86 个大小风口、261 个沙丘、63 个沙丘群、10 多条沙龙，危害农作物 30 万亩。摸清"敌情"后，焦裕禄立即召开会议，集思广益，讨论如何治沙。在反复论证多个方案之后，大家决定借鉴农民通过实践摸索出的"土办法"，用淤泥压沙、种泡桐树固沙，终于成功地封固住黄沙。

烈日当头除盐碱。兰考县有盐碱的土地总共 26 万多亩，大片大片的庄稼被碱死。为了治理碱灾，焦裕禄跑了很多地方进行调查，向群众学习，找寻治理方案。他从一个老农那里得知，碱是分很多种类的，有盐碱、白而不咸的碱、卤碱、马尿碱……在调研时，焦裕禄经常会亲自"吃土"，对碱进行鉴别，并做好记录，以便后期对症下药。有了翻淤压沙的经验，焦裕禄决定带领兰考人民翻淤压碱。他对群众说道："跟碱斗不是一朝一夕的事情，你们要是在战斗中有任何困难一定要告诉我。"大家反映缺少翻淤工具，焦裕禄立刻回到县里，安排供销社提供工具，并拨了几万斤粮食，支援群众翻淤压碱，最终刹住了碱这个"纸老虎"的威风。

狂风骤雨探水情。1963 年，秋汛提前来到兰考。暴雨下了七天七夜，整个兰考县一片汪洋。焦裕禄认为此时正是探水路的好时机，可当时他的慢性肝病加重，医生劝他赶紧住院治疗，他却说："同志啊，目前暴雨当头，大水成灾，直接威胁到群众的生命财产，我怎么能去住院呢？我这个病是慢性病，慢慢治就好了。"同志们也劝他，让他先住院，等他们调查回来再向他汇报。焦裕禄摇摇头说："不行！吃别人嚼过的馍没味道，快走！"话音刚落，焦裕禄就带着几个同志，冲向狂风暴雨。在途中，焦裕禄突然肝部一阵剧痛，不得不停下脚步。随行的同志劝他回去，但他打起精神，语气坚定地说："要想改变兰考的面貌，咱不能歇着。群众困难时，我们挨点儿雨淋，又算得了什么？走，不达目的，绝不回头！"调查队在风雨激流里度过了艰难的一个月，最后终于掌握了关于兰考县河流、沟渠、桥涵等基本情况，绘成了详细的排涝泄洪图。

在焦裕禄的带领下，兰考的"沙、涝、碱"得到了很好的控制，丰收指日可待，兰考人民看到了生活的希望和胜利的曙光。在消灾减灾的过程中，焦裕禄总结了许多行之有效的科学方案，为后世留下了宝贵的财富。

为人民鞠躬尽瘁。焦裕禄的心里永远只有人民，没有自己。自己有了病，就用意志扛着，可当同志身体不适，他总是关怀备至，悉心照顾。焦裕禄关心别人，胜过关心自己。在去兰考前，焦裕禄就已经患有肝病。到了兰考之后，经常是风里来雨里去，艰苦、繁重、连续的工作，使他的病情愈加严重。在他的办公室有一把藤椅，每次肝疼时，他就拿一个硬东西，一头顶在肝部，一头顶在藤椅右侧。久而久之，藤椅右侧就被顶出了个大洞。上级领导和同事们都很关心他的病情，多次劝他住院治疗，但他一想到千头万绪的工作，总是找借口推迟。终于有一天，焦裕禄倒下了，不得不住院治疗。凶残的病魔折磨着焦裕禄，病痛让他无法入睡，身体极度虚弱。此时的焦裕禄，心里仍然惦记着兰考人民。许多人去医院看望他，每次他都不谈病情，总是问兰考情况：张庄的沙丘封住了没？秦寨的盐碱地麦子长得怎么样？老韩陵的泡桐栽了多少……

1964 年 5 月初，焦裕禄病情恶化。弥留之际，他说："我们是灾区，我死了，不要多花钱。我死后只有一个要求，请组织上把我运回兰考，埋在沙堆上。活着我没有治好沙丘，死了也要看着你们把沙丘治好！"1964 年 5 月 14 日 9 时 45 分，焦裕禄的心脏停止了跳动，年仅 42 岁。人们在整理他的病床时，发现了他的日记。日记上记着这样一段话："我想，作为革命战士，就要像松柏一样，无论在烈日炎炎的夏天，还是在冰天雪地的严冬，永不凋谢，永不变色；要像杨柳一样，栽在哪里活在哪里，根深叶茂，茁壮旺盛；要像泡桐那样，抓紧时间，迅速成长，尽快地为人民贡献出自己的力量。"焦裕禄的不幸去世，使兰考 36 万人民沉浸在悲痛之中。他们化悲痛为力量，用辛勤的汗水浇灌着焦裕禄生前曾经奋战过的兰考大地，在 1965 年，粮食初步实现自给。

焦裕禄用实际行动，为我们诠释了一位优秀县委书记不怕牺牲、勇往直前、一心为民、无私奉献的精神。他永远离开了我们，但是他没有死，他永远活在人民的心中！

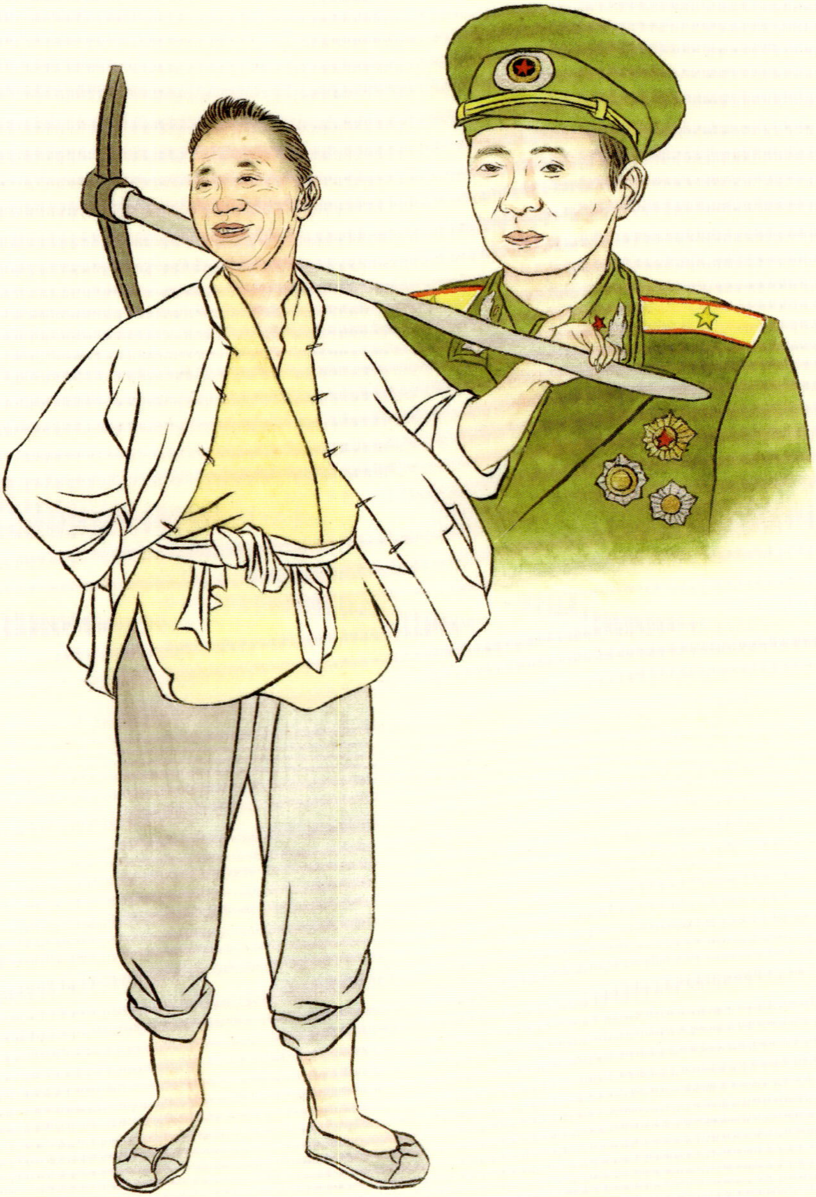

解甲归田的"将军农民"

　　傲骨铮铮铁蹄驰，戎马一生战功赫，是他；面朝黄土背朝天，日升而出日落归，也是他。扛起钢枪，穿上戎装，他是将军；拿起锄头，换上布衣，他是农民。他，就是戎马倥偬29年，却毅然放弃高位、不忘初心、解甲归田的"将军农民"——甘祖昌。

　　1905年，一个男婴降生在江西省莲花县坊楼镇桥头村贫瘠的土地上。没有人想到，这个贫农家庭出身的孩子日后竟会成为战功赫赫的开国将军。当然，更没有人想到，这位将军会在功成名就时，竟会放弃优越条件，带着妻儿自愿回到养育过他的家乡，当起了农民。

　　在甘祖昌的自传里，他这样回忆自己的童年："我6岁时在舅父的帮助下入了私塾，只念了一年半书，就回家劳动。10岁后就担扁担，靠给地主、药店老板担米到萍乡安源卖，担药材回，赚脚力钱贴补家用。当时，我很想学门手艺，以为有手艺就能发家致富，发了财就可以光宗耀祖，不受欺压。这仅仅是幻想。"可见，小小年纪的甘祖昌在家庭环境的影响下，已经早早学会了吃苦耐劳、自力更生。虽然心生不受欺压的念头，但甘祖昌却苦于找不到摆脱现实困境的出路。

　　1926年，在中国革命形势和早期共产党组织的感召和引导下，21岁的甘祖昌参加了农民协会，并于1927年8月加入中国共产党。从此，他便把一颗初心倾注在党的事业中，用一生的信仰和追求践行着一个共产党人的使命——为中国人民谋幸福，为中华民族谋复兴。

　　在中国共产党的领导下，甘祖昌先后参加了土地革命战争、抗日战争、解放战争，出生入死，多次身负重伤。他不怕苦，不怕累，不畏炮火连天的战场，也不惧凶狠残暴的敌人，只为实现所有共产党人共同的奋斗目标：国家独立、人民解放。

1949 年，新疆和平解放，甘祖昌随王震的部队进入新疆，被委以重任。1951 年，甘祖昌因公受伤，留下了严重的脑震荡后遗症。1955 年，甘祖昌被授予少将军衔。1957 年，出于对他身体健康的考虑，上级组织安排甘祖昌去上海、青岛等地治疗和休养，但他却婉言谢绝。甘祖昌主动提出自己要回江西省莲花县的农村老家参与劳动。这个消息一出，在当时的新疆军区引起了一阵不小的波动。谁也未曾想到，功勋卓著，拥有开国少将军衔的甘祖昌，为何执意脱下军装、换回布衣，回老家种田呢？

正当所有人不解之时，妻子龚全珍站了出来，毅然支持丈夫的决定。同甘祖昌一样，龚全珍有着极高的思想觉悟，她愿意放弃大城市优越的生活条件和工作环境，陪同甘祖昌回到家乡，扎根农村，做一名普通的乡村小学教师。"吃了人民的饭，不为人民做事，我心里是过意不去的。"这是甘祖昌常常挂在嘴边的一句话。在甘祖昌的心里，只有他人，没有自己。经过多次申请，组织上最终批准了甘祖昌回乡务农的请求。甘祖昌和龚全珍这样一对相互扶持的夫妻，为所有人树立了劳动的典范，把共产党员为人民服务的公仆精神诠释得淋漓尽致。

"只要我的心脏还能跳动，我有一分热，发一分光，一定为建设一个幸福的农村贡献自己的力量。"这不仅是甘祖昌加入中国共产党时的铮铮誓言，更是他秉持一生的劳动守则。1957 年 8 月，甘祖昌带着他的家人回到了阔别 20 多年的家乡。临行前，为了给组织节省运费，他要求家人少带行李，轻装返乡；为了不给国家添麻烦，他拒绝了省里拨出专款给他另盖新房的建议，选择跟他的 3 个兄弟一起挤在老房子里住；为了不搞特殊化，到达家乡后，他立马送走了两名随行的工作人员。在此时的甘祖昌心里，他早已不再是威风凛凛的将军，而不过是一个普通得不能再普通的农民。

怀着一颗赤子之心，甘祖昌就这样以一个普通农民的身份迅速加入到家乡的建设中。回乡休息了不过三四天，甘祖昌就带着孩子们捡粪积肥，用实际行动告诉大家，他不是回来养老的，也不是回来炫耀和享福的，打消了乡亲们的疑虑。看到附近的虎形山没有开垦，甘祖昌虚心向干部和村民请教，询问原因，了解到虎形山附近的土壤是死黄泥，种不出东西，常年被荒置一旁，严重影响了村里的农业产量。为了帮助乡亲们解决这个难题，甘祖昌带着大家伙儿经过一次次的田间考察，一遍遍地反复琢磨，终于找到了改良土壤的方法。乡亲们按照甘祖昌提出的方法，纷纷开荒种植，大片的土壤被人们利用了起来，农民的收入提高了。为了进一步解决家乡农业落后和旱年歉收的问题，甘祖昌带着社员们又开始投入到了水利工程建设中。可是兴修水利并不是一件小事，首要问题便是资金不足。甘祖昌拿出一大半工资带头捐款，并亲自参与劳动。经过 5 个月的奋战，终于修建完成了一座坝高 19.5 米、长 25 米、蓄水 550 万立方米的水库。水库水渠的相继完工，惠及了当地百姓，也树立起甘祖昌不怕吃苦的形象。

南征北战几十年，甘祖昌为革命流过血流过汗，却从不居功自傲，他总说："要挑老红军的担子，不能摆老干部的架子。"甘祖昌用他年迈体弱的身躯挑起了建设家乡的重担，却永远没有对群众摆过干部的架子。他爱护人民，关心群众，哪个乡亲有困难，哪里就有甘祖昌；他自力更生，艰苦奋斗，哪里需要建设，哪里就有甘祖昌。正是由于甘祖昌心系群众，克己奉公，事事身体力行，所以受到了家乡父老的一致认可，乡亲们打心眼儿里喜欢他，尊敬他。甘祖昌却说："这样好的人民值得我们为他们的翻身解放流血，更值得我们为他们的幸福流汗，为了他们，我愿意献出自己的一切。"

为了人民的一切，甘祖昌慷慨大方、无私奉献。而对自己和家人，他却时时保持艰苦朴素的本色。作为一名曾为国家作出重要贡献的开国将军，当时，甘祖昌虽然有着每月 330 元的高工资，却过着和普通农民一样的艰苦日子。不吃超过 1 块钱 1 斤的食物，不穿超过 1 块钱 1 尺布做的衣服，便是他给自己立下的规矩。甘祖昌不怕苦不怕累，对子女同样严格要求：一件衣服要穿 3 年，一双袜子要穿 1 年，并且自己要学着缝补衣服。为了给孩子们树立榜样，他的衣服破了就补，补了再穿，实在不能补了，就拿去做鞋垫。龚全珍也全力支持和配合丈夫，回乡头几年没有做过一件新衣服，全身心投入到自己的教育工作中。甘祖昌几十年如一日地坚持着，和乡亲们劳动的时候，他抽的是旱烟，吃的是大锅饭，他亲自喂猪、种菜，连抽的烟叶都是自己种的，生活十分俭朴。孩子们也在父母的影响下逐渐养成了勤俭节约的好习惯。甘祖昌的女儿甘公荣至今还难忘父亲那句语重心长的教导："公荣，穿破旧鞋子不丢人，贪图享受才不好。艰苦奋斗是我们党和国家的优良传统，我们不能把这个传统丢了。"

随着孩子们渐渐长大，家里的老房子实在不够住了，甘祖昌才打算修建新房。当地政府想按照规定给他住房补贴，被他婉言谢绝。没有多余的钱，也没有多余的材料，甘祖昌修建新房的打算一拖再拖，直到第三年才终于完工。为了节约，甘祖昌舍不得在自家新房窗户上装玻璃，而是用最便宜的农用薄膜代替。同样节俭的事情不止一例。还有一次，甘祖昌去萍乡办事，当晚住在萍乡饭店，服务员给他开了 12 元钱一晚的房间住宿。可一想到 12 元钱都可以买一袋种子了，甘祖昌说什么也不愿意住这个房间，倒是火车站附近 7 毛钱一晚的通铺把他高兴坏了。

甘祖昌对自己十分苛刻，对乡亲们却是好得不得了。家乡公社离医院比较远，甘祖昌便买了常用药放在家里，一旦乡亲们生病、受伤，都可以到他家里找药。只要能够解决乡亲们的病痛，甘祖昌常常有药必送，分文不收。有些孩子家境贫困没钱读书，甘祖昌甚至在家里办起了学校，自己掏钱买了书本，让妻子龚全珍当起了孩子们的老师。考虑到大多数家庭生活不易、收入不高，大到家乡的农业建设，小到乡亲们遇到难处，甘祖昌都是有钱必掏。据统计，1957 年至 1984 年间，甘祖昌工资收入加原有存款共计 102452 元，他把其中大部分钱用到支援家乡农业建设上，捐献了 8 万多元用于购买化肥、农药及修水库、桥梁，占工资总收入的八成以上。回乡 29 年，甘祖昌和乡亲们一起修建了 3 座水库、4 座水电站、3 条公路、12 座桥梁和一条长 25 公里的水渠。

1986 年 3 月 23 日，甘祖昌在家乡逝世，享年 81 岁。

在生命的最后时刻里，甘祖昌都没有为家里的窗户装上能够遮风挡雨的玻璃，而是交代家人，领了工资先交党费，留下基本生活费后，其余的全部买农药化肥，支援农业建设。

甘祖昌走了，带着一身赫赫战功和一片赤诚之心走了。很难想象，一位本就不平凡的将军，是什么力量，让他作出了如此不平凡的人生选择。戎马二十九载，是将军，亦是农民，解甲归田人人敬仰；艰苦数十年华，无炫耀，甚无私欲，以身报国事事躬行。

甘祖昌去世后，他的妻子龚全珍在回忆文章中这样写道："雨淅淅沥沥下个不停，周围十分宁静。我默默地注视着你的遗像，心潮翻滚。老了。这是 80 大寿时照的，头发已苍白，眼睛还是那样炯炯有神。嘴巴紧闭，有昔日严肃劲儿，两颊却现出了笑窝。笑得那样安详，那样纯朴，那样悠然自得，是会心的微笑，是胜利者的微笑。是的，你完成了一个共产党员应尽的义务，轻松愉快地去了。"

是啊，那个身着补丁衣裳，打着赤脚，手拿一根没嘴的烟斗，把白罗布手巾往肩上一搭，走路笔挺快如风的"将军农民"走了，但他却永远活在了人民的心中。

亦不忘，自难忘。

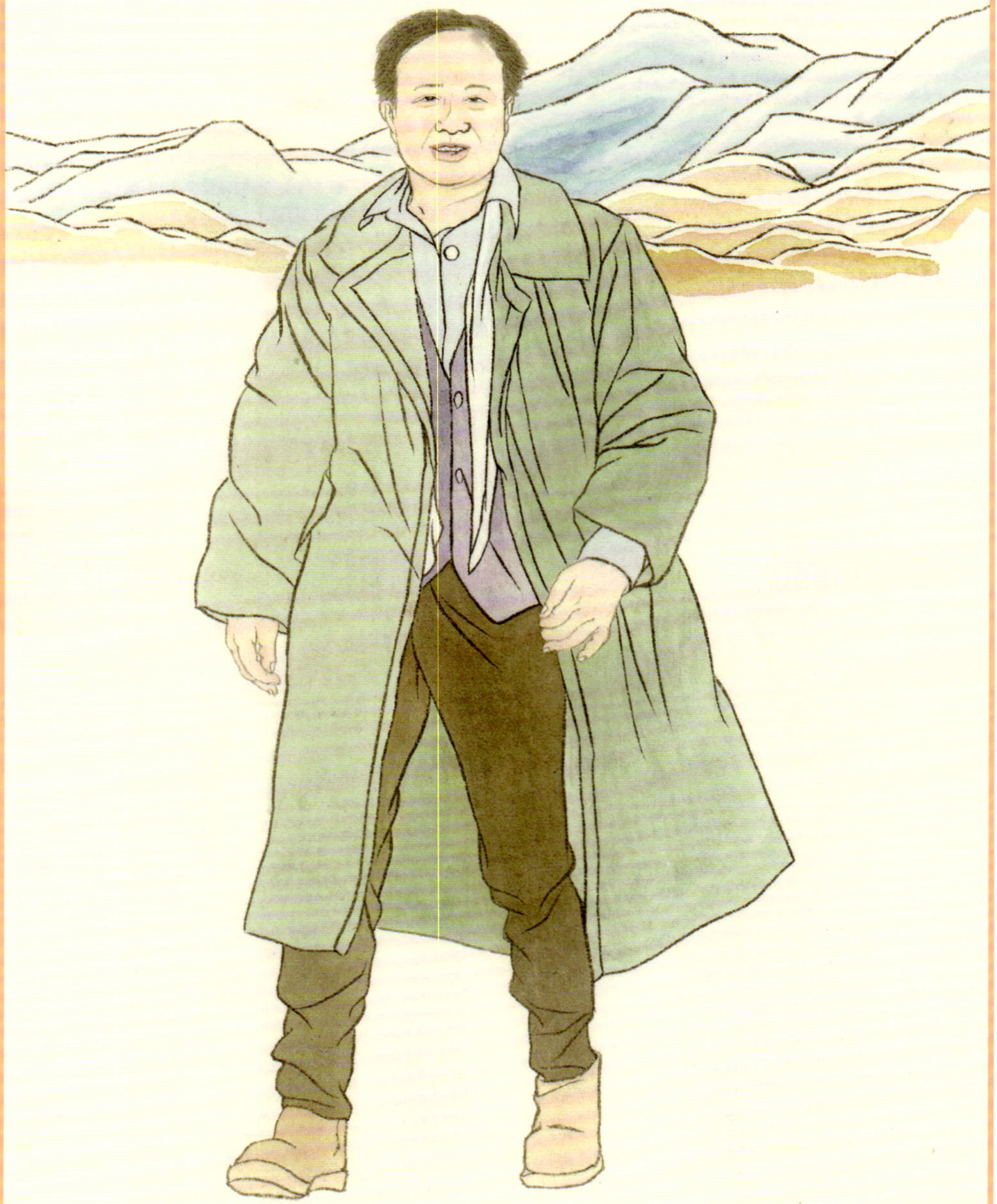

选择：到国家最需要的地方去

在广袤的鲁西平原上，流淌着一条历经千年风雨的河流——京杭大运河，她就像位慈爱的母亲，从古至今，哺育着两岸地区无数儿女成长，这其中就有一位新中国的"时代先锋""领导干部的楷模"。

1944年的一天，山东聊城五里墩村迎来了一个婴儿的降生。他，是村民孔庆会的第三个儿子，父亲按辈分为他起了个名字——繁森。

1952年夏天，8岁的孔繁森背着书包走进了村里简陋的初级小学。1958年，孔繁森考入堂邑镇农中。1959年，还没有读完农中的他又顺利考上了聊城地区技工学校电工专业。1961年夏天，17岁的孔繁森由于在学校表现突出，被推荐到济南参军。在部队里，他连续多年被评为"五好战士"。1966年，孔繁森光荣地加入了中国共产党。

1969年从部队复员后，孔繁森先当工人，后被提拔为国家干部。1979年，党和国家为了进一步加快西藏经济的发展，决定从全国各地选派一批有干劲、有能力的干部支援西藏。当时任聊城地委宣传部副部长的孔繁森主动报名，从此，他的名字就与西藏紧紧地联系在了一起。

初上雪域高原

1979年7月，孔繁森踏上了雪域高原，开始了他在西藏的工作历程。根据组织的安排，他到岗巴县担任县委副书记。尽管此前已经知道当地的自然条件十分恶劣，但初到岗巴的孔繁森还是被眼前的景象惊呆了：光秃秃的山梁上只有几座生了锈的铁皮房，放眼望去，远远的只有一棵树孤零零地立在那里……岗巴县的困难程度确实超出了孔繁森的想象。当听了县里同事们的情况介绍之后，孔繁森顿时感到前所未有的压力和责任，但他心中从未想过退缩，而是想到了一个词：浴血奋战。

转眼间，三个年头过去了。3 年来，为了改变当地经济发展滞后的状况，改善当地百姓的生活条件，孔繁森不辞辛苦地跑遍了全县的乡村和牧区，岗巴处处都印刻下他的足迹。1981 年，孔繁森援藏期已满，就要被调回到山东工作了。在孔繁森离开岗巴县的那一天，县委门口挤满了人，他们把孔繁森围在中央，争先恐后地和他握手、拥抱、话别。一些藏族同胞一边给孔繁森献哈达，一边说道："孔书记，你以后有空儿要记得常回来看我们呀！"孔繁森回答说："好，我一定还会再回来的。"话音刚落，孔繁森的眼泪就禁不住地流了下来……汽车已经驶出很远了，猛然间，孔繁森的心开始空荡起来，好像失去了什么。这时他才明白，他已经深深地爱上了岗巴的土地和人民。

二 次 进 藏

时光荏苒。1988 年年底，孔繁森再一次面临着人生的一个重大选择。一天，山东省委组织部紧急召回正在北京因公出差的孔繁森。孔繁森急匆匆地赶回济南。"繁森同志，经省委研究，希望你再次赴藏，担任此次山东赴藏干部的领队，执行支援西藏的任务。"组织部的同志告诉他，"这次赴藏干部的领队，要求政治上成熟，有在西藏工作的经验，并能够胜任副厅级工作，组织上认为你是最佳人选。""谢谢组织的信任，我是党员干部，坚决服从组织的决定。"孔繁森坚定地做出了回答。回答是简洁明了的，但这话语的分量有多重，只有孔繁森自己最清楚：老母亲年事已高，生活起居都需要人照顾；自己的 3 个孩子年龄尚小，也需要人照看，妻子又体弱多病。但是，在孔繁森的心中，个人困难再大也是小事，只有党和人民的事才是大事。

孔繁森第二次赴藏，担任的是拉萨市副市长，分管文教、卫生、民政工作。任职期间，孔繁森尽心尽力，为发展少数民族教育事业奔波操劳。到任仅仅 4 个月的时间，孔繁森跑遍了全市 8 个区县所有公办学校和一半以上的乡办和村办小学，几年下来，拉萨的适龄儿童入学率从 45% 提高到 80%。孔繁森十分关注当地的老年人工作，全市 56 个敬老院和养老院，他就走访过 48 个。有一次，孔繁森见一位老人的双脚冻得像面包似的，他就用自己的体温为老人暖脚，还把妻子刚从山东给他寄来的新棉鞋给老人送去。自那之后，老人每次听说孔繁森要来，都早早地穿好那双新棉鞋在门口等着孔繁森，就像老父亲在门口等待儿子回家一样。孔繁森担任拉萨市副市长期间，还解决了尼木县用水的大难题。当时，尼木县的群众由于饮用水达不到卫生标准，许多人患上了大骨节病。为了结束尼木县群众易患大骨节病的历史，孔繁森几次爬到海拔近 5000 米的山顶水源处考察、采集水样，千方百计地帮助群众解决饮水问题。

　　孔繁森以前在部队接受过医护知识培训，也算半个医生，所以在第二次进藏时，考虑到西藏地区医疗卫生条件差的实际情况，特意自备了一个小药箱。每次下乡时，他都要带上自己的小药箱，义务给农牧民看病，药用完了，他就自己花钱买药补充。有一次，一位 70 多岁的藏族老人肺病发作，随时都有生命危险。这时孔繁森正好碰上，他立即拎着小药箱赶去救治。当时老人口中的浓痰堵住了咽喉，生命危在旦夕，可是现场没有专门的医疗器械可用。孔繁森临危不乱，将听诊器的胶管伸进老人的嘴里，然后自己用嘴对着胶管一口一口将痰吸了出来……这一救死扶伤的义举，就算是亲人恐怕也难以做到，但孔繁森没有丝毫犹豫地去做了。

丹 心 忠 魂

　　1992 年年底的一天，在孔繁森第二次援藏即将期满的时候，第三次重大的抉择又摆在了他的面前。西藏自治区党委主要领导同志打了个电话把孔繁森叫到了自己的办公室。孔繁森到了之后，这位领导一直询问他的身体和家庭情况，迟迟不切入正题。最后实在憋不住了，这位领导才用试探性的口气说："原阿里地委书记身体不好，需调回拉萨，组织打算派你去接任，你如果有什么困难或要求，尽管说出来。"在刚刚听到这一番话时，孔繁森一时有些发蒙。两次援藏，他把自己的黄金年华和满腔热情都奉献给了西藏高原。他深爱着这片土地和人民，但他何尝不惦念家中年迈的老母亲、体弱多病的妻子和3个未成年的孩子？一边是西藏人民，一边是家人，到底该如何抉择？来不及更多的思考，凭着党性和崇高的觉悟，孔繁森平静地回答道："行，我去！"

> 无垠戈壁绿一层，
>
> 历尽沧桑骨殷红。
>
> 只因根生大漠下，
>
> 敢笑翠柏与青松。

这首《咏红柳》是孔繁森在去阿里赴任的路上写下的。它赞美了在高寒缺氧的恶劣环境中红柳顽强生存的不屈精神，同时也表达了孔繁森无私奉献西藏这片雪域高原的信心和决心。

阿里，一个神秘的地方，一个被人们称为"世界屋脊的屋脊"的地方，那里山高路险、气候恶劣、人迹罕至。1993年4月，孔繁森踏上了赴阿里的漫漫长路……

孔繁森任阿里地委书记的第二个藏历新年，一场罕见的暴风雪吹走了当地节日的喜庆。寒风呼啸，大雪铺天盖地，一夜之间，整个阿里就被白茫茫的积雪覆盖了。接连几天，无数个告急的电话像是一把把重锤，敲击着孔繁森的心脏。

改则县告急：积雪50厘米，最厚的地方已达80厘米，大雪掩盖了草场，暴风扫光了山脊上的草根，牲口没吃的，因冻饿而死的羊、牛、马已达69525只（头、匹）。

措勤县告急：全县已有十几个区、乡被暴风雪吞没，牲口已死亡61677

只（头、匹）。

革吉县告急：大雪仍在下着，饥饿的牛羊成批死亡，存栏量天天都在下降。

其他几个县、区也在告急。

牧民们已陆续开始断粮、断炊，因冻饿病倒的人日渐增多。

…………

接连不断的告急电话，并没有让孔繁森惊慌失措。他沉着应对，经过情况了解，周密思考，立即主持召开紧急会议，部署抗灾救灾的工作。会议决定派出三个工作小组分别奔赴各县进行救灾工作。孔繁森带领其中的一组去了最困难的革吉县与改则县。在受灾点，孔繁森连续工作了16个昼夜，这使他本来就带病的身体更加虚弱。由于连续在风雪中奔波了十几天，孔繁森在2月26日那一夜头疼得厉害，胸腔发闷，呕吐不止，意识模糊……他感到自己似乎正走在死亡的边缘。于是，他忍着疼痛，拖着虚弱的身子，坐在冰冷的凳子上，打开手电筒和笔记本，吃力地给同行的一名同志写下了留言。

小梁：

　　不知为什么，我头疼得怎么也睡不着觉。人有旦夕祸福，天有不测风云，我有一事相托。万一我今天发生了不幸，第一，你不要难过；第二，向领导讲，这个不幸的消息不能让我母亲、妻子和孩子知道；第三，你要每月以我的名义给我家写一封报平安的信；第四，我在哪里发生不幸，就把我埋在哪里，丧事从简！

第二天早上，初升的希望之光透过破旧的窗户照在孔繁森的脸上时，他微微地睁开了眼睛，昏迷一夜的他竟然奇迹般地活了过来。经过两个月的艰苦奋战，孔繁森带领阿里人民战胜了特大雪灾。

在雪灾中，孔繁森靠着自己的意志战胜了死神，但万恶的死神最终还是把我们的孔书记带到远方去了。为了发展阿里的经济，孔繁森准备在边贸和旅游方面下功夫。1994年，他带领相关人员到新疆进行边境贸易考察，11月29日，在完成考察任务返回阿里的途中不幸遭遇车祸，以身殉职，时年50岁。

孔繁森去世时，身上仅有8块6毛钱。人们在整理他的遗物时，除了那8块6毛钱之外，还有一部旧收音机和写着关于阿里发展的12条建议的4页纸。建议是他去世前四天写的，既包括了破解阿里能源交通瓶颈的对策，也涵盖财政民生教育等群众所关切的问题。8块6毛钱、旧收音机、关于阿里发展问题的建议——这便是孔繁森的全部遗产。

孔繁森的去世，让天地动容，让百姓悲痛。在遗体告别仪式上，悬挂着一副挽联，高度地概括了孔繁森的一生，也道出了当地人民对他的深切怀念。

上联：一尘不染两袖清风，视名利安危淡似狮泉河水。

下联：二离桑梓独恋雪域，置民族团结重如冈底斯山。

人的一生会面临很多重大的选择，每一次选择都代表着不同的人生道路。孔繁森的一生也面临许多选择。面对国家，他选择忠诚；面对人民，他选择奉献；面对亲人，他选择惦念；面对人生，他选择无悔……孔繁森的选择是伟大的，他的选择从来都不是为自己；孔繁森的爱是伟大的，他的爱超出了母子之爱、夫妻之爱、父子之爱，更加博大而崇高。

孔繁森啊孔繁森

你是一团不熄的火呀

光焰照后人

老百姓在赞美你——孔繁森

你有一颗赤诚的报国心

汗水洒齐鲁哇

雪域立功勋

甘为孺子牛

默默苦耕耘
都说是愚公移山不畏难
怎比你知难而进
勇挑重担的共产党人！

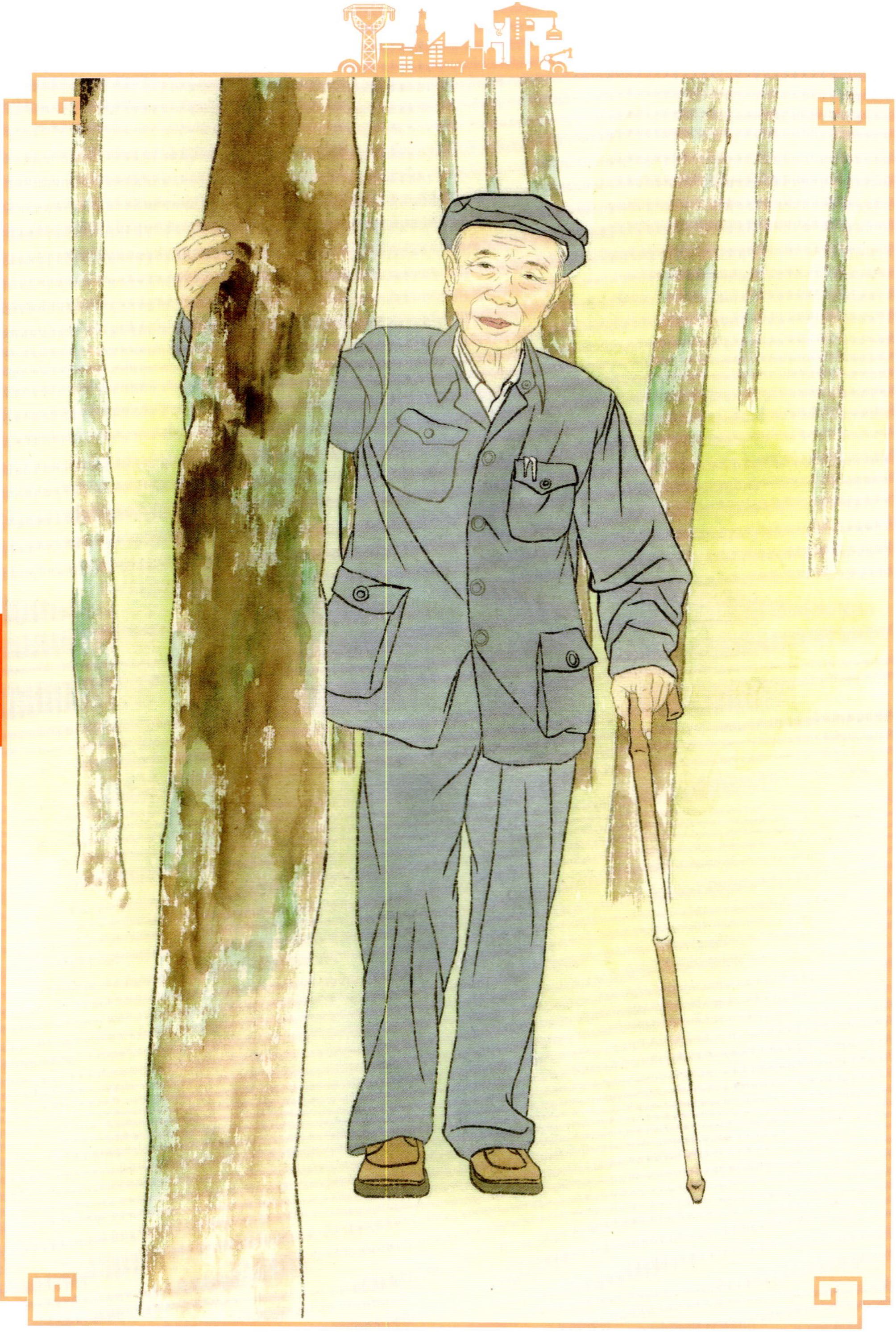

老书记：百姓想念您

善洲书记，人民想念您。您出身农民，为官多年，始终保持农民的本色；您华发苍颜，退而不休，二十二度春秋荒山变绿洲；您一生一世，赤胆忠心，八十三载岁月舍己为人民。

您是一名光荣的共产党员

1951年，云南和平解放后的土地改革开始了，您担任汉庄乡土改工作队分队长。您坚守着一辈子跟党走的信念，努力学习，奉献人民，心中渴望着早日加入中国共产党。土地改革即将结束，恢复生产和民主建设需要一批骨干，上级决定在土改工作队中发展一批党员。由于您在工作中表现突出，1952年11月4日，您终于如愿以偿，在白衣寺面对着鲜红的党旗，举起拳头立下了这样的铮铮誓言：

　　　我志愿加入中国共产党，

　　　承认党纲党章，

　　　执行党的决议，

　　　遵守党的纪律，

　　　保守党的秘密，

　　　随时准备牺牲个人的一切，

　　　为全人类彻底解放奋斗终身……

您是一名"普通的"县委书记

您脸色黝黑、双手粗糙、艰苦朴素、勤俭节约，见到您的人都不会想到您是一位领导干部。有一次，您得了重病到医院看病，医生说需要住院，可转眼打量了一下穿得破破烂烂的您，然后告诉您没有床位了，要住只能住过道上，您便毫无异议地住下了。之后，组织部的同志去医院看您，问医生："杨书记住几号病房？"医生说："什么杨书记？没有这个人。"组织部的同志说："有啊，请你们再查一查，他的名字叫杨善洲。"医生一查说："有！有！有杨善洲这个人。"组织部的同志问道："你们怎么能让杨书记住过道上呢？"医生尴尬地说："他入院时没有床位。"他们的谈话被住院部的主任听到了，赶忙走过来说："谁说没有床位？不是还有空的吗？还不赶快搬。"之后，院领导也知道了此事，派专人照顾您，并亲自到您病房道歉。您眉头一皱说道："要我说呀，你们原来做的不对，现在做的也不对。原来不对，是看我像个农民，有病房不让我住。这说明，平时农民来看病，你们就是这样做的。我们的医院叫人民医院，不该像这样对人民群众，有床位，应该让人民群众住。现在知道我是领导干部，你们马上安排病房，派专人来照顾我，这样做就太过分了，对领导就特殊照顾，所以也不对。"还有一次，您下乡了解情况，到达乡政府时，乡秘书见您脚穿草鞋，头戴竹叶帽，以为您是一位普通的老农，随便打发您说领导不在。您不着急，也不气恼，自己进村转悠，了解到许多听汇报时听不到的真实情况。乡秘书得知您是县委书记时，吓得连忙找您作检讨，您笑着说："没关系，以后可不要瞧不起农民！"杨善洲老书记呀，您生于农村，为官一生扎根农村；您功高，但不改为民服务的初心；您位尊，但不改淳朴农民的本色。您是我们万千农民的农民书记。

您的一生只为"民"利

1962 年 12 月 1 日，国务院批准从保山分设施甸县，您被任命为施甸县委书记。国家拨了 6 万元办公经费，在当时这笔钱不算少，修栋房子作为县委办公地点，应该没问题。但是您坚决不同意盖新房，最后把办公地点选在了一个破旧的寺庙大厅里。您精打细算，能不开支的绝不开支，连必要的办公文具您都想办法削减。您对大家说："现在国家有困难，大家都要理解，我们要把钱用在人民的身上。"您一直把勤俭节约、艰苦奋斗挂在嘴边，但只要涉及人民安全和利益的问题，您可大方了。

1976 年 5 月 29 日傍晚，龙陵县发生了两次大地震，造成了极其严重的损失：房屋倒塌，交通中断，人员伤亡。您的老家施甸和龙陵只有一江之隔，灾情也不小。"家里的老屋破旧不堪，别说大地震了，就是一阵狂风一场暴雨也经受不住。家里到底怎么样？老母亲、妻子、儿女怎么样？"想到这里，您的心揪了起来。但您最后还是以人民的安全和利益为重，毫不犹豫地赶往重灾区。后来有同志查看灾情，刚好到了您的家，呈现在他们面前的是这样一个场景：正房是一排三格的茅屋，侧边是畜圈，房顶部分塌陷，露出一个大洞，山墙上的土坯震掉了不少，房子岌岌可危。有同志问您母亲："杨书记的工资不算低，难道 1 分钱都拿不出来修房子吗？"您的母亲说："他没钱。前些年攒了几千，村里的人说要种缅甸洋芋没有钱，他拿来借了。这几年又攒了几千，大队上要建小水电站钱不够，他又借给大队上了。我家黑蛮儿（杨善洲乳名）说，家里先克服一下，先解决大家的困难。"您永远把人民的利益放在第一位，坚持人民的利益高于一切，一切从人民的利益出发，您是一名普通而不平凡的好书记。

您是一名退而不休的县委书记

在您退休之际，云南省委建议您到省城里安享晚年，但您却说："谢谢省委的关心，我就不去了。我要到大亮山去种树。"1988 年 3 月 8 日，您带领几名同志走进了大亮山林场。上山之后，您和几位职工 100 多天没有回过家。为了让大家有个睡觉的地方，您亲自动手用树枝建了一个窝棚，但不到半年就被风吹烂了。后来，您又带领职工修建了 40 间简陋的油毛毡棚。毡棚冬天冷，夏天闷，碰上下雨，被褥常被淋湿。第二年，林场建起了砖房作为职工宿舍，但还是不够住，您就让技术工人和职工先住进去，自己继续留在油毛毡棚里。任何人来劝说，您都婉拒说道："睡觉有个窝，吃饭有口锅，就可以了。"但是啊，当时您毕竟已经是七旬老人了，即使您的精神同意您继续劳作，但是您的身体可不那么听话了。有人问您，为什么到了这么大把年纪了还来受苦？为什么不去颐养天年？您笃定地告诉他："干部可以退休，但是共产党员不退休，要活到老学到老，工作到老。"

当书记时，您一直艰苦奋斗，为国家节省开支。退休到了大亮山之后，遇到要开支的地方，您首先想到的还是要为国家节省。植树造林，最大的开支便是购买树苗和树种，为了省钱，您把能想到的和能做到的，都想到了做到了。最让人们记忆深刻的是，您当时提着个大塑料袋子，在大桥头东看看西看看，一会儿弯着腰，一会儿又蹲在地，好像在捡什么东西，原来您在捡桃核、李子核。这件事被当时的副县长知道了，副县长托人告诉您，让您不要捡了，要多少钱他马上批给您。您斩钉截铁地说道："国家财政有困难，批什么钱？即使批了钱，买的种子也不一定能够适应咱施甸呀。"

20多年的辛勤耕耘，终将荒山变绿洲。2009年，大亮山已经是一片翠绿，您用您60岁以后的生命，建造了一个绿色王国。在2009年4月，您作出了一个让人为之惊讶和敬佩的决定：您把那片您亲手经营了20多年价值3亿元的大亮山林场无偿献给了国家。在将大亮山林场的经营管理权交给国家时，您一再嘱托管理人员，要让老百姓享受到大亮山的实惠。2010年5月，保山市委、市政府为您颁发了20万元特别贡献奖。您把其中的10万元捐赠给保山第一中学，另外6万元捐给了林场和附近的村子搞建设，自己只留下4万元。您总是奉献的多，索取的少。

1999年，您在山上不小心摔伤骨折，虽经医院尽力医治，但还是留下了残疾。伤好之后，您就嚷着要回到大亮山，身边的人怎么劝您都劝不住，最后还是拗不过您，您拄着拐杖一瘸一拐地回到了大亮山。您深爱大亮山的一草一木，您离不开这座山。但是，在不应该离开的时候，您却离开得这么坚决，这么洒脱。

2010 年 10 月 10 日，您默默地离开了人世。按照您生前的遗愿，家人把您的骨灰分别安葬在了 3 个地方：大流水——您的出生地；清平洞——您最钦佩的爱国将领邓子龙点将的地方；大亮山——您最牵挂的热土。安葬地都没有竖立墓碑，没有任何标识，陪伴您的就只有脚下绵延的土地和伸向蓝天的大树。您说："你们要是想我了，就去树下坐一坐，泡杯茶。"

杨善洲老书记呀，百姓想您了！您的离开，没有给自己和家人留下任何像样的物质财富，但是您留下的东西又是那么地丰富。勤俭节约、艰苦奋斗、舍己为人、清正廉明、无私奉献，就是您给家人、朋友和所有的人留下的丰厚遗产。

杨善洲老书记呀，您的一生都没有离开过您的家乡云南保山。但是，您的故事和精神力量却已经撒播整个中国大地，感动着我们每一个中国人。对于我们而言，您从未离开过，您就像一面镜子——纯净淳朴刚正的镜子，每一位共产党员乃至每一位中华儿女，都能在您的面前有所思、有所悟、有所得。

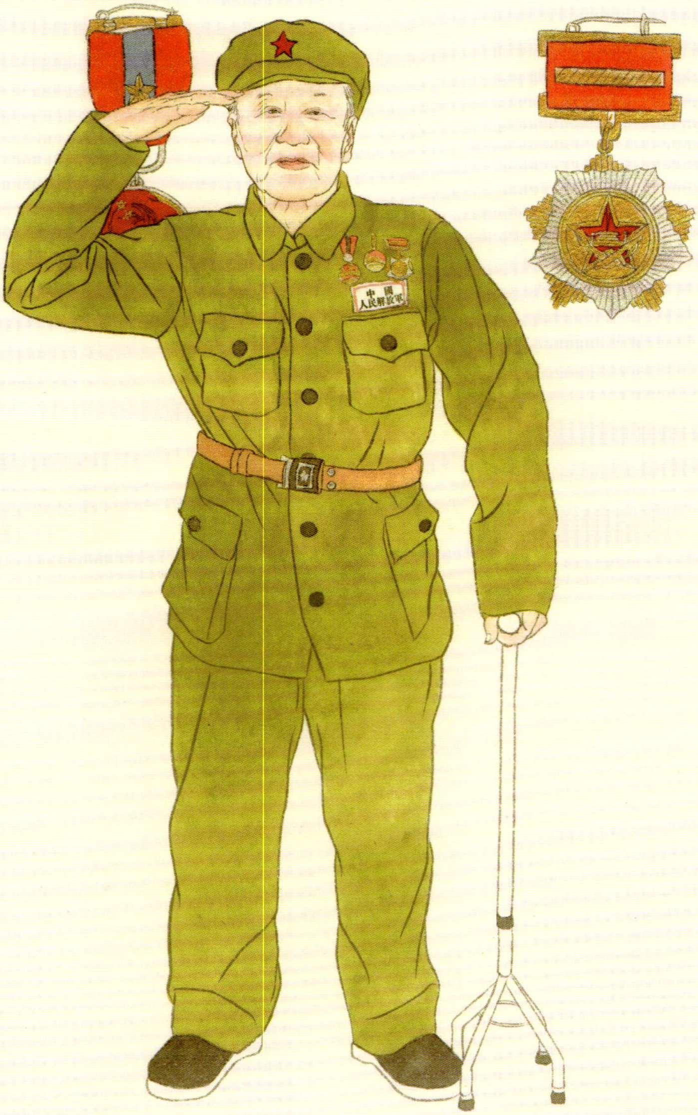
中国
人民解放军

深藏功名　永葆初心

　　战争年代，他冲锋陷阵，奋勇杀敌，立下卓越战功，成为"战斗英雄"；建设时期，他放弃安逸生活，深藏功与名，扎根在最艰苦的深山默默奉献，为民造福；迟暮之年，他艰苦朴素，淡泊名利，严格要求自己，从不向组织提任何要求。他，就是一辈子坚守初心的特等功臣——张富清。2018 年底，在全国退役军人信息采集工作中，这位"战斗英雄"的感人故事才被世人知晓……

　　1948 年 3 月，24 岁的张富清光荣入伍，成为中国人民解放军西北野战军 359 旅 718 团 2 营 6 连的一名战士。8 月，加入中国共产党。在连队中，张富清担任的是最危险的突击任务，他奋勇争先，敢打敢拼敢闯，只要部队一有突击任务，他就主动报名参战。在壶梯山、东马村、临皋等战役中，他翻城墙、炸碉堡、缴机枪、占领制高点……每一次战斗，张富清总是冲锋在前。他总结打仗的秘诀就是"不怕死"，靠着这种坚强意志，入伍还没多长时间，他就立了不少战功。张富清回忆道："自从参加解放军以来，不分白天黑夜，每天都是战火纷飞，早已记不清打过多少仗，受过多少伤，但印象最深的是永丰城那一仗。"

　　1948 年 11 月 27 日夜晚，陕西蒲城的永丰战役打响了。张富清带领两名突击队员扒着墙砖缝隙攀上城墙。全身上下带着三四十斤装备的张富清第一个跳下 4 米多高的城墙，与对面的敌人展开近战。他端着冲锋枪对着敌人一阵猛扫，一下子就把近距离的七八个敌人全部消灭了。突然，张富清感觉头部被人重重地捶打了一下，他用手一摸，才发现子弹把头顶的一块头皮掀了起来，鲜血流了满脸。他顾不得伤痛，继续投入战斗，匍匐前进逼近敌人的碉堡，用刺刀刨出一个土坑，将捆好的 8 颗手榴弹和一个炸药包放在一起，弹环上拴了用衣服撕成的布条，他猛地一拉，轰隆隆一声巨响，敌人的第一个碉堡掀了盖。在身受重伤的情况下，张富清独自坚守阵地到天明，炸毁了 2 座碉堡，缴获 2 挺机枪和 4 箱弹药，数次打退敌人的反扑……战斗胜利了，但一同参战的另外两名突击队员却再也没有回来。每当回忆起这场战斗，张富清都老泪纵横。

后来，张富清一直跟随部队南征北战，出生入死。他珍藏的那张泛黄的立功登记表和 3 枚军功章，记录了老人在战火硝烟中的九死一生和冲锋陷阵——特等功 1 次、一等功 3 次、二等功 1 次，还有两个"战斗英雄"的称号，这些都是他赫赫战功最有力的证明。在这些荣誉的背后，战斗留给张富清的，更多的是身上那些伤痕：被弹片掀起的头皮至今留有伤疤，被燃烧弹烧伤的腋窝依旧焦黑，满口牙齿也在战斗中被炮弹震松……张富清用钢铁般的信念和意志在枪林弹雨的战场上，勇往直前，舍生忘死，用自己的实际行动书写了革命军人的热血与忠诚。

然而，60 多年的时间里，张富清将赫赫战功深埋心底，从未提起。他的老伴、儿女和身边几乎所有认识他的人，都不知道这段被他尘封的往事。这些战斗功勋，为什么从来不讲呢？张富清说："很多战友，为党为人民献出了生命，他们的功劳都比我高，我有什么资格居功自傲、炫耀显摆自己？!"

1955 年初，张富清退役转业。多次立功、身体有伤的张富清原本可以留在大城市或回到陕西老家，但得知上级鼓励大家到祖国最需要的地方去支援经济建设时，张富清说了一句"党的干部，哪里需要就去哪里"，便主动选择了湖北最偏远的来凤县。

告别军营，一个旧皮箱锁住了张富清在战场上的全部荣誉。扎根山区，一干就是 30 年。30 年间，张富清先后就职于来凤县粮食局、三胡区政府、卯洞公社、县外贸局、建设银行来凤县支行等单位。在每一个岗位上，他都兢兢业业，脚踏实地，默默无闻，竭尽所能为人民服务。

20 世纪 60 年代，张富清调到三胡区政府工作。当国家要开展精简退职工作时，为了带头示范，张富清首先动员妻子孙玉兰放弃令人羡慕的工作，从供销社辞职。孙玉兰回忆道："他对我说，要完成任务，领导自己要过硬，勇于从自己开刀，才能开展好工作。如果不让你下来，我怎么去动员别人？"在任三胡区副区长、区长期间，张富清还组织修建了三胡区历史上第一座水电站，供附近两个生产队照明。为了解决人们的温饱问题，张富清首先从最穷、最困难的家庭入手，和他们一起栽红薯、种苞谷，一起劳动，一起生活……在张富清的带领下，三胡区的生产经济逐步得到恢复和发展。

20 世纪 70 年代，在卯洞公社班子成员分配工作片区时，身为副主任的张富清主动选择了最偏远、最艰苦的高洞片区。这里不通电，不通水，不通路，山连着山，老百姓的物资上不去，山货下不来，不仅吃饭成问题，连日常出行都充满危险。张富清左思右想，决定给当地修路，他认为只有修路才能改变当地老百姓的生活环境。有了主意，便开始行动。他四处奔走，一边给粮田被占的农民做思想工作，一边筹款报批，规划勘探。白天拿着锄头带领群众一起修路，晚上就直接住到社员家的柴房里，在地上铺点儿干草就睡了。在危险困难面前，处处都有他的身影。这条公路有一半多都建在悬崖上，只能靠爆破打通，十分危险，此时张富清又是第一个站了出来。就这样，和社员们连续奋战 4 个多月后，1978 年，高洞片区的公路终于修通，同时也结束了这片山区几代人不通路的历史。至今，这条路还在为高洞村 2000 余名村民的出行提供着便利。

20 世纪 80 年代初，张富清调任建设银行来凤县支行副行长。当时银行只有 5 名职工，没有独立的办公场所，只能借用其他单位的土瓦房，资金更是十分困难，唯一的业务仅是发放贷款。在摸清楚情况后，张富清随即对症下药，他一方面抓职工的学习，提升他们的业务能力，调动他们的工作热情；另一方面积极想办法为职工解决办公室和宿舍紧张问题。为了更好地开展业务，张富清经常深入相关企业了解情况，出谋划策，提供帮助。慢慢地，银行业务有了起色，各项工作也步入正轨。

不忘初心，坚守使命与责任。张富清在平凡的岗位上作出了不平凡的成绩。他的眼中，永远都是脚下的土地；他的心中，永远都是人民群众。在张富清走过的地方，这样的故事还有很多很多……

1985年1月，张富清站完最后一班岗，从建设银行来凤支行副行长岗位上离休。从人民功臣到人民公仆，张富清一直以突击队员的精神默默奉献着，在他身后留下的，是汗水，是辛劳；没人知晓，是他立下的赫赫战功和"战斗英雄"的称号。

离休后，张富清依然以军人的标准严格要求自己，虽功勋卓越，但他从不向组织提任何要求，从不为家人搞特殊、谋福利，始终保持着艰苦朴素、淡泊名利的作风。

时至今日，张富清还住在银行分配的宿舍里，左邻右舍的房子都翻修一新，只有他家的房子至今未曾改变：剥落的墙壁、泛黄的窗台、破旧的木窗、拼凑起来的家具。过着如此简朴的生活，张富清却心怀感恩之情："当年和我并肩战斗的那些战友，好多都牺牲了，他们根本没有机会提任何要求。比起他们，我今天吃的、住的，已经好很多倍了，我很知足，我有什么资格居功自傲，给党找麻烦、提要求呢？"和房屋一样老旧的，是摆在老人书桌上的两本粘满胶带的《新华字典》。30多年如一日，靠着这两本字典，张富清努力学习《毛泽东选集》《邓小平文选》等思想理论著作，原本黄色封面的《习近平总书记系列重要讲话读本》，由于时常翻阅，四周已经磨得泛白，字里行间的红色圆点和波浪线，是老人阅读时留下的标注……离休后的张富清，仍然每天坚持读书看报，写读书笔记，收看电视新闻……他常说："工作上离休了，在思想政治上不能离休。要常常学习，检查自己。"

当张富清认为自己不能再为国家作贡献时，他首先想到的是少给组织添麻烦。

　　2012 年 4 月，张富清左膝盖脓肿，经多方治疗不见好转，最后只能截肢。独腿的张富清，没有向厄运屈服，伤口刚愈合，他就用一条独腿做支撑，缓慢地沿着病床移动，后来逐渐扶着墙壁练习走路。在练习初期，摔倒流血的意外时有发生，家里的墙壁上常有老人跌倒后手抓墙壁留下的血迹。儿女们劝不住他，看着他艰难的样子，心里有着说不出的心疼，但张富清却用自己的幽默宽慰家人："战争年代腿都没掉，没想到和平时期掉了。"后来，他用双手撑着辅助行走支架，一遍一遍地在家里练习行走。他乐观地说："我天天这么摸索经验，时间一久，慢慢就习惯了、熟悉了。"就这样，经过近一年的锻炼，年近 90 岁的张富清靠着假肢和支架，重新站了起来。

　　2018 年 11 月，张富清老人去武汉做白内障手术，单位的领导叮嘱老人："您是离休老干部，医药费全部报销，可以选择好一点儿的晶体，保证效果。"然而，在老人做完手术报账的时候，工作人员发现老人只选了价值 3000 多元的最便宜的晶体。张富清说："当时医生给我推荐 7000 多元到 20000 多元的晶体，我听到病房一位病友只选了 3000 多元的，我也选了跟他一样的。我 90 多岁了，不能再为国家作贡献了，能为国家节约一点儿是一点儿。"

　　…………

　　96 岁战斗英雄、72 年党龄、65 载深藏功与名，这是一位老人的初心与本色。一次次无私的选择，一次次忘我的奉献。张富清的一生，就如同他的名字一样，富足于精神，清廉于物质！

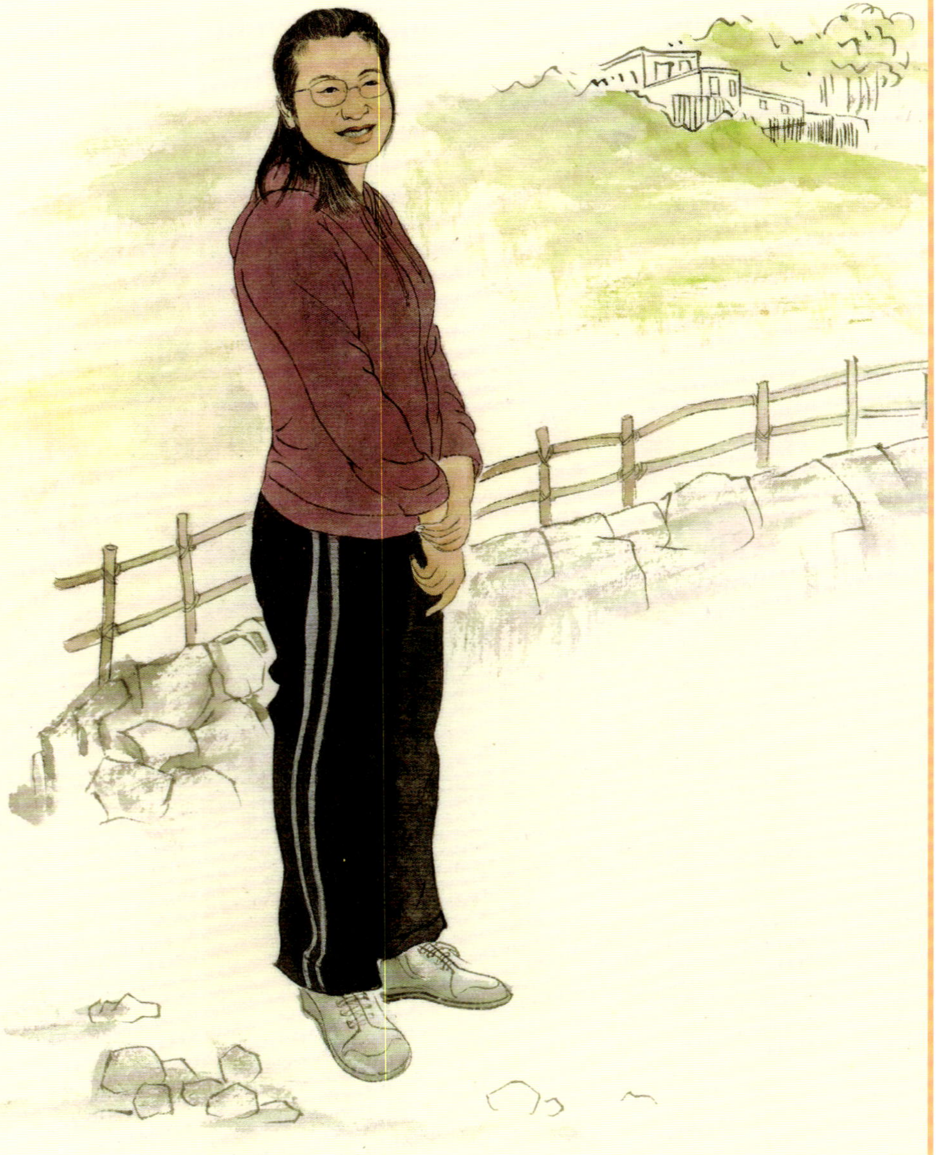

此生不渝青春志

她用毕生所学反哺故土，用柔弱的肩膀挑起扶贫的重担，在驻村干部的岗位上，牺牲自己，造福父老乡亲，最终完成一曲最美奋斗者之歌。党的好女儿、青年人的好榜样——黄文秀，用她笑靥如花的面庞走过了青春三十载，用她感党恩、守初心、为人民的誓言，将年轻的生命永远地定格在服务人民、奉献自我的"长征路"上。

她从大山走出，又回到大山

1989 年，黄文秀出生于广西壮族自治区百色市田阳县一个农民家庭，因为她的母亲患有先天性心脏病，干不了重活儿，所以全家的重担都集中到体弱的老父亲身上。为了能让两个女儿走出农村，父亲黄忠杰宁愿倾其所有也要供女儿们读书。早早懂事的黄文秀没有辜负家人的期盼，因为成绩优异，她获得了国家助学政策支持，顺利地大学毕业，又如愿地考上了北京师范大学硕士研究生。在老师眼里，她善良、文静、谦和；在同学眼里，她热心、能干、好学；在父母眼里，她孝顺、贴心、争气。所有人都在这个乐观开朗、积极向上的女孩身上看到了未来的发展潜力。黄文秀的硕士学位导师，一直看好她在大城市的发展前途，曾多次说："她有很多选择，以她的能力，留在北京或者出国都没有问题。"

2016 年，毕业季的如期来临，让许许多多即将步入社会的学子面临着人生的重大抉择，几乎所有人都想要留在发展机会更多的大城市。而黄文秀却放弃了几家单位的招聘和留在城市发展的选择，作出了一个与众不同的选择，她一心想重回大山，以共产党员的身份到最贫困的地方去。回广西建设自己的家乡，是她一开始的初心和梦想。当黄文秀把这个决定告诉父亲时，得到了父亲一句质朴的回答："我们不要钱多，你入党了要为党工作，回到家乡来，做一个干干净净的人民公仆。"在获得家人的理解和支持后，黄文秀义无反顾地报考了选调生，来到广西壮族自治区百色市委宣传部工作，成为了一名扶贫干部。

心中有信仰，脚下有力量。黄文秀在求学的过程中，曾受到政府及社会爱心人士的资助。从此，感恩的种子在她心中发芽。她说，一个人要活得有意义，生存得有价值，就不能光为自己活，要用自己的力量去为他人、为社会、为国家、为民族作出自己应有的贡献。她曾在毕业时动情地对自己的导师说："我来自广西贫困山区，我要回去，把希望带给更多父老乡亲，为改变家乡贫穷落后面貌尽绵薄之力。"就这样，她从大山走出，又回到大山，满腔热情投入到扶贫工作的第一线。她要用知识的力量改变自己、改变家乡，让更多的乡亲们跟上新时代的节拍，共享改革开放的幸福成果。

融入当地生活，走进百姓心中

2018 年 3 月 26 日，黄文秀来到百色市最偏远的乐业县新化镇百坭村担任第一书记。驻村前她提前向同事、好友请教农村工作经验，收集相关资料，做足了扶贫的功课。而且，她还把披肩长发扎成了马尾，把喜欢穿的裙子换成了运动装。为了心中的扶贫事业，深藏起了年轻女孩对衣着打扮的追求。可是，上任后，她就遇到了工作上的第一道难关。百坭村的村民似乎对她这位初来乍到的第一书记并不太友好，有的村民不光冷言冷语相向，甚至连门都不给她开。大家都说："你这个小年轻估计是来走个过场的，是来村里镀层金就回城里升官的，我们跟你聊了也没用。""跟你说了，你能帮我们解决问题吗？那么多年都没让我们村富起来，你一个年轻女娃娃就能行？""别在这儿耽误工夫了，赶紧回城里享福去吧。"……面对村民们的种种质疑，黄文秀刚开始还有些诧异，但仔细想想，她也十分理解老乡们。要知道百坭村可是当地出了名的贫困村，谁会相信一个研究生学历的女干部扎根在这里吃苦受累，更不相信一个刚出校门不久的年轻人有本事改变这里的落后状况。毕竟，她是初来乍到，群众基础还没有建立起来，看来扶贫工作的第一个任务就是拉近与村民们的距离。为此，她找到村里的老支书，虚心请教，了解情况。在认真思索后，黄文秀决定改变以往的工作方式，以不放弃、不退缩的精神和毅力与村民打成一片。

从此，黄文秀不再拿着个本子东问西问，而是选择上门走访。村民们对她爱搭不理，她不但不生气反而主动帮乡亲们干农活儿，拉近距离；从不喝酒的她，为了和村里老少爷们儿攀家常、唠闲话，甚至会主动带上一瓶酒和老乡们围坐在一起；为了敲开贫困户的大门，走进贫困户的心里，她甚至学会了当地农民的方言。渐渐地，百坭村的老百姓开始接受她、喜欢她，还半开玩笑地说她是个"难缠得很"的驻村书记。

获得村民们的信任后，黄文秀的扶贫工作步入正轨。为了排查清楚贫困户的基本情况，她不辞辛苦地东奔西走，遍访了全村 103 户贫困户，用整整两个月的时间手绘出一张百坭村的贫困户分布图。这一张图上，每一户的家庭住址、经济情况、致贫原因等，都被她一一标注出来，以便为日后有的放矢地开展扶贫工作。

青春之花，绽放在扶贫攻坚第一线

俗话说：想致富，先修路。百坭村从来没有水泥路，就连现有的砂石路也是好几年前修好的。一到雨季，村子的路面就坑坑洼洼，泥泞不堪，严重影响群众的出行，也制约了乡村经济的发展。黄文秀看在眼里，急在心上。2018 年 6 月，她带着村"两委"班子熬夜准备方案、拿对策，积极向上级主管部门申请修路批文和修路经费，前后经过 5 个月把公路修好了，还装上了路灯。这下子，村里的百姓出村办事效率提高了不少。到了晚上，他们还可以像城里人那样，散步在灯火阑珊处。村民们打心眼儿里感谢黄文秀——这位干实事的年轻女书记。

针对不同贫困户的不同情况，黄文秀分别采取不同的方式方法提供帮扶。有一个贫困户，一心想通过申请低保来改善家境，但并不符合申请低保的条件，所以未能如愿。眼瞅着"煮熟的鸭子飞了"，男主人心生怨气，拒绝配合村里的扶贫工作。这时候，黄文秀主动上门做他的思想工作，对他讲清讲透各项扶贫政策，又鼓励他在政府资金帮助下通过自己的努力早日脱贫。最后，这家人听取了黄文秀的建议，利用政府扶持的 7000 元资金购置了一批水果树苗。通过种植水果，他们一家顺利实现了脱贫。还有一个贫困户，户主是个单身女人，她的丈夫早些年因病去世，家里没有壮劳力，靠干农活儿养家糊口很是不易。黄文秀看她是个能干的女人，只是缺少必要的启动资金，就帮助她申请到了 5 万元农业贷款。果然，女主人没有辜负这笔扶贫贷款，她和家人一起办起小型农产品加工厂，还开了一家小卖部，过上了自食其力的好日子。在百坭村，像这样的贫困户，黄文秀还帮助了很多、很多。

为了改变整个村的贫困面貌，黄文秀带领村干部和群众，深入研究、挖掘百坭村的资源优势，千方百计地利用现代农业科技拓宽群众的增收渠道。在黄文秀的组织协调下，技术员指导农户科学种植各种经济作物，使全村的杉木种植面积从 8000 多亩发展到 2 万多亩，八角种植面积从 600 多亩发展到 1800 多亩，砂糖橘种植面积从 1000 多亩发展到 2000 亩。怎样把增产增收的农作物从偏僻的乡村卖出去，这一点黄文秀也充分考虑到了，她在村里建起了电商服务站，让识字不多的农户们通过简单的电脑操作，就可以将自己的农产品顺利地远销全国各地。翻开黄文秀的手机微信朋友圈，人们发现，这个年轻的女孩不像同龄人那样经常晒美食旅游的照片，她发送的内容多是展示村里的农产品成果。

黄文秀总是精神饱满、干劲十足地投入到村里的各项工作。自 2018

年 3 月驻村以来，她经常加班加点，没日没夜地为村里大大小小的事务忙碌着，甚至于她的家人患重病住院动手术，她也没能及时赶到、贴身照顾。她就是这样舍小家为大家，把自己的全部精力毫无保留地投入到改变百坭村的贫困面貌上。在驻村满一年的那天，黄文秀的汽车仪表盘的里程数正好增加了两万五千公里。她简单地发了一个朋友圈，说："我心中的长征，驻村一周年愉快。"两万五千公里，在黄文秀心里，有着别样的意义。

黄文秀的无私奉献和乡亲们的劳动付出，使百坭村发生了翻天覆地的变化：村里的路通了，灯也亮了，各家各户的农产品被源源不断地运输和销售出去，老百姓的日子终于过得舒坦了。据统计，百坭村原有 103 个贫困户，在黄文秀的带领下，共有 88 个贫困户、418 人成功实现脱贫，贫困率从原来的 22.88% 下降到 2.71%，村集体经济收入实现增收 6.38 万元。事实证明，黄文秀的扶贫工作成绩显著，百坭村的脱贫工作取得了重大突破，百色市政府为此授予百坭村"乡风文明"红旗村荣誉称号，黄文秀作为驻村第一书记先进个人也受到了表彰。而这个自毕业后就奋斗在扶贫第一线的年轻女书记，再次用铿锵有力的语言表达出乡村扶贫的决心："百色作为脱贫攻坚的主战场，我们责无旁贷。我有信心在党中央的正确领导下，不获全胜，决不收兵！"

走的时候匆匆，留下最美的韶华

2019 年 6 月 16 日晚，轰鸣的雷声伴随着倾盆而下的大雨席卷了整个百色市，暴雨引发百色市多地出现洪水，山区许多公路被冲毁，百坭村受灾情况更是严重。此时，已经返家照顾父亲的黄文秀得到村里的消息，心急如焚，她实在放心不下村里的防汛工作和群众安危，决定连夜赶回村里。不幸的是，她遭遇了山洪。洪水夹击着她，裹挟着她。她给家人发了最后一个短信：我遇到洪水了，为我祈祷吧。令人痛惜的是，她连人带车一起被山洪冲走了。她是那样从容，又是那样壮烈。直到 6 月 18 日上午

11 时 32 分，救援人员才在凌云县下游河道发现了黄文秀的遗体。至此，她年轻的生命永远地终止在那个风雨交加的夜晚。

黄文秀的突然离世，让她的家人和百坭村的村民们难以接受，乡亲们悲伤满怀地回忆着和文秀书记在一起的点点滴滴——"没有文秀书记来，我这个房子应该到目前还没有搞得这么好。""文秀书记对每个人，包括老人小孩儿，她都是面带着笑容，真的不相信这种事发生在她身上。""村里好多好多的致富办法，基本上都是文秀书记手把手教出来的。"……在黄文秀遗体告别仪式上，人们依旧看到了遗像上那个女孩笑靥如花的模样，也真切感受到了黄文秀和百坭村村民之间的深情厚谊。

习近平总书记对黄文秀的遇难，深感痛惜，他说："黄文秀同志研究生毕业后，放弃大城市的工作机会，毅然回到家乡，在脱贫攻坚第一线倾情投入、奉献自我，用美好青春诠释了共产党人的初心使命，谱写了新时代的青春之歌。"黄文秀走在了她心中的"长征路"上，她的生命虽短暂，却彰显出时代青年的分量。山水无情人有情。百坭村的父老乡亲们，一辈子都不会忘记黄文秀这位好书记。

有些人从山里走了，就不再回来，你从城里回来，却再没有离开。来的时候惴惴，怕自己不够勇敢；走的时候匆匆，留下最美的韶华。百色的大山，你是最美的朝霞；脱贫的战场，你是醒目的黄花。

黄文秀哇！感动你我，感动中国。

第六篇章

劳动最崇高

开拓行业技能

青春啊，永远是美好的，可是真正的青春，只属于这些永远力争上游的人，永远忘我劳动的人，永远谦虚的人。

——雷锋

应当能为革命挑更重要的担子，能在最复杂的环境里做艰苦工作；能在最困难的时候顶上去；能在最危险的情况下不怕牺牲；能做别人不愿干、不敢干的革命工作。

——王进喜

我对工匠精神的理解就是精益求精，第二个是坚持，第三个就是要创新。我们不管干任何工作，都应该以最完美的心态来对待。

——徐立平

我的唯一伴侣就是床头那部电话，我是一辈子的值班医生。

——林巧稚

永放光芒的"螺丝钉"

有一个名字，它是一种精神的代名词，这种精神不会随着时间的推移而磨灭。相反，它会随着时代的进步，在实践中不断丰富和发展。他爱岗敬业，忠于职守，在自己的本职岗位上兢兢业业；他勤俭节约，艰苦奋斗，珍惜群众创造的一针一线；他公而忘私，无私奉献，把有限的生命投入到无限的为人民服务之中去；他关爱他人，助人为乐，把劳动群众的困难放在自己心上。他，就是雷锋，一名普通的战士，一个全中国人民学习的典范。

雷锋的一生，当过农民、工人、士兵，无论是在田间地头，还是工厂车间、部队军营，他都撸起袖子努力干，干一行爱一行，专一行精一行，既不叫苦也不叫累，一件事情接着一件事情去做，在平凡的岗位上挥洒着辛勤劳动的汗水，用实际行动践行着他那平凡而崇高的社会主义劳动精神。

1940年，雷锋出生在湖南省望城县一户贫苦农民家里，7岁便成为了孤儿。1949年8月，湖南解放，人民解放军救了他。从此，雷锋把自己的全部都献给了党、献给了人民、献给了社会主义事业。他说："党和人民对我这样照顾，对我这样关心，我真万分地感谢党，我恨不得把自己的心掏出来献给党。"

1950年，雷锋当了儿童团团长，积极参加土地改革。1956年7月，雷锋从荷叶坝完全小学毕业时，正赶上社会主义改造的大变革时期，国家政策是以农业为本，号召具有高等小学文化程度的学生到农村去支援农业建设。雷锋积极响应国家号召，主动下乡，支持国家的农业建设。他在农业社参加义务劳动，负责征收公粮。不久之后，他参加了工作，在望城县乡政府担任公务员，只要是他能干的工作，他都主动找来抢着干。后来，县委还选派雷锋到团山湖国营农场学开拖拉机。在农场，雷锋全身心地投入到垦殖土地的工作中，不管白天晚上，刮风下雨，一干就是10多个小时。虽然工作很辛苦，但只要一想到能把农村建设好，能多打粮食支援祖国的建设，他就浑身是劲。

当得知祖国的东北要进行工业建设，雷锋又积极报名到鞍山钢铁公司参加工业生产。他就是这样，哪里需要他，他就到哪里去，主动地为社会主义建设贡献自己的力量。

1958年11月，雷锋来到辽宁鞍山。组织上考虑到雷锋在农场开过拖拉机，就决定让他去洗煤车间开推土机。雷锋表示，我就甘当螺丝钉了，党把我拧在哪里，我就坚守在哪里。别看螺丝钉虽小，但作用是不可估量的，我愿永远做一颗螺丝钉。在车间，雷锋发扬着他的这种螺丝钉精神。当时的洗煤车间有两种型号的推土机，一种是较小的，一种是重型的，为了能够多干活儿，雷锋迎难而上选择了学开重型推土机。虽然个头矮小，驾驶室又非常高，有时不得不站着操作。即使这样，雷锋还是会说："困难我能克服，苦我也不怕，我是从苦里熬出来的！"他甚至把被子搬到车间，晚上就睡在车间，有时干了8个多小时还想多干。在交接班会上，车间主任多次表扬雷锋这种不怕困难、勇挑重担的工作精神，还鼓励大家向他学习。就这样，在很短的时间内，他3次被评为车间的先进生产者，18次被评为标兵，5次被评为红旗手。还不到19岁的雷锋，就成了鞍山钢铁厂最年轻的先进工人标兵。

雷锋在日记中写道："我们在建设焦化厂时，虽然住不好、吃不好、工作环境不好，但这些困难都是暂时的、局部的，都是可以克服的。只要我们有叫高山低头、河水让路的气概，就没有战胜不了的困难。"

1959年12月初，沈阳军区冬季征兵的工作开始了。1960年1月8日，雷锋应征入伍，成为中国人民解放军沈阳军区的一名新兵。刚进入新兵连，雷锋就没日没夜地苦练，最终成绩达标被分配到运输连，之后又立过二等功1次，三等功2次，被评为"五好战士"。成为了一名光荣的人民解放军战士之后，雷锋以更加严格的标准来要求自己，他公而忘私，奋不顾身，兢兢业业，为雷锋精神又增添了新的内涵。

一次，辽宁省抚顺地区突遇山洪，雷锋强忍着之前参加救火手被烧伤的疼痛，毅然加入抗洪抢险的队伍。部队接到指挥部要求挖掘溢洪道的指令后，立即展开工作。在挖掘的过程中，雷锋被塌方的黏土砸倒，铁锹也被埋在塌下来的黏土下面。没有工具的他并没有停下来，而是把自己的手当作工具继续挖掘。挖着挖着，之前被烧伤的手磨出了鲜血，但是他始终没有停下来，仍然坚持用手挖泥。天快亮的时候，雷锋晕倒了，连长命令把他送下去休息，但是雷锋只休息了一上午，就又去工地劳动了。经过7天7夜的连续奋战，洪水最终被驯服。在这场战斗中，雷锋表现出的不惧艰险、不畏困难、为人民利益奋不顾身的革命精神，受到了战友们的一致表扬。

在干好本职工作的同时，雷锋还助人为乐，无私奉献，只要是对人民有利的事，他都心甘情愿地去做，一点一滴地奉献，不求得到任何回报。他说："人的生命是有限的，可是，为人民服务是无限的，我要把有限的生命投入到无限的为人民服务之中去。"他是这么说的，也是这么做的。

在部队期间，有一个星期天，雷锋肚子疼，他捂着肚子去卫生连看病。从卫生连回来的路上，经过一个建筑工地，雷锋听到广播说砖快供应不上了，便立刻忘记了肚子疼，马上跑进工地，推起一辆小车就干起来。他跑得飞快，一口气推了十几车，每一车都装得满满的，脸上的汗顺着脖子往下流，衣服也全都湿透了，但他一点儿都不觉得累。没多久，砖供应不上的情况就得到了好转。广播员看到了雷锋，问道："同志，你是哪个部队的？叫什么名字？我们要写一篇广播稿表扬你。"雷锋却说："没有什么，我就是这附近生产队的。"说罢，推起小车就走。

生活中的雷锋同样也是处处发光发热。有时候，看到战友的衣服或被子破了，他就主动帮战友缝补，看到战友的衣服脏了，他就悄悄地洗干净；有时候，他会主动拿起扫帚，把营房周围，室内室外，打扫得干干净净；有时候，他还会钻到伙房里，帮助炊事员洗白菜、切萝卜……

雷锋以服务人民为最大的幸福，以帮助人民为最大的快乐。他就是这样，为人民做下一件又一件的好事，却从不想获得什么荣誉。他的高尚品德，不仅在部队里流传，就连在去出差的火车上，人们都流传着这样一句话——雷锋出差一千里，好事做了一火车。1961 年 4 月下旬，雷锋乘火车到旅顺去工作，这一天，车上的人很多，服务员忙得不可开交，雷锋就起身当起了义务服务员。他从车厢找来扫帚，把整个车厢都扫了一遍，接着又开始擦玻璃，给旅客倒水，碰见找不到座位的老大娘就主动把自己的座位让给老人。还有一次，雷锋在车站换乘的时候，看见一群人围着一个妇女，这个妇女急得满头大汗。雷锋凑上前去，得知这个妇女把车票和钱都丢了。于是，雷锋把她领到售票处，用自己的津贴费给她补买了一张车票。当被问及叫什么名字，是哪个部队的，雷锋笑了笑说："我叫解放军，住在中国。"还比如，在风雨中送老大娘回家，这样的事情还有很多很多……

雷锋对自己严格要求，生活十分俭朴，从不乱花一分钱。但是，只要国家和人民需要他的时候，他就无私奉献，不求回报，把自己劳动获得的报酬，无偿地捐献给需要的人。

他勤俭节约，身上穿的都是打补丁的衣服，军装也是缝缝补补接着穿，袜子补了一层又一层，自己用的脸盆、漱口杯上面的搪瓷几乎全掉光了，也舍不得买新的。为了节约物资，雷锋用木板钉了一个"节约箱"，到附近工地帮忙干活儿时，就会把工地上的破铜废铁等捡回来放在里面备用。但是，对国家和人民，他又十分大方。在上小学的时候，他就把自己参加土地改革时获得的 3.6 亩耕地捐给荷叶坝小学，支持国家的农业合作化运动。在团山湖农场工作的时候，为了响应望城县团委提出的捐献一台拖拉机的号召，雷锋捐献 12 元，相当于他一个月的工资，成为全县青少年中捐款最多的。在部队里，当得知战友的家里人治病需要钱的时候，他就以战友的名义寄钱到家里。

在一个休息日，雷锋上街去理发的时候，得知抚顺市望花区和平人民公社成立了，大家都在庆祝。为了表达自己的心意，雷锋把自己在工厂和部队攒下来的 200 元钱送到了人民公社。当时的 200 元钱不是一笔小数目，按照雷锋在部队每个月的津贴来算，即使 1 分钱不用，也要差不多 3 年才能攒够。公社领导接受了雷锋的好意，但不肯收雷锋的钱，在雷锋的执意恳求之下，最终收了 100 元。过了不久，雷锋从报纸上得知自己曾经工作过的地方遭遇了百年不遇的特大洪灾，又冒雨把剩下的 100 元寄到灾区。有人对雷锋的行为不理解，说他傻。但雷锋认为，如果说这是"傻子"，那他心甘情愿做这样的"傻子"。革命需要这样的"傻子"，建设也需要这样的"傻子"。

1962 年 8 月，雷锋指挥倒车时，遭遇意外，牺牲在了他热爱的工作岗位上，年仅 22 岁。雷锋因公殉职后，1963 年 1 月 7 日，国防部命名他生前所在班为"雷锋班"。1963 年 3 月 5 日，毛泽东主席亲笔题词：向雷锋同志学习。就这样，在短暂的一生中，雷锋在平凡的岗位上做着不平凡的事情，书写着不平凡的人生，用他的青春和生命诠释着共产党人的初心和使命。他，是一名战士，他，是人民的战士。

虽然雷锋同志离开我们已经 58 年了，但他却永远活在了人们的心中。他就像春风，吹遍了千家万户，吹到我们每个人的心里。

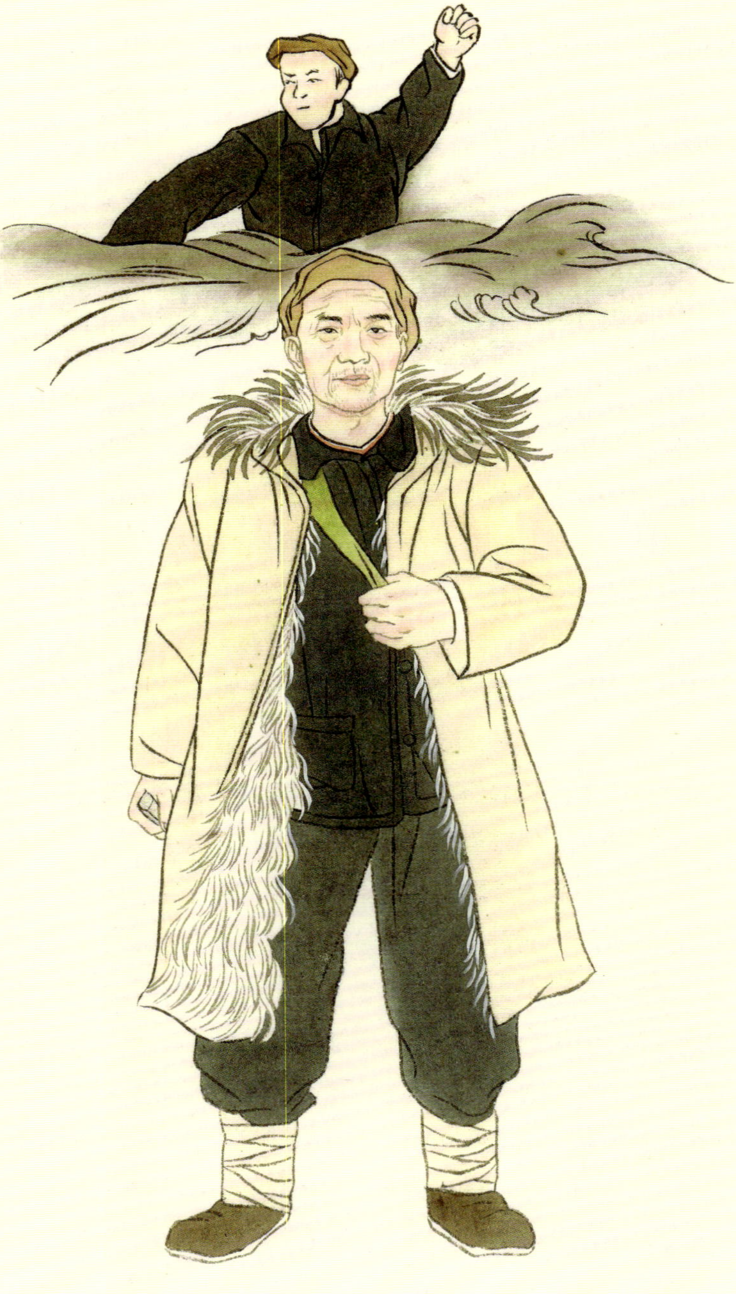

艰苦创业，时代"铁人"

是他，肩拉背扛，在茫茫荒原上立起高高井架；是他，奋不顾身，在混浊泥浆中制服井喷。他让沉睡的大地喷出乌黑的原油，让新生的共和国摘掉"贫油国"的帽子，他就是一代"铁人"——王进喜。他是新中国建设时期的民族英雄，也是党和人民的老黄牛，他把生命的每一天都献给了自己的祖国，献给了脚下的土地。

1923年10月，王进喜出生在甘肃玉门一户贫苦农民家里，从小家境贫寒，过着缺衣少食的日子，给地主放牛、去煤矿挖煤、到油矿做苦工……艰难的生存环境，铸就了王进喜刚强不屈、自强不息的倔强性格，同时也锻造着一个未来的民族英雄。

新中国成立初期，内忧外患，百废待兴。石油是我国急需的"血液"，无论是工业发展、国防建设还是日常交通，都离不开石油。而当时我国在这方面的力量又极度缺乏，甚至被某些西方国家嘲讽为"贫油国"。为了尽快摘掉"贫油国"的帽子，我国把石油的勘探和开采列为经济建设的头等大事。正是怀揣着石油报国的梦想，1950年春，王进喜通过自己的积极努力，成为了新中国第一代石油钻井工人。

刚开始的时候，王进喜在钻探大队当钻工。他在工作中吃苦耐劳，埋头苦干，尽职尽责，精益求精，各种重活儿险活儿抢着干。由于表现突出，王进喜很快被提拔为贝乌5队钻井队队长。当上队长的他，深知自己肩上的担子更重了，他常常提醒自己以身作则带好5队，打好井多出油，为祖国分忧。

1958年，当时的石油工业部在各大油田之间组织开展"优质钻井"的劳动竞赛，即"白杨河大战"。不服输的王进喜为了赶超其他钻井队，毅然把队伍拉到白杨河钻井现场驻扎下来，实行 24 小时轮班上岗。队伍刚一落脚，王进喜就不分昼夜地守在井场，饿了就吃口干馒头，困了就在槽子里睡一觉，其他工友都说："那个时候只要到 5 队井上去，没有见不到王进喜的，你要找他就到工人堆里去找。"就这样，在王进喜的带领下，贝乌 5 队披星戴月，顽强拼搏，经过艰苦奋战，实现了"月上千，年上万，祁连山上立标杆"的目标，打出了钻井 5009.47 米的优异成绩，创造了当时全国钻井的最高纪录。王进喜被评为 1959 年度"全国劳动模范"，还光荣出席了"全国工交群英会"。

在"全国工交群英会"期间，王进喜在参观首都建筑时，忽然看到北京街头行驶的公交汽车都背着个大气包，他很疑惑，经过询问才得知，由于缺石油，所以汽车只能烧煤气。想到国家缺石油到这种程度，一向粗犷豪迈的他蹲在附近的街头哭了起来。这是王进喜第一次亲身体会到"贫油"给国家建设和人民生活造成的严重影响，他暗暗地发誓：一定要多打好井，多出石油，让首都用上汽油，让全中国都甩掉这个沉重的"煤气包"。

大庆油田被发现后，王进喜欣喜若狂，在第一时间申请加入新油田的开发建设。组织上了解他的工作能力和积极干劲，马上批准了他的申请。从此，王进喜带领他的钻井队长期奋战在大庆油田的第一线，直至他生命结束的那一刻。

1960 年 2 月，全国范围内的石油大会战打响了。当时的大庆交通不便，条件艰苦，王进喜的钻井队一开始就面临着各种各样的困难，譬如钻机搬运问题、钻井缺水问题等。但是，在王进喜看来："这困难，那困难，国家缺油是最大的困难。""有条件上，没有条件创造条件也要上！"没有吊车搬运大型钻机设备，他就组织全队职工，把钻机设备化整为零、拆分细作，再用人拉肩扛、垫块撬杠的老办法，一步步地把 60 多吨的钻机运送到冰天雪地的茫茫荒原上。好不容易把钻机运进来，把机架搭起来，可是又因为缺水还是无法开钻。此时，王进喜毫不迟疑，立刻带领全队队员步行1里多路到附近的小湖去取水。队员们用盆舀，用桶挑，一时间，一条条运水长龙在茫茫原野上拉开了阵势。很快，50多吨水全部到位，保证了按时开工钻井。1960年4月19日，王进喜率领的1205钻井队在大庆打出了第一口油井，同志们激动得流下了幸福的眼泪。

自从打出了石油，王进喜就更忙了。他吃在井场，睡在井场。负责食宿管理的赵大娘因为等不到王进喜回来就餐就寝，常常提着菜篮去井上给他送饭。她一边走一边唠叨："王进喜呀，王进喜，不吃饭不睡觉，真是个累不垮的'铁人'啊！"就这样，"王铁人"的称号一传十、十传百，在大庆油田乃至全国传开了。

对王进喜来说，油就是他的魂，井就是他的命。王进喜曾经在油田会战的誓师大会上，立下豪言壮语："宁可少活20年，拼命也要拿下大油田。"他是这样说的，也是这样做的。当1205钻井队准备向大庆第二口油井开钻时，王进喜的右腿被滚动的钻杆意外砸伤了，他当即晕过去。等他苏醒的时候，看见所有人正围着他抢救，而不远处的井架还在原处，他便生气地一把推开身边的队员，站起来，一瘸一拐地指挥大家操作井架，而完全不顾自己那血肉模糊的右腿。随后的几天里，王进喜的右腿红肿得有碗口那么粗，但他依旧坚持上井。直到有一天，上级领导来检查工作时，无意中发现他的腿伤，王进喜才被强行抬到医院治理伤口。然而，他只在病床上睡了一觉，就悄悄地溜出医院，连夜跑回井场。为了避免他再次从医院"逃跑"，上级领导派人把他送到了150公里以外的大医院治疗。可就在两天后的一个深夜，王进喜冒着大雨、拖着受伤的右腿，又跑回队里工作了。

第二口油井的打井难度并不亚于第一口油井。由于新井地处高压区，发生危险的概率极大，为此，王进喜一直放心不下。果不其然，最令他担心的事情还是发生了：钻机遇到地下的高压气层，地层中的流体喷出地面，可怕的井喷发生了。因为缺乏应急封堵所需的重晶石粉，1205 钻井队只能用水泥和土对喷井口实行填埋。可是，人工填埋的速度实在太慢了，井喷还在继续……这时在一旁指挥的王进喜急得看不下去了，他扔掉手里的拐杖，抱起两袋水泥就往泥浆池方向奔去。但是，大量的水泥沉入泥浆池底部，泥浆的比重不均导致地压更大，井喷更严重了。就在这千钧一发之际，王进喜强忍着腿上的伤病，纵身一跃，跳进泥浆池里。他不断地晃动身体，用自己的手和脚来搅拌泥浆，其他队员见此也相继跳入泥浆池。经过队员们的艰苦奋战，3 个小时后，井喷最终被制服，但王进喜的腿伤却更严重了。他的右腿被碱性极强的泥浆灼烧得不成样子，原来缠在腿上的绷带早已不知去向。旧伤未愈，又添新伤。被扶出泥浆池的王进喜一下子瘫倒在井场上，而他挣扎着用嘶哑的声音说出的第一句话却是："不要管我，赶快处理泥浆。"王进喜钢铁般的意志和心系油井、奋不顾身的精神深深地打动了所有在场的钻井工人。之后，在王进喜的感召和带领下，钻井队员们气吞山河，干劲冲天，打井进尺的速度也越来越快。仅用 4 天的时间，他们就打出了会战历史上的第二口油井，在轰轰烈烈的石油大会战中取得了显著成绩。王进喜成为了钻井队中的先进标兵，后来还担任了钻井指挥部的队长兼党总支书记。

虽说成为了领导干部，但王进喜没有居功自傲，一直保持着劳动人民的本色和谦虚谨慎的工作作风，全心全意为人民服务。

1961 年，正值国家三年自然灾害最严重的时候，为了给其他职工节约粮食，王进喜每次都背着干粮袋上井，到开饭时就去食堂用开水一冲，搅成稀糊一喝，就算是一顿饭。有的时候到了饭点他还借故离开，饿上一顿两顿，对他来说也是常有之事。他还经常饿着肚子从自己有限的工资中挤出钱来，到附近市场买些窝头或者土豆什么的送给吃不饱的工人们。为了解决吃饭问题，他带头组织工人到雪地里挖冻萝卜，捡农民收白菜落下的菜叶子，刨地里的冻土豆……王进喜就是这样身体力行地关心着工人群众的疾苦，像一头老黄牛那样任劳任怨地守护着大庆油田。用他的话说，为党和人民做一辈子老黄牛，他也在所不辞。他的眼里、心里，装的全都是工人群众，却从来不考虑自己。每年工会发的生活补助以及猪肉、面粉等食物，王进喜都会拿去救济更困难的职工。在工人们住房、吃粮面临困难的时候，他利用工余时间带领职工和家属开荒种地、搭建住房。他和工人们一道建起粮店、邮局、卫生所等公共设施……王进喜为油田日夜操劳，积劳成疾，于1970年4月5日病倒在工作岗位上，到医院一检查，他已经是胃癌晚期，不得不住院治疗。

躺在病床上的王进喜，虽然肉体被疾病折磨着，但他的心却留在了大庆。在昏迷中，他喃喃自语说的都是油田上的事。即便从昏迷中醒来，他还经常恳求医护人员允许他回大庆看看油田、看看同志们。当病情稍稍缓解的时候，他就写信给油田领导询问油田生产的情况。直到生命的最后时刻，他还不忘嘱咐身边的同事们要搞好团结，把大庆建设好，把石油工业建设好。

斯人已去，风范长存，铁人精神，永世流传。王进喜以"铁人"般的意志，以壮士断腕的决心，以忘我拼搏的勇气，为新中国石油工业的发展作出重要贡献，成为我国工人阶级的光辉旗帜。他身上体现出来的"铁人精神"，鼓舞和激励了千千万万的人。他是中华儿女自力更生、艰苦奋斗、发奋图强的表率，他是全国人民心中的一根标杆。

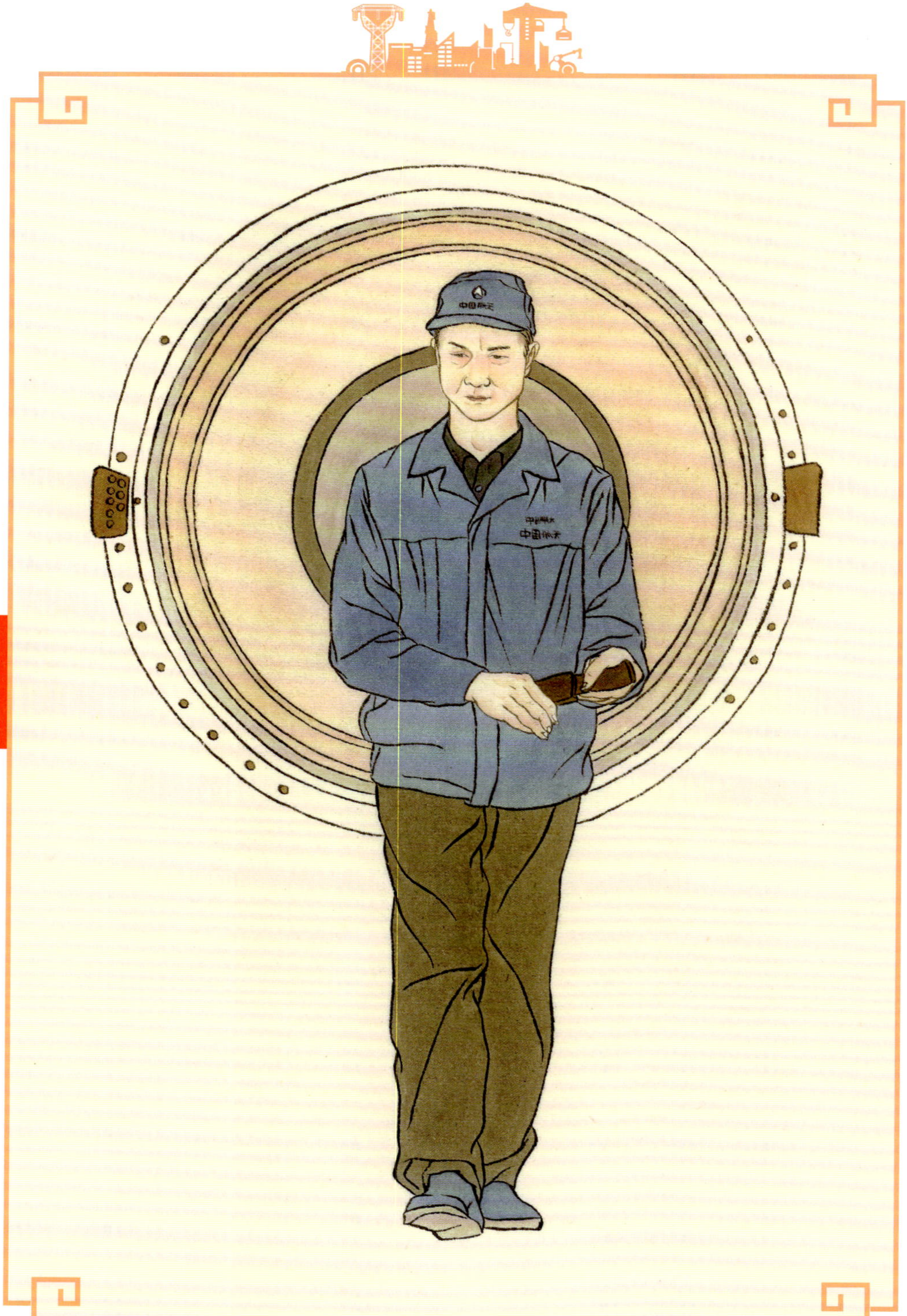

雕刻火药的大国工匠

从事着最危险的工作却坚守如初，身处在最平凡的岗位却初心不改。与炸药共舞，与死神为伴，他在刀尖上为工匠精神代言，他就是雕刻火药的"大国工匠"、生死岗位的"整形专家"——徐立平。

1968年10月，徐立平出生在一个航天工作者家庭。他的母亲温荣书是中国航天火箭发动机生产基地火药整形车间最早的一批员工。在母亲言传身教的影响下，徐立平从小就在心中种下了航天梦。1987年，19岁的徐立平从陕西航天技工学校毕业，他选择了母亲工作过的车间，成为中国航天科技集团公司第四研究院7416厂的一名航天发动机固体燃料药面修理工。

身穿防静电棉服，手脚连接导电的金属线，小心谨慎地用金属刀具将发动机内填装好的火药切削整形至设计要求的精度，以满足火箭及导弹飞行的各种复杂需要。这，便是徐立平的日常工作。这项工作也被称为"雕刻火药"，是目前世界上最危险的工作之一，尤其在作业时，一旦刀具与金属壳体发生接触，或者是摩擦产生一丁点儿的火花，瞬间就会产生几千摄氏度的高温，甚至可能引发爆炸，后果不堪设想。这种工作的危险性就如同在高空钢丝上跳舞，稍有不慎，就会掉入万丈深渊。

徐立平深知这份工作的精确性与危险性，从拿起整形刀的那一刻起，他就把严谨细致、精益求精当作自己的工作态度，兢兢业业，恪尽职守。他的目标只有一个：练好刀工！

刚开始，从最基础的拿刀、推刀学起，徐立平每天跟着师傅刻苦学习，在试件上一遍又一遍地反复练习切、削、铲等基本功。业余时间，他苦练雕刻功夫，反复揣摩刀具的切削量、切削角度、切削力度以及怎么用力、如何下刀等……春去秋来，寒来暑往，功夫不负有心人——通过自己的刻苦钻研和不断努力，在练坏了 30 多把刀之后，徐立平用刀已经游刃有余，雕刻手艺甚至超过了他的师傅。只要用手一摸，他就知道如何修整出符合设计要求的型面。

练好了基础功夫之后，徐立平就开始钻研药面的精度值。他非常清楚药面精度值的重要性：切多了或者留下刀痕，都会造成药面精度数值与设计要求不符，发动机点燃之后，火药就不能按照预定的走向燃烧，发动机就很有可能偏离正常轨道，严重时还会引发爆炸。为此，他不断追求火药药面修整的最高精度，在车间里他勤学苦练，回到家后还经常在餐桌上进行手工练习。有的时候切土豆片，他都以雕刻火药的最高标准严格要求自己，切出的土豆片薄如蝉翼，吹弹可破。就这样，通过徐立平的不断努力，火药药面精度允许的 0.5 毫米的最大误差值，他硬是控制到了 0.2 毫米，还不及两张 A4 纸的厚度，堪称完美。这让他的师傅都自愧弗如，同事们更是对他的手艺赞叹不已："徐师傅在火药整形行业绝对是大师级别，绝对是数一数二的！他一刀过去，需要切掉 0.2 毫米，就能切到 0.2 毫米；需要切掉 0.5 毫米，就能切到 0.5 毫米。对于平面度，他用手一摸，就知道哪边高多少，他的技能简直就是登峰造极，炉火纯青。"

初心如磐，使命如山。徐立平长年坚守在生死岗位上，他不怕危险，勇于牺牲，冲锋在前，无怨无悔，在自己平凡的航天岗位上，书写着不平凡的航天精彩。

1989 年，我国某重点型号的发动机在研制的攻坚阶段出现了问题。固体燃料发动机是航天火箭、战略导弹这类飞行器的重要核心，制造它需要上千种工序，而其中质量要求最高、最精确的部分就是发动机固体燃料的浇注与整形。在经历了两次试车失败的情况下，第三次试车一触即发，但发动机的药面又出现了问题。由于当时国家还不具备相应的探测系统，专家组经过慎重讨论，最终作出艰难决定——就地挖药。也就是说，承担火药药面整形的工人要钻到已经填埋好推进剂的发动机壳体里，把浇注好的火药一点儿一点儿地抠挖出来，直至挖到界面的故障处，查明问题的根源。此时，工作还不到 3 年的徐立平毛遂自荐，主动加入挖药突击队。那一年徐立平才 21 岁，是年龄最小的队员。

　　缺氧的环境，狭窄的空间，刺鼻的气味，再加上精神的高度紧张，每个人只能半跪半躺地在成吨的炸药堆里待 10 分钟，而且每次最多也只能挖四五克。面对如此高压，许多人都出现了呕吐、头疼等症状。而徐立平为了能让大家多休息一会儿，每次总要在里面多挖上五六分钟才出来。直到今天，徐立平都能回想起当时的情景："那里面太安静了，除了铲药的声音，只有自己的心跳声，像雷一样在耳边响起……"就这样，突击队成员经过两个多月的艰难挖药，成功地找出了火药裂纹，排除了发动机故障。但徐立平的身体却出现了问题，由于长时间在密闭的空间内挖药，火药挥发出来的毒性气体伴随着徐立平的每一次呼吸，进入到他的身体，侵害着他的健康。再加上长期保持一个姿势挖药，工作结束后他的双腿有 3 个月都无法行走。徐立平的母亲还清楚地记得，在这次挖药任务结束后，徐立平是被同事搀扶着进的家门。像这样危险的任务，在徐立平的工作生涯中已经经历了无数次，每当遇到重大危险任务时，只要组织需要，徐立平总是第一个站出来。

　　在完成本职工作的同时，徐立平还一直探索创新，不断地为我国航天事业贡献自己的智慧和力量。

　　2005 年，徐立平同工种的一位同事在操作过程中，刀具碰到了发动机金属壳体，擦出的火花点燃了发动机，火药瞬间燃烧，同事不幸遇难。徐立平的弟弟也从事着和他一样危险的航天工作，在一次意外事故中，他的弟弟全身 70% 被烧伤……同事的牺牲和弟弟的事故，对徐立平触动很大，更加深了他对火药整形危险性的认识。他暗自立誓：一定要杜绝刀具碰触火药壳体的问题，只要还在整形岗位一天，就一定要研制出更加安全和更加科学的刀具，最大限度地规避危险。

从那以后，徐立平每天都在思考如何把危险降下来。完成日常工作之后，他就利用业余时间学习新技术，拓展新技能。他日夜不休，根据不同类型的发动机药面和整形的不同阶段，亲自上阵制作图纸，经过不断地探索和实践，徐立平逐渐摸索出适用于各种药面的整形参数，并发明设计出了 30 多种药面整形刀具，其中两项获得了国家专利，一种还被工厂以他的名字命名为"立平刀"。徐立平设计出的刀具大大提高了工作效率，尤其他的"立平刀"在整形过程中可以有效地保证刀具不与火药壳体发生碰撞，极大地降低了火药整形的危险系数，这对整个航天事业来说都是一个杰出的贡献。

为了降低操作的危险系数，徐立平还主动学习整形机的相关知识。他白天蹲在整形机边反复琢磨研究，晚上夜以继日地计算各项参数值。他带领班组职工进行手工和机械整形技术的双向培训，使全组成员都基本掌握了手工整形和机械整形相结合的方法。他还经常检查整形机的安全装置，找出其中存在的隐患并提出改造建议。经过 3 个多月的学习和探索，徐立平带领班组完成了 30 多项技术革新，先后实现了数十种导弹发动机在数控整形技术方面的成功应用，80% 以上的型号整形实现了远程控制。

见证了老一辈航天人以苦为乐的艰辛创业历程，徐立平总是会说："航天是一个大系统，我只是其中微不足道的小螺丝，还有太多人在同样危险的岗位上默默付出，我算不了什么。"从 1987 年工作至今，徐立平坚守在自己平凡而又关键的整形岗位上，忍受着常人无法想象的危险与寂寞，日复一日，年复一年，战斗在一线、奉献在一线。现在的徐立平，除了坚守自己的岗位外，更多关心的是怎样让更多的青年人成长为技术骨干。他言传身教，手把手教学，把自己入职以来研究和掌握的方法、技能、经验全部无私地传授给青年职工。另一方面，他还利用自己的业余时间编写培训教材，整理自己在药面整形方面的技术和经验，总结工作要领和安全事项……在徐立平的带领下，他的整形组被授予"金牌班组""青年安全生产示范岗"等称号，原班组成员中已经有两人担任了重点班组的副组长，其他人也都成长为国家级技师和生产骨干。徒弟李鹏在获得航天科技集团"最美一线青年员工"时说道："能够成为徐立平的徒弟真的很幸运，他的言传身教不仅让我快速进入岗位，更让我的成长比同龄人更快。"

因其精湛技艺、敬业态度与奉献精神，徐立平先后荣获航天固体动力事业 50 年"十大感动人物"、"三秦楷模"、中华技能大奖、航天技术能手、全国五一劳动奖章、"感动中国"2015 年度人物、时代楷模等荣誉，这一项项荣誉都是对徐立平数十年如一日坚守的最好褒奖。而这些荣誉背后，徐立平付出的不仅仅是日日夜夜的汗水和辛劳，更是以牺牲身体健康作为代价。由于长年保持一个姿势雕刻火药，再加上火药的刺激性，徐立平的双腿变得一粗一细，走路的时候身体也会向一侧倾斜，还落下了腿疼的病根儿。家人看到徐立平这个样子，更多的是心疼，每次提起丈夫徐立平，妻子都会情不自禁地流泪，她说："我真不敢去想象，所以家里面的事情，我都很少让他操心，我就怕……所以我很少跟他吵架，我就怕影响他。"

30 多个过去了，与徐立平同时期进厂的工人们大都已离开或者调岗，只有他一直默默地坚守在自己的岗位，他说："再艰难的道路总要有人去走，再危险的工作总得有人去干！每当看到火箭升空、导弹发射、神舟飞船遨游太空，心中的自豪感是任何东西都无法取代的，觉得自己这辈子活得真值！"

一万多个日日夜夜，徐立平认认真真地做着这一件事情。这是血与火的淬炼，更是生与死的考验；这是对使命的忠诚与坚守，更是对创新的执着与奉献。他用平凡之手，雕刻航天非凡；他是一介工匠，更是当之无愧的"大国工匠"！

万婴之母，大医之魂

品如碧玉质无瑕，

德高望重医道佳。

博爱胸怀黎庶赞，

巾帼英雄誉天涯。

1901 年 12 月 23 日，在福建省厦门市鼓浪屿的一座小八角楼里，伴随着阵阵海浪声，一个女娃呱呱坠地，她就是林巧稚。谁也没有料想到，这个女娃日后成为了中国妇产科学的奠基者。

林巧稚 5 岁时，母亲死于宫颈癌。从此，"给同胞看病，为他们解除病痛"的志向便埋在她幼小的心灵里。她从上学的第一天起就勤奋读书，1921 年终于如愿以偿，进入北京协和医院学医。面对来之不易的机会，她无比珍惜。多少个日日夜夜，她苦守在图书馆博览群书；多少个春夏秋冬，她与小白鼠相伴于实验室。经过 8 年的刻苦学习，她获得了毕业生最高奖项"文海奖"，并成为第一位留院工作的中国女医生。

医院里"小林医生"的业务能力是大家有目共睹的。当时几个科室主任都向林巧稚发出工作邀请，她却选择了在别人看来发展前途不大的妇产科。因为她知道，一个训练有素的女医生，对于妇产科来说是多么的急需。那时候，受旧时代传统观念的影响，大多数有身孕或得了妇科病的女性都不愿接受医治。一方面因为她们及她们的家人不相信西医，另一方面是因为她们不愿把女儿之身交给一个男医生诊疗。而林巧稚作为一名女妇产科医生，也许可以扫清人们的思想障碍，关键的时候救人一命。事实上，林巧稚也成功做到了这一点。在协和医院工作的最初几年里，由她接生或治愈的女性病人不下万人，她本人也很快成长为中国历史上第一个总住院女医生。

1932 年，林巧稚赴英国进修。其间，以"小儿宫内呼吸"为主题，发表了具有极高水准的学术论文。于是，许多海内外著名医院竞相向她发来工作邀请，可都被她一一谢绝了。说起当时的协和医院，也许在常人眼里并不是一个理想的去处。且不说它的工资待遇不及国外医院，更让人无法接受的是，它明文规定：聘期内女员工若结婚生育则视为自动解除用人合同。但这一切并没有动摇林巧稚回协和医院工作的决心，因为这是她的心之所属。在这里，她才有更多的机会接触最多的患者或产妇，才有机会挽救最多的中国女性的生命。就这样，她在协和医院，治愈了一个又一个病人，接生了一个又一个的新生儿，给一个又一个的中国家庭送去了幸福和欢声笑语。

时光一晃到了抗战相持期，协和医院被日军侵占。林巧稚愤然离开了协和医院，自己开起了私人诊所。于是，当时的北平街头多了一位行走的医生。她或提着自己的医药箱，穿梭在北平的大街小巷；或坐诊门厅接待病人。为了贫苦百姓能够得到救治，林巧稚把门诊费降到最低，甚至有时免费治疗，还自己掏腰包照顾穷苦病人的生活。在一个风雨交加的夜晚，诊所外传来急促的敲门声。她跟随求救者，几经颠簸来到北平郊外的一户穷苦的家庭，为已经难产多日、生命危在旦夕的孕妇接生。林巧稚妙手回春，经过一夜的努力，黎明之际，一个健康的婴儿出生了，产妇也脱离了危险。临走时，林巧稚拿出自己的钱包，掏出了一些钱，仔细地叮嘱家属："这点儿钱给她买些补品吧，她生下孩子太辛苦了。"常将病人放在心尖，时间一久，她高超的医术和博爱的善举被北平老百姓们传开了，人们都称她为"活菩萨"。

抗战胜利后，林巧稚关闭了诊所，回到了她"阔别已久"的协和医院。但是黑暗的现实社会和百姓艰难困苦的生活让林巧稚心灰意冷，那时她决心对政治不闻不问，一心一意从医、教书。1949 年 10 月 1 日，新中国成立了！新社会新气象，荡涤着旧社会的一切污泥浊水。1949 年 11 月 21 日，北京市政府对娼妓业这一旧社会的流毒进行了彻底的清除。这一举动让林巧稚打心眼儿里佩服共产党的领导，由衷地说："新出来的太阳比什么都好，我爱这明朗的天空和这明朗天空下的生活！"

"个人奋斗的力量是渺小的，党、祖国和人民才是力量的源泉。"从此，林巧稚打开窗户看世界，以满腔的热忱和勤奋的劳动投入到共和国的建设之中。林巧稚勇攀医学高峰，组织妇科肿瘤的研究，带领学生对 1948 年至 1958 年间 500 位葡萄胎、子宫绒毛膜上皮癌的患者进行了长期的跟踪检查，结果发现良性葡萄胎存在转移，这一事实推翻了国外专家认为良性葡萄胎不转移的结论。同时，在国家第一个五年计划期间，她前瞻性地根据世界妇产科学的发展趋势，在协和医院妇产科分别设立了妇科病理学、妇科肿瘤学、女性内分泌学几个重要科研分支，产科又分为生理产科、病理产科、计划生育科等，此举对中国妇产科学和科研队伍的建设起到了关键性的作用。"大跃进"期间，全国"浮夸风"盛行，林巧稚却调动自己所能调动的医护力量，干起了实事，在北京市组织了大规模的妇科普查，很快上海、广州等地也开始了普查。这种大普查，不仅在预防女性疾病方面取得了显著的成绩，而且开辟了中国妇科普查的第一条道路。

因为在妇产科事业上的突出贡献，林巧稚先后当选为中华医学会妇产学会主任委员、第一届全国人民代表大会代表、北京妇产医院名誉院长、首届中国科学院唯一的女学部委员（院士）、中国医学科学院副院长……除此之外，林巧稚还多次带领中国医疗队出访国外，她曾自豪地说道："解放前，我搭乘船，一叶孤舟漂洋，不胜凄凉。而今，前面是五星红旗引路，后面是 8 亿人民相依，多么幸福！"

然而，在这些成功的荣誉下，林巧稚并没有改变自己治病救人的初衷，她不在意别人尊称职务，还是喜欢别人叫她"林大夫""林医生"，感到更亲切、更自然。对她来说，担任这些职务的实质性意义，只是为了更好地利用社会力量为中国的妇产科发展提供支持。无论是国外出访回来，还是参加会议回来，她总是第一时间回到产房，回到自己热爱的工作岗位上，查看着每个病人的情况。

病房如战场，她用自己的心血浇灌着每个生命。

每次遇到棘手的难题，林巧稚从不轻易给病人下结论，只要有一线希望，都会尽最大的努力去争取。一次，一名妇女初次怀孕却被怀疑患有恶性肿瘤，她的一家怀着一线希望向林巧稚求助。林巧稚反复推敲患者的检验报告，又翻阅了大量资料，最后采取暂不切除子宫的保守治疗方案。经过几个月的观察与等待，患者不仅等来了一个健康宝宝的出生，而且身上的肿瘤也渐渐消失了。几年后，医学研究成果证明了这个罕见的病例，是可随着孕妇妊娠过程而自动消失的脱膜瘤。当时，如果没有林巧稚的坚持，一个孕育的生命可能会被扼杀，一个年轻的女性将被剥夺做母亲的权利。诸如此类，被林巧稚攻克的医学难题实在是太多了。

林巧稚的一生都在产房度过，但她从来没有厌烦过这种生活。她关心每一个产妇，亲手为她们擦拭额头上的汗珠，掖被角，理解她们的感受，走进她们的生活。更难能可贵的是，她只看病，不看人。不论是平民百姓，还是领导干部，林巧稚都以科学、严谨、真诚的态度相待，一视同仁。这里提到的一件趣事是，中国"杂交水稻之父"袁隆平就是由林巧稚亲自接生的。医者仁心，林巧稚非常愿意深入基层，解决普通百姓的病患之痛。有一年，已是64岁的林巧稚虽已年高体弱，依然报名参加了农村巡回医疗队。在贫苦的农村，她手拿产钳亲自为一名难产的妇女接生；口对口人工呼吸，救活了出生时没有呼吸的婴儿；仅用4角钱的药就治愈了多年受"干血痨"折磨的女子……一时间"林婆婆"的称呼在农村传开了。

林巧稚甚至为了中国的医学事业建设牺牲了个人幸福。曾有人问她为什么单身一辈子？她认真回答道："我要是结婚了，当然要养育孩子，照顾丈夫，操持家务。如果做不好这些，怎么能称为妻子和母亲？可是，一旦我那样去生活了，还能做一个称职的医生吗？"是的，"称职"——林巧稚用自己的一生奋斗诠释了这两个字的深刻含义。她一辈子的伴侣是床头的那部电话，只要电话一响，她就行动起来，无论寒暑、无论风雨，无论白天黑夜、无论节庆假日……哪里有病人哪里就有她，她这一生就是一名"值班"医生。虽然她没有生过孩子，却亲手接生了 5 万多名孩子。许多父母为了表达对她的敬爱，给孩子起名"爱林""念林""怀林""敬林""仰林"……张清平在《林巧稚传》中深情地写道：

> 她终生未婚，却拥有最丰盛的爱；
>
> 她没有子女，却是最丰富的母亲；
>
> 她是东西方文化交融陶冶出的杰出女性；
>
> 她是母亲和婴儿的守护神。

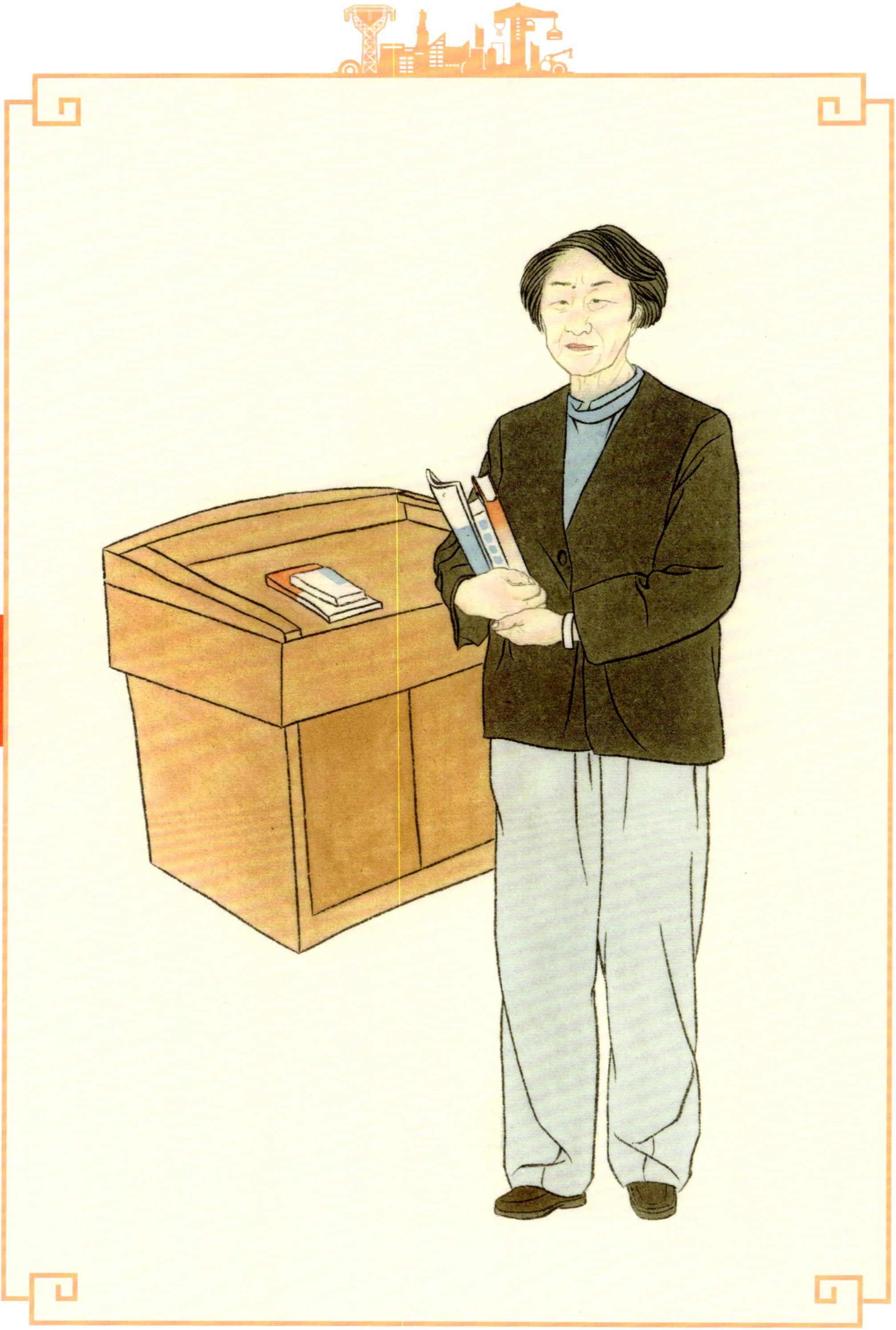

守讲台　怀天下

　　于漪，说起这个名字，教育领域无人不知，她是一位年过九旬仍奋斗不止的人民教育家。从教以来，她潜心育人，桃李芬芳；她敢为人先，引领中国基础教育改革；她以教报国，胸怀江河世界，被誉为教育界的"梅兰芳"。

　　她少年立志，终身力行。

　　伙伴、毽子、嬉闹，本该是每个孩子童年该有的样子，然而于漪的童年并没有那么美好。七七事变后，日本侵略者的铁蹄践踏华夏大地。炮火连天之际，于漪随父母过着颠沛流离的生活。艰苦求生的岁月让年少的于漪明白了，没有国就没有家。

　　战火纷飞中，于漪辗转求学。尽管生活艰辛，她却在书中找到了快乐，在名师的影响下立下了终生的志向：以教报国。此后，无论顺境还是逆境，于漪始终以奋斗者的姿态，践行着"生命与使命"同行的铮铮誓言。

　　她辛勤耕耘，三尺讲台上用生命放歌。

　　梦想的起航并非一帆风顺。1951 年，于漪从上海复旦大学教育系毕业。毕业后，她先从事成人教育。然而，时隔不久，因身体原因只得改行做图书管理员，后被调入上海市第二师范学校任教历史。而立之年，她又因工作需要，改教语文。

　　语文教学，这一相伴于漪 60 多年的工作，在她刚接手时，一切并没有那么容易。对于没有语文教学专业经验的于漪来说，一个个难题犹如高山峻岭扑面而来。语法该如何吃透，文言文该如何讲解，学生基本能看懂的现代文讲什么，语文教学的大门在哪里？为此，随后的几年里，于漪每晚 9 点以后，孤灯长伴，以文史为经线，经典作品为纬线，潜沉在几百万字的文学作品中，不断剖析语文教学的深度和广度。为了备好一节课，于漪甚至要花十几、二十几个小时。于漪把讲课要说的每一句话都写下来，然后像改作文似的修改，之后又背下来，再口语化。上课的路上，教案在于漪的脑子里就像放电影，怎么开头，如何形成高潮，如何提问，如何结尾……一遍遍地在脑海里过。于漪用尽全力，精心琢磨，力求把每节课打造成艺术品。

繁忙的教学之余，于漪还不断地总结自己的"教后记"和积累教学实践的经验。在于漪的字典里没有"够"字，她像海绵一样吸取着新知识，不断优化着自己的知识结构。"一丝而累，以至于寸；累寸不已，遂成丈匹。"她常用这句话鞭策自己前进。

辛勤根植在语文教学田野中的于漪，逐渐对教学工作驾轻就熟。三尺讲台之上，她旁征博引，情感投入，侃侃而谈，与文中人物同喜同悲，不断向台下的学生放射着文字波和感情波。1977 年 10 月，于漪的公开课《海燕》在电视台播出，吸引了上海无数的电视观众，大家纷纷守在电视机前，真切感受了她的循循善诱、声情并茂的讲课艺术。是的，这哪里是在上课，分明是在用生命歌唱！

她甘为红烛，厚德载物。

在三尺讲台上，于漪能奏响生命之歌，除了扎实而深厚的基本功外，目中有人、大爱无言，更是她前进的动力。于漪常说："千人千样，一个学生就是一个多彩的世界。没有水磨的功夫，没有爱心，就不可能拨动学生的心弦，奏出悦耳的心曲。"1975 年，于漪接手了一件很棘手的事：做全校最乱年级的组长。当时"文化大革命"尚未结束，受社会不良风气影响，打架斗殴、逃课偷窃等现象时常发生，不但课堂秩序难以维持，而且派出所的公安干警几乎天天都来。

接受任务后，于漪几乎将自己的全部时间和精力都放在这些乱班的管理上，认真观察每个学生的表现，注重发掘他们身上的优点加以教育引导。班里有个男孩儿，因打架偷盗屡教不改，家长便放任不管，于漪反而将他带到自己家里看管。每天于漪上班，他上学；放学后，于漪和他一起回家，让他和自己的小孩一起做作业，一起玩耍。终于，于漪以心换心，不管是捣乱的、逃课的，还是打架偷窃的，在她的耐心教育和适当管理下，都逐渐加以改正，回归正轨。在于漪的努力下，全年级的面貌也发生了彻底的改变，1977年被评为先进集体，有两个班甚至创造了奇迹——所有学生100%考进了大学。1978年，于漪被评为上海市首批特级教师。然而，荣誉对于漪来说，只意味着更大的责任，怎样教好每一堂课，对她来说才是一辈子追求的目标。

她一身正气，为人师表。

1985年，在教学领域作出突出贡献的于漪，被任命为上海市第二师范学校的校长。职位提高了，但问题也来了。当时的这所学校，教风和学风都很差。教师上班松松垮垮，经常迟到早退，更有甚者，上课不好好讲课，敷衍了事，甚至还有酗酒打架的情况发生。于漪了解到这些情况后，痛心疾首，她大声疾呼："智如泉涌，行可为表仪者人师也！"之后，于漪开始狠抓教师队伍的师风师德建设，严格制定各项规章制度，大胆进行管理，提高业务水平，刹住了歪风邪气。同时，于漪着手整顿学风，在学生中营造良好的学习氛围，设计校服、规范学生的行为举止。此外，于漪重视劳动育人。为了营造良好的育人环境，在经费不足的情况下，她带领教师们一车车的挖泥，硬是挖出了一个漂亮的荷花池。于漪担任校长期间，学校从来没有雇用过校工，学校所有的卫生工作全部由师生共同承担。经过几年的努力，学校面貌焕然一新，一道亮丽的风景线出现在了校园内。于漪荣获"全国五一劳动奖章"。如今，活跃在上海市基础教育工作最前沿的校长和教师，有不少是当年的学校毕业生。

她敢为人先，引领中国基础教育改革。

教育，一个肩膀挑着学生的现在，一个肩膀挑着民族的未来。"教在今天，想在明天"是于漪的教育理念。这促使她不仅与时代同频共振，做优秀的教师和校长，而且胸怀远大，结合时代和实践的需要，引领基础教育的改革。

20 世纪七八十年代，在语文教学中工具性观念盛行。于漪先声夺人，提出语文教学既要重视语句的分析，又要重视学生人文情感的培养，预见性地提出"没有高科技，一打就垮；没有人文精神，不打自垮"的观点，并于 1978 年发表了《既教文，又教人》一文。然而，多年的积习改变起来太难了，现实教学中，依旧"不见读书声朗朗，但见习题如海洋"。对此，于漪忧心忡忡，大声疾呼："人的青春只有一次，怎么能用思维训练来消磨学生的创造性呢？"几经困顿，于漪找到了问题的根源，那就是语文教学的性质该如何界定，我们教育是为了什么？

1995 年，于漪发表了《弘扬人文，改革弊端——关于语文教育性质观的反思》等一系列文章，明确指出人文性和工具性的统一是语文教学的基本特点，教育既要做到"教文育人"，又要"树中华教师魂，立民族教育根，成为社会主义合格的建设者"。这些真知灼见在教育界引起了巨大的反响，最终推动了将"人文性"写入教育部出版的《义务教育语文课程标准》中。

21 世纪初，面对教育界急功近利的现象，于漪站在时代的高度、战略的高度、与基础教育先进国家竞争的高度上，又精辟地提出了"全面的育人观"的理念。

于漪勇立时代潮头，引领基础教育改革，培养时代新人，在教育界具有举足轻重的地位。她当选为 2009 年度"中国教育新闻人物"。2018 年12 月，被党中央、国务院授予"改革先锋"荣誉称号，并获评"基础教育改革的优秀教师代表"。

她退而不休，奋斗不止。

2002 年，73 岁的于漪退休了。但她退而不休，将自己的工作重点放在培养青年教师身上。于漪常说："一个人的精力是有限的，我们的教师队伍一定要有团队。""我甘愿做一块铺路石，让中青年教师'踏'过去。"

早在 20 世纪 80 年代担任校长期间，于漪就十分重视对教师的培养，为了促进教师的成长，她经常到班听课、评课。于漪首创了教师与教师的师徒"带教"方法，组成师傅带徒弟、教研组集体培养、组长负责制的三级网络。于漪编写的《现代教师学概论》，成为中国第一部研究现代教师学的理论著作。2005 年以来，于漪担任了上海市语文学科德育实训基地和语文名师培养基地的主持人，连续 3 期全程参与上海市中学语文 9 郊区"种子教师"的培训工作。无论骄阳似火，还是寒冬腊月，于漪从不落下一次活动，学员在哪里，她的身影就在哪里。讲座上、公开课上、培训课上，无数青年教师被她的学识、她的精神、她的胸怀所折服。至今，年过91 岁高龄的于漪仍主持着上海市语文学科德育实训基地的工作，同时担任着首都师范大学、华东师范大学、上海大学、上海师范大学等 4 所大学的兼职教授，培训国家级骨干教师。在于漪的精心培育下，多年来，一批批高水平教学人才层出不穷。

于漪总是用"来不及"形容自己的时间。在她的家中，有一本自己专用的挂历，上面每个日子都画上了圆圈，有的甚至画了几个圈。日复一日，年复一年，于漪一直保持着"行走"的姿势——或在听课评课，或在主持讲座，或在审阅教材，或在伏案写作……自从教以来，辛勤耕耘的她很少休息，但她从来没有厌倦过这种生活。一次采访中，她道出了自己的秘密："我做了一辈子的教师，每一天都能从学生和青年教师身上学到新的东西，所以每天都是新的，每天都能感受到精神世界的成长，怎么会厌倦呢？"

于漪更是著作等身，她根据自己多年的从教经验和心得，编写出版

《岁月如歌》《教育的姿态》《卓越教师第一课》《现代教师学概论》《语文的尊严》《于漪知行录》《于漪新世纪教育论丛》（6卷）、《走进经典——语文阅读新视野》（6册）、《"青青子衿"传统文化书系》（12册）、《现代教师自我发展丛书》（18册）、《于漪文集》（6卷）等图书。

《左传》有云："太上有立德，其次有立功，其次有立言，虽久不废，此之谓三不朽。"在立德上，于漪甘为红烛，堪为师表；在立功上，于漪桃李芬芳，以教报国；在立言上，于漪著述丰富，流芳后世。

2019年9月29日，中共中央总书记、国家主席、中央军委主席习近平亲自为于漪颁授"人民教育家"国家荣誉称号奖章。面对纷至沓来的祝贺，她却说道："我只是一名普普通通的教师。我上了一辈子课，教了一辈子语文，但还是上了一辈子深感遗憾的课。我做了一辈子教师，一辈子在学做教师！"

如今，年逾91岁高龄的于漪，仍在为做教师、学做教师、培育教师忙碌着……

第七篇章

劳动最崇高

行知振兴中华

　　我这辈子最大的幸福，就是自己所做的一切，都和祖国紧紧地联系在一起。

——程开甲

　　自己是中华民族的儿女，此生属于祖国，此生属于事业，此生属于核潜艇，此生无怨无悔。

——黄旭华

　　人是要有一点精神的，往往在最困难的时候，甚至几乎挺不住的时候，就是依靠这点精神才能克服困难，达到一个新的境界，生活与工作都是如此。

——叶培建

　　为建设社会主义新中国，为消灭脊髓灰质炎，奉献一生，值！

——顾方舟

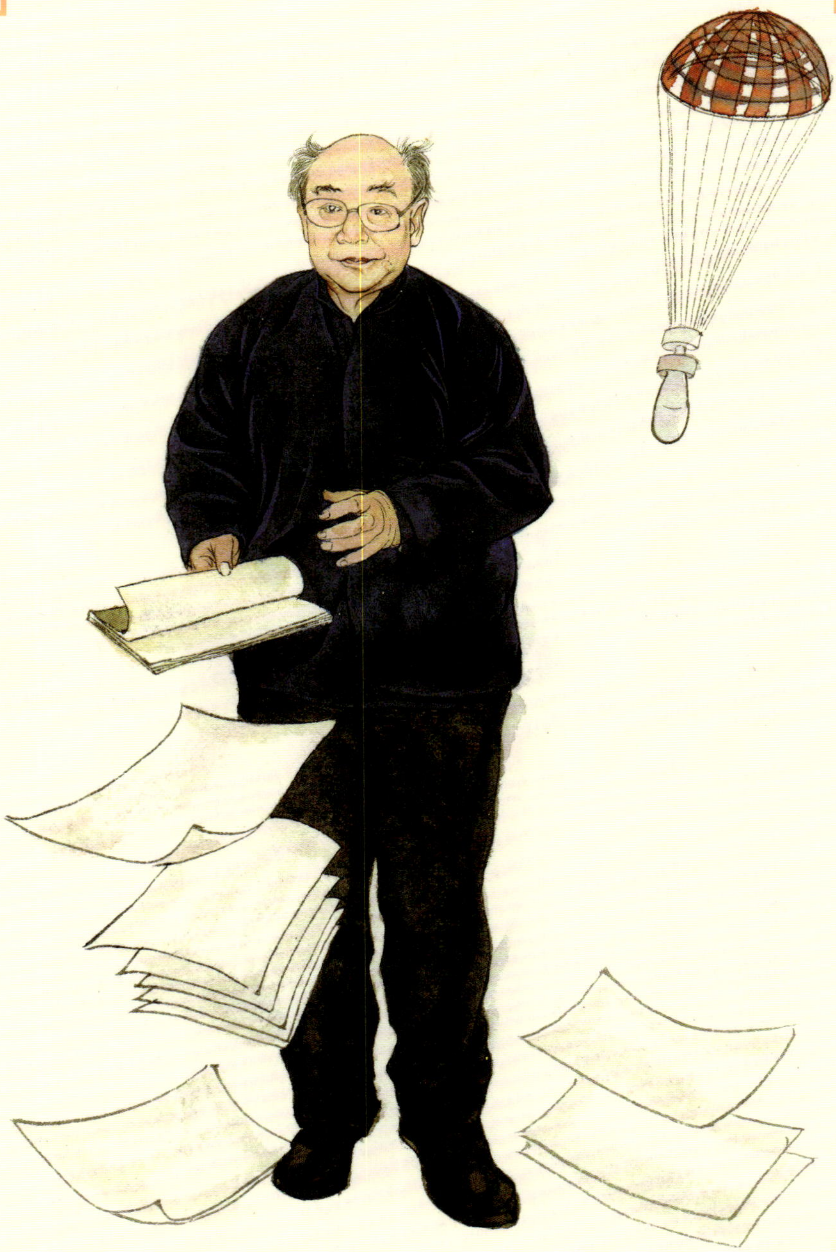

愿将一生献宏谋

他隐姓埋名几十年，只和核武器打交道。他说，穷有穷的办法，用简陋的工具也能计算出复杂的数据。他说，能把微薄的力量融进祖国的强盛之中，便足以自慰。他就是我国著名的核物理学家，"两弹一星"元勋奖章、国家最高科技奖、"共和国勋章"的获得者于敏。他长期主持中国核武器理论研究设计工作，为我国核武器事业的发展作出了重要贡献。

1926 年 8 月，于敏出生在天津的一个普通人家。在他成长的过程中，一面看到的是世界科学的大发展，而另一面看到的却是自己的祖国民穷国弱、饱受外国侵略者的欺凌。这样的成长经历，在他心中悄然埋下了一颗科学救国的种子。从此，他矢志不移，一直为实现自己的理想而努力奋斗。1949 年，于敏以北京大学物理系第一名的成绩继续攻读研究生，毕业后，被著名物理学家钱三强和彭桓武选中，调到了中国科学院近代物理研究所，从事原子核理论研究工作。

20 世纪五六十年代，国际局势波谲云诡，以美国为代表的核大国自恃核优势，对中国大搞核威胁、核讹诈。面对日益复杂的国际环境，我国的核科学事业开始全面上马。鲜为人知的是，在我国的第一颗原子弹的研制尚未成功时，有关部门就已经开始了氢弹研制的理论准备工作。氢弹无论是在理论上还是技术上，都比原子弹复杂得多。为了保证在原子弹研制成功之后，能够尽快地研制出氢弹，上级决定组织一支队伍，先行进行氢弹理论探索。1961 年，上级决定抽调于敏参加氢弹的研制工作。此时的于敏，在原子核基础理论研究领域已取得了不小的成就，如果转向氢弹的研究工作，意味着于敏人生的一次大转行。他需要放弃自己从事多年的原子核理论研究，从此隐姓埋名，长年奔波，投入到另一个完全陌生的科研领域。但为了国家的需要，于敏毅然投入到了氢弹理论的探索研究中，将个人的选择与国家的需要紧紧联系在了一起。

在那个风云激荡的年代，氢弹研制工作可谓是"雄关漫道"，最大的困难，在于研究人员对氢弹的了解完全是一片空白。当时的研究人员，只知道氢弹的释放当量比原子弹要大几十倍上百倍，对于氢弹的理论原理、制造技术等却一无所知。我国氢弹的研制工作，完全是依靠研究人员的自力更生和团结协作，从零开始起步的。

在中国研制核武器的物理学权威专家中，于敏是唯一一位没有留学经历的人，被同行们称为"国产专家一号"。于敏能够成为氢弹研究的核心人物，靠的是天赋与勤奋。他几乎从一张白纸开始，秉持勇于创新、严谨求实的学术作风，依靠自己的勤奋努力，刻苦钻研，不断探索，解决了氢弹研制的关键技术问题。氢弹的研制，是一个十分复杂的系统性工程，涉及理论物理、原子物理、核物理、爆轰物理、应用数学和计算数学等众多学科领域。参与到氢弹的研制中后，面对这个陌生的研究领域，于敏虽然基础理论雄厚、知识面宽，却仍感到自己在相关知识方面仍有所欠缺。为此，于敏一边做任务一边自学，琢磨氢弹原理，举一反三，将复杂的物理问题进行拆解，从而形成了许多氢弹基础理论的研究课题，打开了氢弹研制的理论大门。

从研制出原子弹到研制出氢弹，美国用了 7 年零 3 个月，英国用了 4 年零 7 个月，法国用了 8 年零 6 个月。间隔时间如此之长，其主要原因之一就在于氢弹理论计算的繁杂。而当时中国仅有 1 台每秒万次的电子管计算机，并且这台计算机当时主要提供给原子弹的研制使用，每周留给于敏所负责的氢弹设计团队所使用的时间只有 10 多个小时，而且大多数是在深夜里。为了充分利用有限的机会和时间，于敏带领大家深入分析物理过程，反复琢磨物理模型是否合理、是否真的需要使用计算机，不需要使用计算机的就依靠算盘和计算尺完成计算。每次上机前，他们都会一遍又一遍地细致检查，以确保计算过程不会出错。当时计算机的性能不稳定，机时又十分宝贵，于敏经常在计算机房一待就是 12 个小时。一摞摞纸带出来后，他就趴在地上仔细分析结果，视情况做出调整，一旦发现问题，马上处理。有一天晚上，于敏突然发现，某个计算量一到某个点就开始不正常了。大家马上去查原因，然而方程、参数、程序都没有发现问题。于敏就组织大家每计算一步，就检查一部分，最后检查发现，原来是计算机一个不常用的加法器原件坏了，换掉这个晶体管后，物理量马上就正常了。

虽然于敏从事的是氢弹理论设计，但他也十分重视开展试验工作。为了参与氢弹试验，于敏曾 8 次到青海高原，6 次到大漠戈壁，来回奔波。西北核武器研制基地地处青海高原，于敏有非常强烈的高原反应，他常常食无味、觉无眠，身体也变得越发虚弱，甚至在开会时，都只能躺在床上或椅子上有气无力地说话。由于高原反应强烈，工作强度过大，于敏曾 3 次休克，幸好救治及时，才从死神手中逃过一劫。即便如此，他仍坚持到技术问题解决后才离开基地。1966 年 12 月 28 日，我国首次氢弹原理试验，为了确保能够拿到准确的试验结果，于敏晚上冒着零下三四十摄氏度的刺骨严寒，爬上了 100 多米高的铁塔检查校正测试装置。

1964 年，在于敏和团队成员的不懈努力之下，发现了热核材料自持燃烧的关键，解决了氢弹的重要技术难题。1965 年，他又提出了世界瞩目的"于敏构型"，成为了我国氢弹的基本构型设计，而目前全世界只有两种氢弹构型：美国的 T-U 构型和中国的"于敏构型"。最终，于敏和团队成员研究制定了从原理、材料再到构型的完整的氢弹物理设计方案。

1967 年 6 月 17 日，罗布泊戈壁深处，天空上突然出现了两个太阳，随后一朵耀眼的蘑菇云伴随着轰隆巨响腾空而起。戈壁滩上目睹这一幕的人们都沉浸在一片欢腾之中，经久不息。这一天，中国自主研制的第一颗氢弹空投试验爆炸成功，其爆炸威力达到了 330 万吨 TNT 当量，中国成为世界上第 4 个拥有氢弹的国家（美国、苏联、英国）。远在北京的于敏一直守在电话机旁，当他得知爆炸的威力和自己计算的结果完全一致时，长长地舒了一口气。

从第一颗原子弹爆炸成功到氢弹爆炸成功，我国仅用了 2 年零 8 个月，研制速度之快震惊了国际科学界，创下了全世界最短的研究周期纪录。上世纪 60 年代，"两弹一星"的成功，奠定了新中国的大国地位，核武器的跨越式发展，为中国的和平建设赢得了难得而宝贵的时间。

氢弹试验成功后，于敏一直在为中国的核武器事业献计献策。在于敏的带领下，我国的核武器技术路线几乎没有走过弯路，我国的核试验次数仅为 45 次，还不及美国试验次数的 1/25。我国的第一颗氢弹只是试验装置，属于第一代核武器，尺寸重量较大，无法用作导弹的运载弹头。因此，核装置必须进行小型化研制。为了研发第二代核武器，于敏隐身我国西部大山，继续加班加点搞科研。上世纪 80 年代中期，于敏对世界核武器科学技术发展趋势作了深刻细致的分析，认为美国核武器的设计已经接近理论极限，为了限制其他国家发展核武器，保持自身的核优势，美国很可能会促成国际社会全面禁止核武器试验。1986 年，于敏和邓稼先联合向中央提出了加速我国核试验的建议。事实证明，这项建议对我国核武器事业的发展起了重要作用。此后，我国的核武器研究基本按照于敏、邓稼先的建议方向进行，成功研制了大幅度小型化、高比威力的战略核武器，并掌握了中子弹技术。于敏、邓稼先的战略眼光，为我国的国防科技现代化建设争取了宝贵的时间。

几十年来，于敏一直秉持着勇攀高峰的创新精神，严谨治学的求实精神，淡泊名利的奉献精神，勠力同心的协作精神，默默耕耘在国防科技事业一线，为我国科技自主创新能力的提升和国防实力的增强作出了开创性贡献。

酷爱诗歌的于敏，在自己 73 岁时，以《抒怀》为题创作了一首七言律诗，总结了自己默默无闻而又轰轰烈烈的一生。

> 忆昔峥嵘岁月稠，朋辈同心方案求；
>
> 亲历新旧两时代，愿将一生献宏谋；
>
> 身为一叶无轻重，众志成城镇贼酋；
>
> 喜看中华振兴日，百家争鸣竞风流。

之后，于敏由于身体的原因逐渐退出科研一线，但他仍心系我国的国防科技事业和核武器技术的发展。2019年1月16日，于敏在北京逝世，享年93岁。为表彰于敏为我国国防事业作出的突出贡献，2019年9月17日，国家主席习近平签署主席令，授予于敏"共和国勋章"。

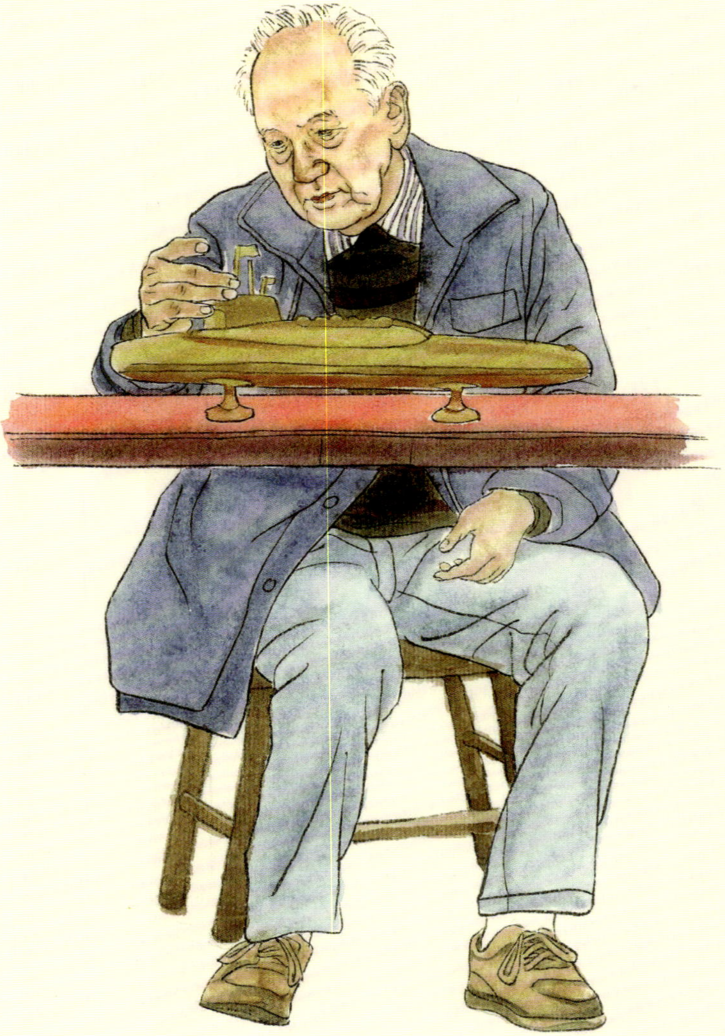

誓言无声铸蛟龙

"花甲痴翁，志探龙宫；惊涛骇浪，乐在其中。"这首诗是 30 多年前写作的，作者就是中国第一代攻击型核潜艇和战略导弹核潜艇总设计师、中国核潜艇之父、中国工程院院士——黄旭华。

黄旭华原名黄绍强，1924 年出生于广东汕尾，受父母影响，他从小的梦想是成为一名像母亲一样的好医生。然而，在那战火纷飞的年代，黄旭华亲眼目睹了积贫积弱的中国所遭受的列强侵略之痛，深感祖国之强大是何等的重要，于是立下志向：努力学习，用科技来振兴中华。同时，他将自己的名字改为"旭华"，意喻中华民族的未来像旭日东升般朝气蓬勃。1945 年，黄旭华以优异的成绩考入国立交通大学（今上海交通大学）造船系，从此，他的生命与海洋科技结缘。

1958 年，先后从事过民用船舶和军事舰艇设计的黄旭华，已成长为上海船舶工业管理局的一名技术骨干，并收获了一段美满爱情，育有一女。当时的黄旭华，工作理想，家庭幸福。然而，一次出差，却改变了他的人生轨迹。他从上海到了北京才知道，组织决定抽调他参与核潜艇的研制任务。进入核潜艇研制团队之前，领导就提出了极其严格的保密要求："时刻严守国家机密，不能泄露工作单位和任务；一辈子当无名英雄，隐姓埋名；进入这个领域就准备干一辈子，就算犯错误了，也只能留在单位里打扫卫生。"对此，黄旭华毫不犹豫地答应了。隐姓埋名，就意味着与亲人聚少离多，意味着自己的毕生努力可能无人知晓，要甘做无名英雄。对此，黄旭华没有丝毫犹豫，毅然加入了研制队伍，至今，他也没离开过核潜艇领域。

几十年间，女儿最大的感受就是"爸爸回家是出差"。黄旭华刚参加工作离开老家时，母亲再三叮嘱他要常回家看看。然而，他一次也没能回老家探望亲人。父母只知道他在北京工作，却对工作的性质、内容一无所知。就连父亲去世，他也未能见上最后一面。兄弟姐妹们甚至误会他大学毕业就不要家了，是个不孝的儿子。1988年后，随着核潜艇研制工作的内容部分解密，他的亲人才从一篇杂志的报道上多少知道他这些年做了些什么。说起父母亲人，黄旭华总是眼眶湿润、满怀愧疚。当别人问起黄旭华对忠孝的理解时，黄旭华答道："对国家的忠，就是对父母最大的孝。"

核潜艇的研制是一项庞大而复杂的工程，涉及众多尖端领域。而当时的新中国刚成立不久，研制核潜艇所面临的困难，不仅是国家经济实力、科技水平和工业生产能力的制约，更大的困难是既没有相关人才，也没有任何可供参考的技术资料，研究人员甚至连核潜艇长什么样也不知道。而作为一个国家的最高机密，美苏两个超级大国均对核潜艇技术进行了严密封锁。这是一项既缺技术储备又毫无经验借鉴的跨越式研究，一切都要靠自己从零起步，任务十分艰巨。面对困难，黄旭华和同事们没有退缩，没有条件，便"骑驴找马"——自己创造条件。缺少资料，他们就从国外保密控制得极其严格的资料中，寻找蛛丝马迹，大海捞针般地搜集相关信息。没有计算机，他们就用算盘和计算尺完成了大量计算。为确保计算结果准确无误，他们同时分成两组进行计算，结果不同，就推倒重来，直到得出一致的数据。

当时，冷战的阴云笼罩着整个世界，美苏两个超级大国大搞核竞赛。面对波谲云诡的世界局势，中国的核潜艇能早一天研制出来，就能早一天摆脱核讹诈，就能早一天突破资本主义国家对中国的包围封锁。因此，研制核潜艇的时间十分紧迫。黄旭华带领同事们分秒必争，绝不等待，采取了设计与制造交叉进行的方法。研究人员常常加班加点，24小时随时准备投入工作。当时有个口号，叫"头拱地，脚朝天，也要把核潜艇搞出来"。

为了既保证设计安装的进度，又保证核潜艇的稳定性，黄旭华和同事们通过制作 1∶1 比例的全尺寸木头模型的办法，解决了上万个零部件及设备合理摆放的问题，从而确保了施工设计的准确性及设备安装的顺利进行。

20 世纪 60 年代后期，针对我国经济发展的实际情况，在选择艇型时，黄旭华提出"三步并作一步走"。当时，世界上最先进的核潜艇艇型是"水滴型"。为此，美国的潜艇发展经历了"常规动力水滴型——核动力常规型——核动力水滴型"三步走，而苏联则走了更加曲折的弯路。黄旭华说，外国经验和大量的试验结果已经证明了采用水滴型外形是最优的选择，中国没必要重复美国的老路，应该一步到位，直接研制水滴型核潜艇。这不仅节约了大量的科研经费和时间，而且还确保了我国核潜艇的线型从设计之初就达到了世界先进水平。

黄旭华和同事们不仅面临着科研上的困难，同时还面临着生活上的艰苦。由于保密和潜艇总装的需要，当时核潜艇总体研究的地址选在了葫芦岛。在那时，葫芦岛几乎还是一个荒岛，没有生活配套设施，自然条件十分恶劣，吃的苦，住的也难，单位甚至连个大门都没有。"兔子野鸡满地跑。""一年刮两次 7 级大风，一次刮半年。""吃的苞米经常是发霉的。"就是在这种极端困难的条件下，黄旭华和同事们凭借顽强的意志力，从一点一滴做起，一步一个脚印，克服了一个又一个困难，实现了我国核潜艇领域一个又一个的突破。

1970 年 12 月 26 日，我国第一艘攻击型核潜艇下水。1974 年 8 月 1 日，这艘核潜艇被命名为"长征一号"，正式装备入列。中国成为继美、苏、英、法之后，世界上第 5 个拥有核潜艇的国家。这种研制速度在世界核潜艇的研制史上是十分罕见的，丝毫不逊色于美苏两国的研制速度。而我国第一代核潜艇的核反应堆功率、最大潜深、最大水下航速、最大自持力、武备系统等多方面的性能均优于美苏的第一代核潜艇。1981 年 4 月，我国第一艘弹道导弹核潜艇成功下水，标志着我国正式拥有了一支海基战略核力量，真正实现了三位一体核打击的能力，同时也为我国后续核潜艇的技术突破和性能提升打下了坚实基础。

　　1983 年，黄旭华被任命为第一代核潜艇的总设计师。此时的他，功勋卓著，已是我国屈指可数的国防科技专家。然而，1988 年 4 月，64 岁的黄旭华却作了一个惊人的决定：亲自参与第一代攻击型核潜艇最为重要、也是风险最大的最后一项试验——核潜艇极限深潜试验。试验需要潜艇下潜到水下 300 米的深度，此时，一张扑克牌大小的钢板，将承受一吨多的压力，任何一条焊缝、任何一条管道、任何一个阀门如果承受不住巨大的海水压力，都将是艇毁人亡的结果，且根本来不及救援。美国的"长尾鲨"号核潜艇就是在深潜试验中沉没的，随艇人员全部遇难。试验人员不仅面临着试验风险，还承受着巨大的心理考验。黄旭华虽然对自己设计的核潜艇充满信心，但也充满着担心。我国在深潜试验方面并没有经验，他担心是否存在一些超出其知识范围之外，而没有被认识到的潜在危险。作为总设计师的黄旭华，十分清楚试验的危险性，他本可以待在水面上进行指挥，但他仍决定亲自下水，随艇参加试验。他说："我是总设计师，我不仅要为这条艇负责，更重要的是要为全艇人员的生命安全负责。"

　　1988 年 4 月 29 日上午，深潜试验开始，核潜艇向着大海深处潜去。100 米、150 米、200 米……当下潜深度达到 280 米时，巨大的压力挤压着舱体，部分舱门出现了变形，艇内不时地发出巨大响声，各舱内共有 19 处还出现了漏水的情况，情况十分紧急。这时，黄旭华镇定地告诉大家，这声音是高压下艇体结构相互挤压所发出的，结构变形是正常的，都在设计与控制范围内。他继续沉着冷静地指导试验继续进行，而漏水处经过检修后也恢复了正常。中午 12 时 10 分 52 秒，深度计指针指向深度 300 米。随着一声指令"停"，舱内经过一阵寂静之后爆发出热烈欢呼，极限深潜试验成功！黄旭华也成为世界上第一个亲自参与核潜艇极限深潜试验的总设计师。

正是有了黄旭华和同事们的不懈努力和艰苦奋斗，使核潜艇这一"大国重器"威风八面。

黄旭华是唯一一位最早参加核潜艇设计，并自始至终、一步不离地坚守在核潜艇研制战线上的设计师，为国家作出了巨大的贡献，但他却始终把名与利看得淡如水，不追名逐利、不以权谋私、不居功自傲。后来，黄旭华把接力棒传给了第二代核潜艇研制人员，此后致力于为核潜艇的研制献计献策，促进国家和地方的科技发展与人才培养。

2019 年 9 月 17 日，国家主席习近平签署主席令，授予黄旭华中华人民共和国最高荣誉勋章——共和国勋章。国家和人民给予了这位赫赫而无名的英雄以最高的礼遇。黄旭华让世界看到了中国人的底气和胆魄，筑起了中华民族的深海长城。正如"感动中国"2013 年度人物评选组委会给予黄旭华的颁奖辞中所说："时代到处是惊涛骇浪，你埋下头，甘心做沉默的砥柱；一穷二白的年代，你挺起胸，成为国家最大的财富。三十载赫赫而无名，花甲年不弃使命。你的人生，正如深海中的潜艇，无声，但有无穷的力量。"

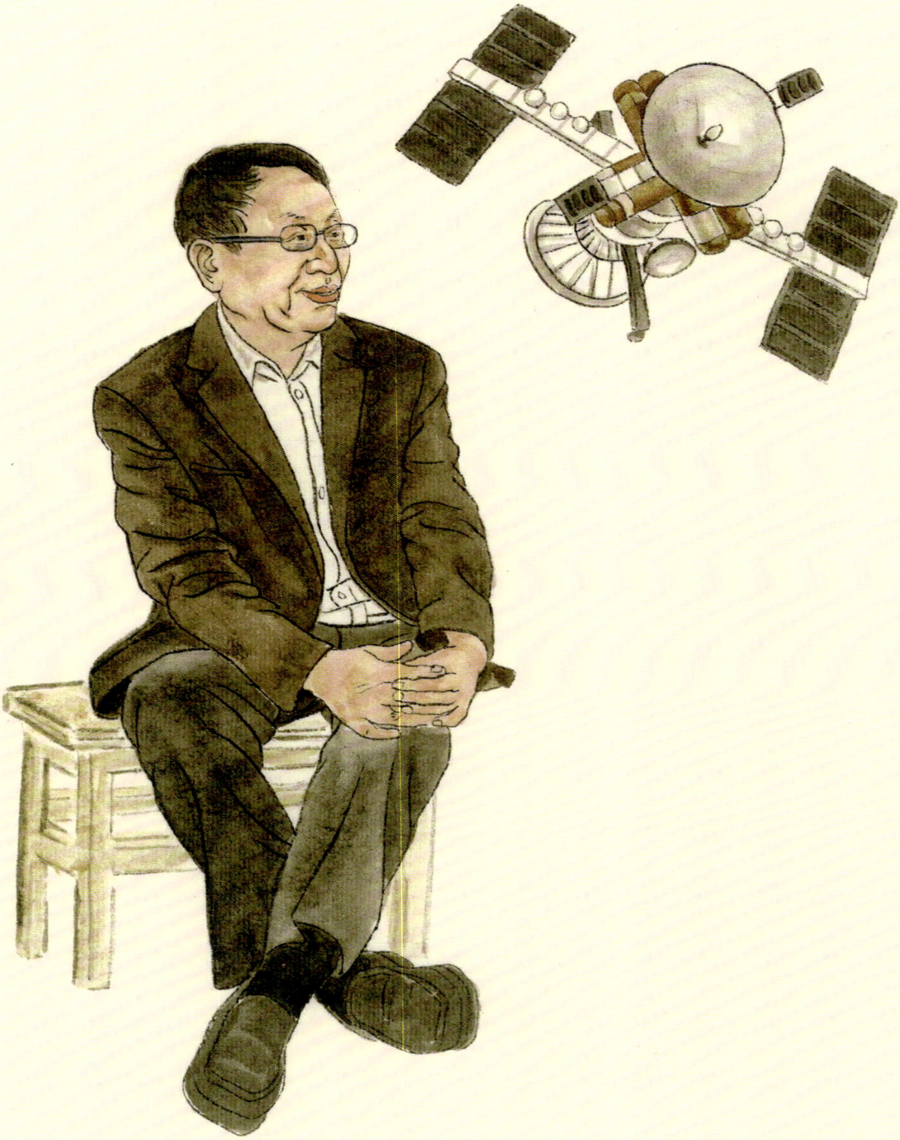

架起太空桥梁的卫星专家

2019 年 1 月 3 日，中国自主研制的嫦娥四号探测器稳稳地降落在月球背面，人类首次揭开了古老月背的神秘面纱。在嫦娥四号成功落月的当天，另一张照片同样感动了无数国人：嫦娥一号卫星总设计师叶培建，彼时 74 岁，嫦娥四号探测器项目执行总监张熇（女），彼时 48 岁，两代"嫦娥人"的手在航天飞行控制中心紧紧地握在一起。此时无声胜有声！从嫦娥一号到嫦娥四号，叶培建的探月之路，走得并不容易。

叶培建出生于江苏泰兴的一个革命军人家庭，受父母影响，他自小就充满了家国情怀。1968 年，叶培建从浙江大学毕业后，被分配到航天部卫星总装厂，从此与航天事业结下了不解之缘。1980 年 7 月，叶培建赴瑞士纳沙泰尔大学微技术研究所留学深造，当飞机越过国境线的那一刻，叶培建的心里充满了不舍。

在瑞士的 5 年，叶培建一直牢记着出国前教育部同志语重心长的话语。当时每个留学生一个月所需的费用，相当于国内十几个工人一个月的工资。这让叶培建心中始终怀着对祖国的感激之情，也激发了他的斗志。然而，对叶培建来说，在异国他乡求学的日子并不轻松，语言、融入新的学习环境和取得攻读博士资格等，都是他需要面对的挑战。平日里，叶培建舍不得浪费一点儿时间，下课后，叶培建总要借老师的讲义复印，通过自学慢慢咀嚼消化。当别的学生去酒吧休闲消遣的时候，叶培建依然在伏案苦读。凭着刻苦钻研的精神，叶培建用很短的时间就通过了同等资格考试，获得了博士生资格，外语水平和专业课成绩也节节提升。

5 年的留学生活对叶培建来说是如此的漫长，这是因为远离祖国的孤独和如烈酒般灼烧的乡愁，也因为其矢志不渝的赤子情怀。1985年，叶培建取得了瑞士科学博士学位。没有做任何走与留的思想斗争，叶培建义无反顾地回到了祖国。从此，也掀开了他人生中艰苦奋斗、竭力奉献的新篇章。

回国后，叶培建先是在航天部控制工程研究所工作。1992年，叶培建被调至空间技术研究院，开始从事卫星研制工作。多年来，叶培建积累了丰富的卫星研制经验，为我国的卫星研发作出了巨大贡献。2004年，我国月球探测工程全面启动，叶培建被任命为我国首颗月球探测卫星嫦娥一号的总设计师和总指挥。当时我国已在应用卫星、载人航天方面取得了巨大的成功，但在深空探测方面却还是一片空白。嫦娥一号卫星是我国航天发展第三个里程碑的开篇之作，作为卫星研制的负责人，叶培建深知肩上的责任之重。这不仅是一项科研任务，也是一个神圣的历史使命——"奔月"是中华民族的千年梦想。

深空探测历来是航天强国实现技术突破和资源竞争的竞技场，技术难度高，风险极大。嫦娥一号作为我国第一个深空探测器，与当时现有的卫星和飞船都不同，没有成熟的经验可借鉴，其研制工作遇到了过去近地飞行器所未遇见的一系列技术难点。面对挑战，叶培建带领研究人员在充分利用现有卫星研制成果的基础上，针对月球探测卫星的新特点，不断思考、不断创新，采用了多学科、全系统优化设计方法，高起点地确定了我国首个月球探测器的总体方案，攻克了月食问题、轨道设计等一系列技术难题，取得了一大批具有自主知识产权的核心技术。

卫星研制，不仅要仰望星空，还需要脚踏实地、严谨治学。在研制工作中，叶培建将质量视为卫星的第一生命，一直倡导"捕风捉影""亡羊补牢"，绝不放过任何细小的疑点。一天下午，在用地面电给卫星做加电测试时，电源控制器的指针晃动了一下，从正常的5伏电压变成了十几伏。这个小小的变化立刻引起了研制人员的警觉，因为过高的电压会在一瞬间烧毁卫星。研制人员立即停止供电，开始对地面设备进行检查。可经过反复多次检测，都没有发现问题，此时，疑点开始瞄向星上设备。大家在心里默默地希望这个最坏的估计和判断不是真的，因为第二天卫星就要被转移到别处进行力学试验，万一此时星上设备出了问题，试验肯定要被推迟。但如果继续给卫星加电，则可能会对卫星造成损坏，无数人的心血将付之东流。关键时刻，叶培建决定，在没有查清问题之前，绝不给卫星加电，必须得找出原因。经过一晚上的排查，大家终于找到了问题的根源——一个地面设备上有接触不良的插座。在研制过程中，叶培建最鼓励的就是敢于并善于找碴儿的精神，在不断的自我否定中，在不断的参考借鉴中，不断地进行问题的全面清查和补救。

已经 62 岁的叶培建，带领着一支平均年龄不到 30 岁的研发团队，以精益求精、勤奋卓绝的精神，仅用了 3 年时间，就完成了嫦娥一号卫星的研制。2007 年 10 月 14 日，嫦娥一号卫星发射成功，开始了奔向月球的旅程。11 月 7 日，卫星经过 10 多天的飞行，顺利到达月球轨道，实现绕月飞行。11 月 26 日，嫦娥一号传回并制作完成第一幅月面图像。至此，中国探月工程顺利地迈出了第一步，中华民族的千年梦想成为现实，中国航天谱写了深空探测领域的新篇章。从设计方案阶段的论证到研发与技术攻关，从初样星到正样星，3 年来，叶培建和所有研制工作的参与者历尽艰辛，挥洒着汗水与泪水，书写了中国航天器研发史上的传奇，演绎了"嫦娥奔月"的神话。

嫦娥一号绕月观测任务胜利完成后，叶培建一直忙碌在我国探月工程的一线，先后担任了嫦娥二号、嫦娥三号、嫦娥五号的总设计师顾问、总指挥顾问和首席科学家。叶培建把主要精力都放在了质量控制上，对所有关键环节都高度关注，尤其是质量归零问题，事必躬亲。在研制过程中，叶培建从不掉以轻心，每次发射都必去现场，多次带病在发射场和年轻同志一起工作。2010 年 10 月 1 日，嫦娥二号作为探月二期工程的先导星发射成功，为后续工作做了扎实准备。2013 年 12 月 14 日，嫦娥三号成功落月，是迄今为止世界上控制最为精确的一次落月，也是自 1976 年以来人类的第一个软着陆月球的探测器，月球上第一次留下了中国月球车的轮印。2014 年 11 月 1 日，嫦娥五号飞行试验器采用弹跳式返回精准着陆，为嫦娥五号探测器完成月球自动采样返回打下了坚实基础。

叶培建特别重视创新对于航天事业发展的重要性。在他看来，对于应用型的卫星，一定要集中精力保成功，所以对其研制要多利用现有的成熟技术。而对于探索型的卫星，则应该有更多的创新。叶培建敢于"吃螃蟹"，这在航天系统是出了名的。他常说，老跟在外国人后面干有什么意思？嫦娥四号是嫦娥三号的备份星，嫦娥三号发射成功后，嫦娥四号怎么办？对此，争论很大。很多人建议应求稳，把嫦娥四号发射到月球正面。叶培建却坚持认为，探月工程本身就是一次探索性的尝试，不要做重复的事情，要做就做一点儿新的东西，要大胆地走一步，主张将嫦娥四号发射到月球背面。经过一段时间的论证，大家决定将嫦娥四号发射到月球背面。

2019 年 1 月 3 日，嫦娥四号探测器在月球背面成功着陆。随后，玉兔2 号探月车在月球背面开始活动，中国成为了世界上第一个在月球背面成功着陆的国家，这是注定要载入人类航天史册的成就。嫦娥四号开创了多个人类"首次"，其任务团队获得了国际宇航联合会 2020 年度最高奖——"世界航天奖"，这是中国首次获得这一奖项。

传承奔月精神，打造科学团队。长久以来，叶培建一直注重对年轻人的培养，打造了一支过硬的航天人才队伍。叶培建鼓励和培养年轻人挑担子，为他们创造大显身手的机会，把他们的创造力和智慧激发出来，同时也帮助和带动年轻人，用自己的高标准、严要求来激励大家。作为首席科学家，在日常工作中，叶培建十分尊重年轻设计师的工作程序和各种决策。但在重大关头，他总会及时地站出来，以科学、真理为依据，妥善处理每件事情，给年轻人撑腰，是大家心目中的"一棵大树"。嫦娥三号在发射前曾有过一个小插曲，一台设备信号突发异常，使得现场指挥员对能否按时发射产生了疑问和动摇。叶培建却主动担起责任，向上级说明可以按时发射。他解释说，这并非设备故障，而是塔架结构造成的信号干扰，过去不止一次遇到过，完全没必要怀疑设备问题，而且很容易就可以验证。最终，嫦娥三号得以按时发射。如今，"嫦娥"团队的核心成员已有了100多人。这支队伍先后培养出"嫦娥"系列各型号总指挥、总设计师16名、主任设计师28名，团队骨干多次获"全国五一劳动奖章""中国青年科技奖"等荣誉。2014年，他们还获得了国家"创新团队奖"。

50多年来，叶培建以对待科学一丝不苟的态度、对待工作忘我投入的热情、对待祖国无比忠诚的决心、对待他人无私奉献的爱心，为推动我国卫星遥感、月球与深空探测及空间科学快速发展作出了卓越的贡献。为表彰叶培建所作出的成就，2017年1月12日，国际天文学联合会（IAU）国际小行星中心发布公告，将国际编号为456677的小行星命名为"叶培建星"。

矢志航天铸辉煌，才智尽现皆忠诚。这就是我们的航天人——中国科学院院士叶培建的真实写照。

丹心舍己克难疾

在神话里，"方舟"代表着希望，载着处于困境中的人们驶向幸福的彼岸。而有一位老人，他自身就是一座"人间方舟"，载着无数中国孩子，抵达了健康的彼岸。这位老人，就是"人民科学家"国家荣誉获得者、第三世界科学院院士，英国皇家内科学院（伦敦）院士，欧洲科学、艺术、文学学院院士，医学科学家、病毒学专家，北京协和医院原院长、一级教授，中国医学科学院原院长，研究员，也是被国人亲切地称呼为"糖丸爷爷"的顾方舟。

立志预防医学，让千万儿童受益

1926 年 6 月 16 日，顾方舟在上海出生，父母给他取名为方舟，也许是期盼这个孩子的人生能像他的名字一样，充满希望，也可以为他人带来希望。都说一个人的童年应该是甜甜美美、无忧无虑的，然而顾方舟的童年，却弥漫着艰辛与屈辱。幼年时父亲因感染疾病而离世的悲痛、母亲独自抚养兄弟 4 人的艰辛、受到同龄人歧视时的独泣、亲历日本侵略者践踏中国人时的屈辱……童年的一幕幕悄悄在顾方舟的心里埋下了一粒种子：我要认真读书，将来做一名医生，为祖国和人民服务。

1944 年，顾方舟以优异的成绩考入北京大学医学院。大学期间，他作出了一个重要的人生抉择，加入了中国共产党。他不仅知道了人生的意义，而且懂得了，一个人活着，不光是为自己，还要为大众。于是，他还作出了一个选择，一个将自己的人生命运与国家紧紧联系在一起的选择。在公共卫生专家严镜清先生的课上，顾方舟了解到了中国公共卫生的现状，这使得他震惊不已。当时的中国人对公共卫生还很忽视：厕所沿街沿河而建，河水不仅用来饮用，还用来洗衣、排污等，蚊蝇丛生、垃圾遍地……卫生环境的恶劣直接导致的是传染疾病的年年横行，每年有上百万人因感染疾病而死。顾方舟常常听着听着，就忍不住湿了眼眶。

有一次，班里一名同学随老师去河北考察矿工劳动卫生状况。回校后，这位同学泣不成声地向同学们诉说了矿工的苦难：生产生活环境极差，疫病多发，病死了就被扔到"万人坑"里……她可能不知道，自己的这番话对顾方舟产生了多大的影响。顾方舟突然意识到，这仅仅是矿工的现状，而在全中国，一定会有更多的人生活在这种苦难中，被生存环境困扰，被疫病夺去生命。做一名医生再怎么努力，一辈子也只能救治有限的病人，而当时的中国急缺公共卫生人员，如果能成为一名公共卫生学家，则可以让数不清的人远离疾病，能救千万人！

从那一刻开始，曾立志做一名医生的顾方舟，决心要投身预防医学，成为一名公共卫生学家，为中国人能拥有一个良好的卫生环境而努力，为中国的公共卫生事业而奋斗。

攻坚脊灰疫苗，让历史铭记的"糖丸爷爷"

1951 年，顾方舟被选为新中国首批赴苏联留学的人员之一。留学期间，他一直牢记着周恩来总理语重心长的嘱托：国家培养一名留学生需要投入不少的费用，一定要好好学习，不辜负国家的信任和期望。顾方舟心怀振兴祖国的使命、肩负着国人的期待，开始海外求学生活。他凭着坚韧不拔的意志，克服了语言不通等种种困难，刻苦努力，获得了苏联医学科学院副博士学位。

1955 年，顾方舟学成归国。也正是在这一年，一种奇怪的疾病突然侵袭了江苏南通，全市 1680 人突然瘫痪，患者大多为儿童，甚至有 466 人死亡。随后，病情迅速蔓延到了青岛、上海、南宁等城市。一时之间，全国上下闻病色变。这种可怕的疾病就是脊髓灰质炎，俗称小儿麻痹症。患者由于感染了脊髓灰质炎病毒，从而导致身体残疾，严重者甚至会死亡。这种疾病至今也没有有效的治疗方法，只能通过注射疫苗预防。而在当时，中国对这种病毒根本无能为力。有一次，一位年轻母亲背着孩子找到顾方舟，像抓住救命稻草一般地拉住他，撕心裂肺地哭着哀求道："大夫，求求你救救我的孩子吧！"顾方舟痛心地看着这个孩子，一个多么可爱的孩子呀，可自己却什么也做不了。作为一名医学工作者，治病救人本是自己的职责，可是面对这种疾病，顾方舟却万般无奈，感到了深深的无能为力。想到还有许许多多的孩子也是这样，顾方舟跟孩子的母亲一样悲痛……他下定决心，一定要在中国消灭脊髓灰质炎，要让千千万万的孩子可以健健康康地成长。

1957年，顾方舟临危受命，开始展开对这种流行疾病的研究。顾方舟用组织培养技术分离出脊髓灰质炎病毒，首次证明了在南通流行的疾病是以I型为主的脊髓灰质炎流行。1958年，顾方舟带领研究小组从患者的粪便中首次分离出脊髓灰质炎病毒，且成功定型，为免疫方案的制定提供了科学依据。以此为标志，顾方舟打响了攻克脊髓灰质炎的第一枪。

顾方舟在防治脊髓灰质炎研究的卓越贡献之一，就是科学决断、选择适合中国国情的活疫苗技术。1959年3月，卫生部决定派顾方舟等4人到苏联考察脊髓灰质炎疫苗的生产工艺。当时有两种脊髓灰质炎疫苗，一种是死疫苗，另一种是刚研制成功的活疫苗。顾方舟等人前往苏联的目的是考察死疫苗。脊髓灰质炎死疫苗虽然安全且可以直接投入生产使用，但疫苗要分4次注射，不仅价格昂贵，还需要专业人员操作。以当时中国的国力来说，很难做到为所有儿童接种疫苗。在考察中，顾方舟得知有一种刚刚研发出来的活疫苗，不仅使用极为方便，而且成本只有死疫苗的1‰，但还未进行安全性试验，也没有其他国家实际使用过，未知因素太多，其安全性和有效性也没有保证。对于疫情严重却又国力不强的中国而言，选

择一种适合中国国情的疫苗，至关重要。结合中国国情，顾方舟果断地作出判断：死疫苗不适合中国，我们只能选择活疫苗，这样不仅在理论上可以达到消灭脊髓灰质炎的目的，而且从经济上来说，我们国家也承受得起。作出这个判断的顾方舟承担着巨大的压力，因为谁也不知道脊髓灰质炎活疫苗是否安全，是否有效，是否能够阻止脊髓灰质炎病毒疫情的蔓延。

回国后，顾方舟经过反复慎重的思考，敏锐地意识到，我国只能走活疫苗路线。卫生部采纳了顾方舟的建议，成立脊髓灰质炎活疫苗研究协作组，顾方舟担任组长。他立即带领研究人员展开了对脊髓灰质炎活疫苗的研究。首批实验疫苗很快就在北京生产出来，且通过了动物实验。但人毕竟不同于动物，对动物是安全的，对人而言未必安全。只有通过人体实验，才能验证疫苗是否真的安全，这也是疫苗能否正式投入生产的关键。但若进行人体实验，实验对象将会面临着残疾甚至死亡的风险，这也是顾方舟最难迈出的一步。但病情不等人，必须得有人做探路者。

顾方舟攻克脊髓灰质炎的关键一战是顺利地完成了疫苗的Ⅲ期临床试验。没有丝毫犹豫，顾方舟和同事们把自己当作实验对象，试服了疫苗，观察期过后，他们身体没有出现任何异常。但这并不代表着疫苗已经通过了安全实验，由于成年人大多对脊髓灰质炎病毒具有免疫力，因此必须通过小儿试服才能验证疫苗的安全性。可是，要找谁的孩子来做实验呢？谁又愿意让自己的孩子做实验呢？每一名孩子，都是父母手心里的宝贝，一旦疫苗有一点儿问题，那可是会毁了孩子的一生的。顾方舟的眉头皱得更紧了。这时，顾方舟想到了当初那个抱着孩子绝望大哭的母亲，想到了自己曾经的无能为力，想到了中国还有千千万万的孩子正面临着病毒的威胁，他做出了一个惊人的举动。1960年的一天，顾方舟瞒着妻子、含着泪水，给刚满月的儿子亲手喂下了疫苗。

自新中国成立以来，不乏为民族复兴和科学事业而牺牲自己的科学家，可如顾方舟这般，不仅把自己当作实验对象，而且还拿自己的亲生骨肉做实验对象的，绝无仅有。作为脊髓灰质炎疫苗研究的负责人，顾方舟不是不知道服用疫苗的风险。恰恰相反，正因为他清楚地知道所有风险，才选择了以身试药，才选择了亲手给自己的儿子喂下疫苗。舍己幼，为人之幼。这不是无情，而是医者大仁。

在顾方舟的感召下，同事们纷纷给自己的孩子也服用了疫苗。这群初为人父母的年轻人，就以这种壮烈的方式，表达着对祖国、对人民和对科学事业的无限热爱。1 天、2 天、3 天……测试期渐渐过去，所有服下疫苗的孩子都安然无恙。看着孩子们天真烂漫的笑脸，顾方舟和同事们喜极而泣——孩子们没事，疫苗是安全的，可以正式投入生产。

顾方舟攻克脊髓灰质炎活疫苗之后，又开始了糖丸疫苗的研制。这是世界疫苗研制中独特的创举。1960 年底，首批正式生产的 450 万人份的疫苗迅速在全国 11 座城市推广使用。根据流行病学数据显示，脊髓灰质炎流行高峰逐渐下降。但顾方舟并没有感到一丝放松。为了保持活性，液体疫苗必须得冷藏保存，运输存储等环节的门槛太高，只有一些大中城市才能满足这些条件，难以覆盖到广大农村地区，而且孩子一听到是药，大多不愿意吃。那能不能制造出一种既方便运输保存，孩子们又爱吃的疫苗呢？一天，正看着儿子开心地吃着糖果的顾方舟，突然想到什么：如果能把疫苗做成糖丸那多好。他借鉴中医制造丸剂的方法，创造性地改良了配方，将液体疫苗融入到了糖丸之中，最终制成了孩子们眼里好吃的"糖丸"、家长们心中放心的药，攻克了疫苗计量难、服用难、储存难、运输难、普及难的 5 大难关。顾方舟以始终如一的坚强毅力，敢于突破的创新精神，推动了脊髓灰质炎疫苗的一次次改善，糖丸疫苗的诞生，是人类疫苗史上的点睛之笔。

功在当代，泽被子孙

从 1962 年起，一粒粒糖丸被生产出来运往全国各地，在攻克脊髓灰质炎的战役中，小小"糖丸"不仅大显奇效，发病人数逐年递减，使得上百万名儿童免于残疾。而且甜甜的疫苗，甚至成为一代人又一代人温暖开心的童年回忆。2000 年，经世界卫生组织证实，中国成为无脊髓灰质炎国家。那一年，74 岁的顾方舟代表中国，在证书上签下了自己的名字。从 1957 年到 2000 年，顾方舟在消灭脊髓灰质炎这条路上艰辛跋涉了 44 年。2000 年，WHO 认定，中国已经阻断了脊髓灰质炎本土野毒株的传播。我国消灭脊髓灰质炎的工作，走在了世界前列。顾方舟在卫生部举行的"中国消灭脊髓灰质炎证实报告签字仪式"上签名。他说：我参与我国消灭"脊灰"工作 42 年了，今天终于看到中国成为 Polio-free 的国家。我内心感到十分激动。

2019 年 1 月 2 日，"糖丸爷爷"顾方舟与世长辞，享年 92 岁。

2020 年 5 月，在"感动中国"2019 年度人物颁奖典礼上播放的一段视频令无数人热泪盈眶。面对前来看望自己的有关人员，几乎已睁不开眼的顾方舟紧紧地抓住后辈的手，留下了最后遗言："我一生做了一件事，值得，值得。孩子们，快快长大，报效祖国。"在生命的最后时刻，"糖丸爷爷"仍然惦记着祖国，牵挂着祖国的未来。他是国家的顾方舟，是人类的顾方舟，是一代代儿童的顾方舟。

一生只做一件事，却护佑几代中国人的健康成长。顾方舟鞠躬尽瘁，为祖国和人民奉献了一片赤诚。诚如"感动中国"年度人物评选组委会给予他的颁奖辞："舍己幼，为人之幼，这不是残酷，是医者大仁。为一大事来，成一大事去。功业凝成糖丸一粒，是治病灵丹，更是拳拳赤子心。你就是一座方舟，载着新中国的孩子，渡过病毒的劫难。"

第八篇章

劳动最崇高

释放集体的光与热

如果 20 世纪 60 年代以来中国没有原子弹、氢弹，没有发射卫星，中国就不能叫有重要影响的大国，就没有这样的国际地位，这些东西反映一个民族的能力，也是一个民族、一个国家兴旺发达的标志。

——邓小平

北大荒的历史变迁，就是一部壮丽的史诗。每一寸土地上，都刻写着闪光的诗句，这部史诗的作者，正是那些千千万万的垦荒战士，他们用勤劳的双手，年年月月地刻写着，一代一代地刻写下去。

——平青

所以，这个劲头上来了，很多事情都能解决……武汉本来就是一个英雄的城市。有全国、有大家的支持，武汉肯定能过关！

——钟南山

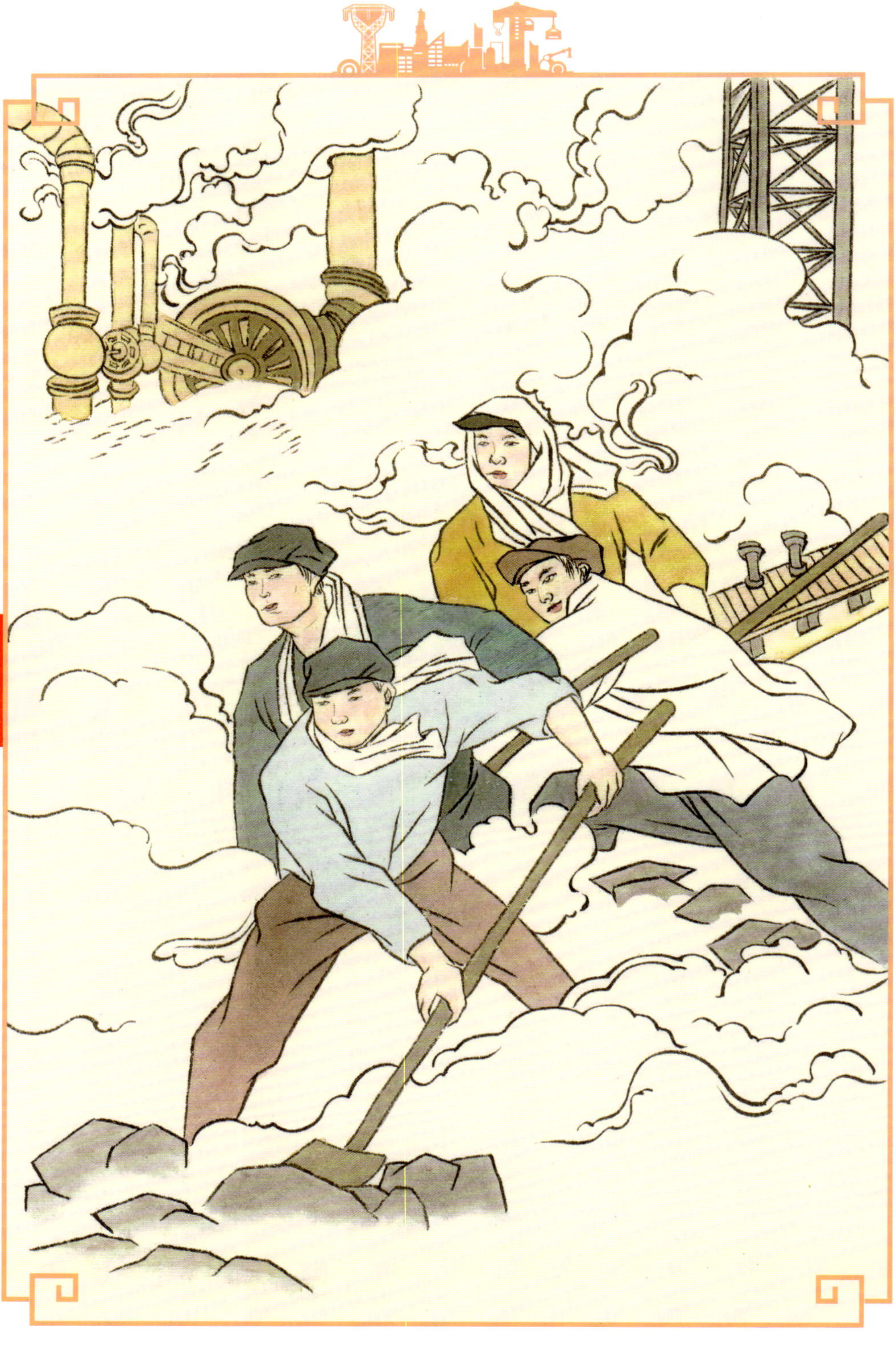

百年鞍钢，群英璀璨

初升的暖阳，唤醒了这片沉睡的大地；历史的长河，抚育了这个钢铁的摇篮。命运的考验，摧不毁这群拼搏的身影；岁月的辗转，带不走这座屹立的丰碑。时光荏苒，鞍钢像一位饱经风霜的老者，再度讲起老一辈代代相传的故事。时代变迁，它更似一个朝气蓬勃的青年，不断扬起新一代奋勇向前的风帆。努力开创，一脉相承，生命不息，奋斗不止，这就是不变的鞍钢热土，更是不朽的鞍钢魂。

1916 年，在辽宁鞍山这片土地上，一座钢铁厂拔地而起，初获生命。那个时候，作为一家中日合办的企业，它有另外一个名字——鞍山制铁所。1919 年，鞍山制铁所正式投产，迈向了正轨。1931 年九一八事变后，日本军国主义侵略者占领了东北全境，不久就霸占了整个鞍山制铁所。1945 年 8 月 15 日，日本宣布无条件投降，随即苏军到达鞍山，仅用 40 多天时间，就拆卸运走了 7 万余吨制铁所的机械设备以及其他一些物资。那时的景象，只能用残垣断壁、一片废墟来形容。1948 年，久经磨难的鞍钢终于回到了人民的怀抱。经过迅速重建，成为了当时中国最大的钢厂，被誉为中国钢铁工业的摇篮。1948 年 11 月 2 日，人民解放军攻克沈阳，东北全境宣告解放。同年 12 月，鞍山钢铁公司正式成立，鞍钢终于迎来了属于它的姓名。

作为新中国第一个恢复建设的大型钢铁联合企业和最早建成的钢铁生产基地，鞍钢不仅见证了中国钢铁工业的起步，还亲身参与、率先引领了我国钢铁行业的建设与发展。1953 年 10 月 27 日，新中国第一根无缝钢管在鞍钢诞生。同年 11 月 30 日，我国第一根大型钢材在鞍钢问世。1956 年，鞍钢钢材应用于新中国第一批解放牌汽车。1979 年，鞍钢研制 F93 钢应用于我国第一颗人造地球卫星。2004 年，鞍钢钢轨铺就了"天路"——青藏铁路，并研发生产首艘国产航母所需关键型号钢材。截至目前，全国高铁用钢 70% 为鞍钢制造。我们看到，鞍钢正以它顽强的生命力扎根于祖国的东北大地，用它无尽的血与汗投身在国民经济发展的诸多领域。

如今，鞍钢仍然以昂扬的姿态走在我国钢铁行业的前列，成为国内大型钢铁生产和销售企业之一。鞍钢不仅拥有完整的钢铁生产流程及配套设施，还拥有年产能高、产品类别多、应用领域广的发展优势。其中以造船、铁路、汽车、核电、石油石化、家电、集装箱用钢以及电工钢等一批高技术含量产品作为企业名牌，船板和铁路钢轨新品种及钢轨生产技术的研发达到国际领先水平。深海高压油气输送用高强厚壁管线钢等系列产品的技术工艺水平处于行业领先地位。不仅如此，鞍钢还拥有我国首个海洋装备金属材料及其应用国家重点实验室。铁路用钢、集装箱用钢板和造船用钢一直保持"中国名牌产品"称号。作为中国钢铁界的排头兵，鞍钢凭借产品质量、服务水平、社会责任、价值取向引领行业发展。

鞍钢之所以能取得今日的成就，离不开企业文化的积淀，离不开炼造工艺的传承，离不开每一个鞍钢人的劳动奉献，更离不开每一代鞍钢人的奋勇拼争。走进鞍钢厂区，那满墙劳模人物的一张张照片，仿佛在对参观者讲述着一个又一个生动感人的故事。

回望历史，老一辈用汗水完成了鞍钢的基本建设，靠拼搏换来了鞍钢的涅槃重生，以劳动书写了鞍钢的精神史诗。鞍钢的背后是千千万万名普通的钢铁工人，更是千千万万名为鞍钢的未来不懈努力的英雄和劳模。老英雄孟泰就是从鞍钢走出来的第一代全国劳模。

新中国成立初期，鞍钢正急需人才。面对国家和时代的号召，身为老工人的孟泰和工友们毅然决然地回到了厂里。那时的鞍钢已经千疮百孔，从南到北枯草丛生，裂缝生锈了的瓦斯管道在半空中摇摇欲坠，整个鞍钢没有一台完整的设备。面对如此糟糕的情况，孟泰并没有退缩，他选择迎难而上。自从孟泰 1948 年回到鞍钢，不管冰天雪地还是狂风暴雨，人们总能在十里厂区看到一个弯着腰的背影在聚精会神地抠零件、扒废铁、找原材料。这样的日子持续了很久，不管是手受伤了，还是脚冻裂了，孟泰也从来不喊苦不喊累，每天回到家，他的衣服总是湿漉漉地沾满了泥土和铁锈。而那些被捡回来的宝贝铁疙瘩，则整齐地排列在一个简陋的大房子里，这个大房间便是后来闻名全国的"孟泰仓库"。简陋的库房里堆满了各种废旧的水门、螺丝钉、铁线、弯头和三通，这些都是孟泰用自己的双手一个一个拾起来的。废旧的配件经受了风吹雨淋，锈迹满满。孟泰便戴着老花镜，一个一个地用废油浸泡擦拭，一件一件地精心修磨装配，直到这些废弃的零件变得锃明瓦亮。在孟泰的带领下，工友们相继行动起来，连鞍山全市居民也以献交炼钢器材的方式纷纷投入到这场修复高炉的战役中。1949 年 6 月 27 日，伴随着震耳的欢呼声，鞍钢炼铁厂 2 号高炉炼出了解放后的第一炉铁水。惊喜的同时考验也接踵而至，不久后，高炉突然爆发一连串巨响，这让孟泰和工友们遇到了新的难题——高炉炉皮被烧穿了。为了保护炉台，孟泰不顾生命安危，披上蘸了水的麻袋就往炉台上冲。他迅速用铁板将水流引离炉皮，又用耐火泥堵住裂缝，终于将炉台保留了下来。为了继续守卫炉台，孟泰甚至将自己的家搬到了炼铁厂，誓与高炉共存亡。在孟泰的心中，高炉就是鞍钢的希望，是党和人民的希望，他愿意牺牲一切，做高炉的守卫者。孟泰把炼铁厂当成自己的家一样爱护，把党和人民的事业看得比自己的生命还重要，用实际行动诠释了他作为共产党员的先锋模范作用。也正是在以孟泰为榜样的全体工人的共同努力下，鞍钢人迎来了修复高炉的第一次胜利，鞍钢也在一座废墟上重新站了起来。

面对困难，孟泰总是首当其冲。而面对嘉奖，他却从不居功自傲。厂里评一等工资，所有人都认为孟泰理所应当获得这个待遇，他却坚决推辞，让给了家庭条件更差的工友。孟泰用他的艰苦奋斗、爱厂如家、无私奉献，为鞍钢精神写下了浓墨重彩的第一笔。

一个孟泰在前，众多的英雄模范紧紧相随。

在鞍钢的技术革新史册上，有一个叫张明山的普通工人。从1949年开始，他日日投身工厂，夜夜苦心钻研，经过3年的呕心沥血，发明了一种叫"反围盘"的新工具，从根本上把工人从笨重的体力劳动中解放出来，提高了生产效率，被工友们称为"革新能手"。同为普通工人的王崇伦也在积极进行技术革新，他争时间、抢速度，两年间改进了机加工车床8种工具、卡具，提高了5倍至10倍的工效。1953年，王崇伦又发明了"万能工具胎"，继续推动了鞍钢的生产，被誉为"走在时间前面的人"。

张明山和王崇伦的出现，好像一把熊熊燃烧的烈火，瞬间点燃了所有鞍钢人的革新热情，这种创新意识在无形中走进了鞍钢，并深深融入到了鞍钢精神中。

鞍钢的前方，是以张明山、王崇伦为代表的一批不惧挑战、努力革新的技术精英；鞍钢的身后，则是以雷锋为典范的一群勤勤恳恳、无私奉献的劳动能手。1958年，带着一颗为社会主义建设事业服务的诚心，雷锋和一批同事北上来到鞍山。雷锋原本希望自己能投身到炼钢的第一线，却因之前的工作经历，被分配到鞍钢的化工总厂洗煤车间当推土机手。当了解到推煤是炼钢中不可缺少的一道工序时，雷锋当场表示："我就甘当螺丝钉了，党把我拧在哪里，我就坚守在哪里。"就这样，雷锋发扬着他的螺丝钉精神，主动承担起车间最重最苦的活儿。艰苦的环境、繁重的任务，让雷锋常常忙得顾不上吃饭，睡不了好觉，但他却鼓足了干劲投身劳动。工友们既心疼又不理解，雷锋却常把两句话挂在嘴上："对待同志要像春天般的温暖，对待工作要像夏天一样火热，对待个人主义要像秋风扫落叶一样，对待敌人要像严冬一样残酷无情。""人的生命是有限的，可是，为人民服务是无限的，我要把有限的生命投入到无限的为人民服务之中去。"

"合抱之木，生于毫末；九层之台，起于累土。"鞍钢的发展，离不开一颗颗小小的螺丝钉，更离不开千千万万个散发着螺丝钉精神的鞍钢人。是他们，开创了内涵深刻的鞍钢精神，铸就了永垂不朽的鞍钢魂。

为了追逐梦想，为了体现价值，鞍钢人还在努力着，接过老一辈手里的交接棒，扬起新一代头顶上的旗帜。他们辛勤耕耘，他们竭尽所能，他们开拓创新，他们锐意进取。

作为新一代鞍钢人的典范，"活雷锋"郭明义用他的行动践行着老一辈的教导，用崇高的品质延续着薪火不灭的鞍钢精神。

郭明义在鞍钢工作了30多年，在7个不同的岗位上工作过。无论在哪个岗位上，他都兢兢业业、任劳任怨，爱干、拼命干。当他做齐大山铁矿大型生产汽车驾驶员时，创造了整个矿山自行车年产量的新纪录；当他担任车间团支部书记时，他领导的支部是全矿的标杆；当他是一名宣传干事时，他编写的党课教案在矿业公司的评比中获得了一等奖；当他在车间做统计员和人事员时，他参加了全国统计员资格考试，并且是矿业公司第一位获得资格证书的人。为了工作需要，他刻苦学习英语，担任了电动车大型矿石转运车的现场组装翻译兼驾驶员，他以出色的翻译能力和个人魅力赢得了外国专家的赞誉……除了工作敬业，收入不高的郭明义还热心于公益慈善事业。与大张旗鼓的慈善行为不同，郭明义用他的默默奉献，向人民展示了共产党人的高尚品格。1990年以来，郭明义坚持无偿献血20年，累计献血6万余毫升，相当于他的总血量的10倍。1994年以来，郭明义累计向职工、贫困学生和灾区人民捐款12万元，资助贫困学生180余人……有人问郭明义，你自己并不富裕，为什么还要去帮助别人？郭明义回答说："我确实并不富裕，但我的生活比困难群众好多了。群众有了困难，党员不能袖手旁观、无动于衷，一定要站出来，一定要管！送去几百元和急需的东西，就能帮助一个家庭渡过难关；拿出300元钱，就能让一个孩子有学上。这是我能做到的，我为什么不做呢？！"

新时代的鞍钢养育了"活雷锋"郭明义，还培养出了见义勇为、救火牺牲的英雄孙利东，"工人革新家"李晏家，"当代发明家"李超等一批英雄模范。在他们身上，无不流淌着鞍钢人的热血，老一辈呕心沥血，新一代的爱岗敬业，创新、求实、拼争、奉献，就是鞍钢永恒不变的精神主题。

1949 年，鞍钢在一片废墟上起步，如今走过了 71 年的峥嵘岁月。从新中国成立至今，鞍钢取得了辉煌的成绩：2019 年 7 月，鞍钢位列《财富》世界 500 强榜单第 385 位；2019 年 9 月，位列 2019 中国制造业企业 500 强榜单第 35 位；2019 年 12 月 18 日，《人民日报》中国品牌发展指数 100 榜单，鞍钢排名第 65 位；2020 年 4 月，鞍钢入选国务院国资委"科改示范企业"名单。

在产品与服务上，鞍钢根据市场需求适时调整产量和产品，增加高效益产品的产销规模，增加优质项目进程，不断激发钢铁板块创效能力，激发非钢产业发展活力，激发矿山企业发展动力，激发钒钛产业发展潜力。

在发展格局上，鞍钢生产铁、钢、钢材能力均达到每年 2600 万吨，形成了跨区域、多基地的特点。

在经济建设上，71 年来，鞍钢为国家经济建设作出了巨大贡献，累计生产钢 3.81 亿吨、铁 3.75 亿吨、钢材 2.77 亿吨，上缴利税 1245 亿元，相当于国家对鞍钢投入的 23 倍。

在人才培养上，鞍钢累计向祖国各地输送了近 6 万名优秀干部、工程技术人员和技术工人，为各地培养了 11 万余名各类人才。

在企业文化上，鞍钢已经形成了一套完整的方案，把以职工为本作为一切企业工作的根本方针，把市场导向作为一切企业工作的基本原则，把持续变革作为一切企业工作的重要驱动，把依法合规作为一切企业工作不可逾越的底线，把精益严格作为一切企业工作的基本准则，把高效执行作为一切企业工作落到实处的根本保障。

历史记录了鞍钢的辉煌成绩，也记载了鞍钢作为一个国有大企业的责任与担当。一面厚重的钢板墙上是鞍钢3277名劳动模范的名字，是鞍钢人爱厂如家、艰苦奋斗的主人翁觉悟；是舍己利人、甘于付出的奉献精神；是勇攀高峰、拼争第一的进取意识；是严细认真、精益求精的工作态度；是英雄辈出、崇尚先进的英模文化。

　　不忘历史才能走向未来，善于传承才能开拓前进。这就是恒久不变的鞍钢精神，永垂不朽的鞍钢魂。

干惊天动地事，做隐姓埋名人

只凭一句庄重的承诺，不惧面临千难万险，扎根故土，挥洒青春，贡献智慧；只为一项重要的任务，甘愿身居戈壁荒漠，隐姓埋名，与世隔绝，忍受艰苦；只因一个崇高的信念，纵然没有功名利禄，一腔热血，一声祖国，一生满足。隐姓埋名几十载，为国捐躯愿此生。历史谱写了这些无名英雄、铁血战士壮丽的诗篇，时代赋予了他们更加响亮的名字——"两弹一星"功勋人物。

1949 年，新中国才刚刚成立，而世界已经进入了核时代。这对于刚诞生不久的新中国来说，是一个双重的考验。对外，核武器的到来加紧了各国的军备竞赛，形成了紧张的国际局势。对内，新中国仍处于百废待兴的状态，各方面的建设还在缓慢摸索中。可是，帝国主义的武力威胁和大国的核讹诈从未停止，为了维护民族利益和国家安全，步履维艰的新中国果断地作出了独立自主研制"两弹一星"的战略决策。

从 20 世纪 60 年代开始，中国的"两弹一星"事业不断取得辉煌的成就：1960 年 11 月 5 日，一枚被称作"争气弹"的导弹——东风一号发射升空，准确命中目标。东风一号的成功发射迎来了新中国仿制导弹的初次胜利，也成为了中国人民解放军装备史上的一个重要转折点。1964 年 6 月 29 日，东风二号导弹发射成功。紧接着，在 1964 年 10 月 16 日 15 时，中国第一颗原子弹爆炸成功，一朵巨大的蘑菇云腾空而起，冲入云霄，欢呼声从四面八方传来，中国成为了第 5 个拥有原子弹的国家。面对中国在原子弹方面取得的成功，西方国家仍旧不以为然。他们认为，中国是有弹没枪，甚至用讥讽的口吻毫无根据地预言：中国 5 年内不会有运载工具。但是，他们低估了中国人的能力，更低估了新中国的实力。早在第一颗原子弹爆炸之前的 3 个月，中国就拥有了属于自己的中近程弹道导弹。1966 年 3 月，中国开始进行导弹和原子弹的两弹结合飞行试验。1966 年 10 月 27 日 9 时，"东风二号"核导弹点火升空，9 分 14 秒后，核弹头在距发射场 894 公里之外的罗布泊弹着区靶心上空 569 米的高度爆炸，这意味着中国有了可以用于实战的核导弹。1967 年 6 月 17 日上午 8 时 20 分，中国第一颗氢弹空爆试验成功。从第一颗原子弹爆炸到第一颗氢弹爆炸，美国用了 7 年零 3 个月，苏联用了 4 年，英国用了 4 年零 7 个月，而中国只用了 2 年零 8 个月，刷新了世界纪录，成为世界上第 4 个拥有氢弹的国家。1970 年 4 月 24 日 21 时，伴随着嘹亮的《东方红》乐曲在祖国的上空响起，中国第一颗人造地球卫星发射成功，成为了第 5 个发射人造卫星的国家。中国凭借自己的力量，创造了一个又一个震惊世界的奇迹。

"两弹一星"的成功研制，不仅缓解了新中国面临的窘迫局势，为当时的经济建设提供了一个和平发展的环境，还从此打开了中国国防科技事业的端口。随着时代的发展，"两弹一星"事业不断增强了中国的国防实力，提高了中国的国际地位，更推动了科技的进步、人才的培养，促进了社会的繁荣发展与民族的团结进步，为中国的现代化建设提供了源源不竭的动力。

回望共和国一路的艰辛历程，"两弹一星"的研制过程，跌宕起伏，令所有人难以忘怀。在这个宏大的工程背后，不仅是一个时代的真实写照，更是几代人的奉献与牺牲。他们用爱国、勤劳、智慧、协作、自强、奋进，共同成就了"两弹一星"的胜利，同时也孕育了伟大的"两弹一星"精神。

赤子求学海外，丹心至存其间，但凡为国效力，万死不辞返还。讲的就是以钱学森为代表的一批海外专家，心怀报国之志、不辞艰难也要归国的故事。

1949 年，新中国成立的消息，让所有身居海外的专家学者心潮澎湃。他们盼望着能够早日回到故土，为国家和人民贡献自己的力量，为社会主义建设事业挥洒青春和热血。作为归国专家学者中的一员，钱学森的回国之路可谓非常艰难。早在新中国成立前夕，钱学森就萌生了回国的想法。但当时正值妻子怀孕，考虑到路途中的不方便，他们便商定先做准备，等孩子一出生就动身回国。然而，钱学森一家还未踏上归国的行程，美国政府就打探到了这个消息，因为钱学森是声名显赫的火箭问题专家，美国政府不可能也不打算把这位优秀的科学家放回中国。为了笼络钱学森，他们先是提出了十分优越的工作和生活条件，想要借此打消他回国的念头。但是，他们根本不懂这位科学家的一腔爱国热忱。面对祖国的召唤，这些名和利在钱学森眼中根本是一文不值。遭到拒绝的美国政府一计不成，不得不转头想另外的法子留住钱学森，竟然采用了囚禁和监视的恶劣手段。美国的一位海军次长甚至放话："就算是枪毙钱学森，也不能放他走，他不管在哪里，都抵得上 5 个师的兵力。"就这样，在重重的阻挠下，钱学森归国的计划足足推迟了 5 年。这 5 年里，钱学森从未停止对祖国的思念，他和妻子用了各种方式进行反抗和斗争。1955 年，钱学森和妻子想方设法避开特务的监视，寄出了一封隐秘的信件。这封信经过几次辗转，最终到达周恩来总理的手中。在中国政府的不断交涉下，美国政府为了利益不得不妥协。1955 年的秋天，钱学森和家人终于踏上了回国的巨轮。

在钱学森的身上，我们看到了他对祖国的忠诚与热爱。诱惑面前不变心，暴力当前不屈服。正是这样的大无畏精神，鼓舞和激励了 1500 多名学有所成、身居海外的科技工作者，怀揣着民族复兴、国家强盛的梦想，矢志报国，归心似箭，不惜历经千辛万苦也要回到祖国。他们的回归，为"两弹一星"的研制带来了成功的希望，也为新中国的科技事业带来了无尽的光亮。

泓峥萧瑟无草木，狂风卷沙漫天飞；不慕世人功与利，自甘隐姓埋名

人。讲的是以邓稼先、王淦昌为代表的一群无名英雄，不慕名利，在戈壁荒原中的试验基地默默奉献的经历。

1958年，作为核物理专家之一的邓稼先，接到国家的调令。临行的前一晚，他对妻子说："我的生命就献给未来的工作了，做好了这件事，我这一生就活得很有意义。"第二天一早，34岁的邓稼先给家人留了一张全家福照片，就启程前往戈壁滩的核试验秘密基地。而他的家人连他的工作是什么、去哪里、通信地址都一无所知。邓稼先进入秘密基地后，迅速投入到核试验中，大量的数据、高难度的问题、高强度的工作，让他每天都神经紧绷。况且，在那个一穷二白的年代里，国家能为科学家们搞研究所提供的条件是十分有限的，物资极度匮乏、技术远远落后、粮食经常短缺、环境异常恶劣，这些阻碍如满天飞沙走石击打着邓稼先和所有科研人员。在这样的情况下，邓稼先和同事们坚持了长达8年的时间，终于在1964年10月16日，从新疆罗布泊传来了新中国第一颗原子弹爆炸成功的好消息。原子弹的成功爆炸，并没有使邓稼先放慢继续为国防科技事业劳动奉献的脚步，直至1986年，邓稼先身患绝症躺在病床上，中央军委指示对其事迹解密，各大媒体才争相报道这位"两弹元勋"，才使国人知道了他的姓名和默默奉献的28年时光。

还有一位叫王淦昌的科学家。1959年，王淦昌在苏联发现了反西格马负超子，他的名字在国际学术界引起了巨大轰动。同年，中苏关系恶化，苏联背信弃义撕毁了援助中国的协定并撤走了所有在华的苏联专家，这就意味着祖国的"两弹"研制急需大批的国内科学家和科研人员勇挑重担、自力更生。1961年，王淦昌奉命参与领导研制原子弹，前提是王淦昌需要放弃眼前的一切，包括他的名字和刚刚获得的荣誉。王淦昌丝毫没有犹豫，他说："我愿以身许国。"就这样，一位大名鼎鼎的科学家王淦昌消失了，而在西北的核试验基地，一个叫王京（王淦昌化名）的人默默坚守了17年。

像邓稼先、王淦昌这样甘愿隐姓埋名、无私奉献的，还有许许多多闪光的名字。这些闪光的名字来自国内各行各业，有人民军队的指战员，有专家学者，有技术人员，也有工人群众。为了中国的"两弹一星"事业，他们放弃与家人的团聚，隐藏自己的姓名，从四面八方来到这片广袤的大漠戈壁。在这里，生活条件十分艰苦，盛夏时地表温度高达 60℃，刮起风来飞沙走石，狂风能把帐篷掀翻，飞起的石头能把汽车的挡风玻璃打碎。一位参与研究的工作人员曾这样回忆："一些高出地面不到 1 米的地窖，就是全部落区工作人员的住房。住在地窖里，虽说不太冷，可是窖顶上不断往下淌沙子。在别处，床单是铺在身下用的，而在这里，床单却必须挂在空中，否则第二天醒来，七窍都要被沙子灌满了。"艰苦的生活环境，培养和造就了所有人坚毅的性格，他们从不抱怨，只愿在自己的岗位上劳动奉献、忘我拼争。经过几年的协作与苦战，原本空荡荡的戈壁荒漠开始出现了变化，一座座建筑、一个个基地、一排排产区拔地而起，通信设备的不断完善、实验器材的不断改进，无不为"两弹一星"的研制奠定了坚实稳定的根基。

舍家舍业无怨悔，为国为民尽憔悴；誓存机密显忠魂，以身报国不辞行。赞扬的是以郭永怀为代表的一众铁血志士无私奉献、为国捐躯的英勇事迹。

1968 年 12 月的一天，59 岁的郭永怀因公乘坐飞机从青海试验基地赶回北京。凌晨，这架飞机在降落时失事，机体坠毁，无一人生还。事后，人们在搜寻过程中，发现了两具紧紧拥抱在一起并且已经烧焦的遗体。经过辨认，确定是郭永怀和一位警卫员。当人们把他们分开时，从两人中间掉出了一个完好无损的公文包，这个公文包里装有国家绝密科研资料的文件。飞机遇险，在生命的最后瞬间，郭永怀想的不是如何保护自己，而是守护关乎祖国和人民伟大事业的绝密文件。

和郭永怀一样为"两弹一星"事业捐躯的烈士还有很多，他们静静地长眠在导弹试验基地的"东风革命烈士陵园"和核试验基地的"马兰烈士陵园"里。是他们用奋斗和牺牲，为我国的"两弹一星"研制作出了突出贡献，用鲜血和生命为"两弹一星"精神注入了最深刻的内涵。

中国的"两弹一星"事业，是关乎整个国家和人民的伟大事业，是一个声势浩大的伟大工程。既需要党的远见卓识和坚强领导，也需要所有参研参试人员团结协作，奋勇拼搏。科学家们义无反顾地在前方打头阵，庞大的科研队伍和参试部队紧紧相随，所有协作单位和人员则全力支持配合。为了伟大的事业，他们告别亲友，隐姓埋名，走进基地，走进工厂矿山，走进科研院所。他们扑下身子，在不同的行业和岗位上劳动奉献。他们目标一致，方向明确，矢志不渝，共同踏上完成"两弹一星"事业的伟大征途，用热爱祖国、无私奉献、自力更生、艰苦奋斗、大力协同、勇于登攀的精神，换来了"两弹一星"事业的快速发展。如今，研制"两弹一星"的艰苦岁月已经过去了，但是"两弹一星"精神的传播却从未停止，继续绽放着永恒的光芒。

耄耋之年未伏枥，犹向苍穹寄深情。在"两弹一星"的光辉史册上，有一位老人走过了漫长的岁月，他就是获得"两弹一星"功勋奖章的23位科学家当中至今仍然健在的3位科学家之一——孙家栋。从参与"两弹一星"的研制到新时代的航天事业，孙家栋已经奉献了60多年的人生，他亲历、见证、参加、领导了中国航天事业从起步以来的全部过程。如今，已近92岁高龄的孙家栋仍在为中国航天事业发展呕心沥血。他说："当年，如果没有'两弹一星'这些'大国重器'，中国就生存不下去。现在也是这样，生存和发展都重要，但国家安全是首要的。我们只是生活在一个和平的国度，而非一个和平的年代，国家始终需要拿出一定力量来建这些'大国重器'。"

"两弹一星"精神激励和鼓舞了几代人，是中华民族的宝贵精神财富，也是所有科技工作者奋发向上的巨大精神力量。正是由于"两弹一星"精神的鼓舞激励和继承发扬，中国的航天事业取得了一个又一个的成就，创造了一次又一次的辉煌，攀上了一座又一座的高峰。特别是在新时代，又升华成为"特别能吃苦、特别能战斗、特别能攻关、特别能奉献"的载人航天精神。这种精神，将永远镌刻在共和国的史册上。

日月如梭，斗转星移。嘹亮的号角声，伴随着新时代的征程已经吹响。在中国这片广袤大地上，一眼望去，随处可见现代化的建设与发展。未来在召唤着我们去拼搏，去奋斗，去创造。老一辈耳熟能详的拼搏故事已经印刻在我们的脑海里，新一代薪火相传的奋斗征程才刚刚开始……

珠穆朗玛峰顶峰

4号营地
8,000米

3号营地
7,162米

2号营地
6,400米

1号营地
5,943米

大本营
5,334米

最崇高

攀登不止，奋斗不息

　　巍峨的高峰丈量不出一个民族的高度，却能彰显一个国家血液里的顽强意志；严酷的考验阻挡不住一个时代的前行，却能记录一段艰苦岁月中的拼搏往事。登顶珠峰之巅，不为一览众山小，只愿完成国家使命；克服艰难险阻，不求荣耀于一身，只望奏响生命乐章。脚步永不停止，精神恒久不灭，这就是攀登者。

　　人为什么要登山？围绕这个问题展开讨论，每个登山者都可以给出不一样的回答。而在 20 世纪六七十年代错综复杂的时代背景下，中国人勇于攀登珠峰的背后，有着维护国家领土和尊严的特殊意义。

　　高耸挺拔的珠穆朗玛峰常年积雪，是连鹰都飞不上去的世界之巅。海拔 8844.43 米 ±0.21 米的极寒之地足以令人望而生畏，而中国制订的计划是走曾让众多登山队折返、无成功登顶记录的北坡路线。峭壁、悬崖、高寒、缺氧，攀登珠峰的过程中，每一道关卡都足以瞬间夺走人的生命。在那时，中国面临着装备保障落后、技术经验欠缺等诸多困难，组建起一支完整的登山队伍本就十分不易，还要尽快完成攀登到世界最顶端的壮举，更是一件极难想象的事情。然而，在坚忍、团结、勇敢的中华民族面前，只要心中拥有信仰，没有一件事是我们不可以完成的。

　　1960 年，中国第一代登山队正式成立。组成队伍的 214 人，人员来自不同的领域，有工人、农民、战士、教师、学生和科研人员，平均年龄只有 24 岁。他们承担着不同的任务，有突击队员、后勤保障人员，还有气象、医务、媒体工作者。就是这样一支经过层层选拔而组成的年轻队伍，勇敢地承担起了为国攀登的重任。他们只有一个共同的目标，那就是从北坡登顶，将鲜艳的五星红旗插在珠峰之巅。

国家为了支援这次登顶珠峰的行动，不惜重金购买了登山装备，并下大功夫对登山队员进行体能训练和适应性登山训练。1960 年 3 月 19 日，带着祖国和人民的嘱托，这支登山队伍如期出发了。攀登珠峰的路途危险重重，经过 3 次行军，一些队员出现了不同程度的伤病，人员数量在不断减少，但攀登珠峰的海拔高度却从第一次行军的 6400 米不断上升到 8300 米，且成功打通了第一道关卡——北坳路线。眼看着胜利在望，队伍准备继续向上突击的时刻，晴空万里的北坳上空突然刮起了风暴，这样的恶劣天气打乱了原先制订的所有计划。大本营不得不下令将所有队员撤回，打算重新调整队伍、制订新的登顶计划。

根据预测，5 月中下旬，珠峰将再次迎来难得的晴朗天气，这也是最后一个适合登顶的窗口期，一旦错过，意味着这一年登山行动的努力就功亏一篑了。5 月 13 日，大本营召开会议商定最后的突击行动，考虑到多数具有登顶实力的主力队员受伤，本次冲击峰顶的人员不得不另外挑选。经过认真研究和慎重考虑，这项艰巨任务落到了王富洲、屈银华、刘连满和贡布 4 名普通队员身上。5 月 17 日，王富洲等 4 名突击队员轻装出发了。经过连续几日的攀登，他们来到了突击峰顶的最后一道难关——"第二台阶"处。这个台阶被称为攀登珠峰的死亡之地，笔直陡峭，无处下脚。面对"第二台阶"如刀削般的峭壁，队员们进行了几番尝试都无法攀登。时间一分一秒地流逝，再往后拖危险就又多一分。这时，刘连满提出了用"搭人梯"的方式进行突破。他主动蹲下充当人梯，王富洲和贡布依次而上，打算先把屈银华托上去。因为担心满是钉子的登山靴扎入队友的肩膀内，屈银华毅然脱下靴子和毛袜，将一双脚暴露在零下几十摄氏度的环境中，往峭壁上"打冰锥"。借助队友的帮助，屈银华率先登上了"第二台阶"，紧接着把王富洲几人也拉了上去。来不及休息片刻，他们就选择继续前进。刘连满在"搭人梯"的过程中体力消耗太大，无法继续冲顶，其余 3 人只能把他暂时安置在一个安全的地方休息。5 月 24 日夜里，早已和大本营失去联系的 3 人在点点星光的照耀下继续向前摸索。周围如同死一般的寂静，饥饿、寒冷、缺氧、体力耗尽，考验着他们的身体和意志。经过昼夜攀登，他们终于在 25 日凌晨 4 时 20 分登上了珠峰顶端。贡布从背包里拿出了国旗和毛泽东主席的半身塑像，王富洲将写好的纪念条埋进碎石堆里，最后采集了 9 块岩石标本和雪样标本……就这样，一面鲜艳的五星红旗和一尊毛主席像，见证了中国第一代攀登者的雄心和毅力。他们用坚忍和奉献创造了奇迹，打破了人类无法从北坡登顶的论断，他们的行为向全世界证明着中国的每一寸领土都神圣不可侵犯，中国的尊严更不容他人随意冒犯。

王富洲等人成功登顶珠峰的消息传来，举国欢腾，全国人民为此欢欣鼓舞，精神振奋。

1975 年，中国登山队和勘测队再次汇集到珠峰脚下，准备进行第二次冲顶和完成测量珠峰高度等科考工作。王富洲这位老队员毅然承担了本次攀登珠峰的组织领导工作，他带领所有人开启了这场举世瞩目的攀登大行动。同 15 年前一样，队员们经历了无数道难关，强忍着冻伤的疼痛，支撑着疲惫的身躯，坚定地往上攀爬。到达"第二台阶"时，他们靠着前辈打在峭壁上的冰锥，将好不容易背上来的近 6 米长的金属梯固定在这个最险峻的位置。放在平常，这个动作很快就可以完成，然而在海拔 8700 米的珠峰上，为了架上这座梯子，队员们足足花了整整一天的时间。5 月 27日下午 2 时，共有 9 名登山队员借助梯子从北坡路线成功抵达珠峰顶端，其中还包括 1 名叫潘多的藏族女登山队员。到达峰顶后，他们用摄像机记录下了中华民族第二次战胜珠峰的伟大时刻，并首次测量出了珠峰当时的最新高度（含雪盖高）——8848.13 米。这个数据是众多中国登山队员和测绘工作者用汗水和生命换来的，它震惊了全世界，影响了登顶珠峰之后 30年的相关历史。

从上世纪 60 年代到 70 年代，中国登山队员凭借着自己的血肉之躯和钢铁般的意志向上攀登着，他们用劳动和坚忍突破了一道又一道无法想象的难关，也用奉献与牺牲书写了一个又一个令人动容的故事。为了跨越"第二台阶"，光脚踩着队友肩膀的屈银华，因为冻伤，十个脚趾和两个脚后跟全部被切除。为了帮助同行队友，年轻的登山队员夏伯渝将自己的睡袋绑在了别人身上，却因此失去了双腿。还有一些队员，为了实现登顶珠峰的理想，中途掉下悬崖，被寒冷冻僵，被冰雪覆盖，永远地长眠在这片雪域之下。我们看到，在这些意义深远的攀登行动中，有无数的背影在艰难前行，也似乎听到无数的豪言壮语萦绕耳旁，"不登上巅峰绝不回头"，"哪怕只剩一个人，也要完成登顶任务"，"能用双腿换取珠峰的胜利，那是太值了"。他们中有的人失去了生命，有的人落下了残疾，但是他们的名字却与珠峰永远地联系在了一起，他们的拼搏故事也永远地留在了攀登珠峰的路途上。

时光辗转到了 2008 年，注定要被载入史册的一年。在这一年里，北京奥运会火炬传递活动开始了！其中让人印象最深刻的是奥运火炬在珠峰被点燃的瞬间，那是中国人站在地球最高的位置向全世界展现中国强大实力的动人一幕。5 月 8 日，珠峰的第一棒火炬手——西藏女登山队员吉吉从工作人员手中接过奥运圣火向珠峰攀登……经过了 5 次传递，奥运圣火到达了最后一棒火炬手——次仁旺姆手中。2008 年 5 月 8 日上午 9 时 17 分，在这个激动人心的时刻，次仁旺姆携带着奥运火炬站上了珠峰之巅，在全世界各国人民的注视下高举燃烧的圣火。那样一个神圣的场景，那样一种特殊的情感，没有一个中国人不为之自豪！奥运圣火登顶珠峰，成为了北京奥运会绚丽的亮点，也成为了历史上奥林匹克圣火传递中最浓墨重彩的一笔。

如今，有越来越多的登山爱好者向珠峰发起了挑战，也有越来越多的人借助"第二台阶"上的两代"中国梯"从北坡成功登顶。历史纪录不断被刷新，五星红旗一次次在珠峰顶端高高飘扬。在众多攀登者的心里，珠峰不再是一座令人望而生畏的巍峨险峰，而是成为了许多人心中那个坚定不移的信仰。其中，有一位 69 岁的无腿老人用真实的经历讲述了自己与珠峰的终生情缘，他就是夏伯渝。从 1975 年到 2018 年，时光在夏伯渝的身上留下了痕迹，即使不再是当初那个身姿矫健的青年，但 43 年的坚持，5 次越挫越勇的经历，让他明白，只要心中拥有信念，珠峰就是他一生的奋斗目标。2018 年 5 月 14 日上午 10 点 40 分，夏伯渝成功登顶珠峰，成为了历史上第一个通过假肢登上珠峰之巅的攀登勇士。我们不难想象，一个残疾人，攀上珠峰之巅需要多大的勇气和毅力，他的故事和精神实实在在地感染了很多人。有人说，夏伯渝的身后是千千万万的攀登者，而千千万万的攀登者，见证了中国精神的发扬光大。

攀登不止，精神不灭。在这个飞速发展、日益更新的时代，我们似乎能够触摸到这种精神实质的内涵。登山的背后不是蛮干冒险，而是探索世界的未知领域，和自己来一场心灵上的对话。它不仅体现了中华民族的体育精神，更是一种勇攀高峰、吃苦耐劳、祖国至上的高尚情怀，是突破自我、超越极限、顽强不屈、决不放弃的优秀品质。中国人征服珠峰的过程，只是一个时代、一个领域的缩写。从第一代攀登者到现在的攀登者，从一座座真实存在的高峰到科技、教育、文化、医疗等不同领域的高峰，都需要无数的攀登者在恒久不变的攀登精神的激励下，去奋力突破，砥砺前行。

高山，亘古壮观屹立；人类，代代奋勇攀登——这就是不灭的攀登者精神！

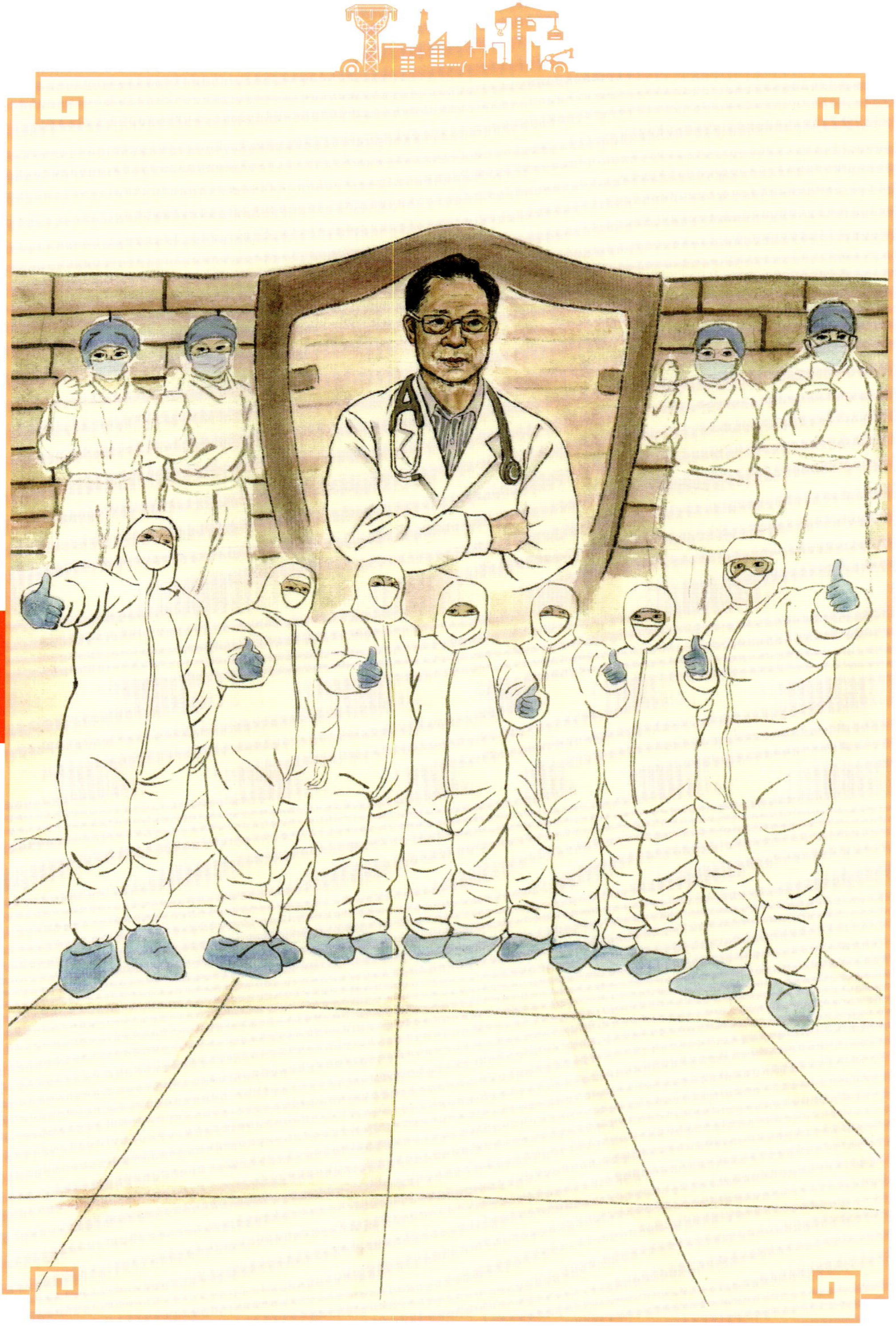

筑防疫高墙，做逆行英雄

　　没有往日的人潮涌动，你所见到的是城市中空无一人的街道；没有热闹的年夜饭桌，你所期盼的不过是忙碌奔波后的一口热饭；没有过多的言语表达，你所展现的是对社会对岗位对工作的无限热爱。疫情在前，是面对未知的迷茫；生命至上，是刻不容缓的救援；大爱无疆，是逆风前行的你们冲锋在抗疫的"第一线"，为我们筑起抗击疫情的"隔离墙"！

　　2020年伊始，江城武汉如同往年一样热闹。为了迎接春节的到来，一部分外出务工者、外地求学的学生踏上了回乡的归途，大大小小的车站、机场挤满了人，他们拎着大包小包的行李，迫不及待地想要和家人、朋友团聚。人来人往的闹市、川流不息的街道、张灯结彩的商铺，弥漫着喜迎新春的气氛，一切尽在彰显着城市的繁华。然而，就在这般祥和的景象下，新冠肺炎疫情悄然而至……1月12日，武汉市卫生健康委员会将其正式称为"新型冠状病毒感染的肺炎"。1月14日，国家卫生健康委员会召开会议，指出此类病毒存在着很大的不确定性，人与人之间是否会传播，以及通过何种方式传播，都是一个急需探究的问题，而且照这样的形势发展下去，不排除病毒有进一步蔓延的可能性。一时间，情况复杂。一部分人出现恐慌的情绪，纷纷奔向药店、超市购买口罩、消毒液等医疗用品；另一部分人则安之若素，在毫不重视的情况下，未佩戴口罩随意出入人群高度密集的场所。此时，新冠肺炎病毒早已潜伏在人们身边，潜伏在车站、机场、超市、饭店、电影院、游戏厅等公共场所。也许是上下车时的擦肩而过，也许是饭桌上的谈笑风生，也许是电梯里的偶然相遇……不经意间，全国各地开始出现感染病例，而疫情最为严重的地方是湖北省武汉市。

"没有特殊情况，不要去武汉。"这是中国工程院院士、国家呼吸疾病临床医学研究中心主任钟南山教授向人们发出的呼吁。然而，1月18日晚上，一个熟悉的身影就出现在开往武汉的高铁上。17年前，他和许多医护人员奔赴抗击"非典"前线，以逆行而上的英勇获得不俗的战绩。如今已经84岁高龄的钟南山，再次主动请缨，出征武汉，义无反顾地直奔抗击疫情的第一线。列车正在高速行进，因为出发紧急没有购买上座位票，钟南山和助手们不得不被乘务员安置在高铁的餐车上。心急如焚的钟南山毫不介意，他一落座就打开手提电脑，眉头紧锁地盯着屏幕开始工作，累了、困了就仰头眯一会儿。4个多小时后，钟南山一行到达了武汉，没有片刻休息，马不停蹄地投入到武汉方面的研究工作。1月19日上午开完会，出任国家卫生健康委员会高级别专家组组长的钟南山前往武汉金银潭医院和武汉疾控中心了解情况。一直忙到晚上，钟南山又搭乘飞机去北京参加会议。当天深夜，以钟南山为组长的高级别专家组经过认真研判，得出结论：新型冠状肺炎病毒会出现人传人的情况。从踏上高铁的那一刻，满满当当的行程就一直围绕着这位80多岁的老人，因为心系患者，心系危难中的城市，钟南山始终用他沉着冷静、科学严谨的姿态，支撑着全国人民的信心。

既然新冠肺炎能够人传人，那么最直接的办法就是切断疫情传播的途径。为了防止疫情最严重的湖北省，特别是武汉市人员大幅流动造成其他省份感染人数的增加，1月22日下午，习近平总书记审时度势，作出重要指示，要求立即对湖北省、武汉市人员流动和对外通道实行严格的交通管控。"作出这一决策，需要巨大的政治勇气，但该出手时必须出手，否则当断不断，反受其乱。""人民生命重于泰山！只要是为了人民的生命负责，那么什么代价、什么后果都要担当。"习近平总书记的话掷地有声。

无法忘记2020年的1月23日，在一天之内，所有离汉离鄂通道全线关闭，900多万武汉人民为了顾全大局按下了暂停键，作出了巨大的牺牲。城市内，救护车的鸣笛声此起彼伏，越来越多的患者急需医治，可是当地的医院根本容纳不了这么多的病人，当地的医护人员也负担不了如此巨大的工作量。眼看情况越发危急，医疗物资也所剩无几，不容乐观的武汉战场，该如何打好这场恶战？

疫情中的武汉，从来都不是一座孤岛。党中央时刻关注着武汉，把人民的安危放在首位，举全国之力驰援武汉，千千万万的白衣天使正在向这座城市飞奔而来。他们中有年岁已高但身怀绝技的医疗专家，有无数次将自己推至生死边缘、勇敢抗击"非典"和埃博拉病毒的医疗战士，有勤勤恳恳坚守岗位、默默无闻奉献他人而拯救过无数人生命的主治医师，还有那些看似稚嫩，却能无微不至关怀别人的"90后""00后"的年轻护士。事实上，从吹响第一声集结号起，各地选择报名支援湖北、支援武汉的医务人员就络绎不绝，这当中有一些人为了不让家人担心，是瞒着家人偷偷递交申请的。在一份份请战书递交前，他们是孩子最依赖的父亲、母亲，是父母揽入怀中的宝贝，更是爱人眼中最重要的存在。"王月华，我爱你！"1月26日，河南省137人医疗队驰援武汉，一个叫徐国良的小伙子站在车下哽咽地重复着"我爱你"这句话。他的妻子王月华马上就要出征武汉了，作为丈夫的他依依不舍地向妻子表达满满爱意。1月28日，同样的场景出现在四川广元，救援队的车已经徐徐开动，车下的人还在大声地呼喊着："赵英明，平安回来！你平安回来，我保证一年的家务我做。"挥手、告别，即使眼中有再多的留恋，心中有再多的忐忑，他们也无法忘记当初救死扶伤的行业初心，"不计报酬，无论生死！"无声的誓言，就是驰援队伍每个人手中最锋利的武器。

"我来了，我一定要活着走出去。""那如果我们不去，还有谁去呢？""我觉得我们的城市并没有停下来，只是它的脚步很慢而已。""只要希望存在，那么之前的艰苦都不是问题。"就这样，一批又一批的医务人员集结湖北，集结武汉。他们穿上厚厚的防护服，戴上沉重的护目镜，冒着随时会被感染的危险，义无反顾地走进了病房，来到了患者身旁。因为要做好全身的防护措施，所以人们看不见他们真实的面庞，也不知道他们确切的身份，唯一能够用以区分的，是他们在防护服上用笔填写上去的名字和各种加油激励的标识。

在整个疫情暴发的过程中，医护人员是最辛苦的，他们从早到晚忙碌着，汗水一次次湿透了他们的衣裳，但由于物资有限，他们并不能随意脱下身上的防护服。于是，吃饭、喝水、上厕所，这种平常得不能再平常的事情，都变成了病房里面最大的挑战。生理上的压力是一方面，巨大的精神压力同样压得他们喘不过气。1月28日，武汉市肺科医院重症医学科主任胡明突然接到一个电话，他的好朋友——武汉另一家医院重症医学科主任，在连日救治新冠肺炎患者后，不幸被感染且情况非常危急。这个消息让胡明当场情绪失控……片刻过后，他就擦去泪水，重振精神投入工作。同事倒下了，但是病人还需要继续救治，患者需要他们！坚守——这是胡明唯一能作出的选择。与胡明有同样经历的人和事还有很多。同一天，新闻媒体报道了武汉市金银潭医院院长张定宇的事迹。作为湖北省第一个"无国界医生"，张定宇响应国家号召，曾随中国医疗队出征，去往阿尔及利亚、巴基斯坦等国参与国际医疗援助。2018年10月，他被确诊患了渐冻症。在疫情面前，张定宇既是医生也是病人，但是他选择隐瞒自己身患渐冻症的病情，也顾不上被新冠肺炎感染的妻子，靠着顽强的毅力站在了抗疫的最前线。

在武汉那些令人难以忘怀的日子里，无数的暖心瞬间每天都在病房——这个离死亡最近的地方重现。为了方便工作，医务人员剪去了漂亮的长发；为了照顾病人，他们累到忘记了害怕；为了鼓励生命垂危的老人，年轻的护士紧握着病床上那双苍老的手，在老人耳畔一遍又一遍地重复："没事没事，有我们呢，我们尽力给你治。"英雄——抗疫一线的医护人员，不过是一群普通人的挺身而出，病房里的他们比任何人都坚强，病房外的他们却同样柔软到需要有人呵护。金银潭医院南楼五病区主任夏家安的一番话被网友记录了下来，视频里他红肿着双眼深情地说："医生看惯了生死，但这几天我禁不住泪流满面。不是为我自己流泪，我是看到我的同事不能上厕所，不能吃东西，不能喝水，我们已经做了一个医务工作者所能做的一切……"是啊，作为医护人员，他们是真的付出了一切：护士吴亚玲的母亲在昆明去世，由于她身在前线，不能及时赶回去处理后事，只能朝着窗外向去世的母亲深深鞠躬；2 月 2 日，是医生张仕华进入隔离病区的第 12 天，也是他原本计划结婚的日子，此时的他只能通过手机屏幕向爱人表达歉意；护士吴卫娟因为放心不下家里年幼的孩子，只好把孩子最喜欢的玩具带在身边以缓解思念之情；92 岁高龄的医学专家敖忠芳，只为这份不变的医者初心，毅然来到疫情一线，她说："我是医学的战士，死在战场上，是死得其所。"

　　在这场没有硝烟的战争中，医护人员在前线同疫情进行正面抗争，而后方则是数不清的社区工作者默默坚守阵地。他们凭借不畏艰险、勇往直前的精神，用血肉之躯为城乡居民筑起防疫高墙。山东省寿光市田柳镇西青冢子村党支部书记王俊之在 2019 年被诊断为肾衰竭晚期，因为身体的原因，他本打算 2020 年春节过后向党组织递交辞职申请。但当疫情出现时，为了守好社区防控的关键一岗，王俊之不顾病痛，全力以赴，以实际行动发挥着党员的先锋模范作用。在王俊之的带领下，一大批党员、群众踊跃报名，自发加入到抗疫的队伍中。在全国众多的社区工作者中，一大部分人是党员，他们秉承着"我是党员，我先上"的崇高信念，担负起了最危险最繁杂的工作。为了加强防疫力度，他们从早到晚坚守在防疫点，为出入过往的人员量体温、做登记，有时还要挨家挨户上门排查。为保证居民吃上新鲜的蔬菜，他们每天来来回回地买菜、送菜，甚至自掏腰包给独居老人送爱心。社区工作者身上体现出来的舍小家、为大家的无私奉献精神，构成了社区建设最美丽的抗疫风景。

一方有难，八方支援。自新冠肺炎疫情发生以来，在很短的时间内，几乎所有社会群体同时吹响了"战疫"的号角。在武汉"火神山""雷神山"医院的建设工地上，数千名工人、数百台设备争分夺秒地施工，仅用10天左右的时间就完成修建并通过验收投入使用，展现了震惊世界的"中国速度"。大巴司机、外卖小哥、人民警察、清洁工等平凡的人们坚守在自己的岗位上，以不求回报的奉献精神服务着前线的医务人员、患者，为冷清的城市添上了一抹亮色。爱心志愿者、海内外捐助者来回奔波，将好不容易筹集到的口罩、防护服等医疗用品无偿捐献给医院、社区前线。来自全国各地调配的米面粮油、蔬菜水果，源源不断运往急需的地方，保障供给……所有人都在平凡的岗位上做着不平凡的事情。回想新春钟声敲响的那一刻，万家灯火通明，而他们还在病房里拯救生命，还在工地上彻夜劳作，还在道路上疾驰奔波，还在值班岗位尽职尽责，严防固守……

正因为这些平凡人的勇敢逆行，中国的抗击疫情工作逐步获取了阶段性的胜利。3月6日，全国新增本土确诊病例数降至100例以下。3月11日至17日，全国每日新增本土确诊病例数维持在个位数。总体上，中国本轮疫情流行高峰已经过去，新增发病数持续下降，疫情总体保持在较低水平。3月17日，首批42个援鄂医疗队撤离武汉。

2020年4月8日零时，武汉终于迎来了解封的日子，伴随着"5、4、3、2、1"的倒数声，江汉关大楼的钟声不断奏响，"知音号"的汽笛在城市的上空萦绕，武汉所有标志性建筑瞬间点亮。这时，距离武汉封城的日子，已经过去了整整76天。在这76天里，全国人民心连心站在一起抗疫，守望相助，不惧风雨。全国人民陪伴着武汉人民一同共克时艰，所有人"宅"在家中，闭门不出，为缓解疫情起到了十分重要的作用。4月10日，湖北省在院治疗的重症、危重症患者首次降至两位数。4月26日，武汉市所有新冠肺炎住院病例清零。

然而，这场突如其来的新冠肺炎疫情并没有完全结束，疫情在全球范围内的蔓延，牵扯着"地球村"每个人的心。曾经，身处在抗击疫情中的中国接收到了来自世界许多国家和地区的爱心救援，现在，也正是中国出力的时刻。中国生产的口罩、医疗物资被一批批输送出去，中国的援外医疗队继续发扬着国际救援主义精神，奔赴到海外抗击疫情的第一线，书写着援外医疗史上的新篇章。

　　我们坚信，因为有"人民至上，生命至上"的崇高理念，因为有逆行的抗疫英雄群体，因为有全国各行各业人民的努力，总有一天，我们会战胜新冠肺炎疫情，让胜利的旗帜高高飘扬。

　　2020年8月11日，国家主席习近平签署主席令，根据十三届全国人大常委会第二十一次会议11日下午表决通过的全国人大常委会关于授予在抗击新冠肺炎疫情斗争中作出杰出贡献的人士国家勋章和国家荣誉称号的决定，授予钟南山"共和国勋章"，授予张伯礼、张定宇、陈薇（女）"人民英雄"国家荣誉称号。9月8日，全国抗击新冠肺炎疫情表彰大会在北京召开，以国之名，向英雄致敬！会上，习近平总书记亲自为钟南山、张伯礼、张定宇、陈薇颁授勋章奖章。

　　他们是勋章奖章的获得者。同时，他们也代表着所有的抗疫战士，接受祖国和人民给予的最高荣誉。

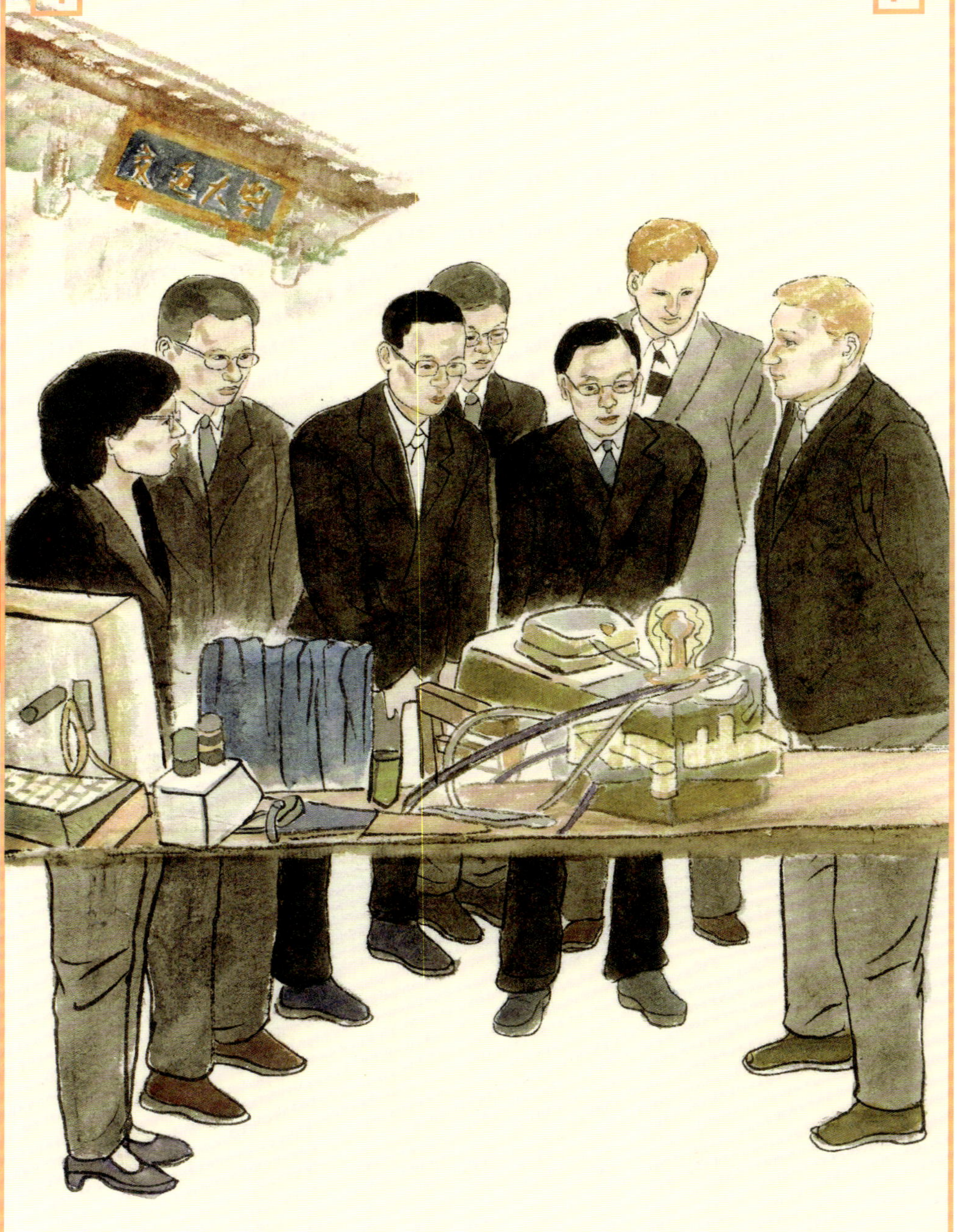
交通大学

响应时代号召，书写西迁史诗

　　从黄浦江畔到渭水之滨，一纸车票承载了"向科学进军，建设大西北"的深切厚望。从青春正茂到耄耋之年，一揽芳华书写了"去祖国最需要、最艰苦之地建功立业"的凌云壮志。通往国家建设大业的西迁之路，坎坷不平，却在代代师生的共同努力下，让这段历史汇聚为"百年交大"的校史血脉，凝结成"西迁精神"永不磨灭的印记。

　　1955 年 4 月 6 日晚，伴随着丁零零的清脆声响，一个特殊的电话打进了交通大学校长办公室，时任校长、党委书记的彭康教授熟悉地拿起桌上的电话。经过一段时间的交谈，彭康原本平静的脸上开始表情凝重，随后慢慢地将话筒放下，走到窗外，陷入长久的沉思中……原来，这个电话是当时的高教部主要领导同志打来的，而此次来电的主要内容是传达中央的决定——将交通大学由上海迁往西安。

　　国家为何提出迁校？又为什么选定交通大学作为首批内迁的学校？这些问题的背后，其实都有着深远的考量。上世纪 50 年代，新中国刚成立不久，一方面为了稳定当时沿海的政治局势，另一方面为了适应社会主义建设和国防建设的需要，党中央、国务院对国民经济的建设方针作出了调整，打算把工业布局的重点放在内地，紧缩沿海建设，重要工业内迁。伴随着工业布局的调整，人才的培养与迁移也成为了重中之重。想要改变不合理的高等教育布局，以促进教育的发展和人才的培养，带动西部地区经济的发展，就需要一批极具影响力的学校带头迁校。交通大学作为一所服务于新兴科技发展和高端制造业的重工业大学，有着悠久的历史和经验丰富的人才培养方案，还具备相当厚重的文化资源和雄厚的师资力量。正因为交通大学具备这样的实力，所以国家决定将这个时代重任交到它的手里。

尽管内迁消息还没有正式公布，但关乎迁校大事，彭康校长容不得半点儿拖延，于4月7日清晨紧急召开了校务委员会议和党委会议。事实上，这次突然召开的会议让所有人感到困惑，以至于会议还没开始，现场就笼罩在一片严肃氛围中。8点整，彭康校长准时走进了会议室，在向大家传达迁校决定中拉开了整场会议的序幕，并就迁校所要面临的困难与在场人员进行了认真讨论。

迁校并不是一件容易的事情，所谓牵一发而动全身。一个家庭的迁移尚且不易，何况一座拥有近60年历史、数千名师生的老校。首先是新校的选址、建立，其次是校内师生的思想动员，还要在短时间内保证人员和器材的顺利搬迁，这些都是一个个亟待解决的难题。但是，面对党中央的安排，也为了支持国家对教育事业作出的新部署，交大人勇敢地肩负起了为国西迁的使命。

按照党和国家对学校西迁的要求，交通大学很快执行起第一项任务——新校的选址、建立。1955年4月底，在接到迁校通知不足1个月的时间内，彭康校长就委派交通大学总务长任梦林前往西安进行考察。前有考察团队物色新校地址，后有彭康校长亲自带领大批德高望重的老教授亲临西安。新校的选址是一件大事，马虎不得。经过一段时间的奔波，他们终于在西安城墙外东南不远处的一大片农田中驻足停留。由于此地远离村舍，便于施工，且位置处在唐代兴庆宫遗址的范围内，正是建立新校的好地段。欣喜之余，彭康校长和教授们会商后当即拍板，他们指着前方一大片农田说，以后，这里就是交大的主校园了。不能等时间，要抢时间，从西迁的精神来说就是要争分夺秒。1955年8月，任梦林和王则茂带着一行人来到新校址，开始筹备征地、建筑设计等基建工作。1955年10月26日，交通大学西安新校区破土动工，1000多名来自西安和上海的建筑工人干得热火朝天，只为了交通大学新校区能在 1956 年 9 月前顺利竣工，迎接新址教学工作的顺利开展。

　　在西安，新校的选址、建立如火如荼。在上海，确定随校西迁人员的工作也在紧锣密鼓地进行中。"中国电机之父"钟兆琳，首批带头支持西迁工作。事实上，钟老先生已经到了花甲之年，身体不好，还有一个卧病在床的夫人，周恩来总理也曾劝他留在上海，但钟兆琳说："上海经过许多年发展，西安无法和上海相比。正因为这样，我们要到西安办校扎根，献身于开发共和国的西部。""共和国的西部像当年的美国西部一样需要开发，如果从交通大学本身讲，从个人生活条件讲，或者留在上海有某种好处，但从国家考虑，应当迁到西安。当初校务委员会开会表决，我是举手赞成了的，大学教师是高层的知识分子，决不能失信于人，失信于西北人民。"带着建设国家、建设西部地区的决心，57 岁的钟兆琳卖掉了自己在上海的住宅，将卧病的妻子交由女儿照顾，报名成为第一批西迁的交大人。"热能工程学的开拓者"陈学俊，是当时交通大学最年轻的教授。在得知交通大学要迁往西安的消息后，他和妻子都毅然支持，甚至为了配合学校的西迁工作，夫妻俩商量放弃他们在上海的住房，举家搬迁去西安。陈学俊说："既然要扎根西北，就不要再对房子等身外之物有所牵挂。"还有"沪上名医"沈云扉，和交通大学有着深切情缘的他，为了追随交大，支持西部建设事业，宁愿放弃留在上海的机会，以 66 岁的年龄前往西安，同行的还有他的侄子沈伯参。无论是钟兆琳老先生，还是陈学俊夫妇、沈云扉叔侄，都是交通大学西迁的重要带头人物。在他们的表率作用引领下，越来越多的人受到鼓舞和激励，纷纷加入到了西迁的队伍中。

　　"哪里有需要，我就去哪里！"一代心怀热忱的交大人，主动放弃了上海优越的生活条件，义无反顾地高喊着这句令人动容的口号。无须再多的动员，愿意跟随交大西迁的名单上密密麻麻地添上了很多人的名字。他们中有不同年龄层次的教授，也有青年讲师、助教人员、管理人员、技术人员、医护人员，还有炊事员、园丁、工人等后勤工作者。所有人表现出来的对交大的热爱，对事业、理想的追求，以及胸怀大局的家国情怀，至今让人感动。

为了保证西迁路途中一切顺利，上海铁路局给予了很大的支持。只要交大人上报运输计划，他们就按时调车到徐家汇车站，由交大后勤职工将物资集中装车。与此同时，他们还安排专人送票上门，给交大教职工提供了最便捷的服务。上海市各级政府也做了大量的工作，他们安排了理发部、服装部、洗染部、制鞋部、煤球厂等，培育了诸如梧桐树在内的多种树苗，打算将这些一同迁往西安。国家还出资购买了大量木材，由当地政府定做一批家具，运送到新校。上海和西安两地的后勤职工为了给所有交大师生提供舒适的生活环境，一直以来勤勤恳恳、任劳任怨、无私奉献，他们把每间宿舍打扫得一尘不染，做了美味可口的饭菜，并派专人负责在西安车站迎接上海来的客人。

1956 年至 1957 年，一批又一批交大师生踏上了西迁的路途。"五星红旗迎风飘扬，胜利歌声多么响亮，歌唱我们亲爱的祖国，从今走向繁荣富强。越过高山，越过平原，跨过奔腾的黄河长江，宽广美丽的土地，是我们亲爱的家乡……"满载着实验设备、仪器和大批的图书资料，手握写着"向科学进军，建设大西北"几个大字的车票，伴随着雄壮动听的旋律和列车的轰鸣声，交大人由东向西，一路高歌。

挥别繁华的大上海，来到这片沧桑的黄土地上，交大人努力适应着西安这座古城不一样的生活方式和生活习惯，也在自己的岗位上默默劳动和坚守。凭着一股奉献和牺牲的崇高精神，交通大学校园在麦田上以惊人的速度建立起来。到 1958 年暑期，交通大学全校 70% 以上的教师、80% 以上的学生来到西安新校园。1957 年至 1959 年，交通大学先是分设西安、上海两地。1959 年，交通大学有了新的名字——西安交通大学。

如今，那段迁校的历史已然过去，在 62 年岁月的见证下，西安交通大学逐渐形成了"精勤求学、敦笃励志、果毅力行、忠恕任事"的校训。校园面貌发生了翻天覆地的变化，一栋栋教学楼、科研基地、师生住房拔地而起，一棵棵幼苗成长为参天大树，由内而外包裹着这座美丽的校园。迁校以来，彭康校长始终陪伴着交大成长，他用坚定的理想信念、崇高的革命精神和高尚的思想品格影响着学校的发展，直至生命的最后时刻。在他的引领下，西安交通大学师生不但保持了老交大机、电、动等传统学科的优势，而且还相继创建了一批新兴专业学科，为学校形成理、工结合的多科性综合大学夯下坚实根基。为了纪念彭康校长，学校在西花园内树立了他的雕像，把创建的第一个书院叫作"彭康书院"，把一条布满梧桐树的大道亲切地称呼为"彭康路"。

斗转星移，时光如梭。那些西迁过来的老教授们，大多已经长眠在这片黄土地。他们在世时省吃俭用，不舍得乱花1分钱，去世后却纷纷用遗产设立了专项奖学金，用于资助西安交通大学的贫困学子。还有当年那些风华正茂的青年学者，几十年如一日地穿梭在教室、科研室，如今也已满头白发，步履蹒跚地出现在校园大道和教学楼的一角。他们把最好的年华全都奉献给了交大，奉献给了国家的教育事业。用知识哺育着交大学子，用辛勤浇灌出美丽校园，用奉献筑建了"西迁精神"的辉煌。每当谈及于此，他们都会轻描淡写地说："亏不亏，要看用什么尺子量。我们在大西北为祖国贡献了一所著名大学，这是我们最大的荣耀！"

西安交通大学用它的实际行动向党和人民交出了一张满意的答卷。从第一代毕业生到今年刚刚完成学业的毕业生，越来越多的交大学子选择留在西部地区，参与国家的建设事业。陶文铨是交大西迁后的第二批学生，在老一辈无私奉献精神的耳濡目染下，以全优的成绩毕业后留校任教至今。他说："我一定要把这种精神传承下去，教好书育好人，支持西部建设。"王盛是西安交通大学96届的毕业生，走出校门后，自己创办了公司，成为了第11批国家"千人计划"的创意人才。照理说，这样的光环足以使王盛在外面开辟新天地，但他却在交大最需要人才的时候重新投入到学校的怀抱。对母校的热爱，对科研事业的执着追求，让王盛在交大这片热土上发光发热。截止到 2019 年，西安交通大学累计培养了 25 万多名大学毕业生，其中产生了 30 多位"两院"院士；受到西迁精神的感染，每年毕业生中都有许多人选择留在西部工作，为西部开发贡献力量。

2017 年 11 月 30 日，西安交通大学 15 位老教授联名致信中共中央总书记、国家主席、中央军委主席习近平，在这封暖心的信件中，字里行间表达的是交大人对西迁历史的无怨无悔，以及弘扬报国精神的建议。习近平对来信作出重要指示，希望西安交通大学师生传承好西迁精神，为西部发展、国家建设奉献智慧和力量。在 2018 年的新年贺词中，国家主席习近平特别提到了交大西迁的老教授群体，让"胸怀大局、无私奉献、弘扬传统、艰苦创业"的西迁精神再次出现在公众面前，鼓舞着新时代的青年学子，并成为推动社会向前发展的巨大精神力量。2020 年 4 月 22 日，习近平总书记在西安交通大学考察时指出："'西迁精神'的核心是爱国主义，精髓是听党指挥跟党走，与党和国家、与民族和人民同呼吸、共命运，具有深刻现实意义和历史意义。"

62 年的时光写不完交大的光辉历史，也颂不尽西迁赞歌的壮丽。如今的交大人，一定会在西迁精神的引领下，无愧于国家，无愧于时代，继续书写出更加光辉灿烂的新篇章。

第九篇章

劳动最伟大

出自其平凡的奉献与执着

中共中央总书记、国家主席、中央军委主席习近平在向国家勋章和国家荣誉称号获得者颁授勋章奖章时指出："英雄模范们用行动再次证明，伟大出自平凡，平凡造就伟大。只要有坚定的理想信念、不懈的奋斗精神，脚踏实地把每件平凡的事做好，一切平凡的人都可以获得不平凡的人生，一切平凡的工作都可以创造不平凡的成就。"

劳动之所以是伟大的，就在于千千万万的劳动者用平凡的劳动创造出财富、创造出世界奇迹。在社会主义建设过程中，在实现现代化的伟大事业中，在众多平凡的岗位上，涌现出许多英雄模范人物。他们长期奋战在劳动基层一线，在平凡的岗位上做出不平凡的业绩，为社会主义现代化建设作出了重要贡献。中国改革开放取得巨大成功也有赖于千千万万平凡人的努力，他们在平凡的工作岗位上忘我工作、无私奉献，不计个人得失，舍小家顾大家，甚至隐姓埋名，牺牲生命。在建设社会主义现代化强国、实现中华民族伟大复兴中国梦的征程中，我们依然离不开千千万万平凡人的执着奉献。

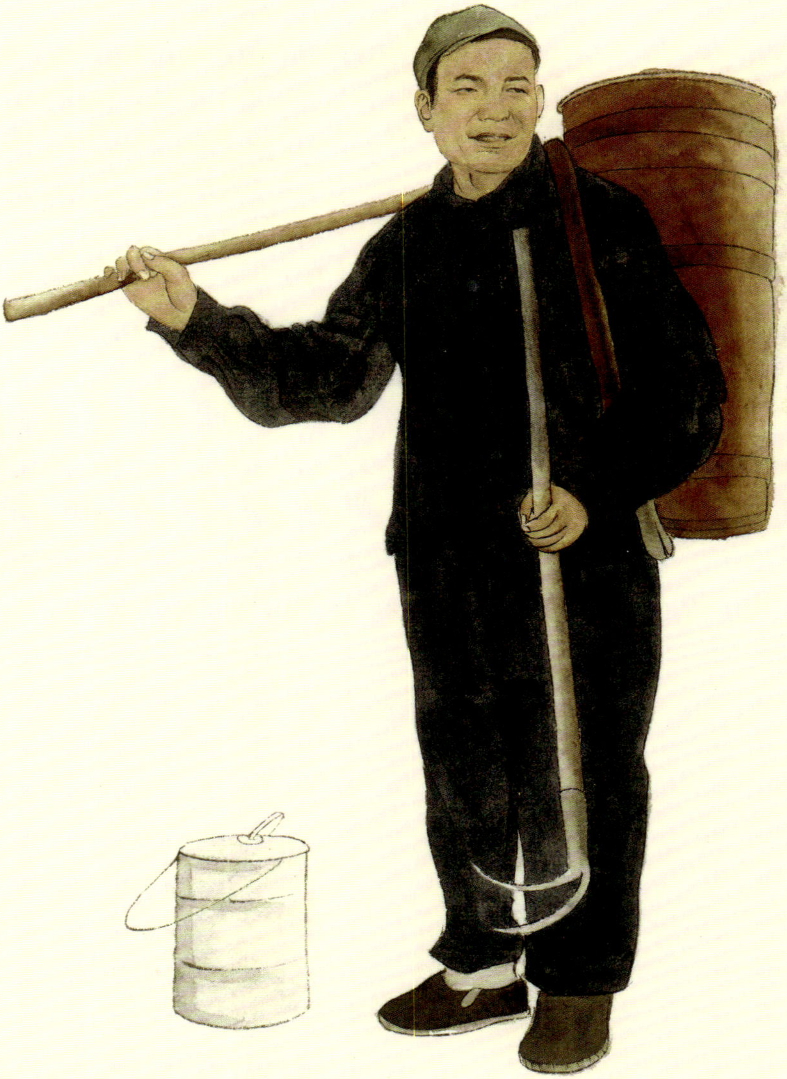

宁愿一人脏，换来万家净

1959 年 10 月 26 日，时传祥作为环卫工人的代表和来自全国各条战线的劳动模范在北京人民大会堂参加"全国文教群英会"，刘少奇、朱德、周恩来等党和国家领导人亲切接见了他。

时任国家主席刘少奇紧紧握着时传祥的手关心地问："老时啊，这几年生活得怎么样？清洁队的工人同志工作累不累？"时传祥高兴地回答："我们现在生活过得挺好，大家的干劲可足啦。过去我们是用轱辘粪车一车车推，平均每人一天背 8 桶。现在改成汽车运粪，工作效率提高了，我最多的时候一天运过 93 桶。可是大家并不满足这些成绩，还要为社会主义多出把力呢！"

刘少奇听后笑容满面地说："大家的干劲儿真够大的呀！可是还得加把劲儿，把全市的清洁工人也都带动起来。"他又询问淘粪工人的学习情况。时传祥汇报说："过去淘粪工人很少有识字的，新中国成立后，在领导的关怀和帮助下成立了业余学校，现在大家基本都达到了高小程度，能看报写信了，就是我差点儿，才认识一二百个字，连自己的名字也写不好。"刘少奇听后，既是批评又是鼓励地说："老时啊，一个先进生产者，一个共产党员，光工作好不行，各方面都得好。我们的事业发展越来越快，没有文化哪行？我都这么大年纪啦，现在还学习呢！你才 45 岁，时间还不晚，以后要好好学习，阳历年的时候给我写封信吧。"

刘少奇说着，从自己的上衣口袋里抽出一支英雄 100 号钢笔递到时传祥手中，意味深长地说："老时啊，我们在党的领导下，都要好好地为人民服务。你当淘粪工人是人民的勤务员，我当国家主席也是人民的勤务员，这只是革命分工的不同，我们都是革命事业中不可缺少的一部分。"他还勉励时传祥，回去以后更要好好地为人民工作，不要骄傲自满，和大家团结一致，把首都建设得更好！

时传祥向刘少奇保证说："我们的工作尽管脏一点儿，累一点儿，但搞好了居民区就会不脏不臭，我们一人脏，却给千百万人带来一个好的环境。过去一些人看不起我们，但在新社会，我们的工作很光荣。我们要用宁愿一人脏，换来万家净的精神，好好地为人民服务，做移风易俗的尖兵。"

刘少奇与时传祥握手的照片刊登在第二天国内各大报纸的头版，这张照片因其特殊意义深深地印刻在人们的记忆里。时传祥，成为那个时代人们心中的偶像。

工作无贵贱，行业无尊卑

1915 年，时传祥出生在山东的一个贫苦农民家庭。由于生活所迫，14 岁的时传祥不得不出外逃荒，流落到北京城郊。为了生计，时传祥当了淘粪工，从此在粪霸手下干了 20 年。每天的工作就是用粪勺挖、用粪斗提、用粪桶背、用粪车运，清理城里的粪便。旧北京城的路非常难走，时传祥每天推着一辆破轱辘粪车，来回要走二三十里路，一个月挣不到 3 块银元。每天吃的是 6 个拳头大的杂面窝窝头，还有一点儿白菜帮子，晚上和工友住的是驴棚。20 年间，辱骂和殴打差不多天天都有，可是工钱却很少给够过，受尽了欺凌。

解放后，北京市人民政府成立粪污管理所，34 岁的时传祥加入了北京市崇文区清洁队，并被工友们推选为北京市崇文区"粪业工人工会"委员，担任工会组长。这让他感到了做人的尊严、尊重与平等，感到无比幸福，并把这种幸福感化作无穷的力量，投入到首都环卫事业和新中国建设中。他用一颗朴实的心记住了一个通俗的道理：淘粪也是社会主义建设事业的一部分。他把淘粪当成十分光荣的劳动，以苦为乐，任劳任怨，满腔热情，全心全意为人民服务。

　　身背粪桶行走在北京的大街小巷，时传祥从不愁眉苦脸，总是口哼快乐的小调。他说，自己不是淘大粪的，而是清洁工，是为了千家万户的清洁卫生和身体健康而工作的。他能轻而易举地把百十斤的粪桶背在身后，而且不洒不漏；他记忆力好，善于语言表达，常常给身边人讲故事；他走千家，串万户，给各家淘完茅厕，总是里里外外打扫个干干净净。

　　时传祥经常说，淘大粪也有讲究，要避开户主吃饭、会客和休息日等团聚的时间，改在合适的时候入户清淘。咱要一人嫌脏，就会千人受脏；咱要一人嫌臭，就会百家闻臭。俺脏脏一人，俺怕脏就得脏一街。

　　时传祥是在中国新旧社会交替的时代涌现出来的典型人物。受尽苦难与翻身解放的巨大反差，更加坚定了他跟共产党走、为人民服务的决心。当时，虽然解放了，但人们的传统观念却不是一朝一夕所能改变的。刚解放的时候，一些人认为自己当家做主了，再也不用干低贱伺候人的淘粪工作了。时传祥却认为："工作无贵贱，行业无尊卑。我们都是新中国的主人，三百六十行都得有人干，能以一人脏，换来万家净，这是十分光荣的。"当年，队里有些青年人不安心清洁工作，嫌淘粪工丢人，总想转到工厂去。时传祥开导他们说："北京城如果一个月没有人去淘粪，粪便就会流得满大街都是。你也愿意上重工业，我也愿意上重工业，不行啊，总得有人清理粪便呀！"

　　经常有人问时传祥，难道你不觉得粪便是臭的吗？时传祥如此表达自己的想法："要从思想观念上弄清什么是香、什么是臭。如果一个人思想臭，就算是泡在香水里，捞出来也是臭的。真正的香，是阶级觉悟高，而好好地为人民服务，是心里头香。"时传祥就是"心里头香"的人。他平时生活很爱干净，他的中山装总是很整洁，自己的房间也收拾得干净利落。每次回老家，他总是在凌晨大家起床前就把村里的街道清扫干净了。

　　时传祥以主人翁的姿态，以"搞好环境卫生，美化人民首都"为己任，肩背粪桶，走家串户，利用公休日为居民、机关和学校义务清理粪便，整修厕所。他一生背坏过多少个粪桶，肩膀上的老茧有多厚，没人知道。

要成为有文化的新工人

时传祥牢记刘少奇主席要他好好学习文化、在阳历年前给他写信的热情鼓励。他买了一块小石板，每天早晨四五点钟就起来，一边认字，一边写。虽然他觉得"要粪勺如同绣花针，但拿钢笔如同千斤铁棒，怎么也不听使唤"，但他一想起刘少奇主席的话，劲头就来了，有多大困难也能克服。他把书本随时带在身上，一有空隙，就拿出来看。他还请了文化老师，一个字一个字地学。苦练了两个月，1960年元旦前夕，时传祥用刘少奇主席赠送给他的钢笔写了他平生的第一封信。在这封308个字的信里，他表达了"要成为有文化的新工人"的决心。

敬爱的刘少奇主席：

俺开会回来以后，把您关心俺们清洁队职工的工作、生活和学习的事，向大家做了传达。全体同志都感动极了，一致表示要坚决听党的话，听您的话，继续鼓足干劲，把自己的工作做得更好，并且积极读书识字，使自己成为有文化的工人，为社会主义建设贡献更大的力量，来报答党和领袖的关怀和培养。一个多月来，俺和全体同志一样，在工作上很好地完成了任务，文化学习也有了很大进步。俺过去连名字都不会写，您看到俺写的这封信一定会替俺高兴吧！但是俺一定不骄傲自满，继续鼓足干劲，争取尽快地成为有文化的新工人，以更大的成绩，报答党的培养和关怀。

祝您

新年快乐，身体健康！

时传祥

1959年12月26日

刘少奇收到时传祥的来信，特别高兴地赞扬道："在一个文盲半文盲的国度里，是不能建成社会主义的！要提高整个民族的文化素质，才能搞技术革新，才能提高生产力！时传祥开了个好头嘛！好老时，有毅力，有气魄嘛！"

业余时间，时传祥就用刘少奇送给他的钢笔，继续认真努力地进行文化学习，水平大有提高。后来，时传祥还在《人民日报》《工人日报》上发表了十几篇评论文章。

为了干好淘粪工作，时传祥苦干加巧干，善于动脑筋、想办法，进行技术革新，改进淘粪工作流程。运输工具改善后，他合理计算工时，挖掘潜力，加快周转，把过去7个人一班的大班，改为5个人一班的小班，实现人不等车，车不等人。他带领全班由过去每人每班背50桶增加到80桶，他自己则每班背90桶，最多每班淘粪背粪达5吨。

时传祥经常对大家讲："你不淘，我不淘，大家都不淘，大粪不就遍地流，谁还能生活得下去？不是淘大粪的比别人矮，是你的思想比别人矮，谁来淘大粪，就要先淘掉自己的旧思想、旧意识！""现在解放了，劳动是光荣的，不劳动是可耻的。干什么工作都是干革命，都是人民不可缺少的一部分，我们淘大粪也是人民的需要。"

"一人脏换万家净"的精神永远传承

用来装粪便的粪桶约有半人高，20斤重，装满了粪便有100多斤重，最少也有八九十斤，即使有了汽车以后，淘粪工也要靠它把厕所里的粪便背到汽车上，对于身高1.85米的时传祥来说，同样是个重体力活儿。但正是这位普普通通的淘粪工，以"宁愿一人脏，换来万家净"的精神，将"时传祥"三个字永远地铭刻在了新中国劳模的史册上，"时传祥精神"已成为共和国的一份精神财富。

时传祥精神激励着那个时代每个人的心。1965年，中央新闻纪录电影制片厂拍摄了纪录片《淘粪工时传祥》。1966 年国庆前夕，时传祥作为北京市国庆观礼团的副团长，住进了中南海，登上了天安门城楼，参加了国庆典礼。当时，为了搞好首都北京的环境卫生，副市长万里同志向时传祥学习如何背粪桶；国家主席刘少奇把 13 岁的女儿送到时传祥的清洁队来体验生活；首都各行各业的青年、外地到北京出差的干部，纷纷以和时传祥一起走街串巷背粪为莫大光荣。

时传祥不仅自己一生投身于首都的环卫事业，还非常关心环卫事业的后继与发展。他带出思想过硬、业务一流的青年班，他倡导的"工作无贵贱、行业无尊卑"的为人民服务思想得以经久传承。在他去世后的几十年间，环卫行业不断涌现出先进人物和劳动模范。

在时传祥的感召影响下，他的 4 个子女全部进入环卫战线工作，甚至他的孙女也成了时家第三代环卫工人。时传祥一家三代出了 3 个全国劳动模范，除了他之外，儿子时纯利和孙女时新春都是全国劳模。他们牢记时传祥的教导：时代再怎么变，干活儿做人的道理不能变，"宁愿一人脏，换来万家净"的精神不能变。

新时代需要传承时传祥"一人脏换万家净"的精神。这种精神的实质，就是全心全意为人民服务的精神，就是勤劳朴实、自强不息的民族精神，就是爱岗敬业、吃苦耐劳的奉献精神。尽管这种精神产生在上世纪 50 年代，但这种精神又被时代赋予了一些新的理念和新的内涵，为全国各行各业所尊重和奉行。

著名词曲作家吕远曾评价说，时传祥这个终生在粪便中劳动的人，实在是一个纯洁的人，是一个像莲花一样出淤泥而不染的品格高尚的人。时传祥最可贵的地方，就在于他从思想深处认识到，为人民服务没有高低贵贱之分，都是光荣的，并发自内心地做好在一些人眼中认为是低贱的工作。虽然，淘粪工在现代都市中消失了，但只要存在社会分工，仍会有苦、累、脏的工作，这些工作同样要有人去从事。

中共中央总书记、国家主席、中央军委主席习近平发表 2019 年新年贺词时，特别对环卫工人等一线劳动者表示，"感谢这些美好生活的创造者、守护者"。2013 年，习近平在北京市慰问一线劳动者，同环卫工人亲切握手说："逢年过节，你们最辛苦。环卫事业是神圣事业、高尚事业。我也是北京市民，我代表北京广大市民向你们表示感谢。希望你们发扬时传祥'宁愿一人脏，换来万家净'的精神，让北京更美丽。"

宁愿一人脏，换来万家净。"时传祥精神"全面体现了时代性、民族性和社会性，充分彰显了中华民族所具有的毫不利己、专门利人的崇高人生境界，完美诠释了劳动最伟大的时代精神。

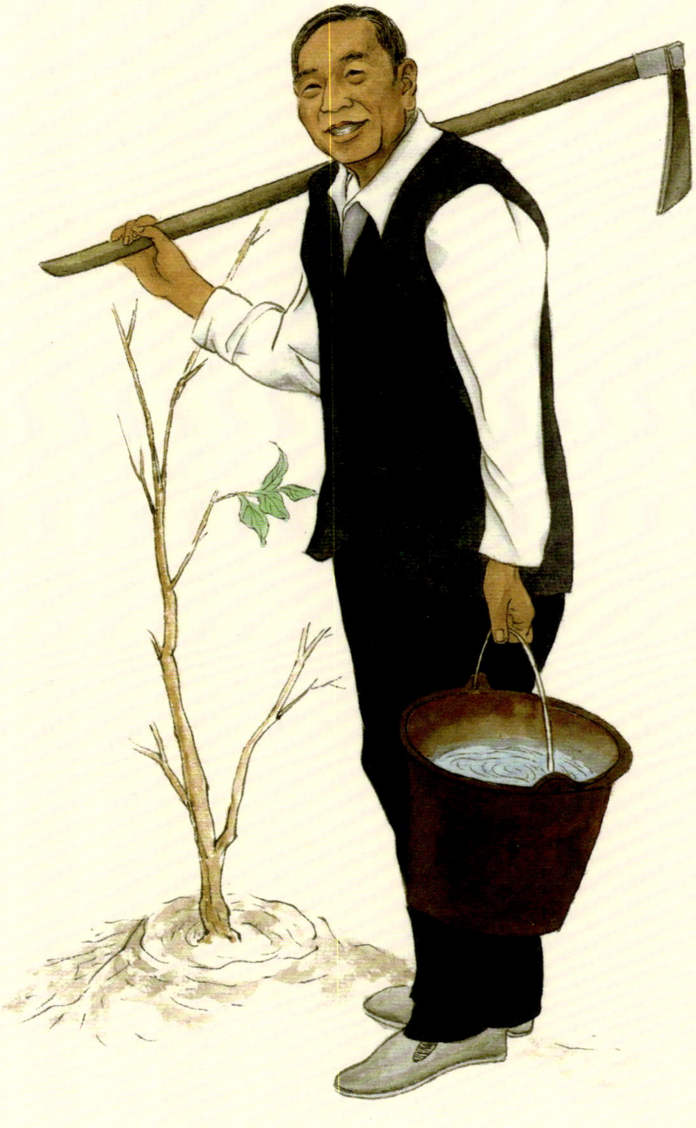

从"伐木模范"到"造林英雄"

　　他，新中国第一代伐木工人，当国家建设需要木材时，采伐了 36500 多棵树，20 世纪 50 年代被誉为"伐木能手""林海红旗"。1959 年，作为伐木劳动模范参加了在北京人民大会堂举行的"全国文教群英会"。

　　他，自 1982 年退休后到 1999 年底，当国家需要恢复森林时，和家人义务植树 5 万多棵，被誉为"造林英雄""植树模范""绿化标兵"。1998 年，荣获联合国环境规划署授予的"全球环保 500 佳"荣誉称号。

　　他，就是集"伐木模范"与"造林英雄"于一身的马永顺。

　　1998 年夏，时任国务院总理的朱镕基接见马永顺时说："你这一辈子干了两件好事：当国家建设需要木材的时候，你是砍树劳模；当国家需要保护生态环境的时候，你是栽树英雄，我们都要向你学习。"

　　2009 年，马永顺当选"100 位新中国成立以来感动中国人物"。

伐 木 模 范

　　1914 年，马永顺出生于河北省宝坻县（今天津市宝坻区）沟头庄的一个穷人家庭。他从小便为生存而四处干活儿，却还是衣不蔽体，食不果腹。1933 年，他被来村里招工的把头骗到了当时被称为"绿色监狱"的东北林区，受尽了日本监工和封建势力把头的欺凌和压迫。

　　1948 年，在共产党的号召下，九死一生的马永顺来到黑龙江省铁力林业局，由旧社会的"臭苦力"成为新中国的第一代林业工人。新中国成立初期，百废待兴，国家的建设急需大量木材。作为伐木工人，马永顺感动于共产党和新社会对工人阶级的关怀和照顾，一心只想采伐更多的木材，支援国家经济建设。

有一次，马永顺正在进行手工伐木作业时，一个树杈突然掉下来，碰巧砸在他的头上。尽管他戴着安全帽，但还是被砸昏了过去，工友们忙送他到医院抢救。医生诊断为较严重的脑震荡，应休养一两个月。但是，马永顺醒来后，摇摇头，扭扭腰，活动下手脚，都能动，就认为不碍事。于是趁医生不注意，他偷偷地跑回山林里去伐木了。

他的全部身心都扑在伐木工作中。他勤思考、善钻研，一门心思琢磨如何提高伐木量和伐木效率。当时，伐木工人用的是两人使的大肚子锯，既不安全，采伐效率又低。有丰富伐木经验且爱钻研的马永顺经过多次试验，将大肚子锯改成一人使的弯把子锯。弯把子锯让伐木的安全系数和采伐效率大大提高。马永顺手工采伐木材 1200 立方米，一人完成 6 个人的伐木量，名扬小兴安岭，创造了全国手工作业伐木之最。

马永顺不仅伐木技术好，锉锯也有高招。不仅本所的工人找他锉锯，附近作业所也有人扛着锯来向他请教。为此，马永顺常常干到深夜。东北森林工业总局便又帮助他总结出一套四季锉锯法。就这样，马永顺的《安全伐木法》《四季锉锯法》成了全国手工采伐作业的教科书。

随着林业生产的发展，职工队伍不断扩大，生产事故时有发生，生产效率受到影响。马永顺就边伐木边总结经验，摸索规律，创新方法，汇统成册，使手工伐木业的劳动效率普遍提高 35％ 至 50％。他创建的"马永顺工组"一直是黑龙江省林业战线的一面红旗，高产安全伐木 35 年。

对于他而言，伐木支援国家建设就是一切。他把满腔的劳动热情倾注到小兴安岭大森林中。20 世纪 50 年代，伐木工都是站着伐木，因此伐后的树根太高。为了多出木材，节省资源，马永顺先用手把树根周围的积雪扒开，不顾膝盖有伤，坚持一条腿跪在地上，让锯紧挨树根采伐，使伐过的树根由过去的六七十厘米高降到 10 厘米以下。他的这一做法在东北林区得到全面推广，仅此一项一年就为国家增收 1400 多万元。

有一年秋天，林区下起了大暴雨，导致山洪暴发，通往林场的森林铁路被冲毁了好几段。当时，马永顺因为静脉曲张复发，小腿肿得厉害，正在家中休息治疗。得知消息后，他从床上爬起来，抄起工具冲进抢险队伍。他完全不顾冰凉刺骨的河水，手搬锹挖堵缺口，腿上钻心的疼痛也无法阻止他的脚步。突然，头昏眼花的他栽倒在泥水里。尽管如此，醒来后，他继续运沙石、修路，硬是坚持了 7 天，直到铁路通车。

造 林 英 雄

由于采伐业绩突出，马永顺曾多次被评为黑龙江省特等劳动模范和全国劳动模范，并先后 14 次受到毛泽东、周恩来等老一辈党和国家领导人的接见。

1959 年，马永顺再次被评为全国劳动模范，并受邀到北京参加"全国文教群英会"。会后，周恩来总理在人民大会堂的会客大厅亲切接见了他："你辛苦了，东北的林业工人辛苦了！毛主席非常关心你们林业工人，并向全国发出了绿化祖国的号召。你们现在不仅要为支援社会主义建设多采伐好树，还要植树造林，力争越采伐越好、越采伐越多，实现青山常在，永续利用……"

周总理的嘱托一直回响在马永顺的耳边。他看到由于过度采伐而荒芜的小兴安岭，生态环境不断恶化，水土严重流失，松花江、呼兰河时有泛滥，他的心情久久无法平静。的确，砍树不像割韭菜，砍完后还可以一茬茬地接着长，山上的树砍秃了，要慢慢地植树造林补上。一想到周总理的嘱托，马永顺就睡不着觉。

他估算了一下：手工作业时，他一个人抵 6 个人的工作量，大概砍了 36500 棵树。他下定决心把周总理说的"青山常在，永续利用"当作座右铭，决心在有生之年偿还对大自然的亏欠：过去砍多少，现在就种多少！

然而，36500 棵树，毕竟不是短期内就能栽种完的，这笔"账"，他还了半个世纪。有些同志不解地说："你过去采伐树木是为了社会主义建设，因为采伐的多，才成为了劳动模范。现在你又植树造林，这是保护大山、保护生态环境，是你的新奉献，谈不上'还账'。"马永顺固执地说："不管怎么说，在我的思想中，我就是向大山还账，我要不把这些账还上，死不瞑目。"

从此，马永顺每年在春季造林的战场上早出晚归，哪怕中午不休息，他也要栽上几株。有一年，马永顺在鹿鸣林场造林，踩着一根倒木过一条小河时，脚下一滑掉进河里。他被水冲出 10 多米远才拼命游到对岸，手里拎着的那条装满树苗的麻袋却没撒手。在 20 世纪 60 年代三年困难时期，食品短缺，马永顺上山没有干粮带，时间一长，他的胃病犯了，人也明显地消瘦了。场长关心地对马永顺说："吃不饱，你应该注意身体，不要在业余时间栽树了。"可他忘不了周总理的嘱托，仍然见缝插针多栽树。

1982 年，即将退休的他仍然惦记着自己砍伐的树还有 8000 多棵没栽上。退休后，他把全部的时间都用于栽树，风里来雨里去，爬山翻坡植树造林，日复一日，年复一年。朋友们劝他："你过去对林区做了那么多贡献，退休了也该好好歇歇了。没事就去钓钓鱼，打打牌，到工会活动室玩一玩。"可马永顺哪里闲得住。他总说，我已向大山许了愿，不能食言。每到造林季节，马永顺就回到工作过的林场跟营林工人一起上山义务栽树。林场领导劝他，离山上远，路不好走，就在林场前后栽些绿化树吧。马永顺拍着胸脯说："我在山上跑了一辈子，大伙儿能去，我就能去。"每当看到树苗受到损坏，马永顺就有一种撕肝扯肺似的痛。1991 年 8 月的一天，马永顺出去办事，乘车途经建设营林所南山时，想起一年前在这里栽了 200 多棵树苗，就上山去看看这些树苗长得怎么样了。谁知上山一看，林场被挖了一个大坑，50 多棵落叶松小树被毁。马永顺心痛得不得了。

1991 年冬天，已经 77 岁的马永顺把儿女们召集在一起说："我这一辈子砍了不少树，估摸有 36500 棵，我要再栽这么多把它补上。我栽了这些年，还差得很远。现在我岁数大了，身体也不好，我怕还不上。所以，你们必须给我帮忙还这笔账。"第二年春天，马永顺就迫不及待地带领由全家老少三代近20人组成的"马家军"浩浩荡荡上山造林。他既当指挥员、战斗员，又当质量验收员。经过全家人的努力，在荒山坡上栽下1500多棵落叶松树苗。

1994年，已经80岁高龄的马永顺终于还清了"债务"。马永顺说："'账'是还上了，可造林不能停。只要我的身子骨不散架，就还要上山栽树。"从1982年马永顺退休到1999年底，"马家军"坚持造林17年，植树5万多棵。

为了青山后继有人

"生命不息，造林不止"是马永顺晚年最大的愿望。马永顺看到国家实施天然林保护工程，心里感到特别高兴和欣慰。他说："党中央、国务院决策英明，林业有救了。我只要生命不息，就造林不止，给后人多留下一片青山。""我只要还能动弹，就要上山造林，为实现青山常在，绿水长流，多栽几棵树！"

在那个特殊年代，正是以马永顺为代表的老一辈林业工人用他们的青春和热血，让沉睡千年的林海苏醒，让人迹罕至的群山沸腾，开启了林区艰苦创业的历程，奠定了共和国森林工业的根基。在国家需要木材时，是当之无愧的伐木劳模；当国家需要生态时，又是令人敬仰的植树英雄——这就是马永顺精神的突出表现。

马永顺精神，是以国家需要和民族大业为己任的祖国至上精神；是生命不息、植树不止、世代相传的新愚公精神；是不计报酬、不为名利、埋头苦干的无私奉献精神；是全心全意、尽忠竭智投身祖国林区建设的爱岗敬业精神。

在有"小兴安岭南大门"之称的黑龙江省铁力市，"马永顺"标签随处可见：马永顺纪念馆、马永顺林场、马永顺小学、马永顺中学、马永顺林、马永顺碑、马永顺中老年艺术团、马永顺中老年健身协会……人民群众时刻感受着马永顺精神，并被这种精神熏陶着、感染着，形成了以"写马永顺、讲马永顺、唱马永顺、做马永顺"为内容的实践品牌，让马永顺精神得以世代传承。

在马永顺林场，老英雄生前栽下的 5 万多棵树郁郁葱葱，以旅游为主的新型经济体系在马永顺林场已初步形成。在"全面停伐"的时代背景下，林场职工秉承马永顺"生命不息，造林不止"的精神，义务植树 50 多万株，森林蓄积量达 229 万立方米，林场森林覆被率比"天保工程"实施前增加了 20% 以上。

马永顺是我国千千万万林业建设者中的杰出代表。他用毕生心血描绘出一幅幅绿色画卷，他用崇高精神铸造成一座座绿色丰碑。马永顺走过的道路，展现了新中国林业建设由传统林业向现代林业转变的历史进程；马永顺的精神集中体现了几代林业职工为建设祖国秀美山川而艰苦奋斗的创业精神。

在国家大力发展经济建设时，马永顺努力伐木，改善伐木工锯、伐木技巧，改进伐木方法，以自己一个人干 6 个人的工作量，为国家节省大量的资金，成为全国闻名的伐木能手；在国家需要生态保护时，马永顺就全身心地投入到植树造林中，为保护国家生态环境作出不朽的贡献。为了党和国家的千秋大业，为了造福子孙后代，马永顺一生劳动不止，奋斗不息。

马永顺的精神不仅激励了几代林业职工为国奉献，更鼓励了华夏土地上勤恳的劳动者们继续奋斗，传承劳动最伟大的信念和精神。

2016 年 5 月 23 日，习近平总书记考察黑龙江时，首站来到伊春市，作出了"绿水青山就是金山银山，冰天雪地也是金山银山"等一系列重要指示。习近平总书记强调，生态就是资源，生态就是生产力。我国生态资源总体不占优势，对现有生态资源保护具有战略意义。伊春森林资源放在全国大局中就凸显了这种战略性。如果仅仅靠山吃山，很快就坐吃山空了。这里的生态遭到破坏，对国家全局会产生影响。国有重点林区全面停止商业性采伐后，要按照"绿水青山就是金山银山、冰天雪地也是金山银山"的思路，摸索接续产业发展路子。

当年砍伐树木，为了国家的建设鞠躬尽瘁；今日植树造林，为了老林区焕发青春活力死而后已。马永顺每一个劳动的画面，每一个动情的愿望，都将永远定格在中华儿女的内心深处，成为每一个劳动者的精神力量。

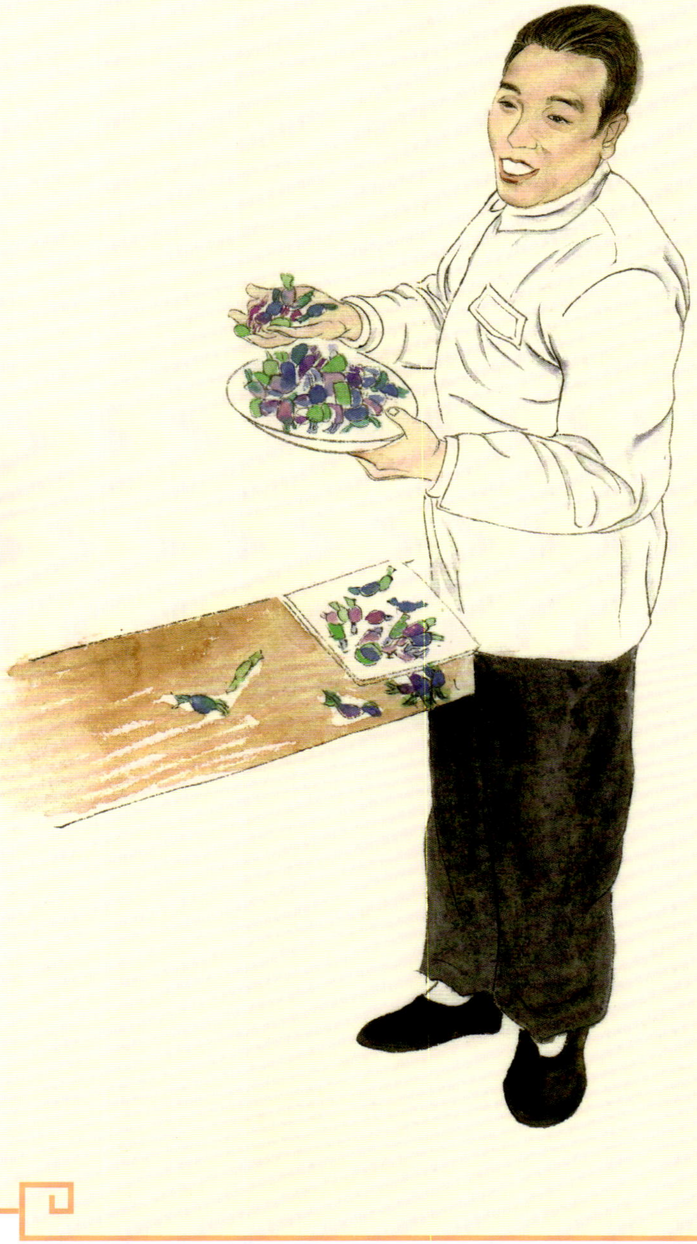

"一团火"精神光耀神州

　　一位拄着拐杖的老人，经常站在糖果柜台外欣赏一位售货员卖糖果。天长日久，售货员也注意到了他。一天，这位老人主动走近柜台说："不怕师傅您见笑，我是病人，每天来看看您站柜台的精神劲儿，为人民服务的热情劲儿，病也仿佛好了许多。"

　　一位音乐家看他售货后说："你的动作优美，富有节奏感，如果配上音乐，是非常动人的旋律。"

　　为了看他的售货绝活儿，热情的顾客曾经将百货大楼的玻璃柜台挤碎。

　　…………

　　这是发生在 20 世纪七八十年代北京百货大楼的几个真实场景，是一位售货员将商业服务的简单操作升华为艺术境界的生动写照。这位售货员凭借卖糖果成了商业战线上一面旗帜、全国人民的偶像——他就是劳动模范张秉贵。

　　张秉贵以"为人民服务"的热忱，在售货员平凡的劳动岗位上练就了令人称奇的"一抓准""一口清"技艺和"一团火"的服务精神，他的售货艺术被人们誉为"燕京第九景"。看张秉贵工作，成了许多人的一种享受。在他生前，许多外地顾客慕名来北京，只为能亲眼目睹他的售货技艺和服务精神。

　　直到今天，张秉贵的塑像仍矗立在北京百货大楼前，塑像基座上镌刻着老一辈无产阶级革命家陈云同志的题词："一团火"精神光耀神州。

心有一团火，温暖顾客心

"一团火"，是大家对张秉贵的特有称呼，它与张秉贵一生联系在一起，成为他的精神写照。"一"代表顾客第一的服务精神，"团"代表团结友爱的协作精神，"火"代表激情超越的创新精神。这是对"一团火"精神内涵的高度凝练和深刻解读。

什么是"一团火"？为什么要有"一团火"？这是当时人们经常向张秉贵提出的两个问题，也是探寻张秉贵形成"一团火"精神的两个核心问题。

张秉贵的一生，经历了从黑暗的旧中国一个没有文化的童工、学徒，成长为新中国劳动模范的过程。他由一个旧社会的被压迫者，变为新社会的主人翁，思想上、感情上的变化，成为他做好工作的内在动力。

张秉贵 1918 年出生于北京，11 岁时就到纺织厂当了童工，17 岁到北京一家杂货店当学徒。旧社会的苦难经历，让张秉贵不堪回首。1955 年秋，新建的北京百货大楼开业并招聘 25 岁以下营业员，36 岁的张秉贵因有多年的经商经验被破格录取。他做梦也没想到能当上"新中国第一店"的售货员，能在宽敞明亮的柜台前体面地为顾客服务。他感到无比光荣，因此更坚定了为人民服务的信念。

1959 年下半年，根据工作需要，张秉贵从糕点柜台调到糖果柜台。北京百货大楼当时是全国最大的商业中心，客流量大，加之商品供应相对紧张，顾客通常要排长队。张秉贵便下决心苦练售货技术和心算法，练就了令人称奇的"一抓准""一口清"技艺。"一抓准"就是一把就能抓准分量，顾客要多少，他一手便能抓出多少；"一口清"则是非常神奇的算账速度。遇到顾客分斤分两买几种甚至一二十种糖果，他也能一边称糖果一边用心算计算，经常是顾客要买多少的话音刚落，他就同时报出了应付的钱数。后来，他又发明了"接一问二联系三"的工作方法，即在接待第一位顾客时，便问第二位顾客买什么，同时和第三位顾客打好招呼，做好准备。

1957 年，张秉贵被评为北京市劳动模范。为了宣传他的事迹，寻找能集中概括张秉贵特点的词，大家都觉得张秉贵自己谈工作体会的"一团火"，最能代表他的精神。随着张秉贵事迹的广泛宣传和被广大人民群众肯定，"一团火"精神也成为中华民族优良传统的一个重要组成部分。

有一次，有人问张秉贵，为什么能把售货员这样平凡的工作做得这样不平凡，张秉贵说："我们售货员要胸中有一团火，温暖顾客的心，树立完全、彻底为人民服务的思想。"

在不同场合，张秉贵用朴实无华的语言曾经阐释过他对心中一团火的理解：

"为人民服务，要与本职工作密切联系起来。

"要把顾客当作自己的亲人，真心实意、满腔热忱地为他们服务，对他们要有火一样的热情，心中如果没有这一团火，就做不到。

"我们售货员要用全心全意为人民服务的一团火，来温暖广大顾客，使他们不仅在商店里感到热乎乎的，回到家里热乎乎的，走上工作岗位还要热乎乎的，激发出更大的革命干劲，投入社会主义建设，这才算我们对革命事业有了一点儿贡献。

"站柜台不单是经济工作，也是政治工作；不单是买与卖的关系，还是相互服务的关系。

"一个营业员服务态度不好，外地人会说你那个城市服务态度不好，港澳同胞会感到祖国不温暖，外国人会说中华人民共和国不文明。我们真是工作平凡，岗位光荣，责任重大！"

张秉贵不仅这样说，更是这样做。每天站在柜台前，他都有一种神圣感。见到每位顾客，心中就有一种无比热爱之情。为顾客服务，他心中就像有一团火一样，温暖着每一位顾客的心。身边的同事也说，张秉贵像火一样，燃烧自己，照亮别人。

张秉贵心中装着"一团火",他用这团火,温暖着别人,照亮了别人。从清晨开门接待第一位顾客,到晚上送走最后一位顾客,他自始至终都能春风满面,笑容可掬。从1955年11月来到北京百货大楼站柜台,30多年来,他接待了数百万名顾客。同这么多顾客打交道,他没有红过一次脸,没有吵过一次嘴,没有怠慢过任何一个人。

站柜台同样有科学,也大有学问

许多人认为,站柜台最简单,不用学就能会,不就是一手交钱一手交货吗?然而张秉贵却说:"站柜台虽然不像攻克哥德巴赫猜想那么高深,也不像发射火箭那样动人心魄,但它同样有科学,这里也大有学问哩!"

"一团火"体现的为人民服务精神,不光是一个口号,还有其实质内容,更要落实到实际服务行动中。张秉贵在长期的劳动实践中,总结出很多行之有效的服务经验和方法,阐述了柜台服务工作的一些基本规律,成了那个时代商业领域的服务规范。

张秉贵总结出了"五个劲儿"的服务经:站柜台的精神劲儿、服务态度的热情劲儿、售货中的迅速劲儿、始终如一的持久劲儿、坚持不懈的虚心学习劲儿。"十个字"的服务态度:主动、热情、诚恳、耐心、周到。"四个一样"的服务意识:买与不买一个样、买多买少一个样、生人熟人一个样、本市外埠一个样。

张秉贵在劳动实践中不断完善对服务艺术的理解。20世纪50年代,总结出站好柜台要做到五点:精神饱满、思想集中、耳目灵敏、抬头售货、动作"三快";60年代,总结出"接一、问二、联系三"的售货法,刻苦练就称糖"一抓准"、算账"一口清"的绝技;70年代,将自己几十年如一日满腔热情的服务精神归纳概括为"一团火精神",响亮地提出"心有一团火,温暖顾客心";80年代,将自己的柜台服务经验编写成《张秉贵柜台服务艺术》,并到各单位表演、讲课,听众达10多万人次。

如今，我们有计算器等工具辅助，可能很难理解张秉贵为什么要这样做，但在那个物资匮乏且商店稀少的年代，排队购物是再正常不过的事情。张秉贵练就的绝活儿，像科学管理之父泰勒提倡的精确方法一样，大大地提高了工作效率。他堪称 20 世纪 70 年代的"人工智能"。那么，他的过硬售货技艺是如何练成的呢？

张秉贵从小没有进过学校，初中程度的文化全是靠自学和解放后在夜校学得的。为了把自己的头脑变成计算器，他反复学习速算法，加快运算速度，口念心算，在数字的王国里探索追寻。终于滴水穿石，熟能生巧，练成了比"一抓准"更绝的"一口清"技艺。

张秉贵为了练出一手过硬的售货技术，贡献了自己的全部业余时间。他先后买了 200 多种糖果练习"一抓准"。就这样，他熟知了不同品种糖果的块型、重量，每斤或每两有多少块，不论是一斤、半斤、一两、二两，他练出了一抓就准的"神手"。

一次，有位顾客对张秉贵的技艺表示怀疑，来了个现场考试。他事先算好了价格，而糖果种类要求不一，量、钱数目不等，待张秉贵给他称好包完，报出的款数分厘不差，这位顾客信服了。

一位日本客人拿着电子计算器与张秉贵连续比试 3 次，3 次张秉贵都准确无误，日本客人也心服口服了。

张秉贵把顾客放在心里，注意研究顾客的不同爱好和购买动机，揣摩他们的心理。他认为，来自四面八方的顾客，有不同的爱好、兴趣和购买动机，要满足他们不同的需求，就得学点儿心理学；售货员语言要亲切动人，言简意明，使顾客听后满意，就得学点儿语言学；要眼、耳、口、手、脚、脑 6 部"机器"同时开动，通过眼神、语言、动作、表情、步伐、姿态等方面表现服务态度，给人以"主动、热情、诚恳、耐心、周到"的良好印象。

张秉贵不仅技术过硬，而且十分注重仪表，天天服装整洁，容光焕发。

他认为，"站柜台就得有个干净利落的精神劲儿，顾客见了才会高兴地买我们的东西。特别是我们卖食品的，如果不干不净，顾客就先倒了胃口，谁还会再买我们的东西呀！"

有人问张秉贵："听说您从没有和顾客吵过架，难道就没有碰到过个别不讲理的顾客？"张秉贵认为，售货员和顾客发生矛盾，双方都要克制自己，有理讲理，但要理直气和，尤其是售货员更要注意方法和态度。

也有人问张秉贵："几十年来，你老那么热情，难道自己不顺心的事一点儿都没有？"张秉贵回答道："柜台就是阵地，我一进入柜台，就像解放军进入阵地一样，自己的事一点儿都不想。从早晨商场开门接待第一位顾客，到晚上关门送走最后一位顾客，心里想的，手里干的，都是为顾客。"

张秉贵以他热情的态度、纯熟的技术和端正的仪表赢得了顾客的爱，他正像希腊神话中的普罗米修斯一样，将"火种"遍撒人间。

"一团火"精神永不过时、永放光芒

张秉贵，是一面不倒的红旗，是一团不熄的火焰，永远燃烧在被他温暖过的千千万万名顾客的心中。

今天，人们的生活方式发生了很大改变，糖果不再是奢侈品，大商场和超市的售货方式也大不同于从前。但无论生活方式、服务方式还是服务环境发生怎样的变化，我们都不能忘记张秉贵"一团火"精神中所体现的为人民服务的本质，因为这是中华民族的宝贵财富。

1978年，著名女作家冰心采访张秉贵后，撰写了报告文学《颂"一团火"精神》，她在这篇报告文学的结尾处激情洋溢地呼吁：让我们都来接过这一团火！让我们都来赞颂这一团火！

习近平总书记在党的十九大报告中提出，要"建设知识型、技能型、创新型劳动者大军，弘扬劳模精神和工匠精神，营造劳动光荣的社会风尚和精益求精的敬业风气"。张秉贵的"一抓准""一口清"就是"工匠精神"

的体现，"一团火"精神就是劳模精神的重要内容。新时代中国特色社会主义仍然需要这种精神，它依然温暖着人们。"一团火"的服务理念和柜台艺术，不仅没有过时，而且在新时代依然充满魅力。

"一团火"，爱心之火，燃烧自己，温暖他人；

"一团火"，匠心之火，专注品质，铸就经典；

"一团火"，忠心之火，牢记使命，恪尽职守；

"一团火"，星星之火，始于京华，光耀神州。

这是"一团火"精神新时代传人的庄严承诺。有了这种传承，在社会主义现代化建设中，各行各业必将涌现出千千万万个像张秉贵一样的劳动模范。

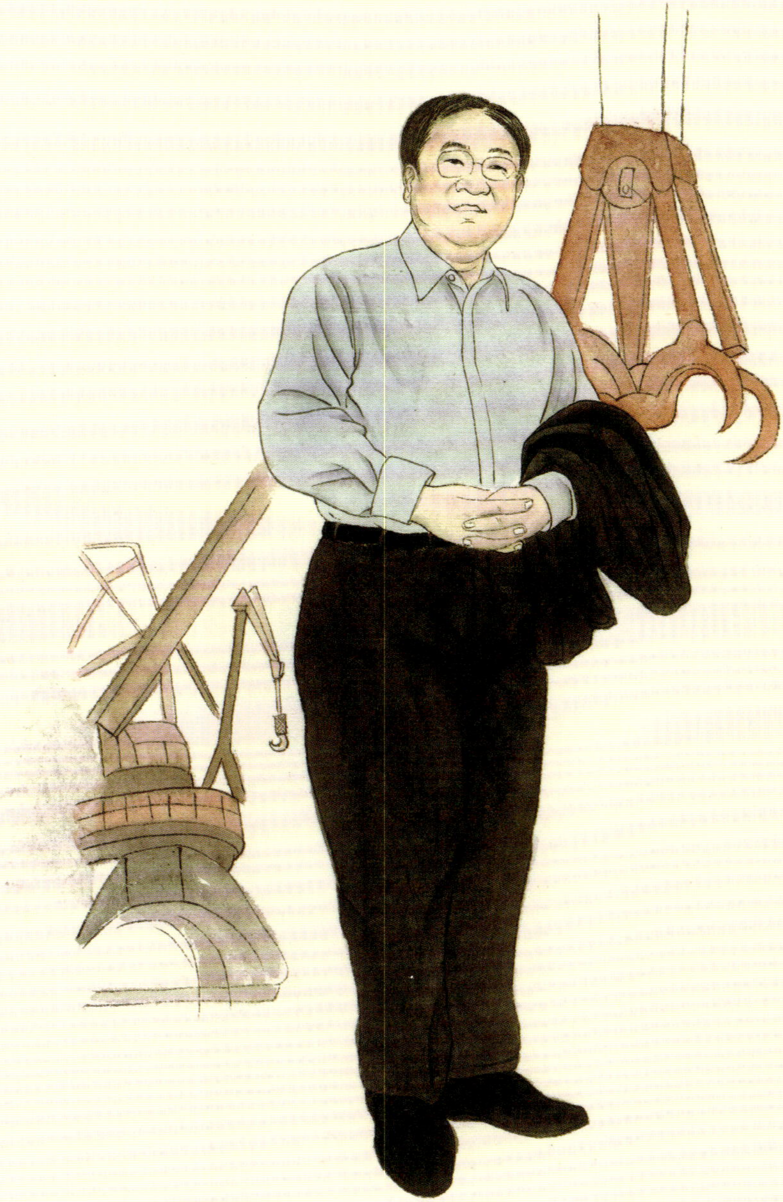

勇于创新的"工人发明家"

　　包起帆，一名长期在港口生产一线从事物流工程研发工作的码头工人，敢于勇于创新、勤于善于创新，被誉为"抓斗大王""工人发明家"。40 多年工作历程，在创造神奇般业绩的同时，也创造了新中国劳模史上的奇迹。

　　2006 年 5 月，在第 95 届巴黎国际发明展览会上，他一人获得 4 项金奖，成为 105 年来在该展会上一次获得金奖最多的人。他和同事们完成了 130 多项技术创新项目，授权了 50 项国家和国际专利，其中 3 项荣获国家发明奖，3 项获国家科技进步奖，56 项获省部级科技进步奖，39 项获日内瓦、巴黎、匹兹堡等国际发明展览会金奖。

　　他连续 5 次获得全国劳动模范称号，2 次获得全国五一劳动奖章，9 次获得上海市劳动模范称号，还获得全国优秀共产党员、全国十大杰出职工、全国优秀科技工作者、全国道德模范等称号。2009 年获评"100 位新中国成立以来感动中国人物""共和国 60 位最具影响力的劳动模范"。2018 年获得"改革先锋"称号，2019 年荣膺"最美奋斗者"称号……

　　他从一个只有初中文化程度的码头工人，到技术骨干、教授级高级工程师、企业带头人、物流专家、国际标准的领衔制定者……在众人眼里，他的人生充满惊叹号。而他却认为，自己只是从未在平凡的岗位上画上创新的句号……

闻名遐迩的"抓斗大王"

　　1968 年，17 岁的包起帆进入上海港务局白莲泾码头当了一名装卸工。

当时的上海港是一个专门装卸木材、生铁的专业化码头。熟悉码头的人都知道，木材是码头上装卸最繁重、最危险的货种之一，被称为"木老虎"。每次船靠泊后，工人们都要下船舱，先用细钢丝绳提头，再用粗一点儿的钢丝绳将木头套起来，挂上吊钩，然后让吊车把木头吊出船舱。每个工班20个工人作业，卸船时吊机伸展巨臂在左右高低运行，起吊时工人要不停地在原木上跳来跳去，险象环生，事故不断。

码头安全问题，让已离开装卸工岗位的包起帆开始研究抓斗。那时候，包起帆对抓斗完全是一窍不通。面对重重困难，他顾不得自己的家庭，顾不得刚出生不久的孩子，日夜待在码头上做试验，最长的时候三天三夜没有脱鞋睡觉，不上工的时候就去图书馆、情报所查阅资料。

为了实现用抓斗装卸木材的梦想，包起帆如饥似渴地自学物理、数学等基础知识，刻苦钻研业务，生活被浓缩在起重、力学、机械的理论和计算之中，脑海浮沉着各种数据、原理和构想。经过无数个日夜的努力，尝遍失败、艰辛和磨难，包起帆终于创造出木材抓斗。1981年10月，中国港口史上第一只用来装卸大船木材的抓斗诞生了。这项革新填补了国际港口装卸工具史上的一项空白。

经过几年努力，包起帆又做出了一套完整的港口"木材抓斗装卸工艺系统"，实现了木材装卸机械化。从此，工人们再也不需下船舱用人力去捆扎木材了，安全有了保障，劳动生产率提高了，卸船作业时间缩短了。此后，上海港再也没发生过一起重大伤亡事故，效率也因此提高了2.67倍。

接着，包起帆又把目光瞄准了"铁老虎"。那时，用人力在船上搬生铁、卸废钢，作业时灰尘大，劳动强度高，工人常常累得爬不上船舱。为了从根本上改变这种状况，包起帆又发明了"单索生铁抓斗""异步启闭废钢块料抓斗""新型液压抓斗"等等。

包起帆的这些创新和发明，都是围绕码头装卸生产第一线的薄弱环节而搞的。哪里不安全，哪里效率低，哪里成本高，他和同事们就在哪里动脑筋、搞创新。这些成果创造性地解决了一批关键技术难题，从而改变了我国港口木材、生铁、废钢等货物装卸工艺的落后状况，其科技成果还实现了产业化。不仅在国内 20 多个行业 1000 多家企业得到广泛推广应用，还批量出口到 20 多个国家和地区，为国家创造了巨额经济效益和社会效益，包起帆因此成为闻名遐迩的"抓斗大王"。

创新发明铸就人生辉煌

包起帆以"抓斗大王"的称号走进公众视野，其实，他的发明远远不止于"抓斗"。从业几十年中，围绕码头自动化、信息化、智能化和节能减排的需求，包起帆的创新版图不断扩大。虽然工作岗位不同，但他始终认为"岗位可以变，创新不能停"，创新发明始终是他职业生涯的主旋律。

1996 年，包起帆任上海龙吴港务公司经理。在那里，包起帆从技术创新走向产业创新，把目光投向内贸集装箱。他创造性地提出中国港口内贸标准集装箱水运工艺系统，先后 4 次到北京寻求支持，8 次到南方寻找愿意合作的船运公司、货主和码头。在交通部和港航单位支持下，1996 年 12 月 15 日，中国水运史上第一条内贸标准集装箱航线开通。经过 6 年产业创新和管理创新，龙吴港务公司码头年吞吐量从 1995 年的 250 万吨跃升到 2001 年的 2200 万吨。2018 年，中国内贸标准集装箱运输网络已发展到遍布全国 60 多个港口，吞吐量突破 6934 万标箱，为各港口带来了巨大的经济效益。

2001 年，包起帆任上海港务局分管技术的副局长。进入新世纪，上海的港口建设和管理如何由机械化向数字化、智能化、自动化迈进，包起帆把眼光盯在了高科技的创新上。他凭着对国际港口业整体发展趋势的敏锐把握，把攻关矛头对准了世界集装箱码头研究的最前端——集装箱自动化堆场上，把研究重点放在了如何实现码头操控的"无人化"上，放在了依靠高科技全面提升码头效率能级的全新道路上。凭着锲而不舍的精神，最终攻下了龙门吊无法识别来自社会上各种各样集卡的世界性难题。如今，这套代表着世界最新技术的"集装箱自动化堆场及堆场装卸工艺"，已成功应用在外高桥二期码头上。现场无人指挥，吊车无人驾驶，集卡不用逗留，叉车不再出现，所有的指令都从 2 公里以外的控制中心发出，一切都是那样地有序、从容。这项成果以其先进的设计理念、过硬的技术系统、扎实的试验数据，在巴黎发明展览会上，无可争议地为包起帆赢得了第 1个金奖。接着，"集装箱电子标签系统""用于集装箱的电子标签和电子封条的连接方法"和"用于集装箱作业的安全装置"又先后获得 3 个金奖，打破了展会的历史纪录。

包起帆任上海国际港务（集团）股份有限公司副总裁后，瞄准世界强港，和同事们一起将产、学、研相结合，先后开展了现代集装箱码头智能化生产管理、港口集装箱自动化无人堆场、集装箱物流全程实时在线监控、散货全自动化装备和工艺等课题的研究，为上海港的发展提供了强大的技术支撑。

2009 年 5 月，国际标准化组织正式任命包起帆负责领导工作组编写集装箱电子标签国际标准。在历经两年半时间研制，5 年时间精心维护拓展，13 次国际会议交锋和交融，7 轮投票后，包起帆和他的团队编写的集装箱电子标签国际标准在日内瓦正式颁布。该标准是物流和物联网领域第一个由中国专家发起、起草和主导的国际标准，也是我国交通运输系统首次登上领衔制定国际标准的舞台。

2011 年，包起帆到上海市政府任参事，虽然离开了经营管理一线，但他认为只要创新精神永存，在决策咨询的岗位上同样可以作出创新的业绩。针对上海面临的日益突出的人口快速增长、土地缺乏、岸线短缺以及洋山港码头超负荷等问题，包起帆组织国内近百位专家学者，采取产学研结合的方式，充分发挥各学科优势，以前瞻性视角开展了"新横沙成陆开发和深水新港建设可行性关键技术研究"，首次提出了"新横沙"的概念，绘制了把横沙建成上海"第二个浦东"的宏伟蓝图。这一研究项目又获得了 2017 年上海市决策咨询一等奖。针对集装箱物流和信息流分离、透明度低的难题，包起帆发明了基于互联网实现集装箱全球跟踪管理的方法和解决方案，在 2015 年日内瓦国际发明展上获得 3 个金奖，这是他继 28 年前在日内瓦国际发明展首次获得金奖后的第 36 个金奖。

如今，包起帆创新的才思依然喷涌，他想把长江口的疏浚土全部利用起来"变废为宝"，他想要现代港口拥抱大数据、人工智能，让港口更聪明、更节能，他还想把很多的设想变成现实……

创新发明，人人可为

"创新发明，人人可为。"这句话引领着包起帆走上了艰辛坎坷的创新发明之路。包起帆带领团队秉持"创新就在岗位，始于足下"的理念，用非凡的创新业绩与国家发展同命运、共成长。

包起帆的创新发明与时代同步。从他的成长经历，可以清晰地看到中国工人与时俱进的发展路径，充分印证了中国工人与改革开放共命运、与祖国发展同进步。他说："我很幸运，赶上了改革开放的好年代。40 年来，我从普通的码头装卸工成长为全国劳动模范，从机修工人、工程师、码头公司经理、集团技术副总裁到市政府参事、华东师范大学国际航运物流研究院院长等，这一切，离不开党的培养和同志们的帮助。"30 多年来，他坚持把每次获得的奖金和津贴中的绝大部分都分给了他的团队，属于个人的部分也几乎全部用来帮扶企业伤残职工和困难职工。

包起帆认为，发明之路就在脚下，无处不在的需求是创新的动力源泉。他将自己的创新之路归纳为"两个交叉点"和"三条途径"。两个交叉点是：将世界上最新的科技发展前沿技术和自己本职工作发展方向相交叉；将世界上已经成熟的科技成果和自己本职工作中碰到的难题相交叉。找到了交叉点就是找到了好的创新的目标，就有了成功的可能性。要找到这些交叉点，就必须通过三条途径：一是需要不断更新知识，夯实理论功底，打好扎实专业基础；二是需要不断拓展自己的国际视野，通过媒体、研讨会、展览会以及与国外的业务谈判、技术交流，广泛吸纳国际前沿技术，全面掌握信息、开展合作；三是需要不断培养自己敏锐的专业洞察力，长期保持对新生事物的关注和好奇心，勇于对现有的问题提出质疑，挑战权威和传统观念。

包起帆用他40多年的创新探索，将一个个"不可能"变为现实，靠的是深厚的家国情怀，靠的是锲而不舍、不畏艰险、勇立潮头、敢为人先的精神。他说：

"我的一生离不开创新。坚持创新，就是因为发展的道路上会不断遇到新的问题，需要破除瓶颈，释放活力。我当工人的时候，是以'大老粗'为荣，比谁汗流得多、大包扛得多。如今，这样的时代一去不复返了。艰苦创业的精神是需要的，但更需要智慧，更需要创造性的劳动，我们要在创新路上继续前行。

"我不是一个天生的发明家，回顾我这些年来所走过的路，我是从自己的本职岗位出发，从小改小革起步，随着企业发展而逐步成长起来的。说句心里话，真正使我动心、动情的不是发明金奖，而是要把工友们从危险的工作环境中解脱出来，希望发明成果能够为企业增效，为职工造福，为祖国争光。

"不管什么时候，创新都需要苦干，但苦干不等于蛮干，创新好比种树，而我只种能结果的树！一个好的创新项目，必须是生产实践急需的，做表面文章，搞空头支票，即使创新搞成了也是有名无实。锁在抽屉里、堆在墙角下的项目我坚决不搞，科技成果要转化为生产力。

"种树要有土壤，没有适宜的土壤，树是无法生长并结果的。我种树的土壤就是我的码头，就是我的岗位。有岗位就会有机遇，爱岗位才会发现机遇。我的岗位虽然几经变化，但我无论做什么工作都把创新放在第一位，都在种能结丰硕果实的树。

"我们这一代人赶上了国家发展、港口发展的好机遇。机不可失、时不我待，报效祖国、服务人民。在创新的旗帜下，我深信，前方的路更宽，攀登的峰更高，身上的劲儿更足。"

是帆，就要远航。包起帆用他几十年科技创新、勇攀高峰的传奇经历，鼓舞和激励着新时代的青年，以科学发展观为引领，继承创新精神、永走创新之路。

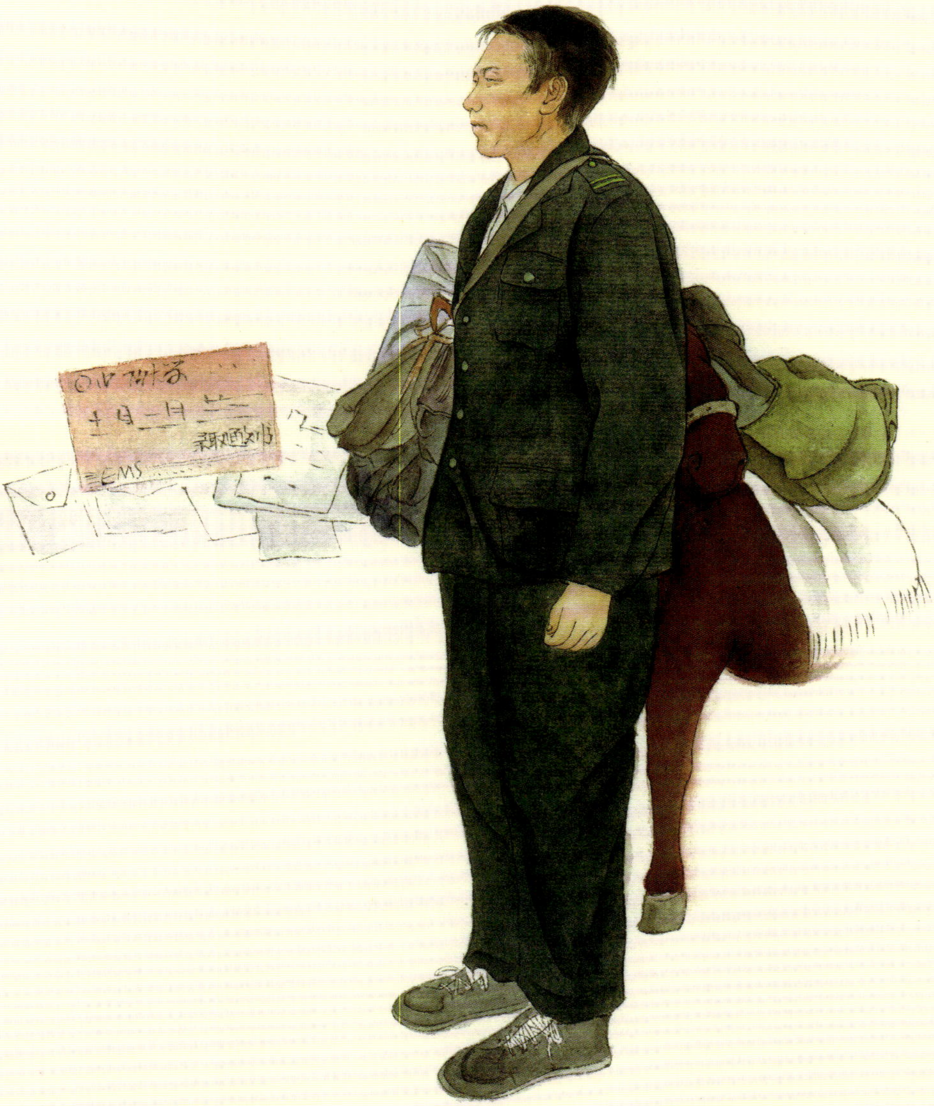

"马班邮路"上的传奇

　　王顺友，一个人、一匹马、一个邮包、一条山路，一年 365 天，至少有 330 天走在雪域高原的马班邮路上，走了整整 24 年。

　　他，24 年走了 26 万公里，相当于 21 趟"两万五千里长征"、绕地球赤道 6 圈。

　　他，每年投递报纸 8000 多份、杂志 700 多份、函件 1500 多份、包裹600 多件，没有延误过一个班期，没有丢失过一封邮件，投递准确率达到100%。

　　他，成为大山深处各族群众与外界联系、永不断线的"绿色桥梁"，创造了"马班邮路"上的传奇，成为第一个在万国邮政联盟总部作报告的普通邮递员。

在万国邮政联盟作报告的首位普通邮递员

　　2005 年 10 月 19 日，在设在瑞士首都伯尔尼的万国邮政联盟总部，王顺友成为最引人注目的人物。他登上讲台，成为中国邮政史上的第一个、也是自 1874 年万国邮政联盟成立以来第一个被邀请的最基层、最普通的邮递员。他用 20 年的乡邮工作经历和扎根山区、服务人民的感人故事，讲述中国政府对邮政普遍服务的高度重视和亲切关怀，讲述邮政人忠实履行普遍服务义务和为保障公民的基本通信权利作出的巨大努力和贡献，深深打动了各国邮政代表和政府官员。

　　"我叫王顺友，来自中国四川省凉山彝族自治州木里藏族自治县邮政局，是一名马班邮路乡邮员。"随着同声传译和 50 张反映王顺友工作的幻灯片同步播出，整个会场一片安静，各国与会的邮政代表都被王顺友的故事深深吸引，眼睛湿润了，泪水挂在了脸上……

他在工作中找到了自己心中的信仰

1984 年，19 岁的王顺友子承父业，从赶了 30 年马班邮路的父亲手中接过马缰绳，成为了一名普通的马班邮路乡邮员。

刚开始，穿上绿色制服走在邮路上的王顺友很是高兴，他觉得这份工作很好，"但是走了一段时间就有点儿想打退堂鼓了，因为在大山里真的很孤独寂寞。累和苦我都不怕，就是怕孤独，这个日子不好过"。

四川木里藏族自治县地处青藏高原东南角，这里群山环抱，地广人稀，平均每平方公里的地面上只有 9 个人。在当时，全县 29 个乡镇有 28 个乡镇不通公路，不通电话，以马驮人送为手段的邮路，是当地乡政府和百姓与外界保持联系的唯一途径。

王顺友负责的是从木里县城到白碉乡、三桷桠乡、俸波乡、卡拉乡的邮路。往返里程达 584 公里的邮路，王顺友要翻越十几座海拔 1000 米到 5000 米不等的高山，从气温零下十几摄氏度的察尔瓦山到 40 多摄氏度的雅砻江河谷，从野兽出没的原始森林到随处可见的险峻沟壑，从一身雪到一身汗……从白碉乡到俸波乡，还要经过连当地老百姓都谈之色变的"九十九道拐"。这里，拐连拐，弯连弯，山路狭窄，抬头是悬崖峭壁，低头是波涛汹涌的雅砻江，稍有不慎，就会连人带马摔下悬崖掉进滔滔江水中。这样的行程，他每个月要往返两次，一年的路程相当于走"两万五千里长征"。

王顺友每送一趟邮件往返需 14 天左右，在家待两天之后就要再次上路。由于山上夏季多雨，冬季干燥易引起火灾，王顺友很少生火，饿了就啃几口糌粑面和腊肉，渴了就灌几口山泉水，几乎吃不上热乎的饭菜。山洞里、草丛中、大树下皆是他的栖息之所，暴雨、泥石流等自然灾害和豺狼、野猪等猛兽，是他行程中的"亲密伙伴"……

1988年7月的一天，王顺友把溜索捆在腰上向雅砻江对岸滑过去的时候，身上的绳子突然断裂，他从两米多高的空中狠狠摔下。万幸的是人落在了对岸的河滩上，但是邮包却掉到了江里。看到邮包顺着江水漂去，根本不识水性的他纵身跃进齐腰深的江中，拼命地打捞邮包。当把邮包拖上岸时，他已累得瘫倒在河滩上久久无法动弹。有人说他傻，为了邮包连命都不要了，他却说："都说家书抵万金，我这里面装的是政府和父老乡亲的事情，比我的命都重要。"

然而，对于王顺友来说，这些危险还不是最苦的，邮路上最难熬的，是内心的孤独。一个人的高山邮路上，有时候一两天见不到一个人影，实在难受了，也只能和马说说话，或者自己唱唱山歌。到了晚上，大山里静得可怕，蜷缩在简陋帐篷里的他只能呆呆地望着满天的繁星，听着不远处传来的狼嚎，思念着家中的亲人。

他是怎样忍受着孤独和寂寞，一路坚持下来的？他又是如何做到不畏艰难险阻、不惧心头孤独，坚持为乡亲们送信20多年？王顺友这样说：

"唱歌是为了打发时间，喝酒是用来驱寒的，马是我的伴儿。邮路连着党和群众，把党的声音送到村寨上，把信送到村民的手上，这是我的工作，也是我的责任。

"每当我把邮件交给乡亲们的时候，他们高兴得就像是在过年。每次我去，他们都请我到家里吃饭、喝酒、喝茶，走的时候还往马背上装些土豆、栗子这些东西给我路上吃，时间一久我们就像亲人一样。父老乡亲离不开我，我也离不开他们。我觉得这20多年来的路，我值得。

"党组织的支持和帮助，人民群众的关心和爱护，有了这些，我怎么能不把邮路走好呢，必须坚持下去！

"送信就是为党做事，为党做事的人要吃得起苦。

"哪个不害怕（死）哟，但是人总有一死，如果真的是为工作而死，值得！"

　　王顺友是幸福的，他的幸福来自于他的工作，他在工作中找到了自己心中的信仰。如果仅仅是为了邮递员这个饭碗，王顺友在这条马班邮路上或许早就坚持不住了。忠诚的信念、坚强的意志，是王顺友做好工作、坚持服务的根本保证。

　　在乡亲们的热情招待和欢声笑语中，王顺友感受到邮递员的价值和马班邮路的重要性。他一路奔波吃苦耐劳，战胜孤独和寂寞，将党和政府的温暖、时代发展的声音和外面世界的变迁，不断地传送到边远地区的村村寨寨，把党和各族群众的心紧紧地连在了一起……正如他在给关心和支持他的广大邮政干部职工写的留言那样："为人民服务不算苦，再苦再累都幸福。"这，也是他的内心写照。

　　他把青春和热血献给祖国和人民，祖国和人民也给予他崇高的荣誉：王顺友被评选为"感动中国"2005年度十大人物之一。组委会写给他的颁奖辞，是对他平凡工作的真实写照和人格魅力的浓情敬意：

　　他朴实得像一块石头，一个人，一匹马，一段世界邮政史上的传奇。他过滩涉水，越岭翻山，用一个人的长征传邮万里，用20年的跋涉飞雪传心。路的尽头还有路，山的那边还是山，近邻尚得百里远，世上最亲邮递员！

马班邮路精神要一直传承下去

　　2014年，"乡乡通"工程让木里的交通条件有了很大改善，从木里县城到两个乡镇支局开通了汽车邮路，支局到各乡镇都改为摩托车投递，昔日的马班邮路就此结束了它的历史使命。

　　王顺友深情地说："马班邮路我走的是最后一班，如今马班邮路取消了，但马班邮路精神不能丢，要一代传一代。""现在的邮递员都是骑摩托车，没有牵马的了。但是我想马班邮路精神还是一直要传承下去。路是怎么走出来的，怎么坚持过来的，要让年轻的邮递员也知道这些精神，坚持这些精神。"

我国有邮政局所、服务网点7.7万多个，其中设在农村的网点就有近5.9万个，全国投递段道14.2万条，单程总长520多万公里，农村投递线路单程总长353.1万公里。在偏远地区群众的眼里，像王顺友这样的邮递员，就是政府的人，就是代表政府形象的人。不管时代怎么变迁，邮路如何变化，马班邮路精神永远不会过时，"人民邮政为人民"的初心和使命永远不会改变。

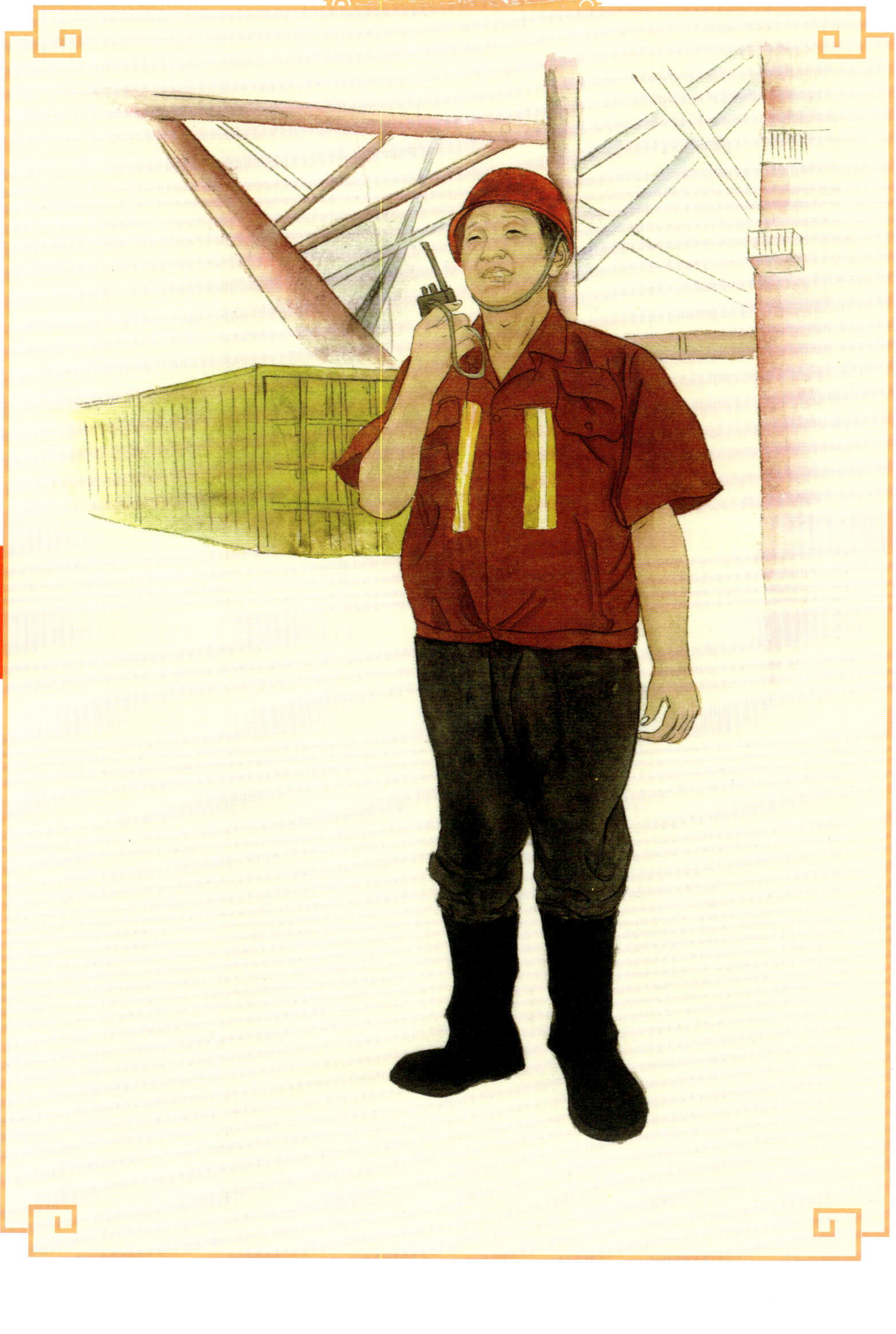

世界一流的"桥吊专家"

许振超，青岛港桥吊司机。只有初中文化程度的他，通过不断摸索，苦练技术，练就了许多"拿手绝活儿"，成了世界一流的"桥吊专家"；掌握了顶尖桥吊技术，成了响当当的"金牌工人"；创造了震惊世界的"振超效率"和激励国人的"振超精神"，成为当代产业工人的杰出代表。

"振超效率"扬名国际航运界！许振超带领团队先后 8 次刷新集装箱装卸世界纪录，也成为中国港口领先世界的生动例证。

"振超精神"展现当代工人风采！这是一种爱岗敬业、为国奉献的主人翁精神；艰苦奋斗、勇于开拓的拼搏精神；与时俱进、争创一流的创新精神；团结协作、相互关爱的团队精神。

做不了科学家，就做能工巧匠

许振超上学时是班干部、学习尖子，一心想考清华、北大，成为一名科学家，一场"文化大革命"使他失去了上大学的机会。1974 年，初中未毕业的他，来到青岛港当了一名码头工人。

那时，港口装卸作业方式很落后，体力劳动繁重，工作环境艰苦。许振超当时经常一边工作，一边思考："难道码头工人就不能摆脱这种出大力、流大汗的命运吗？"后来，青岛港进口了一些现代化机械设备。但由于工人们不了解使用和维护技术，设备经常出故障，有的设备用了不到一年就损坏了，有的设备还酿成了事故。

许振超意识到，缺少知识误人误事，唯有知识才能改变命运。"一个人可以没有文凭，但不能没有知识；可以不进大学课堂，但不能不学习。"

但对于他这个文化底子浅的人来说，学什么、怎么学，难度确实很大。刚干皮带机电工时，他利用休息时间学习电工知识，看设备图纸，掌握了电工技术。领导看他好学，就调他去操作当时最先进的起重机械——门式起重机。他把队里的几本技术书都看遍了，觉得还不行，就到处借书看。但光借书总不是办法，他就从生活费中省钱买书看，新书贵就买旧书。有一次下了夜班，他骑自行车跑了40多里路，到书摊上买了几本旧书，回到家顾不上休息，先过足读书瘾。工作中遇到不懂的事情，他就向身边的技术人员请教；学习中有好的体会和想法，他就赶快记下来。

多年来，他坚持工作需要什么就学习什么，带着问题去学，这个习惯一直保持到现在。由于他肯钻研、技术好，1984年青岛港组建集装箱公司，许振超被选为第一批桥吊司机，开上了当时青岛港最先进、造价最高的大型装卸设备。

一次，队里的一台桥吊控制系统发生了故障，请外国厂家的工程师来修。专家干了12天，一下挣走4.3万元。而当时公司上百人，几十台机械，忙活一天一夜，也不过挣个三四万块钱。这件事深深刺痛了许振超。他想，如果自己会修，这笔钱不就省了吗？然而，桥吊的构造很复杂，涉及电力拖动、自动控制等6门学科，就是学起重机械专业的大学生至少也得工作两三年后才能够处理一般性故障。许振超为了攻克这门技术，像着了魔似的钻研，终于发现，所有的技术难点都集中在一块块控制系统模板上，而这正是外国厂家全力保护的尖端技术——不仅没提供电路模板图纸，就连最基本的数据也没有。

许振超不甘心。每天下了班，他拿着借来的备用模板，一头扎进自己的小屋。一块书本大小的模板，一面是密密麻麻镶嵌的上千个电子元件，另一面是弯弯曲曲的印刷电路，这样的模板在桥吊上一共有20块。为了分辨细如发丝、若隐若现的线路，许振超专门用玻璃做了个支架，将模板放在玻璃上，下面安上100瓦的灯泡，通过强光使模板上隐秘的线路显现出来，然后一笔一笔绘制成图。光分辨这 2000 多个焊点已经够麻烦了，要弄明白它们之间的连接更麻烦。一个焊点前后左右可能有 4 条连线，而且每一条连线又延伸出 2 条连线，2 条再变成 4 条，最多的变成 20 条、30 条连线。每个焊点、每条线，许振超都要用万用表试了又试，一条线路常常要测试上百个电子元件，直到最终试出一条通路来。就这样，许振超用了整整 4 年时间，一共倒推了 12 块电路模板，画了两尺多厚的电路图纸，终于攻克了技术难点。

功夫不负有心人。凭着对知识的渴求、百折不挠的钻研精神和顽强不服输的毅力，许振超逐步掌握了各类桥吊技术参数和设备性能，不仅能排除一般的机械故障，还能修复精密部件。多年来，他一直坚持自学，家里的书橱摆满了与机械、电气有关的书籍、报刊、工具书等，仅高校教材就有 50 多本。他读过的各类书籍有 2000 多册，写了近 80 万字的读书笔记。有人说，许振超学习有 3 件宝：笔记本、英汉词典和手提电脑。许振超学出了名堂，从一名普通工人成长为名副其实的桥吊专家。

他常说："咱当不了科学家，但可以练就一身'绝活儿'，当个能工巧匠，无愧于时代，无愧于港口的培养。"

干就干一流，争就争第一

"干就干一流，争就争第一。"这是许振超常挂在嘴边的话，也是激励自己和大家努力工作的目标。对此，他这样解释："人总是要有一点儿精神的，敬业先精业，不管我们在什么岗位上，从事什么行业，应该有一种境界，一种追求……什么是一流水平？就是技术上要有自己的撒手锏，要有高招儿。老是跟在别人的屁股后面跑，第一只能离你越来越远，拖也把你拖垮了，与其跟着第一跑，不如咬咬牙自己当第一。"

他是这样说的，更是这样做的。他的许多拿手绝活儿，令世界同行刮目相看。

绝活儿之一：无声响操作。把几十吨重的集装箱放入铁做的船上或车中，居然做到了铁碰铁，不出响声。可以最大程度地降低集装箱、船舶的磨损，尤其是降低桥吊吊具的故障率，提高工作效率。

绝活儿之二：一钩准。集装箱上有 4 个锁孔，从几十米高的桥吊上把吊钩放下去，一次把 4 个锁眼都对齐，把集装箱抓牢固。

绝活儿之三：一钩净。把 10 吨粮食装入车厢，还要在车厢上打个尖，高出车厢 80 厘米，吊具一钩下去，粮食一点儿不撒。

绝活儿之四：二次停钩。在箱子刚离地和快落地的一刹那，放慢速度，先观察后起落，这样做虽然使每次操作时间多了几秒钟，但杜绝了事故隐患，最终提高了生产效率。

绝活儿之五：无故障运行。许振超提出核心班轮保班作业"一二三"工作法，"一"就是"一个目标"：桥吊呈现无故障运行；"二"就是"两个制度"：凡是保班作业，实行技术主管昼夜值班制度、出现突发故障 15 分钟排除制度；"三"是"三个事先"：对桥吊，保班作业前要技术主管事先检修一遍、事先掌握船舶技术资料和作业箱量、事先动员。在全国沿海港口率先实现了"核心班轮保班全部 100%"的目标。

1997 年 11 月，老港区承运一批化工剧毒危险品。这个货种一旦出现碰撞，就有可能引发恶性事故。为了确保安全，码头、铁路专线都派上了武警和消防员，身着防化服全线戒严。船靠岸后，在许振超的指挥下，练就一手"无声响操作"的桥吊司机们个个精心操作，一个半小时，40 个集装箱被悄然无声地卸下，又悄然无声地装上火车。船东代表感慨地说："你们的作业简直是'行云流水'，太神奇了！"

把集装箱装卸速度干到全世界港口行业第一，一直是许振超的梦想。最终，他带领团队将梦想变成了现实，他不仅将一个个新想法变成生产实践中的一项项新技术，自己也成为行业一流的"技术专家"，带领着团队一次次打破世界纪录。

2002 年 3 月 4 日，在接卸"铁行托米斯"轮的作业中，许振超和他的队友们以每小时 299.7 自然箱的单船效率，刷新了中国内地沿海港口集装箱装卸的最高纪录。

2003 年 4 月 27 日夜，在接卸"地中海法米娅"轮的作业中，许振超带领桥吊队的工友们，仅用 6 小时 15 分钟，就完成了"地中海法米娅"轮 3400 个标准箱的装卸，创出了每小时单机效率 70.3 自然箱和单船效率 339 自然箱的世界纪录。此后 5 年，许振超带领桥吊队，又先后 7 次打破集装箱装卸世界纪录，使"振超效率"享誉全球。

许振超在工作岗位上勇于创新。他经多次试验，在冷藏集装箱上加装了节电器，全年节约电费 600 万元。为解决集装箱轮胎式龙门吊费油、污染环境的难题，经过两年多的摸索，他从飞机空中加油技术上得到启发，于 2007 年成功完成了集装箱轮胎式龙门吊的"油改电"工程，填补了国际空白，年节约资金 2000 万元以上，噪音和尾气污染接近于 0，被新加坡、澳大利亚、英国等国家的港口码头效仿……

从"金牌工人"到"金牌团队"

"振超精神""振超效率"是一笔非常宝贵的精神财富，已成为广大产业工人学习的榜样。许振超说："'振超精神'虽然用了我的名字，但它实际上是我们当代工人的一种精神，其中很重要的就是爱岗敬业。我们都说劳动光荣，劳动确实光荣，不但光荣，而且是一个人最大的美德。对于工人来讲，热爱劳动这个信念应该贯穿我们工作的始终，需要认真去做几十年乃至一生。""幸福都是奋斗出来的，奋斗本身就是一种幸福。在我们这一代人心里，任何岗位都是与企业、国家的发展联系在一起的，都可以做出理想的业绩。关键就看我们能不能沉下心，在一个岗位上脚踏实地、坚持到底、勇于担当、努力奋斗！"

许振超不仅自己练就了一身绝活儿，还带出了"王啸飞燕""显新穿针""刘洋神绳"等一大批工人品牌。他把国家在公司设立的"许振超技能大师工作室"作为大平台，把能工巧匠们组织起来，学习技能，研究绝活儿，实现从"金牌工人"到"金牌团队"的转换。

"振超团队"是一个管理着 39 台桥吊，106 台轮胎吊，资产高达 20 多个亿、以创新闻名全国的团队。2011 年，"许振超技能大师工作室"挂牌成立，这是国家人力资源和社会保障部揭牌的全国首家"技能大师工作室"。许振超利用这个平台，带领团队围绕码头安全生产需求，开展科技攻关，推进互联网战略，持续破解安全生产难题；完成了"集装箱岸边智能操作系统"，在世界上率先实现"桥板头无人"，解决了集装箱桥板头作业人机交叉的风险问题；打造的"48 小时泊位预报、24 小时确报"服务品牌，每年为船运公司节约燃油 1.26 万吨。近几年，"许振超技能大师工作室"先后培养出高级职称人才 59 名，中级职称人才 165 名，高级技师 9 名，技师 98 名和高素质的高级工 470 名。所在的公司多次荣获港口协会评定的"前 10 强集装箱码头""最佳集装箱桥吊作业量码头""最佳单船作业效率集装箱码头""最佳泊位利用码头"。

早在 2004 年，许振超就被树为当代产业工人典型，他的社会工作越来越多，作报告、演讲、授课……后来，许振超又成为全国人大常委会委员、全国总工会副主席（兼）、中国科协副主席以及多所高校的客座讲师。每次会议活动外出回来，他总要安排好时间回到码头上。碰到机械有了故障，连衣服都顾不上换，把安全帽往头上一扣，就同工友们并肩作战。如今的许振超，仍经常在"许振超技能大师工作室"里，和新一代码头工人一起，围绕自动化集装箱码头技术，开展以高效服务为目标的创新。

许振超说："新时期的产业工人就是要善于学习，勇于钻研，养成不断学习的精神，把学到的知识和工作实践相结合，努力成长为技术型乃至专家型的工人，才能锻炼出工人真正的能耐，才能干出让别人服气的活儿，体现出中国工人不服输的骨气。"

2008 年 5 月 8 日，时任国家副主席习近平实地调研青岛港，在看望许振超和桥吊队的工人同志们时，语重心长地说道："振超同志很了不起，在平凡的岗位上干出不平凡的业绩，所创造的无声响操作的绝活儿为国争了光，为工人阶级争了光，这种精神非常值得大家学习。我们应该在社会上弘扬尊重劳动、崇尚创造的精神。建设创新型国家，各项事业的创新、各个领域的创新都需要弘扬这种精神。希望能够涌现出更多的许振超式的先进工人。"

让我们奏响新时代奋斗者之歌，在社会主义现代化的建设中，在"振超精神"和"振超效率"的激励下，做出色的金牌工人、大国工匠。

乐在授艺，义满天下

王乐义，1941年生人，山东省寿光市孙家集街道三元朱村党支部书记、村主任。一个一辈子没离开过土地的农民，一个普普通通的农民党员、村官，在创造了自身生命奇迹的同时，创造了中国蔬菜发展的"绿色奇迹"，掀起了一场以种植大棚蔬菜为标志的"白色"浪潮，被称为"大棚蔬菜之父""蔬菜大王"。

——他，1978年因直肠癌做过大手术，至今身体依然健壮硬朗；身患癌症，不忘带领全村脱贫致富。

——他，在1989年首创了冬暖式蔬菜大棚，结束了北方人在冬天吃不上新鲜蔬菜的历史，并将这一技术毫无保留地推广到全国29个省、直辖市、自治区，引发了一场惠及全国的"菜篮子革命"，使亿万农民走上致富奔小康的道路。2010年，以他名字命名的山东"乐义"蔬菜，获得"中国驰名商标"称号，这也是全国首个蔬菜综合类驰名商标。

——他，始终占领蔬菜种植技术的制高点，引领着中国蔬菜种植的技术潮流。有320多个新品种、130多项新技术、80多项现代化设施先后在三元朱村扎下根，他的家乡寿光成为世界闻名的"蔬菜之乡"，创造了被习近平总书记点赞的乡村振兴"寿光模式"。

——他，只有小学文化，却成为一名农业专家、高级农艺师，被授予"中华农业英才奖""全国十大农业科技优秀人才"，走上了大学讲堂，与许多外国专家同台讲课，3次在北京人民大会堂作先进事迹报告。这在中国农村又是一个奇迹。

——他，曾荣获"全国劳动模范""中国改革功勋奖章""全国优秀共产党员""全国农业科技推广先进工作者""全国道德模范""100 位新中国成立以来感动中国人物""最美奋斗者"等荣誉称号。他还是中共十五大至十九大连续五届的全国党代表。

身患癌症，毅然挑起了村党支部书记重担

王乐义 17 岁到东北当了一名伐木工人，1962 年回村，1965 年入党。1978 年 5 月，王乐义被确诊为直肠癌，做了个大手术，肠道严重受损，生活起居十分不便。

1978 年 9 月，三元朱村 15 名党员一致推举 37 岁的王乐义担任村党支部书记。老母亲和妻子听说后，说什么也不同意。但王乐义做通了她们的工作，他表态："水有源，树有根，党的恩情比海深！党组织信任我，全村人需要我，就是搭上命也得挑起这副担子。到底能活几年我说不上，只要身体能撑得住，活一天就为党做一天的工作，活一天就为老少爷们儿干点儿实事！"就这样，他拖着病弱之躯，一干就是 40 多年。

20 世纪 70 年代的三元朱村，与当时中国的绝大部分农村一样落后贫穷，村里有大片低产的埠子岭，种菜菜不长，种粮粮不收，尤其是长期的"大锅饭"政策束缚着农村的生产力。上任之初，他带领村委会一班人，对当时的农业种植结构大胆地做出了调整，带领乡亲们发展果园，引进 10 多个国内外先进新品种，种植果树 450 亩，被山东省农业厅评为果树样板园。昔日光秃秃的埠子岭成了"花果山""聚宝盆"，满山遍野的果树成了"摇钱树"。全村年人均纯收入由原来的几十元增长到 1200 元。

当党支部书记 40 多年来，他没占过村集体 1 分钱的便宜，倒经常把自己的钱拿出来贴补村集体。2004 年，王乐义把"乐义"注册商标分红的钱全部交给村集体，自己 1 分钱不要。当时使用"乐义"商标的公司有 10 多家，专家估算，"乐义"商标的品牌价值超过亿元。他说："当干部的，不能把个人利益放在群众利益前头。"

首创冬暖式蔬菜大棚，引发"绿色革命"

1989 年，为了进一步改善村民生活，王乐义又带领全村 17 名党员干部，历艰辛、冒风险、克万难，率先建起了 17 个蔬菜大棚做试验，终于研制成功了深冬无需用煤炭而靠太阳能加温的"冬暖式蔬菜大棚"，结束了我国北方冬季吃不上新鲜蔬菜的历史，引发了我国蔬菜生产领域的"绿色革命"，为全国乃至世界的蔬菜生产发展创立了新的里程碑。30 多年过去了，因为冬暖式蔬菜大棚，三元朱村及寿光县发生了翻天覆地的变化。

故事还要从 1988 年说起，那年农历腊月二十八，王乐义长年在外贩运蔬菜的堂弟从东北捎来两斤鲜灵灵的黄瓜。他觉得眼前一亮：东北天寒地冻都能产黄瓜，我们一定也能行！

大年初六，王乐义就带着人上了东北。到了那里说明来意后，菜农毫不客气地让他们吃了闭门羹。王乐义认为人家嫌他不真诚，就带人二上东北，但同样一无所获。脾气一向和善的王乐义急了：三上东北！

同去的村干部向东北菜农介绍说："这是我们身患癌症的村支书，他不是为个人发家致富，而是想带领全村百姓拔掉穷根啊。"对方终于被王乐义这个执着的山东汉子感动了。

其实，寿光种菜的历史比较早，当时已经有了老式的温室大棚，冬季需要烧煤生火加温，而且只能生产叶菜，效益不高。东北菜农的大棚靠山而建，地理条件比较特殊。回来后，王乐义一头扎在大棚技术革新上，在墙体、采光面、薄膜、嫁接技术、大棚方位 5 个方面进行了改造，研制成功了适合平原地区推广的不需加温的冬暖式大棚。

然而，大多数村民却不买王乐义的账："烧几吨煤都产不出黄瓜，光靠晒太阳能晒出黄瓜来？"一时间闲言碎语四起。由于建大棚要有五六千元的初期投入，一旦失败，建棚户不仅会血本无归，还可能成为村里的困难户，乡亲们对此并不热心。

王乐义深知风险，却认准了这是一条致富的路子。"在致富路上，党员干部站得高，群众才能看得远；党员干部走得快，群众才能跟得紧！致富有风险，咱们不担谁来担？"在王乐义带领下，全村17名党员建起了17个示范大棚。

春节前，第一批越冬黄瓜顶着黄花带着嫩刺新鲜上市了！17个大棚户平均收入2.7万元，最高的收入达到3万多元。村里一下子冒出17个万元户。第二年没用动员，全村一下子上了180多个大棚。王乐义的"冬暖式蔬菜大棚"由此横空出世，引发了一场惠及全国的"菜篮子革命"。

传授大棚蔬菜技术，为全国农民开启致富门路

冬暖式蔬菜大棚的试验成功，引起了寿光乃至山东全省、全国的关注，很多地方聘请王乐义做顾问，学习这项技术。王乐义做通村民的思想工作，全身心地扑到了推广技术上："天下农民是一家，党号召共同富裕，咱们富了，怎能忘了全国的农民兄弟，外地的农民兄弟也跟咱一样想致富哇！"

1990年，王乐义在寿光市跑了4万多公里，指导建起5130个大棚，全部获得成功。第二年，他又指导建起了1万多个大棚。如今，寿光市以大棚蔬菜为主的蔬菜生产已发展到74万亩，年产蔬菜35亿公斤，收入30亿元，成为名副其实的"中国蔬菜之乡"，寿光农民也被称作"中国的白领农民"。

王乐义拖着患了癌症的身体，先后到全国20多个省、直辖市、自治区无偿传授大棚蔬菜技术，行程达几十万公里。他曾在延安忍着39℃的高烧为1000多人连续讲课4个半小时，无偿帮助当地发展起数万亩大棚蔬菜；他曾先后14次远赴新疆，让大棚技术在天山南北开花结果，结束了新疆每年8个月吃外地菜的历史；他在西北5省建立了培训基地，聘请专家授课，为当地5000多名农民送去了致富钥匙……

1990 年以来，三元朱村共接待全国各地参观、考察、学习人员 100 多万人次，有 38 个国家的专家教授也来参观考察。最多的一天，王乐义接待了来自 6 个省的 14 批 3000 多人。送走最后一批客人，他两腮麻木，连张嘴吃饭的力气都没有了。他还在家门口免费办起了各类种植培训班，举办了 3000 多期技术培训，有时一年有 200 多天在外面传授技术。

为做好农业技术培训，三元朱村着力打造了一流的现代农业培训基地，面向全国扩大现代农业培训品牌的知名度与影响力。王乐义苦心钻研大棚蔬菜种植技术，热心传播致富之道，被誉为"绿色使者"。

如今，数以亿计的北方人在冬天吃上了新鲜的蔬果，全国已有 29 个省、直辖市、自治区的农民在王乐义的指导下种上了反季节大棚蔬菜。三元朱村人手把手教会了一批又一批种菜的农民，为全国农民开启了致富门路。

开拓创新谱写农业农村现代化新篇章

王乐义带领三元朱村人手把手教会了一批又一批种菜的农民，竞争对手遍及全国，但王乐义却是一个不怕有竞争对手的人。他牢牢握住创新这把利剑，始终占领蔬菜种植技术的"制高点"，他的秘密武器是：什么时候都要有"一招鲜"。

1991 年 1 月的一天，一位中央领导同志视察三元朱村时嘱托："你们要向无公害蔬菜发展，争取出口。"

当时还不知道"无公害蔬菜"为何物的王乐义，坚定地说："请领导放心，就是头拱地，我也要把无公害蔬菜搞出来。"

多方打听，王乐义找到了中国农科院无公害蔬菜专家王宪彬教授，虚心请教技术。

"这个项目我试验成功 6 年了，还没得到推广，没想到第一个来找我的是个只上过 4 年小学的农民……"王宪彬教授感叹道。

感动中国的"最美乡村医生"

李春燕，女，苗族，贵州省黔东南自治州从江县雍里乡大塘村卫生室的乡村医生。1974年5月出生，2005年加入中国共产党，荣获"100位新中国成立以来感动中国人物""全国劳动模范""全国优秀乡村医生""中国十大杰出青年""全国卫生系统先进工作者"等荣誉称号。

"感动中国"2005年度人物评选组委会给予李春燕的颁奖辞是："她是大山里最后的赤脚医生，提着篮子在田垄里行医，一间四壁透风的竹楼，成了天下最温暖的医院，一副瘦弱的肩膀，担负起十里八乡的健康，她不是迁徙的候鸟，她是照亮苗乡的月亮。"

是的，李春燕作为苗族一名普普通通的乡村医生，就像一轮照亮苗乡的明月，用自己的默默奉献，守护着家乡父老的健康，温暖着苗乡亲人的心。10多年来，她坚守在偏远贫困的山村，以医者之心、仁者之爱，行医问诊、服务群众，给他们带去希望和光明，不愧为感动中国的"最美乡村医生"。

卫校毕业回乡做村医

李春燕的父亲退休前是大塘村所在乡的卫生院院长。1996年，19岁的李春燕初中毕业。由于性格活泼好动又喜欢小孩，她决定报考幼师专业。但当了一辈子乡村医生的父亲，希望她学医。在父亲的劝说下，执拗不过的李春燕最终报考了卫校。

当时贵州全省只有凯里和都匀两所卫校，竞争非常激烈。1996年，李春燕以2分之差落榜。第二年，李春燕再次在复试中落榜。就在准备放弃时，李春燕听说黔东南州黎平卫校有致力于为村级单位培养医生的助学项目，便毫不犹豫报了名，并最终被录取。1997 年至 2000 年，李春燕在黎平卫校进修了 3 年。

2000 年，毕业后的李春燕嫁给了大塘村的孟凡斌。出嫁的时候，父亲对她说："你是大塘村唯一的医生，无论多苦多累，都不能离开大塘村，要踏踏实实做事。"

赢得信任为村民看病

大塘村地处贵州省最贫困地区之一的月亮山区，村里共有 2500 多人，90% 是苗族。由于气候、饮水、生活习惯等原因，村民很容易生病，但村里没有医生，因山高路远和极度穷困，人们没有能力到医院看病。多少年来，都是"小病拖，大病磨，眼看不行请'巫婆'"。

2001 年，为了利用自己学到的医术解决村民看病难问题，在家人的支持下，李春燕卖掉了家里 2 头耕牛，筹集资金 2000 元，在家里开办了大塘村有史以来第一个卫生室：一张桌子、一张简易床、一纸箱药品和一个用作药箱的竹篮。虽然简陋，但从此，23 岁的李春燕便用自己柔弱的双肩，承担起了全村人的健康和生老病死。

大塘村的村民不相信这个挎着竹篮、不穿苗族服装的年轻姑娘能治病。面对疾病，村民更愿意相信"巫婆"。

2001 年夏天，一个姓王的村民喝多了酒，昏迷不醒。请了巫婆作法后，仍没醒过来，家里人认为他已经死亡，就哭着给他办后事。这时，王家有个年轻人提议说，听说孟家的媳妇会看病，不如叫来试试？就这样，李春燕被叫去了。她检查过后，开始给这个"死者"输液。随着药液的滴滴流动，"死者"竟然神奇地有了呼吸，慢慢苏醒过来。家人破涕为笑，对李春燕千恩万谢。

从此，李春燕"起死回生"的故事在村里甚至邻村传开了，找她看病的人多了起来。

举步维艰选择坚守

李春燕的努力逐渐得到乡亲们的认可，前来就诊的患者越来越多。但问题来了：80% 的病人交不起医药费，有的连一两块钱都要欠账。几年来，李春燕每次出诊，从不收取费用，卖给村民的药，也与批发价差不多。而且她行医从不催收药费，费用由村民自己给，钱不够或没有就挂账。有些孤寡老人和特别困难的病人，她就经常给他们免费治疗。

村民王岁山患上了肠套叠，因为没钱到县里医院看病，找到李春燕。他家离李春燕家有 4 公里路程。尽管李春燕怀有 6 个月身孕，依然坚持每天到他家给他打针。后来，李春燕实在行走不便，才把王岁山接到卫生室治疗。几个月里，贫困的王岁山分文未交，可李春燕却一直坚持治疗，直到他完全康复。

由于欠账太多，诊所始终入不敷出，而且缺口一天天加大。几年间，丈夫辛苦的奔波不但不能糊口，家里还欠下了几千块钱的债。干苦力、跑运输、卖化肥、收破烂，除了维持生计，多余的钱都被拿去进药。2003 年底，在卖掉了公公养的最后 1 头牛之后，李春燕流着眼泪把结婚时婆婆送给她的银饰也卖了。

雪上加霜的是，与大哥分家后修建的新房，因无钱买瓦盖房顶，只能空荡荡地摆着，遇上雨雪天气，大雨和冰雪会落到床头，经常将人在熟睡中淋醒。李春燕打算在村里行医维持生计的念头不得不被现实打消了。

2004 年，在丈夫的劝说下，李春燕决定外出打工。

临行前，她在自家门口的黑板上写道："我要出去打工了，你们欠的药费能还的就还一部分，不能还的就以后再说。"

那天晚上，一大批村民涌到李春燕家，把皱巴巴的 1 元、2 元甚至几毛钱的零钞塞到她手上，有的村民实在拿不出钱，就带来了鸡蛋和米面。

一位妇女无奈地说："你走了，以后我们家孩子要是夜里生了病，能找谁去呢？"

李春燕哭了，她捏着村民们还来的一大堆皱巴巴的总数才 100 多元的零钱，读懂了乡亲们眼神里的期盼和信赖。她突然发现，自己对村里人是那么重要。

最终，李春燕决定不走了，她要留下来继续给村民治病。

做爱心使者为建设家乡服务

2004 年 10 月，李春燕积极参与抢救大塘村一名早产儿的生命。尽管抢救最终以失败告终，但李春燕的事迹却被一同参与抢救的大学生志愿者了解并发布在网络上。李春燕获评"感动中国"2005 年度十大人物之一。

与荣誉结伴而来的还有社会各界的捐助。在中国红十字基金会的帮助下，2006 年李春燕在村里建起了一个占地 110 平方米、3 层楼的新卫生站，这也是中国红十字基金会"红十字天使计划"资助援建的第一个"博爱卫生站"，新卫生站设立了专门的病房、诊室和手术室，配备了一些现代化的医疗设备。

过去最困扰李春燕的资金难题也有了很大改善。2007 年，从江县开始实施新农合医疗制度，县新农合管理中心审批核准大塘村卫生站作为第一批新农合定点医疗机构，开展新农合工作。由于报销比例高达 80%，很多家庭已经不需要再向李春燕赊账。村民们说，这幢白色楼房和在村里走家串户看病的李春燕，让他们心里很踏实。

在中央电视台《感动中国》节目播出后，很多热心人士把爱心传到月亮山区，温暖了整个从江大地。李春燕也成为了爱心使者，她通过自己的影响力将爱心传递，为建设家乡多做实事。

2006 年，在李春燕多次反映后，当地党委、政府投资 70 万元修建的自来水工程顺利竣工，家家户户都用上了干净的山泉水。同一年，李春燕积极努力，从社会各界捐助的资金中拿出 10 万元捐赠给附近的龙江村和滚玉村，用于兴建两个村卫生室。2008 年，李春燕多方奔走，积极协调，争取到 10 万元的物资，解决了大塘村小学贫困生的学习困难。2010 年，李春燕争取到水泥 136 吨、沙子 700 多立方，实施大塘村水泥步道硬化 5000 米，使村容寨貌焕然一新。2011 年，李春燕积极协调争取县政府投资 100 多万元，修通了全长 4 公里的大塘村通村柏油路。

2006 年，中国红十字基金会捐资的以李春燕名字命名的"春燕基金"让万名乡村医生得到了培训。上海一家医院向李春燕所在的苗寨定期派出医疗队，为村民送医送药。

在李春燕看来，宣传医学知识也是村医的"重任"。她说，每当有小孩生某种病，她就告诉孩子父母，"你的孩子如果打了疫苗，就不会生这种病了"。在她身体力行和大力宣传下，大塘村原来的一些不良卫生习惯也慢慢得到了转变，落后甚至愚昧的思想慢慢地被相信科学、及时诊疗所取代，"住院分娩，母婴平安"的意识深入人心，孕产妇开始主动去医院生孩子。当卫生院的人来给孩子接种疫苗时，不到 2 个小时就可以接种完所有小孩，再不用像以前那样挨家挨户做工作了。

因为一个乡村医生的存在，大塘村慢慢改变了。

在工作的同时，李春燕也不忘提升自己的医疗水平。她一边工作一边学习，先后到北京首都医科大学、贵阳医学院附属第二医院等医疗机构进行培训，医术得到了很大提高。2014 年，李春燕通过考试、答辩，取得副主任医师资格。

现在，大塘村博爱卫生站共有医务人员 4 人，每年都有志愿者前来服务。卫生站每天都有很多人来就诊，李春燕常常忙得顾不上吃饭，病人多的时候她经常工作到凌晨两三点钟。善良、热情、尽责的李春燕，成了大塘村父老乡亲的"贴心人"，乡亲们相信她，不管老少生病或妇女生孩子都找她。

随叫随到的"乡村 120"，是乡亲们对李春燕的亲切评价。不管刮风下雨、泥泞路滑，只要接到村民的求助电话，她总会在最短的时间内出现在病人身边，为病人医治或安排转诊。

李春燕说："我是一名普通的乡村医生，能够守护乡亲们的健康，就是我最大的职责和心愿。"

新的角色带着村民共同致富

在做好本职工作的同时，作为连续两届的省党代会代表和省人大代表，李春燕认真履行职责。她说："过去的我只是一名普通卫生员，病人来看病能治好我就心满意足了。可现在我是一名共产党员，一名人大代表，心里要装着群众，要理解他们的困难，只要乡亲们有困难，我就随叫随到。"

正是因为深刻了解道路对于农村生产生活的重要性，李春燕在参加省人代会期间，先后提了四五次关于修路的建议，受到有关方面的重视。后来，在她的不断争取下，村里的路修通了，病人转诊方便了。更让她高兴的是，村里妇女在县医院住院分娩率达到了100%。

大塘村近1000亩果园基地产出的水果，是村民们长期以来的主要经济来源。但是因为水果品种单一，村民们因卖不出好价钱而发愁。李春燕觉得，治病治愚也要治穷！于是，她开始带领大家试种果树新品种，当起了产业发展带头人，帮助村民打开了水果销路。

获奖、出名并被外界关注，李春燕集众多光环于一身。但面对荣誉和光环，她都谦恭地说："我还是我，只是肩膀上的担子更重了。作为一名乡村医生，我将一如既往地坚守在山村，为人民群众解除种种病痛，不怕脏，不怕累，更不怕穷。"

奉献，也是一种爱。这种爱，铸就了普通苗乡医生的天使之路，成就了感动中国的"最美乡村医生"。

第十篇章

劳动最伟大

源自其创造价值与造福人类

习近平总书记指出："劳动是财富的源泉，也是幸福的源泉。人世间的美好梦想，只有通过诚实劳动才能实现；发展中的各种难题，只有通过诚实劳动才能破解；生命里的一切辉煌，只有通过诚实劳动才能铸就。"

劳动创造了人类，劳动创造了世界，劳动创造了文明，劳动创造了财富。劳动之所以伟大，就在于劳动不仅是人类生存和发展的基本条件，更是造福人类和开创未来的源泉。就社会来说，人们通过劳动创造的财富，满足了社会需要的基本条件，也促进了社会各方面的发展；就个人来说，每个人通过劳动，在为社会创造价值的同时实现了个人价值，在造福人类的同时也丰盈了自己的人生。

新中国成立以来，我国涌现出一大批彪炳史册的时代伟人和功勋卓著的时代巨匠。他们凭借勤劳智慧和杰出才华，凭借追求卓越和勇攀高峰的勇气，坚守淡泊名利和无私奉献的信念，为了党和人民的事业，在各自从事的劳动领域中作出了惊人的业绩，创造了举世瞩目的奇迹，立下了不朽的功勋，推动了我国经济社会发展，更充实了中华民族博大的精神宝库。

"失踪" 28 年的两弹元勋

　　1958 年 8 月的一天，时任二机部副部长和原子能研究所所长的钱三强教授，将当时在中科院原子能研究所工作的邓稼先叫到了自己的办公室，他们进行了一次秘密的谈话。

　　钱三强用略微有些幽默感的话语问道："稼先同志，国家要放一个'大炮仗'，调你去做这项工作，怎样？"

　　这句话让邓稼先吃了一惊，他立刻就明白了：国家这是要造原子弹了。

　　那年，邓稼先刚满 34 岁。

　　邓稼先是中国核武器研制与发展的主要组织者、领导者，他始终在中国核武器制造的第一线，领导了许多学者和技术人员，成功地设计了中国原子弹和氢弹，把中国国防自卫武器引领到了世界先进水平。为此，他整整 "失踪" 了 28 年，用奋斗和奉献创造出了中国奇迹，带领团队给中国放出来了两个 "大炮仗"！

"做好这件事，我这一生就过得很有意义。"

　　1950 年 8 月的一天，一艘名为 "威尔逊总统号" 的轮船行驶在太平洋上，邓稼先在轮船上归心似箭，想尽快回到刚刚成立不久的新中国，为祖国建设贡献自己的力量。

　　此时的新中国百废待兴，国家建设急需各种人才，来自于核大国的核威慑也让新中国一直笼罩在核威胁的阴云之下。当时的国际舆论称，自广岛、长崎被毁后，没有任何一个国家像新中国一样临近核威胁。刚刚成立的新中国，该如何维护自己的安全、主权和尊严呢？就在这种紧张的国际环境下，中国被迫作出了发展核武器的战略决策。1955 年 1 月 15 日，毛泽东主持召开中央书记处扩大会议，决定发展中国原子能工业。1958 年 2 月 11 日，具体领导中国核工业发展与核武器制造的第二机械工业部成立，著名科学家钱三强任副部长。从上任伊始，钱三强就愁眉不展，上哪儿去找主持这方面工作的科学家呢？

就在钱三强一筹莫展的时候，邓稼先进入了他的视线。

邓稼先，1924 年出生于安徽怀宁县一个书香门第家庭，父亲邓以蛰是我国著名的美学家和美术史家，曾担任清华大学、北京大学哲学系教授，他的言传身教对邓稼先产生了巨大的影响。1937 年 7 月，日本侵略者强令北平的学生游行庆祝，邓稼先出于爱国之情，将日本旗帜踩在了脚下，招来杀身之祸。父亲果断地让大女儿带着邓稼先逃离北平。在离别之际，父亲叮嘱邓稼先："为了祖国的强盛，你要立志学科学，将来报效国家。"1941 年，17 岁的邓稼先考入西南联大物理系。1948 年，邓稼先进入美国普渡大学读理论物理研究生，仅用一年多的时间就获得了博士学位，当时只有 26 岁的他被人们称作"娃娃博士"。取得博士学位后的第 9 天，邓稼先就登上了回国的轮船，实现了离开中国时所许下的诺言："将来祖国建设需要人，我学成后一定回来。"

由此，邓稼先成为了钱三强挑选的第一个人才。

干惊天动地事，做隐姓埋名人，是许多参加核试验和研制人员的真实写照。邓稼先接到调令，给家人留下一张全家福之后，他的名字便从人们的视野中消失了。

在和妻子临别的那天晚上，他对妻子说："我的生命就献给未来的工作了，做好了这件事，我这一生就过得很有意义。"

很快，邓稼先被任命为中国研制原子弹的理论设计负责人。那时候，除了组织以外，没有人知道他究竟在哪里工作，具体做什么。他白天从大家的视野里消失，晚上神秘地回家。严格的保密纪律，完全改变了邓稼先的生活方式。他从此没有发表过一篇论文，没有公开作过一次学术报告，甚至亲友间的聚会也有意避开了。

1958 年 8 月，邓稼先赴戈壁滩核试验基地时，连一个通信的地址都没有留下，余下的就只剩一位妻子对丈夫一无所知的漫长岁月。

"对不起，这是纪律。"

在原子弹研制的初期，1957 年中苏签订协议，苏联政府表示援助中国研制原子弹；中国用农产品交换苏联的原子弹教学模型和图纸、资料。中国人对此充满期待，希望在苏联专家的指导下缩短研制周期。但是很快，事情就发生了转变。1959 年 6 月 20 日，苏联致函中国，决定中断向中国提供原子弹研制援助。

1960 年 7 月 28 日，钱三强再一次把邓稼先邀到他的办公室，开门见山地说道："原子弹的理论设计，要由你领导的那个理论研究室来承担。"

当年，钱三强形象地将原子弹理论设计比喻为研制原子弹的"龙头三次方"。他认为，不抓"龙头"，原子弹造不出来。也就是说，要制造原子弹，必须首先拿出理论设计方案来。这好比要建造一座高楼，必须首先拿出一张图纸来。

制造原子弹的这张图纸该怎样拿出来呢？这时，邓稼先面对的是一片荒原。但是，他必须带领团队向着这片荒原挺进。邓稼先感到了责任的重大和肩上的压力，也预感到未来路程的艰难。

邓稼先选定了中子物理、流体力学和高温高压下的物质性质这 3 个方面作为主攻方向，他带领着团队从 3 个主攻方向进行突击。在秘密而简陋的房屋里，邓稼先和计算小组依靠手摇式计算机，对涉及原子弹爆炸的关键数据反复进行运算，最终完成了原子弹理论设计方案。

他们计算的是常人难以想象的大量数字，算完的纸带子和计算机的穿孔带子一扎扎一捆捆地放入麻袋中，从地板堆到天花板，堆满了一屋子，这是邓稼先他们夜以继日工作的记录。

1960 年春天，他们在工作中遇到了一个难题，需要获得一个制造原子弹的关键参数。

苏联专家以前曾经回答过他们的提问，随口说了一个数值。这个数值究竟对不对呢？对于苏联专家给的这个重要数值的计算，因为结果总是与该值对不上而困难倍增。他们加进各种参数一次又一次地计算，一包包的纸带子又从地面堆到了房顶。

每当过度疲劳、思路中断时，邓稼先都着急地说："唉，一个太阳不够用呀！"

但不管再难、再枯燥，他们都必须把这个重要数值搞准确，否则工作就无法继续下去。他们从春天到夏天，又从夏天到秋天，从头到尾先后经过了 9 遍精确计算，最后经过验证，肯定了邓稼先他们所得出的数据。著名数学家华罗庚教授把他们的计算称作是"集世界数学难题之大成"。

1964 年 10 月 16 日，罗布泊试验场。中国第一颗原子弹爆炸成功！当蘑菇云冉冉升起，人群沸腾了。大家兴奋地欢呼，疯狂地跳跃，帽子、衣物飞上了天空。他们紧紧地拥抱，彼此祝贺着！

在邓稼先和同事们返回营地的路上，迎来了院党委书记，他将邓稼先拽上汽车，塞给他一张机票，低声告诉他："你母亲病危。"

第二天下午，邓稼先乘坐乌鲁木齐到北京的特种航班飞机，在北京西苑机场降落。邓稼先满怀焦虑地走下舷梯，一眼看到了妻子许鹿希。妻子没有寒暄，立即把他拉上停机坪附近的一辆汽车。车启动后，他焦急地问道："妈妈怎么样？"

许鹿希说："妈在盼你呢，我们无法向妈妈作解释。你这些年做什么事情，我们谁都不知道，你应该告诉她老人家……"

"希希，对不起，这是纪律。"邓稼先不无歉疚地说。

汽车直接开进医院。弥留之际的母亲在苦苦地等待着日夜思念的儿子。她听到了邓稼先的呼唤，吃力地睁开眼睛，嘴角微微颤动了一下，伸出一只手，把邓稼先的手紧紧抓住，唯恐他再离去。

母亲的手已经瘦得皮包着骨头，而且肌肤冰凉。邓稼先赶紧用自己的那双大手抱紧母亲的手，给母亲温暖着。

片刻，母亲把手抽出来，哆哆嗦嗦地从枕下摸出了那张套红"号外"，用颤抖的声音问道："稼儿，能告诉我吗？"

邓稼先跪在病榻前，再一次抱着母亲那双冰凉冰凉的手，哽咽着回答说："是的，妈妈，我们成功了！"

"稼儿，怎么不早对妈妈说？"

"妈妈——"邓稼先伏在床边痛哭起来。

母亲用手抚摩着邓稼先的头，微笑着合上了双眼。她得到了最大的满足，她睡着了。

此刻，邓稼先伏在母亲的床边，竟然也沉沉地睡着了。

他实在太累了，太疲劳了。然而，母亲这一睡就再也没有醒来。她永远地安息了。邓稼先是在睡梦中送走母亲的。

"不要让别人把我们落得太远。"

第一颗原子弹成功爆炸后，邓稼先继续坚守在大漠深处的戈壁滩上，又同于敏等人投入对氢弹的研制。按照"邓—于方案"，1967 年 6 月 17 日，中国成功爆炸了第一颗氢弹，距离第一颗原子弹爆炸仅 2 年零 8 个月。与法国用 8 年零 6 个月，美国用 7 年零 3 个月，英国用 4 年零 7 个月，苏联用了 4 年的研制时间相比，中国创造了世界上最快的速度。

西方人对中国能在这么短的时间和这么差的基础上研制成"两弹一星"，感到不可思议。老朋友杨振宁来华探亲返程之前，故意问还不能暴露工作性质的邓稼先："在美国听人说，中国的原子弹是一个美国人帮助研制的。这是真的吗？"邓稼先请示了周恩来总理后，写信告诉他："无论是原子弹，还是氢弹，都是中国人自己研制的。"杨振宁看后激动得流出了泪水。正是由于中国有了这样一批勇于奉献的知识分子，才挺起了坚强的民族脊梁。

科学研究始终会存在一定的风险，可是面对任何风险，邓稼先都冲在前面。一次突如其来的事故，成了邓稼先身体健康的转折点。

1979 年的一天，邓稼先正带领着同事们进行一项试验时，突然发生了意外：一枚弹头从空中掉了下来。为了查找原因，必须有人进入试验区域找到这枚弹头并查看情况。危急关头，邓稼先决定亲自去找。很多同志都拦着，不让他去。他说："谁也别去，我去吧。你们去了也找不到，白受污染。我做的，我知道。"

当时他和赵敬璞同行，乘坐一辆吉普车向戈壁深处驶去。到了发生事故地区的边缘，他要汽车停下来。他深知此地对于身体的危险性，坚决阻止赵敬璞和司机与他同行。最后他急了，大声吼道："你们站住！你们进去也没有用，没有必要！""没有必要"这是一句只说出一半的话，完整的话是"没有必要去白白地做出牺牲"。

就这样，这位 50 多岁的核科学家一个人勇敢地向着危险地区冲上去了，他把刚才想到的"吃剂量"对人体的伤害忘得一干二净。他弯着腰一步一步地走在戈壁滩上，锐利的目光四处扫视。终于，碎弹被他找到了。高度的责任感使他在一瞬间变成了个"傻子"，脑子里只想赶快知道事故的结果，来不及考虑个人安危，竟用双手捧起了碎弹片——这个含有过量放射性物质的危险品！

他立即放心了，拖着疲惫不堪的步子向远方的吉普车走去，见到赵敬璞的第一句话就是"平安无事"。

邓稼先在没有任何防护的状态下，径直走到事故中心区。就这样一个举动，谁也说不清他的身体究竟受到了多大的伤害。

核试验的难题被邓稼先带领的团队一个个攻克，可是日夜操劳的邓稼先却倒下了。1985 年，61 岁的邓稼先回到了北京，回到了家。但这时，他的生命却已逐渐走到了尽头——直肠癌晚期。他说："如果有来世，我还是选择中国，我还是选择核事业……"

一直到 1986 年 6 月，医院发出邓稼先病危报告，中央军委指示对其解密，各大报刊在显著版面以《两弹元勋邓稼先》为题报道了他默默无闻的 28 年，隐姓埋名的 28 年。邓稼先将自己的毕生精力无私地奉献给了祖国核武器开创和发展事业，在中国核武器的研制方面作出了卓越的贡献。

在生命的最后时刻，邓稼先叮嘱身边人的最后一句话是："不要让别人把我们落得太远。"

邓稼先是中国知识分子的优秀代表，为了祖国的强盛，为了中国国防科研事业的发展，他甘当无名英雄，默默无闻地奋斗了数十年。他常常在关键时刻，不顾个人安危，出现在最危险的岗位上，充分体现了他崇高无私的奉献精神。

杨振宁教授评价他："邓稼先的一生是有方向、有意识地前进的。没有彷徨，没有矛盾。"

当年领导和主持这项工作的张爱萍将军评价他："邓稼先的名字虽然鲜为人知，但他对祖国的贡献将永载史册。"

"感动中国"年度人物评选组委会这样评价他："……是他，长空铸剑，吼出雄狮的愤怒；是他，以身许国，写下山河的颂歌。殷红热血，精忠报国，他是共和国忠诚的奠基人；鞠躬尽瘁，死而后已，他是中华民族不倒的脊梁。"

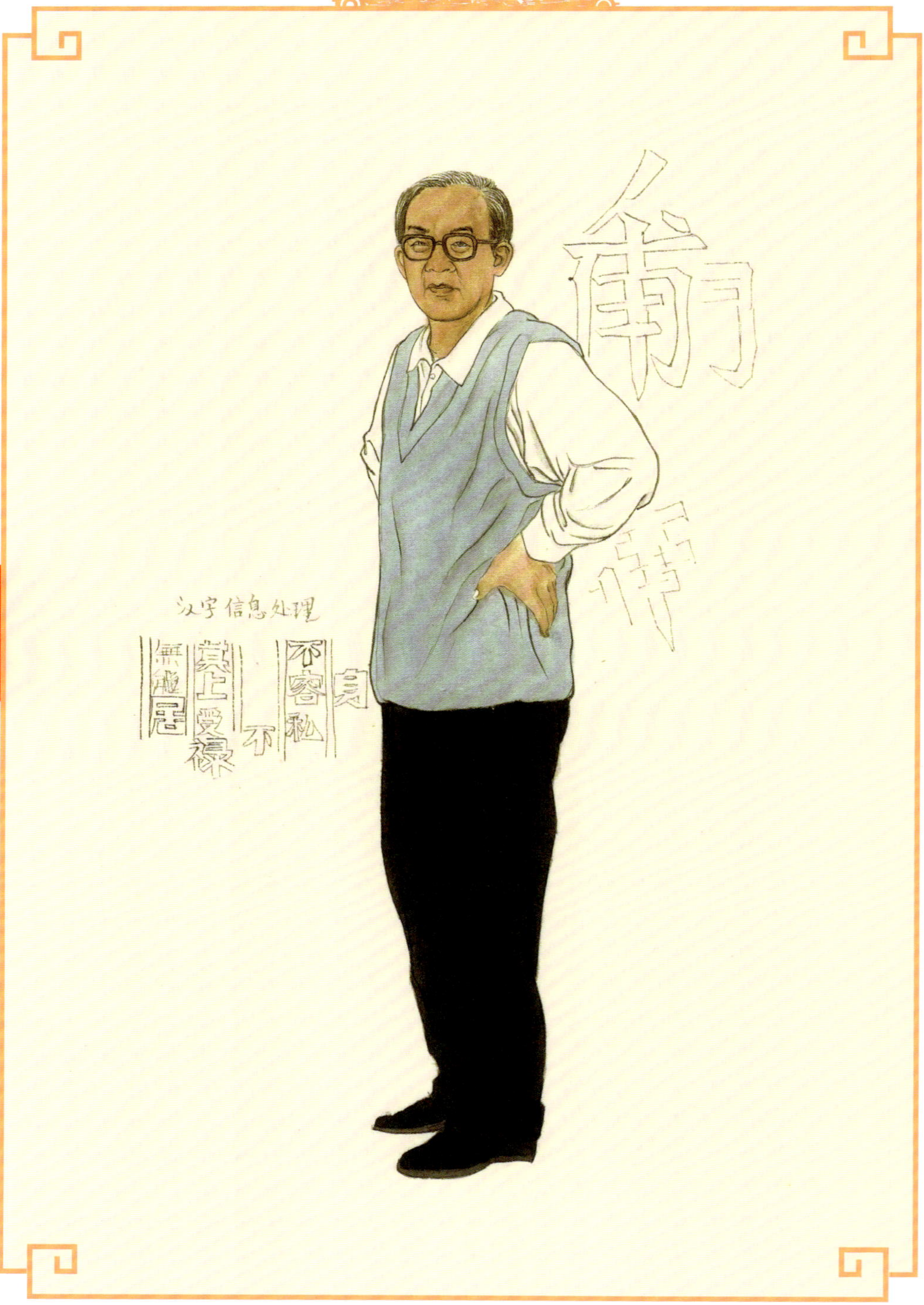
汉字信息处理
不容私
自
不

一项发明改变一个时代

他发明了激光照排技术，让古老的活字印刷和计算机科技完美相遇。

他开创了中国印刷术的第二次革命，让一张报纸的排版时间从 4 小时降到了 20 分钟。

他是新中国第一批把新技术推向市场的科学家。由他带领团队研制出的汉字激光照排系统已发展到第 8 代，在国内市场占有率达到 95%，处于绝对垄断地位，并在全球华文市场占据 90% 的市场，中文照排市场份额全球第一。他的研究成果创造的利润超过了 400 亿元人民币。

他是让汉字印刷"告别铅与火，迎来光与电"的"当代毕昇"——王选。

作出的一生中最重要的一次抉择

1958 年，王选从北京大学数学力学系计算数学专业毕业留校工作。当时北京大学开始自行研制每秒定点运算 1 万次的中型计算机"红旗机"，王选参加了"红旗机"的逻辑设计和整机调试工作。他每天工作 14 个小时以上，最紧张的时候 40 个小时都不曾合眼，被大家称为"拼命三郎"。

忙碌的科研工作之余，王选坚持每天晚上挤出时间阅读英文文献，以了解计算机技术的最新发展动态。他发现，如果不懂软件，不从使用的角度来研究计算机，照样产生不出创新的想法。

王选在《阅读文献的习惯使我终生受益》一文中，回忆写道："大量阅读文献，使我下决心一定要同时具备软件和硬件两方面的第一线实践经验，我相信通过跨领域的研究，一定能找到创造的源泉，这是我 1961 年作出的一生中最重要的一次抉择。"

1962 年，正当王选准备着手从事这一研究时，过度的疲劳和饥饿摧垮了他的身体，低烧不退，胸闷憋气，王选不得不回到上海家中治病。

治疗期间，王选仍坚持阅读科技文献。缺乏资料，他就请师姐陈堃铼帮忙。陈堃铼给王选寄来了《美国计算机协会通讯》等英文资料，王选如获至宝。为了加快阅读速度，他想出一个办法——通过收听英语广播来提高反应能力。

1963 年，王选身体稍有恢复，又想到了自己的目标——计算机软件、硬件相结合的研究。

当时国际上流行的、被联合国教科文组织下属工作小组批准的国际标准程序设计高级语言是 ALGOL 60，因此，王选决定从研制 ALGOL 60 高级语言编译系统入手。这一次，王选又从陈堃铼那里得到了帮助，陈堃铼帮他找到了一本油印的英文资料《ALGOL 60 修改报告》。开始时，王选感觉像是在看"天书"，渐渐地他钻了进去，终于茅塞顿开。于是，他马不停蹄地开始了设计。

1965 年夏，王选身体好转回到北京大学，与陈堃铼、许卓群等同事一起，在 DJS 21 计算机上研制成功 ALGOL 60 高级语言编译系统，在几十个用户中得到推广，被列入"中国计算机工业发展史大事记"中。他与陈堃铼也结为夫妻，成为相濡以沫的终身伴侣。

一步 40 年，敢为人先的科研历程

20 世纪 70 年代的中国，采用的仍是"以火熔铅、以铅铸字"的铅字排版印刷。在排版车间，捡字工人需在铅字架间来回走动，把文稿所需要的铅字从架子上一个个找出来。一名熟练工人每天要托着铅盘来来回回走上十几里路，双手总会因捡字而变得漆黑。这种方式能耗大、劳动强度高、环境污染严重，且出版印刷能力极低，出书一般要在出版社压上一年左右的时间。

据不完全统计，当时我国铸字耗用的铅合金达 20 万吨，铜模 200 多万副，价值 60 亿元人民币。而彼时，西方已率先采用"电子照排技术"，即利用计算机控制实现照相排版。

要跟上世界信息化发展步伐，汉字必须与计算机相结合，否则中国将难以进入信息化时代。为改变这种落后状况，1974 年，我国设立"汉字信息处理系统工程"，即"748 工程"。这让当时在北京大学无线电系任助教、已病休 10 多年的王选，找到了奋斗方向。

当时，国外流行的是第 2 代、第 3 代照排机，但王选通过反复分析比较，认为它们都不具有研发前途，且在当时中国存在巨大技术困难。他决定，直接研制世界尚无成品的第 4 代激光照排系统，即在电脑控制下将数字化存储的字模用激光束在底片上感光成字、制版印刷。

这个重要决定，使日后的中国印刷业从铅版印刷直接步入激光照排阶段，跨越了国外照排机 40 年的发展历史。

研究汉字激光照排系统的首要难题，就是要将庞大的汉字字形信息存储进计算机中。然而，要让计算机接纳汉字，谈何容易！英文仅 26 个字母，但汉字的常用字就好几千个，印刷中还有多种字体和大小不同的字号变化，要想在计算机中建立汉字字库，储存量巨大，与当时的计算机水平完全不符。

如何用最少的信息描述汉字笔画？ 1975 年，基于计算数学的研究背景，王选绞尽脑汁，最终想到用"轮廓加参数"的数学方法来描述字形。这一方法可使字形信息压缩 500 倍至 1000 倍，并实现变倍复原时的高速和高保真。汉字字形信息的计算机存储和复原的世界性难题被攻克。

"我第一次构思这个方案的时候，那可能是连续工作了三天三夜，睡得很少，克服困难这个过程本身也是一种享受。"很多年后，王选在接受中央电视台《人物》栏目专访时，如此回忆道。

1976 年，王选的技术方案得到国家支持，"汉字精密照排系统"研制任务下达到北京大学，王选成为技术总负责人。

"当时人们很难想象，日本第3代还没有过关，忽然有个北京大学的小助教要搞第4代，还要用数学的办法来描述字形，压缩字形信息，都讽刺我是在玩弄骗人的数学游戏。"多年后，回想当初，王选仍很感慨。但他始终坚信："搞应用研究，必须着眼于未来科技发展方向，否则成果出来就已落后于时代，只能跟在外国先进技术后面亦步亦趋。"

1979年，王选主持研制成功汉字激光照排系统的主体工程，从激光照排机上输出了一张8开报纸底片。

1981年7月，王选主持研制的中国第一台计算机激光汉字照排系统原理性样机（华光Ⅰ型）通过国家计算机工业总局和教育部联合举行的部级鉴定，鉴定结论是：与国外照排机相比，在汉字信息压缩技术方面领先，激光输出精度和软件的某些功能达到国际先进水平。

如今，在北京大学西门附近的勺园，仿佛还能看到38岁的王选正坐在柿子树下，拿着一柄放大镜，一遍遍地研究字模笔画，找寻让"汉字进入计算机"的秘密。来往的年轻学子们，很少有人知道，一项震惊世界、刷新中国出版业历史的发明就诞生于此。

现在，在车水马龙的中关村大街，方正大厦内的王选纪念陈列室内，人们还能看到王选当年查改字模信息的笔迹，稿纸上的符号密密麻麻。而这样的手稿，在他家中还有2200多页。

不能拿了国家的钱，只是做了一个试验

1979年7月，王选带领团队日夜奋战，经过几十次试验，终于用国产汉字激光照排系统输出了第一张报版样张。

在庞大的原理性样机旁，他拿起放大镜，仔细查看报样上的每一个字，随即笑着大声宣布："成功了，非常完美！马上制版印刷！"

原理性样机做完后，有人劝王选："你已经成功了，不需要再做下去

了。"但王选认为，应用型科技成果一定要经得起市场考验，才能对社会有实际作用，"不能拿了国家的钱，只是做了一个试验"。他果断决定：要从实验室走出来，与国际厂商一争高低。

然而，他面对的却是内忧外患。

20 世纪 80 年代初，引进高潮来袭，美、英、日等国的激光照排厂商纷纷来华，争夺市场蛋糕。而国内几乎一边倒地主张引进，主流的报社、出版社和印刷厂都在使用国外的照排系统。

王选团队的研制条件也异常枯燥艰苦，团队只有一台国产计算机供大家轮流使用。因机器稳定性差，每次开关机都会损坏元器件，只能采取不关机办法，昼夜工作。

"那时，国产主机上没显示器、没软盘，程序和数据的输入都是手工把指令打在穿孔纸带上，一个字一个字地抠，再输入到计算机里。打错了还得在纸带上补窟窿，做得很慢，非常非常困难。"陈堃銶回忆。

是临阵退缩，还是决战市场？

"高科技产业要做到顶天立地。"王选对团队研究人员说，"如果将来市场都被外国产品占领，我们的成绩只等于零。"

抱着背水一战的决心，自称"在骂声中成长"的王选，带领 100 多名从全国调集来的业务骨干，与多个协作单位联合攻关，集思广益，攻坚克难，持续创新。

起初，用户、协作单位在试用国产系统过程中，各种问题层出不穷，令人心惊。陈堃銶记得，在某个单位试用时甚至有一台照排机一天就出现了 8 次故障。顶着巨大的压力，王选每天都在拼命工作，没有任何假期和休息日。

最终，在国家和北京大学的支持下，在科研团队、协作单位、用户等多年的艰苦努力下，一代代国产激光照排系统应运而生，不断优化，推广应用，最终享誉海内外。

骂声终于被赞扬声替代。20多年间，王选及其团队先后研制出了8代激光照排系统产品。一场"告别铅与火，迎来光与电"的印刷革命席卷而来。到20世纪90年代初，国内99%的报社和90%以上的书刊出版社和印刷厂都甩掉铅字作业，全部用上了激光照排系统。此前来华销售照排系统的外国公司败下阵来，纷纷退出中国市场，国产系统大获全胜。我国书刊的平均出版周期从300多天缩短到100天左右，整个报业的排版能力增加了几百倍。

王选曾说过："振兴中华首先就得振兴科技，振兴科技关键还得靠自己，发达国家不可能把核心技术转让给你，只能自己解放自己。""只有与世界一流的技术竞争才能真正提高自己的创新能力，进军国际市场要有不畏强敌的勇气，要有超过外国人的决心和信心。"实干、坚忍、奉献、质朴、强烈的民族责任感……王选的身上几乎集合了那个年代中国知识分子的所有特质。

在10多年的技术研发过程中，人们对王选这一选择的质疑、嘲讽从未间断过。但他以一种科学家几近"狂热"的执着，超乎常人的坚定和魄力，瞄准目标，带领团队不懈努力，克服了重重困难，最终取得成功。顽强和毅力的背后，是王选决心自力更生改造发展国家印刷业技术、力阻国外制造厂商占领中国市场的责任感和担当，也是中华民族传承至今的"士"的精魂。

2006年2月13日，中国计算机汉字激光照排技术创始人、北京大学教授王选因病在北京与世长辞。

时任中共中央总书记、国家主席、中央军委主席胡锦涛评价说——

王选同志走了，他的名字将永远镌刻在中国科技发展史上，人民不会忘记他！

新华网评论——

王选是科学工作者的杰出代表，人民教师的优秀典范。他一生献身科学，淡泊名利，始终孜孜不倦地埋头于艰苦的科研工作，即使患病期间也没有停止过。

《通信世界》评论——

中国的 IT 产业发展，王选先生是一个划时代意义的人物。他的存在对于中国 IT 业的发展有着极大影响，他为中国 IT 业的发展作出了巨大贡献。

执着的毅力是人类天分中最重要的，取得重大创新成就的人总是在力所能及的范围内将事情做到最好，即使失败，仍敢于继续尝试，坚定不移地为目标奋斗。

愿更多的"王选"，铭记荣光，牢记使命，承志前行。

一粒改变世界的种子

有这样一位年逾 90 岁的 "90 后"，现在仍像年轻时那样，几乎每天还要去试验田 "打卡"，观察杂交水稻的长势。

他使世界亿万人民免受饥饿之苦，他一直有两个梦：第一个梦是禾下乘凉梦，就是追求水稻的高产、更高产梦；第二个梦是杂交水稻覆盖全球梦。

这个爱做梦的 "90 后"，就是 "中国最著名的农民" "杂交水稻之父" ——袁隆平。

跳进农门：中国人的饭碗要拿到自己手里面

1949 年新中国成立，袁隆平 19 岁，高中毕业，即将报考大学。他面临人生第一次重大选择。

报考哪一所大学呢？这个问题成了全家争论的焦点。父亲袁兴烈希望袁隆平报考南京的重点大学，日后学成，走 "学而优则仕" 的道路。袁隆平却有自己的见解。他想去重庆读农学院。从小在城市长大的他，始终难以忘记小学一年级那次郊游的经历。

袁隆平说："在武汉读小学一年级的时候，一次郊游，老师带我们到附近一个企业家办的园艺场。正好那是 6 月上旬的时候，桃子红红的，挂在树上好漂亮，还有一串一串的葡萄，我说学农好哇！那个时候第一次印象最深了，我就觉得学农好！"

说服父母，袁隆平义无反顾地报考了重庆相辉学院农学系，高高兴兴地跳进了 "农门"。

1953 年 8 月，袁隆平大学毕业，成为新中国培养的第一批大学生。他到湖南省农业厅报到后，坐着烧木炭的汽车，又换马车，一路颠簸，足足走了 4 天，到距离黔阳县城安江镇 4 公里的安江农业学校当了一名老师。他课上得好，深入浅出，学生易懂。学生回忆："他不讲究，黑板写满了，把手一缩，抓起袖子就擦。"

1953 年初，广袤的中国大地上，农村正在发生翻天覆地的变化。全国性的土地改革刚刚完成，农民获得土地，真正实现了"耕者有其田"。经过多年战乱，中国大地上又一次呈现出安静、祥和、朝气蓬勃的景象。但是，饥饿的魔咒还没有远离。

1953 年，中国有 5.8 亿人口，粮食总产量是 1.6683 亿吨，每人每天的口粮只有 1.5 斤。1953 年春，山东、山西、河南、江苏、安徽等地的小麦遭受霜灾，群众产生恐慌心理，引发抢购粮食的风潮，私商乘机哄抬物价，引起粮价波动，并波及其他省份。

1959 年起，中国发生了持续 3 年的自然灾害，造成粮食短缺。和经历过那个年代的人一样，袁隆平至今对当时的情形记忆犹新。

他说："像我们这样的年纪，经历过三年困难时期，没有饭吃，日子是真难过，要饿死人的！特别是我们国家，人口这么多，人均耕地这么少，粮食安全特别重要。中国人的饭碗要拿到自己手里面，不要靠人家。我们现在就是为自己解决粮食问题在奋斗。"

儿时的梦想、年少时经历的战火和正在面临的处境，一起纠缠在袁隆平的脑海中。他意识到，要吃饱饭，首先应当关注主要的粮食作物。于是，他把所有的热情都投入到了水稻的研究中。

1961 年 7 月的一天，和往常一样，袁隆平行走在稻田里。这时，一株特殊的水稻引起了他的注意。

他回忆说："突然发现有一株'鹤立鸡群'的水稻长得特别好，穗子很大，很整齐，籽粒很饱满，我很高兴。当时估计这个品种可以产 1000 斤。

第二年我把它播下去，播了 1000 株，然后精心地管理，天天到田里面去观察，望稻成'龙'。结果一抽穗，大失所望。高的高，矮的矮，早的早，迟的迟，没有一株有它的'老子'那么好。"

望着高矮不齐的稻株，袁隆平敏锐地意识到：自己看到的那株大大的水稻正是一株天然杂交水稻！灵感开始在他的脑海里闪现，如果可以人工培育杂交稻，那么水稻必将大大增产。

培育稻种：为了杂交水稻，我不能倒下！

水稻，自花授粉作物。也就是说，它不接受外来花粉，只在同一个花朵中由雄蕊向雌蕊授粉，结出水稻。

世界上，美国和日本最早着手研究杂交水稻，但是都没有成功，不能应用于大田生产。国际遗传育种界普遍认为，水稻等自花授粉作物没有杂种优势，这一结论还被写进了被奉为经典的教科书中。远在深山里的中专教师袁隆平竟然会提出培育杂交水稻的想法，这一想法被看成了对经典学术理论的背叛与颠覆，甚至被视为对基本遗传学的无知。

1964 年，袁隆平正式开始了杂交水稻的研究。他意识到，只有生产出杂交水稻的种子，才能使杂交水稻在实际生活中大范围地种植和推广。为此，他必须打破水稻自花授粉的天性。

袁隆平需要设计一套复杂的方案，他设想的方案共分三步：

第一步，他要找到一些基因异常的水稻，这些水稻的雌蕊正常，但是异常的基因导致雄蕊没有花粉。一般来讲，几万株水稻中才有可能有 1 株这样的水稻。寻找，无异于大海捞针。更为困难的是，这样的水稻，雄蕊没有花粉就无法进行自我繁衍和复制。

第二步，他要找到一种非常特殊的正常水稻，这种水稻既可以给雄蕊没有花粉的水稻授粉，又可以使它的这个特性得到全面的保持。即这次结合产生的后代，必须保持雄蕊没有花粉的异常基因。

第三步，他要找到另一种正常的水稻，和这一大批雄蕊没有花粉的水稻相结合，它们的后代才是杂交水稻种子。这些水稻种子雌蕊、雄蕊全部发育正常，再次恢复自花授粉并且结出水稻的特性，这样就符合大田生产的要求。同时，经过几次杂交，它们的基因也必须更加优秀，产量更高。这就是后来震惊世界的"杂交水稻三系法"。

理论上完美的背后，却是实际工作中的异常艰难。任何一个微小的失误，都会导致试验全面崩溃，一切都从寻找野生雄性不育株开始。

1964 年 7 月，水稻进入花期。两个月的时间里，袁隆平用手工的方式一株又一株检查了 14 万株稻穗，一共找到 6 棵水稻雄性不育株，这意味着杂交水稻育种的攻关迈出了关键性的第一步。

袁隆平面对天然不育株，就像呵护自己的孩子一样，每天浇水施肥，灭草除虫，并按时记录数据。经过两年的栽培试验，证明不育株的人工杂交结实率竟达 80% ~ 90%。根据试验数据，他写成了一篇《水稻的雄性不孕性》的论文，发表在中国科学院主办的《科学通报》杂志上。

1968 年 5 月 18 日夜，袁隆平正在家里睡觉。一觉醒来，发现外面风雨大作，他担心试验田里稚嫩的秧苗架不住风吹雨打，便急忙穿上雨衣，骑上自行车，直奔试验田而去。半个小时后，袁隆平推着自行车，顶风冒雨地来到了遍地泥水的试验田旁。借着闪电的光亮，他发现试验田中的秧苗不知被哪个居心叵测的人拔得精光。4 年的心血，1000 多天的努力，竟然就这样付之东流！

袁隆平愤懑至极，气得栽倒在试验田的田埂上，那乱箭般的疾雨，幸灾乐祸似的直往袁隆平身上淋。袁隆平不甘心地说："我不能倒下，为了杂交水稻，我不能倒下，我要站起来！"

遭到质疑，更经历过失败，但袁隆平没有放弃。他像"追着太阳的候鸟"一样，不辞辛劳地在湖南、云南、海南、广东等地辗转研究。

1973 年，在第二次全国杂交水稻科研协作会上，袁隆平正式宣布籼型杂交水稻三系配套成功，比常规稻增产 20％ 左右，实现了杂交水稻的历史性突破，为从根本上解决我国粮食自给难题作出重大贡献。

1986 年，袁隆平正式提出了杂交水稻的育种战略：由三系法向两系法，再到一系法，由繁到简，效率越来越高。

中国答案：袁隆平不仅属于中国，也属于世界

20 世纪 90 年代，美国经济学家布朗向世界发出"谁来养活中国"的疑问。

在此背景下，袁隆平领衔的科研团队接连攻破水稻超高产育种难题，超级稻亩产 700 公斤、800 公斤、900 公斤、1000 公斤和 1100 公斤的 5 期目标已全部完成，一次次刷新着世界纪录。目前，我国杂交水稻种植面积超过 1700 万公顷，占全国水稻总面积的 50%，仅每年增产的粮食就可养活 7000 万人。

袁隆平用高产、更高产、超高产的现实，对外国人的这一世纪发问，给出了中国人自己的答案。

2016 年，86 岁的袁隆平带领团队，又向"海水稻"发起挑战，并在新疆、山东、浙江、黑龙江、陕西等全国 5 大类型盐碱地区域开展测试。他希望通过耐盐碱杂交水稻的研发和推广，让盐碱地像普通耕地那样造福人类。袁隆平把海水稻技术的突破和创新称为"拓荒人精神"，他设定的目标是：要在 8 年时间里推广 1 亿亩海水稻，按照亩产 300 公斤计算，可多养活 8000 万人口。

袁隆平不仅属于中国，也属于世界。

从 20 世纪 80 年代至今，袁隆平和他的团队通过开办杂交水稻技术培训国际班，已经为 80 多个发展中国家培训了 1.4 万多名杂交水稻的技术人才。他作为联合国粮食农业组织（FAO）的首席顾问，先后赴埃及、越南、菲律宾、缅甸和孟加拉等国，对当地的杂交水稻种植进行技术指导。

2004 年度"世界粮食奖"的殊荣授予了袁隆平。世界粮食基金会在给予袁隆平的颁奖辞中这样写道：

袁隆平教授有 30 多年研究水稻的宝贵经验，他为促使中国由粮食短缺转变为粮食充足供应作出了巨大贡献。他正在从事的"超级杂交稻"研究，为保障世界粮食安全和解除贫困，展示了广阔的前景。

他的成就和远见，营造了一个粮食更为富足、粮食安全具有保障的更加稳定的世界。同时，袁隆平教授致力于将技术传授并应用到包括美国在内的其他 10 多个国家。

守望稻田：没有谁，比他对杂交水稻更执着

90 多岁的袁隆平，尽管身体大不如前，却依然"管不住"他那双迈向稻田的腿，"收不住"他那颗向着水稻的心。

袁隆平说："累肯定是累的，但是一到了超级稻的田里面，我就兴奋起来，就不累了。不亲自下田是不行的，不能隔靴搔痒啊！必须要到现场亲自看。我培养研究生，因为是搞水稻的，第一个要求就是你要下田。不下田，我就不培养。电脑很重要，但是电脑里面长不出水稻；书本知识也很重要，但书本里面也长不出水稻。你必须到田里面，才能种出水稻。"

他是一位真正的耕耘者。

当他名满天下的时候，却依然只是专注于田畴，淡泊名利。一介农夫，播撒智慧，收获富足。他毕生的梦想，就是让所有人远离饥饿。

2013 年 4 月 28 日，习近平总书记到全国总工会机关看望劳动模范代表，共庆"五一"国际劳动节时，寄语袁隆平说："你这是一个伟大的事业，我们国家包括整个世界，现在还是要为粮食安全积极奋斗。全世界还有很多人吃不饱肚子，我和很多国家在谈合作时都谈到粮食安全领域的合作，很多人都提到对我们农业的先进科技特别是杂交水稻这方面的合作。所以，我们这项事业是造福祖国人民、造福世界的一项事业。"

2019 年 9 月 29 日，在新中国成立 70 周年前夕，袁隆平被授予"共和国勋章"。

颁奖辞这样描述袁隆平：他一生致力于杂交水稻技术的研究、应用与推广，发明"三系法"籼型杂交水稻，成功研究出"两系法"杂交水稻，创建了超级杂交稻技术体系，为我国粮食安全、农业科学发展和世界粮食供给作出杰出贡献。

2020 年 11 月 2 日，袁隆平和他的团队刷新了世界杂交水稻亩产的纪录：由他们研发的第三代杂交水稻"叁优一号"双季亩产突破 1500 公斤。在新闻发布会上，"90 后"的袁隆平说："我的工作是非常有意义的工作，我的身体还可以，脑瓜子还不糊涂，所以说，我还可以继续工作，继续做对人民、对社会、对国家有意义的工作，从'90 后'一直搞到'百零后'。"

袁隆平以他的执着和真诚征服了全世界，也赢得了世人的尊重和敬仰。在浩瀚的宇宙中，闪耀着一颗以他的名字命名的小行星。而袁隆平，更是我们仰望苍穹，去追寻梦想时的一颗在科学和自然的天空中发出耀眼光芒的明星！

鼓舞人心的一面旗帜

他是孙中山领导的同盟会中年龄最小的创始会员，孙中山送给他 8 个字：努力向学，蔚为国用。

他一生致力于地质科学研究，毛泽东、周恩来等老一辈无产阶级革命家曾给予他很高的评价，称赞他是"一面旗帜"。

李四光，中国现代地球科学和地质工作的主要领导人和奠基人之一。

发现"第四纪冰川"

在人类居住的地球上，曾经有过无数次大的冰期，而最近的一次，是在地质历史的最后一个纪，即第四纪，称为第四纪冰川。

20 世纪 20 年代，第四纪冰川的遗迹在欧洲、美洲相继被发现，而中国是否有过第四纪冰川，国际地质学界一直持否认态度。

有一次，李四光把条痕石等冰川砾石从野外带回北京后，特意摆到农商部顾问、瑞典地质学权威安迪生面前，请他鉴定。而安迪生却不屑一顾地把标本扔到一边，轻蔑地说："李希霍芬是德国有名的地质专家，在中国做了 30 多年考察，都没有发现冰川……"

李四光十分生气地指着他从太行山背回来的条痕石说："请你看看，条痕石上这又深又长的条痕吧！"

安迪生冷笑道："我们没有发现的东西，你们中国人永远也不会发现！"

李四光已经怒发冲冠了，猛地从座椅上站了起来，搬起那块石头就走了。从此，他下决心要搞清中国有没有经过第四纪冰川时期，为中国人争口气。

357

那么，中国是否发生过第四纪冰川运动呢？这个疑问一直到了李四光的时代，到了这位年轻的地质科学家手中才得以解决。

1921年夏，李四光带领学生到太行山东麓河北邢台的沙河县，进行地质考察。这一天，他带领学生在横穿沙河盆地时，看见远处有一座外形呈半圆形的小山，它独特的外貌，引起了李四光的注意。他带领学生朝这座小山走去。当走到近处，发现在小山的周围有一些奇怪的石头。

李四光陷入深深的思考中：这些石头显然不是洪水搬运来的，因为洪水造成的堆积物有其显著的特征，一是被运的石头棱角被磨平，呈卵圆形；二是堆积物的分布是小石在前，大石在后。眼前的这些石头一点儿也不像洪水堆积物，倒更像冰川形成的堆积物。

"难道真的是冰川堆积物？"李四光脑子里闪了一下。他赶紧再仔细观察，发现这几块巨石棱角分明，在它的磨光面，有几处隐隐约约的擦痕。"这个发现可是太重要了。"李四光心里想着，又带领学生继续向前走去。他们向东北走了不多远，又发现了几块石头，堆积在一块半掩埋着的大石块上，上面有3组非常清晰的条痕。接着，他们又发现了几块标准的条痕石。

李四光心里渐渐得出了结论，这些石头就是冰川的漂砾。这说明，中国在第四纪冰期，是发生过冰川运动的。时隔不久，为寻找更多的证据，李四光又来到山西大同盆地，对煤田地质进行调查。在大同西南20公里处的口泉附近，李四光又发现了一条东西方向的U字形裂谷，有几公里长，宽度、深度都比较均匀。在谷底，他发现了片麻岩、片岩、牙岩和其他火成岩的巨大岩块。谷地两壁由砂岩组成，这就足以说明，谷底这些岩石块，是从远处由冰川带来的。这一次，李四光不再犹豫了，果断认定，这就是冰川U谷！

20世纪30年代初期，李四光先后又对庐山、黄山、天目山等地深入地进行了冰川调查，还赴欧洲阿尔卑斯山考察现代冰川，并且进行了对比，确立了以庐山为代表的中国第四纪冰期、间冰期（两冰期之间相对温暖的时期）和各类冰川的证据，为中国第四纪冰川学的研究和发展奠定了坚实的基础。

1937 年，李四光完成了《冰期之庐山》的科学论著，这一著述对中国第四纪冰川研究具有划时代的意义，特别是推进了中国第四纪冰川的研究开展。

李四光是中国第四纪冰川学的奠基人。他的一系列著名的科学论断，促进了中国第四纪冰川研究工作的蓬勃发展。根据对第四纪大冰期的研究证明，冰川气候环境对人类的进化、生物的演化、海水进退规律以及自然环境演变等，都产生了重要而深刻的影响。研究第四纪冰川，对于找矿、找水、工程地质、水文地质、环境资源的开发利用和保护，以及气候预测等方面都具有重大的意义。

新学科之诞生

1926 年，李四光在中国地质学会上宣读了他的《地球表面形象变迁的主因》的论文，这也是地质力学的第一篇萌芽文章。

奥地利有一位名叫苏士的地质学家，他认为地球表面的海水运动，是具有全球性的，要升都升，要降都降。李四光第一个批判了这种传统地质学观点，提出海水不但有垂直运动，而且还有水平运动。产生水平运动的原因，主要由于地球自转速度的变化。李四光竭力阐明引起地球表面形象变迁的主因，是地球自转速度的快、慢变化。

1926 年，李四光到莫斯科参加地质科学会议。他坐在火车上，看到东西蜿蜒的乌拉尔山脉，引起了他特别的关注。当他打开地图与实际山脉对照时，发现这座巨大的乌拉尔山脉是东西延伸，并且中段向南突出，是个一弯三折的大弧形构造，在弧形的北边，有一条南北方向的山脉存在。从地图上看，俨然一个"山"字形，这是李四光认识山字形构造的开始。

1928 年，当时担任中央研究院地质所所长的李四光带领一个地质调查组到南京、镇江做地质调查，他们发现了镇江的宁镇山脉是一个"山字形构造"。同一年，他们又在广西发现一个很大的"山字形构造"。从此，李四光在地质力学构造体系中建立了山字形构造类型。除此以外，他们还发现了"多字形构造""卐字形构造""S型"和"反S型"旋转构造，还有巨形的东西向（纬向）构造、呈北偏东向的构造带，李四光称之为华夏构造带。根据实际资料，李四光建立了地质力学构造体系。

新中国成立后，在李四光的倡导下，于1956年设立了地质部地质力学研究室。1960年，又将地质力学研究室更名为地质力学研究所。

1961年，李四光开始写《地质力学概论》，这是一本全面总结、有很高理论水平和丰富实际资料的代表性著作，它包含了李四光几十年来的地质力学研究成果。

李四光创立了地质力学，建立了新的边缘学科"地质力学"和"构造体系"概念，将力学理论引进到地质学的研究中，开辟了一条解决地壳构造和地壳运动问题的新途径。

发现"油"

新中国成立以后，面对的是旧社会留下来的烂摊子，满目疮痍，百废待兴。在中国共产党和中央人民政府的领导下，仅仅用了3年的时间就恢复了国民经济。1953年开始实行第一个五年计划，工业、农业进入快速发展的轨道。

这年年底的一天，李四光收到来自中南海的一封邀请信，请他到中南海参加会议。

下午5时左右，李四光乘坐着来接他的小汽车驶入中南海。李四光下了汽车，刚刚走进会议室，一眼就看见了毛泽东主席，站在毛主席身后的是周恩来总理。

"李老，快来呀。"周总理走上前，把李四光领到了毛主席的面前。毛主席紧握李四光的手说："李老，近来你的身体可好？"

李四光眼睛湿润了。毛主席、周总理日理万机，为国家大事整日操劳，还时刻不忘关心科技工作者。"谢谢主席的关心。"李四光感激地说。

毛主席把身子向李四光靠了一靠，神情有些焦急地说："李老，你知道，我们已经开始了第一个五年计划，要建设，天上飞的，地下跑的，没有石油都转不动，看来石油是一个大问题。今天请你来，就是要向你请教一下，如何解决这个拦路虎的问题。"

周总理接着说："目前我国的石油生产远远不能满足建设发展的需要，只能依靠进口解决，弄得我们很被动，因为我们的外汇储备也不充裕。现在我们除了在玉门一带继续开采少量的石油外，还打算做另一手准备，就是在广东茂名、东北抚顺一带扩大提炼油页岩，发展人造石油，以弥补国家石油的不足……"

李四光一听急了，油页岩含油量是很低的，用复杂的技术提炼出少量的石油之后，如何处理剩下的大量石头是一个棘手的问题。如果从油页岩中提炼石油，就等于承认我国没有丰富的天然石油资源，这是李四光不能接受的。

早在 1915 年至 1917 年，美孚石油公司的一个钻井队，在陕北肤施（今延安市）一带，花了 300 万美元打了 7 口探井，最后没有找到石油。

1922 年，美国斯坦福大学教授布莱克威尔德来到中国调查地质，写了一篇题目为《中国和西伯利亚的石油资源》的文章。文章引证、分析了许多材料，特别是美孚石油公司的失败，得出一个结论——"中国贫油"。从此，"中国贫油论"这顶帽子就戴到了中国人的头上，这一戴就是几十年。但是，李四光并不同意"中国贫油论"的说法。

1928 年，李四光根据自己对地质构造的研究，反驳了布莱克威尔德的观点："美孚的失败，并不能证明中国没有油田。"以后，他在《中国地质学》一书中，又一次提出：新华夏构造体系沉降带"可能蕴藏有重要经济价值的沉积物"。这个沉积物讲的就是石油。后来，大庆油田、大港油田、胜利油田、华北油田等油田的发现，证实了其预测。

1955年，根据李四光的提议，石油普查队伍开往第一线。在几年里，就找到了几百个可能的储油构造。1958年6月，喜讯传来：规模大、产量高的大庆油田被探明。地质部立即把队伍转移到渤海湾和黄河下游的冲积平原。以后，大港油田、胜利油田等油田相继建成。地质部又转移到其他的平原、盆地和浅海海域继续作战。

地质之光，创新之魂

李四光这一面旗帜，一直激励着一代又一代的地质工作者奋发图强，还形成了"以献身地质事业为荣，以艰苦奋斗为荣，以找矿立功为荣"的"三光荣精神"。在这种精神的影响下，几代地质工作者扎根野外，为我国能源资源保障、国家安全和国民经济建设无私奉献。

伟大的劳动者都有着勇于探索的创新精神。习近平总书记在中国科学院第十七次院士大会、中国工程院第十二次院士大会上就曾引用李四光说过的一句话："科学的存在全靠它的新发现，如果没有新发现，科学便死了。"这是李四光精神中最闪亮的一点，更是他一生奉为圭臬的金科玉律！

是的，李四光最让我们感动的，正是他的创新精神！从古生物蜓科鉴定法到中国第四纪冰川等重大学说的创建，从地质力学理论的创立到以其为指导的中国石油大发现等一系列重大学术实践，直至在世界性难题之一的地震预测和预报中做出的无与伦比的成就，地质学家李四光的一生，就是不断创新的一生！

从李四光为中国地质事业奋斗的历程中，我们可以看到他为中华民族伟大复兴而奋斗不已的爱国情怀，看到他在科学上知难而进的创新精神，以及他坚韧不拔的事业心和严谨细致的治学作风。

习近平总书记曾对科技工作者提出过4条具体要求，最重要的就是希望科技工作者们能提高自主创新能力！习近平指出，我国科技发展的方向，就是创新、创新、再创新！创新让生产力经历了一次又一次质的飞跃，对国际政治、经济、文化、社会、生态、军事等领域发展产生深刻影响，推动人类文明快速发展。

在现代化建设的新时期，我们学习李四光精神，就是要学习他那种胸怀祖国、立志报国的精神，把自己的命运同祖国的繁荣昌盛联系在一起；学习他崇尚科学、勇于创新的精神，在科学上不断探索、不断创新、不断前行，成为攀登科技高峰的优秀人才；学习他勤于实践的精神，勤于思考、学用结合，在实践中锻炼思维能力和创新能力。

李四光的创新，让中国人挺直了腰杆。我们深信他那一句掷地有声的话："中国人的智慧，一定不比外国人差！"创新，是李四光的灵魂，更是科学的灵魂。

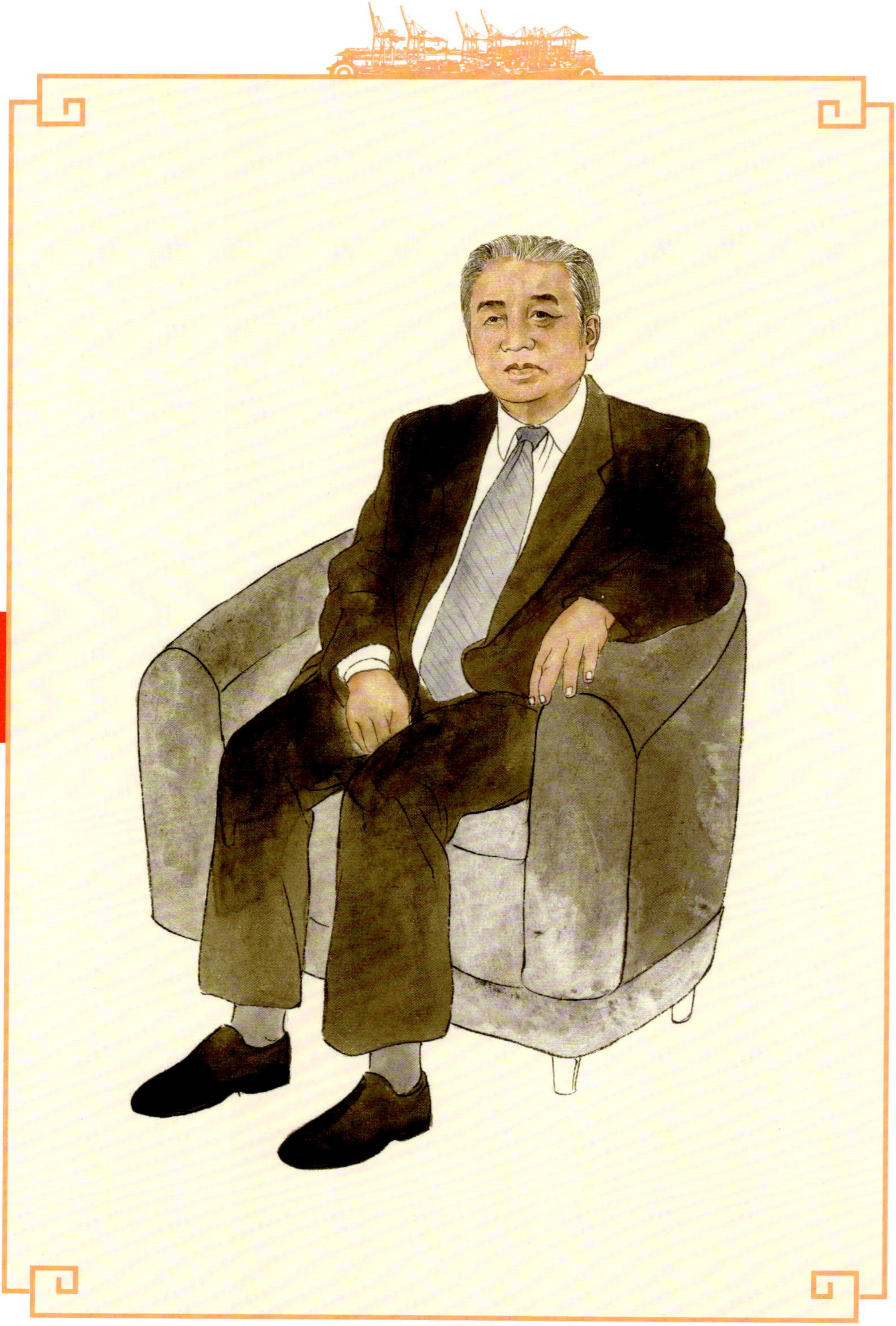

用创新催化神奇

在国家需要的时候，他站了出来！燃烧着自己，照亮能源产业。

他把创新当成快乐，让混沌变得清澈，他为中国制造了催化剂，他是我国炼油催化应用科学的奠基人、石油化工技术自主创新的先行者和绿色化学的开拓者。

他点石成金，引领变化，永不失活力，被业内同行誉为"中国科学的催化剂"——他就是中国科学院和中国工程院院士闵恩泽。

创新动力——国家需要什么，我就做什么

翻看闵恩泽院士半个多世纪的创新之路，不由得让人惊叹：他像一株枝繁叶茂、活力充沛的老梅，创新之花常开常艳。

20世纪60年代，正当壮年的他先后开发成功小球硅铝裂化催化剂、微球硅铝裂化催化剂、磷酸硅藻土叠合催化剂、铂重整催化剂等，解决了新中国在石油炼制方面的燃眉之急。

20世纪七八十年代，步入"知天命"之年的他，先后开发成功钼镍磷加氢催化剂、一氧化碳助燃剂、半合成沸石裂化催化剂等，使我国的炼油催化剂品种更新换代，达到国际先进水平。与此同时，闵恩泽另辟蹊径，潜心于催化材料的研发，先后指导研制出非晶态合金、新型择形分子筛等新催化材料，开发成功磁稳定床、悬浮催化蒸馏等新反应工程，并实现工业化，自主创新，国际领先。

到了20世纪90年代，已是花甲之年的他又转入绿色化学领域，指导开发成功"钛硅分子筛环己酮氨肟化""己内酰胺加氢精制""喷气燃料临

氢脱硫醇"等绿色新工艺过程，从源头根治环境污染，开启了我国的绿色化工时代。

进入 21 世纪后，年近八旬的他，把目光转向生物质能源开发，指导开发成功"近临界醇解"生物柴油清洁生产新工艺，使我国在这一领域后来居上……

闵恩泽源源不断的创新活力来自哪里？他有什么与众不同的创新武器？朴素的创新动力——国家需要什么，我就做什么。"国家需求"这 4 个字，始终像一盏闪亮的明灯，照耀着闵恩泽的创新之路。

1942 年，18 岁的闵恩泽进入重庆国立中央大学土木系读书。当时农业大省的四川急需生产化肥，却苦于缺乏专业人才。于是，闵恩泽在大学二年级时毅然转学化工。1955 年 10 月，已在美国获得化学博士学位并成家立业的他，不顾朋友的劝说和美国移民局的刁难，携夫人陆婉珍绕道香港回国。当时，我国急需催化剂的专业人才。

"1960 年开始，苏联逐步减少以至最后停止了对我国的催化剂供应，当时库存的催化剂只能维持一年，直接威胁到我国航空汽油的生产，形势十分严峻……"原石油工业部部长余秋里同志在回忆录中写道，"我把研制催化剂的重担，交给了石油科学研究院从美国回来不久的闵恩泽同志……"但是，催化剂研究与他 10 多年的专业学习和工作经历根本不沾边儿。"国家需要什么，我就做什么。"临危受命的闵恩泽毫无怨言、迎难而上，全身心投入到催化剂这个完全陌生的领域。他从零开始，边学边干，通过研究手中掌握不多的国外文献资料，从中寻找突破的蛛丝马迹。

在几间非常简陋的小平房里，他和同事们冒着危险，反复试验，失败、再试验、再失败……几年之后，终于成功研制出多种催化剂，使我国石油炼制催化剂领域从一片空白到一跃成为世界上能生产各种炼油催化剂的少数几个国家之一。

闵恩泽在科研上的另一大成就——己内酰胺绿色成套技术的开发，也是"国家急需"的结果。

为解决国内对己内酰胺这一重要化纤原料的迫切需求，中国石化在 20 世纪 90 年代后期相继耗资 25 亿元、35 亿元，引进以苯和甲苯为原料生产己内酰胺的装置各 1 套，在巴陵分公司和石家庄化纤公司生产。到了 2000 年，由于多种原因，两套装置年亏损近 4 亿元，急需扭亏为盈。闵恩泽参加中国石化技术服务小分队，去巴陵分公司技术咨询后，又主持石家庄化纤公司己内酰胺现场诊断，提出建议：以企业为创新基地，产学研相结合，动员全国优势单位和人才，联合攻关。仅用了 7 亿元进行工艺改造，把两套装置的生产能力由原来的 5 万吨 / 年分别提高到 14 万吨 / 年、16 万吨 / 年，消除了环境污染，提高了产品质量，实现扭亏为盈。面对多方赞誉，闵恩泽真诚地说："能把自己的一生与人民的需求结合起来，为国家的建设作贡献，是我最大的幸福。"

"要自觉地面向重大应用研究技术问题，面向国家经济社会发展的重大需求搞科研。"这是闵恩泽多年治学的基本准则之一。

原始创新——好似"第一个馒头"

原始创新要如何实现？闵恩泽认为，一定要把现有技术的科学知识基础，转移到一个全新的领域。以获得 2005 年度国家技术发明奖一等奖的"非晶态合金催化剂和磁稳定床反应工艺"为例，这项成果把原有的晶态镍合金和釜式反应器的科学知识基础，转移到全新的非晶态和磁稳定床反应器的科学知识基础上，最终实现原始创新。所以，原始创新好似"第一个馒头"，一个人到馒头铺吃饭，吃了一个馒头不饱，吃完第二个馒头还不饱，吃完第三个馒头才饱。买单时他只付一个馒头的钱，说前边两个馒头没有用，第三个馒头才有用。其实不然，每一个馒头都很重要，都是必不可少的。而且先吃的第一、二个馒头要比第三个馒头更重要，第一个馒头又要比第二个馒头重要。这是因为，不吃第一个馒头，连吃第二个和第三个馒头的机会都没有；没有第二个馒头打基础，也就没有条件吃第三个馒头。

像艺术创作一样，科学创新同样离不开灵感。在一首打油诗中，闵恩泽这样写道："市场需求，兴趣推动，苦苦思索，趣味无穷；灵感突现，豁然开朗，发现创新，十分快乐……"创新的灵感是怎么来的？闵恩泽的答案是：创新的灵感来自于联想，联想来自于博学广识和集体智慧。

当有人问他："您一生都在不断追求创新，其中最大的驱动力是什么？"他回答："责任。"在他看来，一个人做的事，能够和国家强盛、民族命运联系在一起，这是一件值得高兴的事情。

满头银发的闵恩泽在说到今后的打算时，提及过想做两件事——"一件事是把我50多年的自主创新案例写下来，它贴近实际、真实生动，容易学习理解，培养创新型人才；另一件事就是面临油价波动和大量进口石油的挑战，我将在利用生物质资源生产车用燃料和有机化工产品领域中继续努力，参加攻关和培养创新型人才。""概括起来说，我要做的就是明天、后天甚至再后天的，国家长远性、战略性、基础性研究需要的事。"

自主创新——好似吃"麻辣烫"

出生在成都的闵恩泽特别喜欢吃川菜，尤其喜爱麻辣烫，还用它形象地来比喻科研工作中的自主创新。自主创新，是闵恩泽一生从事科研工作的关键词。正是一项项自主创新的技术成果，支撑着我国石油炼制与石油化工技术实现跨越发展，达到国际领先水平。总结几十年的创新体会，闵恩泽诙谐地说："好似吃麻辣烫，又辣又爱，坚持下去，终获成果。""又辣又爱"道尽创新苦与乐，"坚持下去"折射人生尽执着。

其实，闵恩泽对自主创新的思考，得益于一次印象深刻的会晤。1980年，东京国际催化会议后，56岁的闵恩泽邀请美孚石油公司的中心研究室主任来华访问，他讲到美孚在分子筛领域成功的经验时提出，要搞新的催化材料，而不是搞催化剂。闵恩泽听后很受启发，便和同事们广泛调查石化技术创新的历史，调查催化材料怎么发展，研究国外大公司是怎么干的。最后明确，新催化材料是创造发明新催化剂和新工艺的源泉。

1960 年，闵恩泽带领他的团队，用近 5 年的努力，开发成功独特的"混捏—浸渍法"制备磷酸硅藻土催化剂，生产出合格的磷酸硅藻土叠合催化剂，其耐水性超过进口催化剂，且价格便宜。1964 年 5 月，小球硅铝裂化催化剂正式投产。投产期间，他也亲自到现场主持制定试生产方案和操作规程，甚至食宿都在现场。这背后，是他们 4 年的坚持。"非晶态合金催化剂和磁稳定床反应工艺的创新与集成"，这更是一个集体为之探索 20 年的成果，既没有现成的模式，也没有可以借鉴的经验，闵恩泽感慨："中间的曲折坎坷实在太多了。但坚持到底，所有问题都解决了。"这一成果获得 2005 年国家技术发明奖一等奖。此前，该奖曾连续 6 年空缺。

作为战略科学家，闵恩泽非常关注和熟悉国际尖端科技，并始终站在世界石油化工科技的前沿。20 世纪 90 年代初，他就提出发展我国绿色化学的建议，并指导开发成功多项从源头根治环境污染的绿色新工艺。新世纪以来，闵恩泽的研究进入到绿色化学中的生物质资源利用新领域，指导科研团队开展利用油料作物发展生物柴油的生产工艺研究。

20 世纪 50 年代，我国石油炼制催化剂领域还是一片空白。如今，国产催化剂早已跻身国际先进行列。这其中的一些重大创新和变化，几乎都无法绕过闵恩泽的名字。

当有人向闵恩泽问起这么多年来创新的感受时，他毫不犹豫地回答道："思考催化剂的问题是快乐的；当想出一个好的解决方法时，也是快乐的；当课题最终取得成功时，那更是快乐的。"但创新总会有风险，创新的道路也不会一帆风顺。"失败和挫折教育着我们，使我们变得聪明起来。"闵恩泽常用这样的话来激励自己，也鼓励学生、同事。闵恩泽带领他们边学习、边实践、边总结，从试验到失败，从失败再到试验，一项项创新成果最终获得了成功。

2008 年 1 月，闵恩泽荣获 2007 年度国家最高科学技术奖。2012 年，时任中共中央政治局常委、中央书记处书记、国家副主席的习近平来到闵恩泽家中，代表胡锦涛总书记和党中央亲切看望他并致以诚挚的问候和新春的祝福，听取他对深入实施人才强国战略的意见和建议。习近平高度赞扬闵恩泽放弃国外优厚生活待遇回到新中国，为发展我国石油化工事业作出了突出贡献，要求广大科技工作者学习闵恩泽等老一辈科学家的爱国奉献精神。

这位为我国石油炼制与石油化工技术创新默默耕耘半个多世纪的老人，面对科技界的最高褒奖，显得平静而谦虚。闵恩泽说：“能够获得这项大奖，我非常高兴。但这个崇高的荣誉不只属于我个人，更属于我的合作者、我的同事们和整个石油化工学界。”

爱国，对闵恩泽来说，从来不是一个空洞的词汇，是盼望祖国富强的深切愿望，是他为祖国忘我工作的不竭动力。作为一名科学家，他的伟大，体现在他做的每一项科研都是为了解决重要的实际问题，为了国家的发展而去奋斗。炼油催化应用科学、石油化工技术自主创新和绿色化学，分别涵盖了闵恩泽科学人生的三个主要阶段，同时也跟我国石化、化工产业发展的脉搏合拍。这是闵恩泽科学人生的最大闪光点———作为奠基人、先行者和开拓者，他在自己的专业领域内造诣精深，成就非凡，并在每一阶段都有属于自己的标志性贡献。他在专业领域的所作所为，都是紧扣国家重大需求，并及时提出解决之道。他爱国、敬业、创新的一生，令国人敬仰，促新人攀登，沿着创新向前的道路，勇往直前。

第十一篇章

劳动最伟大

来自其不懈奋斗与创造奇迹

习近平总书记指出:"劳动是财富的源泉,也是幸福的源泉。""在中国人民手中,不可能成为了可能。我们为创造了人间奇迹的中国人民感到无比自豪、无比骄傲!"这不仅深刻揭示了人民创造历史、劳动创造世界的真谛,更热情讴歌了伟大的中国人民不懈奋斗的创造伟力和辉煌成就。

幸福不会从天而降,梦想不会自动成真。人世间的一切幸福都需要靠辛勤的劳动来创造,因为"幸福是奋斗出来的"。劳动之所以伟大,来自于人们通过不懈奋斗能够创造出一个个人间奇迹,创造出幸福的生活。从个人来说,通过自己辛勤劳动和不懈奋斗,实现人生理想,享受幸福人生,因为"只有奋斗的人生才称得上幸福的人生","奋斗者是精神最为富足的人,也是最懂得幸福、最享受幸福的人"。从国家来说,通过每个人的辛勤劳动和不懈奋斗,创造出令世界瞩目的中国奇迹,也创造出亿万人的幸福生活,因为"世界上没有坐享其成的好事,要幸福就要奋斗","社会主义是干出来的,新时代也是干出来的"。

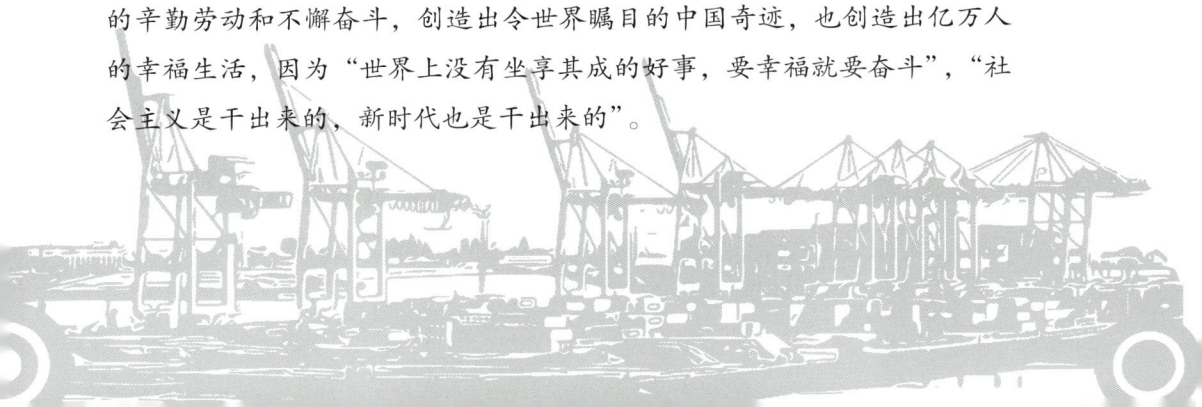

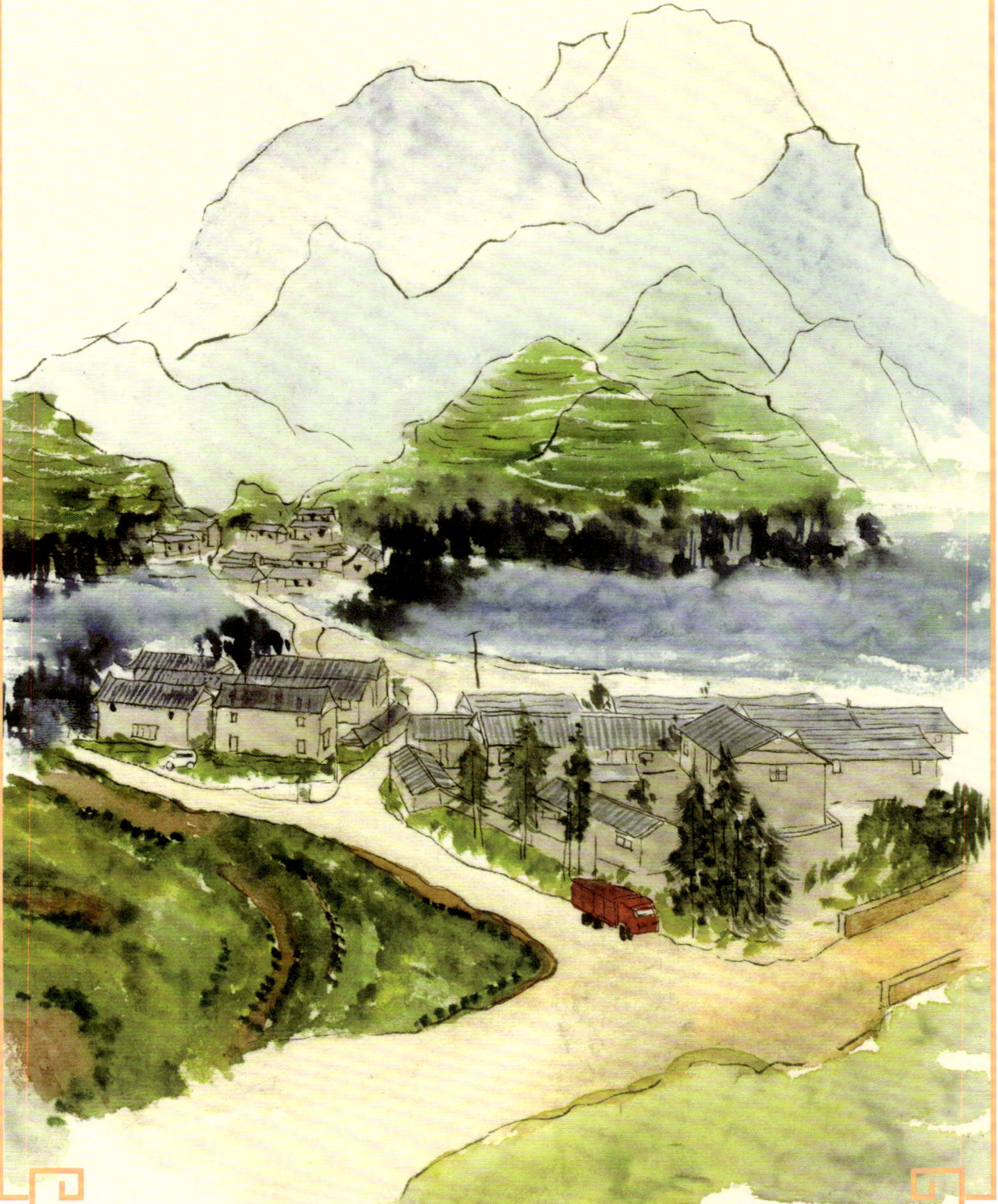

创造人类减贫史上的奇迹

位于滇藏交界处的云南省贡山县独龙江乡，是全国唯一的独龙族聚居地，曾是云南乃至全国最为贫穷的地区之一。2018 年，全乡农民人均纯收入 6122 元，全乡建档立卡贫困户 611 户 2297 人全部脱贫。当地群众委托乡党委给习近平总书记写信，汇报独龙族实现整族脱贫的喜讯。2019 年 4 月 10 日，习近平给他们回信，勉励乡亲们为过上更加幸福美好的生活继续团结奋斗。

在脱贫攻坚工作中，全国共派出 25.5 万个驻村工作队、累计选派 290 多万名县级以上党政机关和国有企事业单位干部，到贫困村和软弱涣散村担任第一书记或驻村干部。

2020 年，我国脱贫攻坚战取得了全面胜利，现行标准下 9899 万农村贫困人口全部脱贫，832 个贫困县全部摘帽，12.8 万个贫困村全部出列，区域性整体贫困得到解决，完成了消除绝对贫困的艰巨任务，提前 10 年实现《联合国 2030 年可持续发展议程》的减贫目标，创造了又一个彪炳史册的人间奇迹！国际社会对中国创造的人类减贫史上的奇迹高度赞扬，联合国秘书长古特雷斯表示，中国的扶贫经验和精准扶贫方略，可以为其他发展中国家提供有益借鉴。

扶贫脱贫：一个都不能少

习近平总书记多次对脱贫攻坚工作这样强调："决不让一个少数民族、一个地区掉队。"2020 年 3 月，在决战决胜脱贫攻坚座谈会上，习近平再次强调："到 2020 年现行标准下的农村贫困人口全部脱贫，是党中央向全国人民作出的郑重承诺，必须如期实现，没有任何退路和弹性。"

我国全面建成小康社会的一个标志性指标，就是农村贫困人口全部脱贫、贫困县全部摘帽。贫穷不是社会主义，社会主义的本质是解放生产力，发展生产力，消灭剥削，消除两极分化，最终达到共同富裕。消除贫困、改善民生、实现共同富裕，是社会主义的本质要求。

独龙族是我国 28 个人口较少的民族之一，也是新中国成立初期从原始社会直接过渡到社会主义社会的少数民族之一，主要聚居在云南省贡山县独龙江乡。当地山峻谷深，自然条件恶劣，一直是云南乃至全国最贫穷的地区之一。

2014 年以来，习近平总书记曾两次给独龙族群众回信，并在考察时会见独龙族代表。希望乡亲们把脱贫作为奔向更加美好新生活的新起点，再接再厉，继续奋斗，让日子越过越红火。2018 年底，独龙族实现了整族脱贫。今天的独龙江乡，村村通硬化路，通 4G 网络，家家有新居，户户有新业，人人有社会保障，还成功创建了 AAA 级旅游景区，群众精神面貌焕然一新，正走在与全国各民族共同过上幸福美好生活的金光大道上。

由于致贫原因的特殊性和复杂性，在奔向全面小康的路上，民族地区仍然落在后面。新中国成立以来，随着党和政府对民族地区支持力度的不断加大，从刀耕火种到特色农业，从山川阻隔到天路横越，从普遍不识字到 55 个少数民族都有了本民族的大学生……我国民族地区发生了翻天覆地的变化。2018 年至 2020 年，我国新增安排深度贫困地区脱贫攻坚资金 2140 亿元，其中"三区三州"1050 亿元。在精准扶贫、精准脱贫基本方略指引下，民族地区逐步探索出了适合自己的脱贫路径：四川凉山彝族自治州推行教育扶贫，贵州坚持大数据扶贫，青海培育拉面脱贫产业，内蒙古自治区乌兰浩特市发展菜单式扶贫……近年来，多个少数民族先后实现整族脱贫，这是脱贫攻坚工作取得的重要成果。

扶贫干部：为脱贫攻坚作出重大贡献

我国脱贫攻坚取得前所未有的成就，彰显了中国共产党的领导和我国社会主义制度的政治优势，凝聚了全党全国各族人民的智慧和心血，是广大干部群众扎扎实实干出来的。广大扶贫干部特别是基层扶贫干部为脱贫攻坚作出了重大贡献，在攻坚贫困堡垒的第一线，他们不忘初心，把对每一名贫困百姓、每一个贫困村的爱，化作无私奉献，不仅作风好、工作实，有的甚至付出了鲜血和生命。到 2019 年，牺牲在扶贫岗位上的多达 770 人。其中有与死神赛跑的县委书记，有一生为百姓的支部书记……黄文秀作为基层扶贫干部的优秀代表，一心为民，把扶贫路当"长征路"。习近平总书记对黄文秀同志先进事迹作出重要指示强调，黄文秀同志研究生毕业后，放弃大城市的工作机会，毅然回到家乡，在脱贫攻坚第一线倾情投入、奉献自我，用美好青春诠释了共产党人的初心使命，谱写了新时代的青春之歌。

2015 年 4 月，中组部、国务院扶贫办等联合发布《关于做好选派机关优秀干部到村任第一书记工作的通知》，明确第一书记 4 项职责：建强基层组织，推动精准扶贫，为民办事服务，提升治理水平。数十万名机关优秀干部到村任第一书记，奋战在脱贫攻坚一线。他们用激情与赤诚践行驻村诺言，用拼搏与奉献推动脱贫攻坚，让一个个派驻村旧貌换新颜，赢得了群众的信任，社会的认可。在贫困村一线，帮扶的一个重要举措就是选派驻村工作队。党的十八大以来，驻村帮扶，为脱贫攻坚取得决定性进展、解决贫困村基层领导和组织力量不足问题，发挥了重要作用。

在很多贫困群众心中，身边党员什么样，中国共产党就是什么样。作为离贫困群众最近的人，作为党组织最末端的触角，从革命老区到民族地区、边疆地区，从西北黄土高原到西南喀斯特山区，数十万驻村第一书记、70 多万驻村干部、190 多万乡镇扶贫干部和数百万村干部不辱使命，扛起脱贫攻坚的重任，日夜奋战在脱贫第一线，用自己的辛苦指数换来了贫困群众的幸福指数。多少年来，一代代共产党员用自己的青春、汗水乃至生命，传承着带领群众脱贫致富这一伟大事业，把党与人民紧紧联结在一起。一面面鲜红的党旗，是冲刺脱贫攻坚最后一程亮丽的底色；一个个忙碌的身影，是决胜全面建成小康路上最美的风景。

扶贫奇迹：世界赞叹树立中国样板

贫困是一种历史现象，也是一种世界现象，是一个世界性难题，反贫困是人类共同的任务。不仅发展中国家深陷其中，发达国家也难以规避。全球超过40%的极端贫困人口生活在撒哈拉以南的非洲，在世界第一大经济体的美国，贫困人口占总人口的13.4%。贫困的梦魇自人类诞生之日起，就始终如影随形、挥之不去。直至21世纪的今天，消除贫困依然是最大的全球性挑战。

摆脱贫困，成为人类世世代代念兹在兹的共同梦想。能否摆脱贫困？如何摆脱贫困？每个国家都在找寻自己的答案。中国在扶贫脱贫的伟大实践中，从救济式扶贫到开发式扶贫，再到新时代确立了精准扶贫、精准脱贫基本方略，交出的答卷被世界赞叹为树立了中国样板。

新中国成立之初，面对一个千疮百孔的"烂摊子"，恢复生产、解决普遍贫困问题成为当务之急。我们党带领人民确立和巩固了社会主义基本制度，建立起独立的比较完整的工业体系和国民经济体系，农村经济恢复，农民生产生活条件比解放前有了明显改善，彻底改变了旧中国"一穷二白"的落后面貌。这一时期的发展，为我国有效消除贫困、持续改善民生，奠定了必要的物质基础和制度基础。

改革开放开启了我国波澜壮阔的大规模减贫历程，我国把扶贫开发纳入国家总体发展战略。从1982年启动"三西"专项扶贫计划，到1986年国家实施区域开发带动扶贫的开发式扶贫行动；从集中力量搞"八七扶贫攻坚",到颁布《中国农村扶贫开发纲要（2001—2010 年）》，推动集中连片特困地区扶贫开发，我国贫困地区的经济社会发展取得长足进步。从 1978 年到 2012 年，扶贫标准两次大幅提高，按照现行农村贫困标准测算，农村贫困发生率从 97.5% 下降到 10.2%。

改革开放 40 多年来，凭借着摆脱贫困的必胜信念和不懈奋斗，党带领人民持续向贫困宣战，7 亿多人摆脱贫困，占全球减贫人口的 70% 以上，是唯一实现了经济较快增长与大规模减贫同步、综合国力增强与人民生活水平提高同步这一历史性跨越的发展中国家，创造了了不起的人间奇迹。

党的十八大以来，以习近平同志为核心的党中央提出精准扶贫、精准脱贫基本方略，一场规模空前的脱贫扶贫大潮在中华大地上奔涌前行，力度之大、规模之广、影响之深，前所未有。贫困人口从 2012 年年底的 9899 万人减到 2019 年年底的 551 万人，贫困发生率由 10.2% 降至 0.6%，连续 7 年每年减贫 1000 万人以上……从十八洞村到西海固，从大凉山到乌蒙山，从独龙族到毛南族……一个个温暖人心的减贫故事，一项项精准扶贫的具体措施，将千千万万贫困群众的命运从此改写。

以习近平同志为核心的党中央站在全面建成小康社会、实现中华民族伟大复兴中国梦的战略高度，把脱贫攻坚摆到治国理政的突出位置，提出一系列新思想、新观点，作出一系列新决策、新部署，解决了"扶持谁""谁来扶""怎么扶""如何退" 4 个方面的关键问题，开辟了中国特色减贫道路，脱贫攻坚战取得全面胜利，谱写了人类反贫困史上的辉煌篇章，为共建没有贫困、共同发展的人类命运共同体，贡献出了中国智慧和中国方案。

我国走出一条中国特色减贫之路，其中积累了许多经过实践检验的宝贵经验：

——坚持党的领导，落实脱贫攻坚一把手负责制，省市县乡村五级书记一起抓扶贫，为脱贫攻坚提供坚强政治保证；

——坚持精准方略，不断提升精准识别、精准帮扶、精准脱贫水平；

——坚持开发式扶贫，坚持区域开发，坚持人力资源开发，坚持激发内生动力；

——坚持发挥制度优势，发挥政府投入主体和主导作用，引导社会力量参与；

——坚持较真碰硬，实行最严格的考核评估，倒逼责任落实、政策落实、工作落实；

——坚持开放包容，始终保持开放心态，主动学习借鉴国际减贫经验，为国际减贫事业贡献中国智慧。

2016年11月23日，国务院印发《"十三五"脱贫攻坚规划》，按照精准扶贫、精准脱贫的基本方略要求，因地制宜，分类施策，从产业发展脱贫、转移就业脱贫、易地搬迁脱贫、教育扶贫、健康扶贫、生态保护扶贫、兜底保障、社会扶贫8个方面，实化细化了相关路径和措施。推进实施了精准扶贫十大工程：干部驻村帮扶、职业教育培训、扶贫小额信贷、易地扶贫搬迁、电商扶贫、旅游扶贫、光伏扶贫、构树扶贫、致富带头人创业培训、龙头企业带动。

在习近平总书记首次提出"精准脱贫"重要理念的湖南湘西十八洞村，村民们通过改善基础设施、发展猕猴桃种植等，2017年，人均纯收入超过12000元，国家级特困村一跃成为全省首批脱贫摘帽先进村。

中国在致力于消除自身贫困的同时，支持和帮助广大发展中国家特别是最不发达国家消除贫困。新中国成立以来，中国累计向近170个国家和国际组织提供援助资金4000多亿元，为120多个发展中国家落实千年发展目标提供帮助。

中国的减贫成就举世瞩目，是人类历史上最伟大的事件之一，在世界上赢得广泛赞誉。

——联合国秘书长古特雷斯高度评价中国扶贫成就时说："中国是为全

球减贫作出最大贡献的国家。"

——联合国副秘书长泰格埃格奈瓦克·盖图评价中国减贫经验时说："中国对待减贫工作一丝不苟，堪称全球典范。中国的减贫经验值得所有发展中国家学习。"

——联合国粮农组织减贫项目官员安娜·坎波斯表示："中国在扶贫领域为其他国家树立了榜样。"

——联合国驻华协调员兼联合国开发计划署驻华代表罗世礼认为："中国扶贫走了一条正确的道路，中国扶贫经验也为世界其他国家和地区摆脱贫困提供了重要经验。"

中国人民，在中国共产党的领导下，用人民对美好生活的向往，就是共产党人的奋斗目标，唱响了摆脱贫困的主旋律；用决战决胜脱贫攻坚，全面建成小康社会，让幸福生活惠及全体人民。创造了世界上任何一个国家都无法比拟的减贫奇迹，完成了对中华民族、对整个人类都具有重大意义的宏伟大业。

☆S_2 ☆S_1

O

$R = 300m$
$F = 0.467R$

$300m$

"中国天眼"

  2016 年 9 月 25 日，被誉为"中国天眼"的"国之重器"——500 米口径球面射电望远镜（Five Hundred Meter Aperture Spherical Radio Telescope，简称 FAST）落成启用。习近平总书记给科研人员和建设者们发来贺信："'中国天眼'是具有我国自主知识产权、世界最大单口径、最灵敏的射电望远镜。它的落成启用，对我国在科学前沿实现重大原创突破、加快创新驱动发展具有重要意义。"此后，习近平主席在 2017 年新年贺词中再次提到"中国天眼"。同年 10 月，"中国天眼"作为新时代标志性的科技成果，又被写进中国共产党第十九次全国代表大会报告。

  南仁东，著名天文学家、国家天文台研究员、FAST 工程首席科学家兼总工程师，被誉为"天眼之父"。

  2017 年 9 月 15 日，"中国天眼"落成启用一年，他却永远地闭上了眼睛。2017 年 11 月 17 日，中宣部追授他"时代楷模"荣誉称号。2018 年 9 月，中国科学院国家天文台宣布，经国际天文学联合会小天体命名委员会批准，将一颗国际永久编号的小行星正式命名为"南仁东星"。2018 年 12 月，党中央、国务院授予南仁东"改革先锋"称号，并获评"'中国天眼'的主要发起者和奠基人"。新中国成立 70 周年前夕，南仁东被授予"人民科学家"国家荣誉称号。2018 年 12 月 31 日晚，习近平主席发表 2019 年新年贺词时再次提到了南仁东："此时此刻，我特别要提到一些闪亮的名字。今年，天上多了颗'南仁东星'……"

  2020 年 1 月 11 日，"中国天眼"通过国家验收正式开放运行，并进入全球大射电望远镜序列。作为涉及天文、力学、材料、机械、无线电、IT

等多个领域的科技基础设施，"中国天眼"不仅是中国科学家砥砺奋斗20余载的成果，更是中国在科技基础设施领域的一次重大突破。

力主中国独立建造大型射电望远镜

南仁东自幼聪明好学，1963年以吉林省高考理科第一名的成绩，考入清华大学无线电系，后就读于中国科学院研究生院，获硕士和博士学位。他曾在国外著名大学当过客座教授，做过访问学者，还参加过十国大射电望远镜计划。这位驰骋于国际天文界的顶级科学家，毅然舍弃日本等国家的高薪工作聘请，选择投身中国天文事业。当时他在国内一年的工资，只等于在国外一天的工资。

1993年，在日本东京举办的国际无线电科学联盟大会上，科学家们提出，建造新一代大型射电望远镜，接收更多来自外太空的讯息。南仁东一听便坐不住了，中国要在宇宙探索中迎头赶上，从跟跑者成为领跑者，必须要搞自己的大型射电望远镜！

当时，中国最大的射电望远镜口径只有25米，而南仁东提出要建造的是500米口径的射电望远镜。很多人认为这根本就不可能。

1994年始，南仁东主持完成国家重大科技基础设施建设项目——500米口径球面射电望远镜（FAST）的选址、立项、可行性研究及初步设计，主编科学目标，指导各项关键技术的研究及其模型试验。

1995年底，南仁东等人提出利用贵州喀斯特洼地建造球反射面，即"阿雷西博型天线阵"的喀斯特工程概念。

2007年7月，国家发改委批复500米口径球面射电望远镜工程正式立项。2008年12月26日奠基，2011年3月5日正式开工建设，项目主要有台址勘察与开挖、主动反射面、馈源支撑、测量与控制、接收机与终端、观测基地建设6项建设内容，建设周期5年半左右。

"天眼"选址从找到1万多个"窝"开始

建设 FAST 的理想台址是在大山深处、远离电磁干扰的山谷洼地。单为 FAST 选址就用了 12 年。

科研团队一头扎进了等身高的地形地质图里。从 1∶500000 比例的地形地质图看起，首先从岩石的分布特征排除"窝"肯定不会出现的地理位置，然后再在其他区域寻找可能适合望远镜"安家"的"窝"。

地质图随后被精确到 1∶10000 比例，团队成员开始在一张张茶几大小的图上沿着密密麻麻的等高线"找圈圈"："圈圈"越圆、越大，就越有可能是要找的目标，"圈圈"旁边蚂蚁大小的数字则显示这是一座山峰还是一个"窝"。大家发现一个"窝"，就拿笔记录下一个，看了 8000 多幅图，最后找出来 1 万多个"窝"。

2003 年 7 月，经过数次筛选，一个由 743 个"窝"组成的备选洼地数据库正式形成。紧接着，科研团队拿着一份苛刻指标，评价每一个"窝"的情况——"窝"内的岩体结构、水文情况、长短轴比例、挖填方率是否合适，"窝"口的闭合情况、几何形状是否达标，整个"窝"的地质灾害、地震风险、气象条件、无线电环境等是否符合要求。

最终，743 个"窝"被进一步筛选出 82 个成为重点考察对象，这些喀斯特洼地集中分布于贵州黔南布依族苗族自治州、黔西南布依族苗族自治州和安顺市境内。

为了寻找这样合适的台址，自 1994 年到 2005 年，南仁东无数次往返北京、贵阳两地，带着 300 多幅卫星遥感图，深一脚、浅一脚地走遍了贵州大山里的上百个窝凼，踏遍了乱石密布的喀斯特石山，在西南的大山里走了 12 年。终于，他的团队找到了建设 FAST 的最佳台址——位于贵州省黔南布依族苗族自治州平塘县克度镇大窝凼的喀斯特洼坑中。

"天眼"建设之路艰难坎坷

FAST 工程由中国科学院国家天文台主持，全国 20 余所大学和研究所的百余位科技骨干参加此项工作。台址选好后，南仁东和他的团队开始了建设 FAST 的逐梦之旅。

"天眼"之难，是一个涉及领域极其宽泛的大科学工程，天文学、力学、机械、结构、电子学、测量与控制……整个工程分成五大系统，每项工作都是千头万绪。

南仁东是 FAST 的倡导者、设计者和建设者。作为工程的首席科学家和总工程师，负责编订 FAST 科学目标，全面指导 FAST 工程建设，本不必什么事都亲自把关。但自称是"战术型老工人"的他，长期待在施工现场，睡工棚，跑工地，爬高塔，身体力行，直接参与一线建设。

"天眼"是一个庞大系统工程，每个领域，专家都会提出各种意见，南仁东必须认真审核，做出决策。每个细节，南仁东都要 100% 肯定的结果，如果没有解决，就一直盯着，任何瑕疵在他那里都过不了关。他说，"天眼"如果有一点儿瑕疵，我们对不起国家。

建设过程中，南仁东和团队成员一样过集体生活，住板房，吃食堂。他几次就医都是因为半路上肺痛难忍才去医院，开点药，缓解些就走。他拖着不去医院检查病情，生怕因自己的病情而影响工程进度。后来，即使到了 70 岁，南仁东还在往工地跑。

2010 年，因为钢索网的疲劳问题，"天眼"经历了一场灾难性的风险。8 月，工程开工前夕，南仁东得知前期做的所有索网试验都失败了。国内顶级的应用于斜拉桥上的钢索，在"天眼"的钢索抗疲劳试验中都断丝了。他万分焦虑。

FAST 是由 4000 多块镜片精密拼接成的一个整体反射面。控制镜片的，就是兜在镜面下方的钢索网。与一般钢索网不同，FAST 的这个"大网兜"，不但需要承受 1600 吨的重量，还需要像弹簧一样来回伸缩，带动镜片灵活移动，精确地追踪天体。

　　无论是抗拉强度，还是使用寿命，FAST 所需要的钢索，都远远超出了国家工业标准。工程团队从不同厂家购买了十几种钢索，但没有一种能满足大型射电望远镜的需求。团队查遍了国内外相关论文资料，就算是最好的实验数据，也只能达到要求的 50%……

　　然而，台址已经开挖，如果钢索做不出来，整个工程就要全面搁浅。

　　那段时间，南仁东整晚睡不着觉，每天都在念叨着钢索、钢索。在辗转反侧中，他意识到，超越性的技术是等不来的，更是买不来的，要想方设法在工艺、材料等方面寻找新的出路。于是，一场艰苦卓绝的攻坚战打响了！

　　失败了，重来，又失败了，再重来……700 多个难熬的日子，经历了近百次失败后，他们改进了钢索的制作工艺，成功通过了抗疲劳试验，终于研制出了满足 FAST 工程要求的钢索。

　　这种世界上独一无二的钢索，让 FAST 有了坚固又灵活的"骨架"。

　　2014 年，"天眼"反射面单元即将吊装，年近七旬的南仁东坚持自己第一个上，亲自进行"小飞人"载人试验。这个试验需要用简易装置把人吊起来，送到 6 米高的试验节点盘，稍有不慎就有可能摔下来。

　　"天眼"现场有 6 个支撑铁塔，每个建好时，南仁东总是第一个爬上去的人。几十米高的圈梁建好了，他也要第一个走上去，甚至在圈梁上奔跑，开心得像个孩子。

"中国天眼"是名副其实的"国之重器"

　　"中国天眼"是我国具有自主知识产权、世界最大单口径、最灵敏的射电望远镜，它比美国最先进的阿雷西博 350 米望远镜综合性能高 10 倍，比德国波恩 100 米望远镜灵敏度高 10 倍，能收到 1351 光年外的电磁信号，未来甚至能捕捉外星生命信号。它使我国的天文学研究领先世界 20 年，在中国日益走进世界舞台中央的新时代，为科技创新强国梦增添了浓墨重彩！

"中国天眼"有多大？FAST 的圈梁被 50 根 6 米到 50 米高低不等的钢柱支在半空，周长约 1.6 千米，沿着圈梁走一圈用时 43 分钟。外形就像一口大锅，口径达 500 米，"锅沿"距离"锅底"高差 150 米，反射面由 4450 个反射单元构成，总面积为 25 万平方米，相当于 30 个标准足球场那么大。

"中国天眼"的视野有多远？哪怕是远在百亿光年外的射电信号，"中国天眼"也有可能捕捉到，还可能发现高红移的巨脉泽星系，实现银河系外第一个甲醇超脉泽的观测突破，用于搜寻识别可能的星际通讯信号，寻找地外文明等等。

"中国天眼"具有哪些创新？"中国天眼"的设计，综合体现了我国高技术创新能力，实现了完全自主的三大创新。

——利用了地球上独一无二的优良台址：贵州天然喀斯特巨型洼地，突破了平地上建设大望远镜的百米极限；

——使用了主动变形的反射面，让不会动的望远镜动起来，让 FAST 能够灵活主动地观察宇宙；

——自主研制了轻型索拖动的并联机器人，使接收信号的馈源舱能够精确对焦，更好地接收宇宙中极其微弱的无线电波信号。

"中国天眼"将发挥什么作用？"中国天眼"将在基础研究众多领域，例如宇宙大尺度物理学、物质深层次结构和规律等方向提供发现和突破的机遇；也将在日地环境研究、国防建设和国家安全等方面发挥不可替代的作用。它的建设与运行，将推动众多高科技领域的发展，提高原始创新能力、集成创新能力和引进消化吸收再创新能力；也将促进西部经济的繁荣和社会进步，符合国家区域发展总体战略。

还有两个有意思的现象，也是"中国天眼"的功劳：

全世界的天文学家也在紧盯着它——寄希望于这个最大的"天眼"或许能找到外星人，并解开宇宙起源之谜。"中国天眼"所在地的克度镇被打造成天文小镇，并被评为全国十大科技旅游胜地，每年至少有 20 万人次的游客来到这里参观。

22 载奔波劳碌，南仁东为"中国天眼"奉献出一生的智慧，直至燃尽生命。

22 载心无旁骛，"中国天眼"团队铸就出"国之重器"，成就了国之骄傲。

"蛟龙"号

2012 年 6 月 24 日，虽然是岁月日历中的普通一天，但对我国深潜和航天事业来说，却是个值得纪念的日子。一天之内，中国同时诞生了载人航天和载人深潜的新纪录，真正实现了中华民族"可上九天揽月，可下五洋捉鳖"的宏伟夙愿。

9 时 07 分，我国"蛟龙"号载人潜水器在被称为"地球第四极"的西太平洋马里亚纳海沟区域下潜至 7020 米，创造了中国载人深潜新纪录，这也是世界同类型载人潜水器的最大下潜深度。

12 时 55 分，航天员成功使神舟九号与天宫一号实现刚性连接，中国首次手控空间交会对接试验成功。

在太空的神舟九号上的 3 位航天员景海鹏、刘旺、刘洋，与在海底的"蛟龙"号的 3 位潜航员叶聪、刘开周、杨波，互相表达祝贺和问候并送上祝福。这"海天互动""海天同庆"的感人一幕，举国欢腾，振奋了国人，也震惊了世人。

"蛟龙"号是我国自行设计、自主集成研制的载人潜水器，长 8.2 米、宽 3 米、高 3.4 米、可载员 3 人，最大下潜深度达 7062 米，可以在占世界海洋面积 99.8% 的海域自由行动。如果说探月工程、天宫二号、北斗导航卫星、量子科学实验卫星等，是中国对外太空探索的科技实力的体现，那么"蛟龙"号载人潜水探测器则体现的是中国对地球本身的技术探索实力。"蛟龙"号作为新时代标志性的科技成果，2017 年被写进党的十九大报告。

2013 年 5 月 17 日，中共中央总书记、国家主席、中央军委主席习近平等党和国家领导人会见了"蛟龙"号研制及载人深潜海试的先进单位和先进工作者代表，勉励大家团结拼搏、开拓奋进，推动我国海洋事业不断取得新突破，为建设海洋强国作出更大成绩。

"蛟龙"号是我国建设海洋强国的"国之重器"

海洋占地球表面的 71%，是人类赖以生存的丰富资源宝库。而绝大部分的海洋都是深度超过 1000 米以上的区域，目前人类探索的海底仅为 5%，有 95% 的海洋海底是神秘未知的。而深海探索最直接的目的就是开展资源勘探及科学考察，并促进深海相关领域工程技术的发展。

我国既是陆地大国，也是拥有 300 多万平方公里海域、1.8 万公里海岸线的海洋大国，拥有广泛的海洋战略利益。习近平总书记强调："建设海洋强国是中国特色社会主义事业的重要组成部分。党的十八大作出了建设海洋强国的重大部署。实施这一重大部署，对推动经济持续健康发展，对维护国家主权、安全、发展利益，对实现全面建成小康社会目标，进而实现中华民族伟大复兴都具有重大而深远的意义。"

海洋强国是指在开发海洋、利用海洋、保护海洋、管控海洋方面拥有强大综合实力的国家。

20 世纪以来，海洋正在成为人类解决资源短缺、拓展生存发展空间的战略必争之地。人类认识海洋、开发海洋、保护海洋都要依靠最先进的科技装备。因此，建设海洋强国的核心问题是发展海洋高技术。载人潜水器能够满足海底复杂地形下的精确定位、精细调查取样和近距离观察的要求，对于建设海洋强国具有重要作用。

在"蛟龙"号问世之前，世界上拥有 6000 米以上深度载人潜水器的国家仅有美国、日本、法国和俄罗斯，深海技术装备无疑成为一个国家科技实力的重要标志之一。

2002 年，"蛟龙"号列为国家 863 计划重大专项，由国家海洋局组织实施，全国 100 多家科研单位参与联合攻关、自主设计、集成创新，随后历经 10 年攻关，于 2012 年 6 月成功完成"蛟龙"号 7000 米级下潜，最大下潜深度达到 7062 米。标志着我国具备了载人到达全球 99% 以上海洋深处进行作业的能力，标志着我国深海潜水器成为海洋科学考察的前沿与制高点之一，标志着中国海底载人科学研究和资源勘探能力达到国际领先水平。

"蛟龙"号的横空出世，使中国加入到国际深海载人"高技术俱乐部"中，是中国名副其实的开发利用海底资源、建设海洋强国的"大国重器"。"蛟龙"号在核心技术上有三大突破。

第一大突破是：可自动航行。"蛟龙"号具备自动航行功能，设定好方向后，可以放心进行观察和科研。它可以完成自动定向、自动定高、自动定深 3 种自动航行：驾驶员设定方向后，"蛟龙"号可以自动航行，不用担心跑偏；可以与海底保持一定高度，轻而易举地在海底山形起伏的复杂环境中航行，避免出现碰撞；可以保持与海面固定距离。

第二大突破是：可悬停定位。一旦在海底发现目标，"蛟龙"号不需要像大部分国外深潜器那样坐底作业，而是由驾驶员行驶到相应位置，"定住"位置，与目标保持固定的距离，方便机械手进行操作。在海底洋流等导致"蛟龙"号摇摆不定、机械手运动带动整个潜水器晃动等内外干扰下，能够做到精确地"悬停"。简直是令人称奇，目前尚未有国外深潜器具备类似功能的报道。

第三大突破是：深海通信靠声呐而不靠电磁。陆地通信主要靠电磁波，速度可以达到光速。但这一利器到了水中却没了用武之地，电磁波在海水中只能深入几米。"蛟龙"号潜入深海数千米，为与母船保持联系，科学家们研发了具有世界先进水平的高速水声通信技术，采用声呐通信。这样，既可以高速传输图像和语音，适时传送水下信息，还能探测海底的小目标。

"蛟龙"号是一条真正的"中国龙"，是我国第一台自行设计、自主集成研制的深海载人潜水器。历经 10 年磨砺，坚持走中国式自主创新道路，"蛟龙"号攻克了深海精准操控、精确定位与精细作业的"三精"关键技术，创建了潜水器系统安全性设计技术体系，首次研制出了可传输图像、数据、文字和语音等信息的水声通信系统，建立了中国载人潜水器陆上测试、海上试验等深潜作业、检测与应用体系，从设计、总装联调到海上试验，其耐压结构、生命保障等关键技术，都是由我国独立完成，是我国走向海洋、开发海洋、利用海洋的一次有益探索。

"蛟龙"号凝聚了几代海洋工作者的心血

中华人民共和国成立 71 年来，我国的载人深潜经历了从无到有、从浅海到深海、从单项研制到系列发展的过程。特别是党的十八大以来，载人深潜技术和装备获得了前所未有的高速发展，取得了举世瞩目的成就。

我国海洋科考起步晚、底子薄，研发能力落后，深海装备长期依赖进口。

1953 年，毛泽东主席发出"一定要建立强大的海军"的号召。上世纪六七十年代，在科研工作者的努力下，我国建成了一个规模仅次于美国和苏联、功能齐全的大中型水池和深海模拟试验设备群，并创建了一套完整的试验检测方法、标准和规范，为我国搞深海装备自主研发提供了基础技术保障。

改革开放后，我国先后成功研制了 300 米单人常压潜水器、600 米深潜救生潜艇、600 米重型缆控水下机器人和 1000 米无缆水下机器人、6000 米自治水下机器人等装备，组建了一支强强联合的深潜技术研发团队，为搞大深度载人潜水器的研制提供了重要技术支撑。

上世纪八九十年代，随着国际海底资源勘探的需求发展迅速，美国、法国、俄罗斯、日本等海洋强国，相继研发了 6000 米级的载人潜水器，在深海探测方面占据着难以超越的地位。

在 20 世纪 90 年代，我国就提出研发载人潜水器，但当时不具备研发能力，直到 2002 年，才正式开展 7000 米载人潜水器研制工作。设计初期，美国得到这个信息后觉得是天方夜谭、不可思议：你们中国人只搞过 600 米的潜水器，怎么可能会向 7000 米挑战？

在此之前，我国研制的载人潜水器的最大深度是百米级，再加上长期以来西方发达国家对中国实施的技术封锁，新组建的"蛟龙"号研发制造团队从上到下，没有一个人真正看见过大深度作业型载人潜水器。因此，研制过程中遇到的技术困难是非常多的。面对这些困难，"蛟龙"号研发制造团队本着"严谨求实、团结协作、拼搏奉献、勇攀高峰"的中国载人深潜精神，按照"由浅入深，边试验、边改进、边应用"的方针，汇集各个方面的精兵强将，协同攻关。

研制初期，"蛟龙"号面临四大技术难题：超大潜深的全系统安全性设计与集成；高速率远程水声通信；复杂地形及流场环境下精准作业和控制；技术体系、测试体系、应用体系、潜航员培训体系的全方位建立。

我国制定的海上试验路线是 50 米级海试起步，这是最难的阶段，由于缺少能参考的操作规范，花了很多精力。实际上，真正考验密封技术是否过关的，至少都要在 3000 米级以上。

进行 3000 米级海试的时候，"蛟龙"号曾遇到很大考验。当时舱内连接通讯电缆设备的 1 枚穿舱件被腐蚀，导致舱内接口处轻微渗水，但这很难被察觉。如果当时没有及时检测到，万一腐蚀严重，后果可能就是舱内外打通，面对高强度的水压，冲击力难以想象。如果这个问题发生在 7000 米水下，水压会高达 700 个大气压，一旦水流直接喷射向舱内，就会机毁人亡。为了攻克这些难题，潜航员、指挥部都承担了难以想象的压力。

在一次海试任务中，按照正常流程，"蛟龙"号完成了下潜任务，准备被回收到母船上。然而，当天暴雨如注，能见度很低。队员们反复寻找，都没能确定"蛟龙"号在海面的位置。时间一分一秒地过去。每晚一刻，"蛟龙"号和执行任务的潜航员就多一分危险。全船立刻紧急行动，全力以赴利用高清望远镜等设备搜寻"蛟龙"号。终于，人们发现了远处一个熟悉的白色身影，迅速开船过去回收。此后，"蛟龙"号增加了定位传感器，方便母船定位，确保下潜任务的安全和顺利。

徐芑南，中国深潜技术的开拓者，在中国深潜技术、载人和无人多种潜水器的设计、建造、应用，以及海洋和深潜器工程的发展等方面作出了突出的贡献。作为"蛟龙"号总设计师，他带领由国内 50 多家科研院所的科技人员组成的科研攻关队伍，历经 6 年，攻克了一个又一个难关，完成了潜水器的设计、总装建造和水池试验。2009 年 8 月，"蛟龙"号第一次海试，年逾七旬的徐芑南拖着装满花花绿绿的药品、氧气机、血压计等医疗器械的拉杆箱，坚持和大家一同登上母船"向阳红 09"科学考察船。在两个多月的海试中，徐芑南吃药就像吃饭一样，除了因病不得不上岸休息的 10 天，剩下的时间，他都和年轻人一样，坚守在船上。

叶聪，"蛟龙"号深海载人潜水器首席潜航员，全海深载人潜水器总设计师，也是中国最早深潜至 7000 米深海的团队成员之一。2005 年，叶聪参加中、美两国联合深潜活动，完成两次 2200 米深度的下潜任务，成为深潜领域的第一个中国人。"蛟龙"号深潜 51 次，其中 38 次由叶聪担任主驾驶，被称为"最牛潜航员"。他还是中国最年轻的载人潜水器主任设计师，潜水器最重要的设计图纸——每个设计阶段的潜水器总图均出自他手。2018 年 12 月 18 日，叶聪被党中央、国务院授予"改革先锋"称号，并获评"载人深潜事业的实践者"。

"蛟龙"号是我国"蛟龙探海"工程的一部分

"蛟龙探海"工程是一项比"蛟龙"号深潜更为庞大、复杂，意义更为重大的工程。在"蛟龙探海"工程中，"蛟龙"只是代称，工程覆盖我国深海大洋事业的各个领域，是全面规划我国深海大洋事业的顶层设计。

"蛟龙探海"工程提出的建议目标包括，升级"三龙"（"蛟龙"号载人潜水器、"潜龙"系列无人无缆潜水器和"海龙"系列无人缆控潜水器）装备体系，发展新一代深海技术和提高装备制造水平；全面提升深海资源认知和勘探技术水平，以资源开发与环境管理计划等规章建设为切入点，完成矿区申请与保护区建设战略布局；完善深海生物基因资源库，推动深海生物基因产业发展；到2030年，拓展深海活动的多元需求，引领深海治理体系变革，完成深海资源与空间开发利用的技术储备，完善深海战略产业布局和制度建设，壮大深海新兴产业，全面实现建成深海强国的总体目标。

2020年10月10日，我国新造的全海深载人潜水器"奋斗者"号与"探索一号""探索二号"母船一起，从海南三亚启程，赶赴马里亚纳海沟进行万米级海试。10月27日，"奋斗者"号在马里亚纳海沟成功下潜突破1万米（达10058米），创造了中国载人深潜的新纪录。11月10日8时12分，"奋斗者"号在马里亚纳海沟巡航6小时，在10909米深处成功坐底并顺利返回。

"奋斗者"号载人潜水器是我国自主设计、自主集成的载人潜水器。作为"蛟龙"号的继任者，"奋斗者"号可以在全球所有海域进行深潜探测，创造了深海探测的新纪录，实现了中国人"五洋捉鳖"的伟大梦想，实现了我国深海装备和深海技术的重大突破。

随着"蛟龙探海"等国家重大工程的逐步推进，中国将会有更多的万米级无人潜水器和载人潜水器研制成功、投入应用，成为海洋高技术强国。伴随我国海洋事业进一步发展，通过发展深海钻探的"深龙"技术、深海开发的"鲲龙"技术、海洋数据云计算的"云龙"技术等，我国有望建立国家级的深海装备品牌和专业化队伍，以有效支撑海洋强国建设。

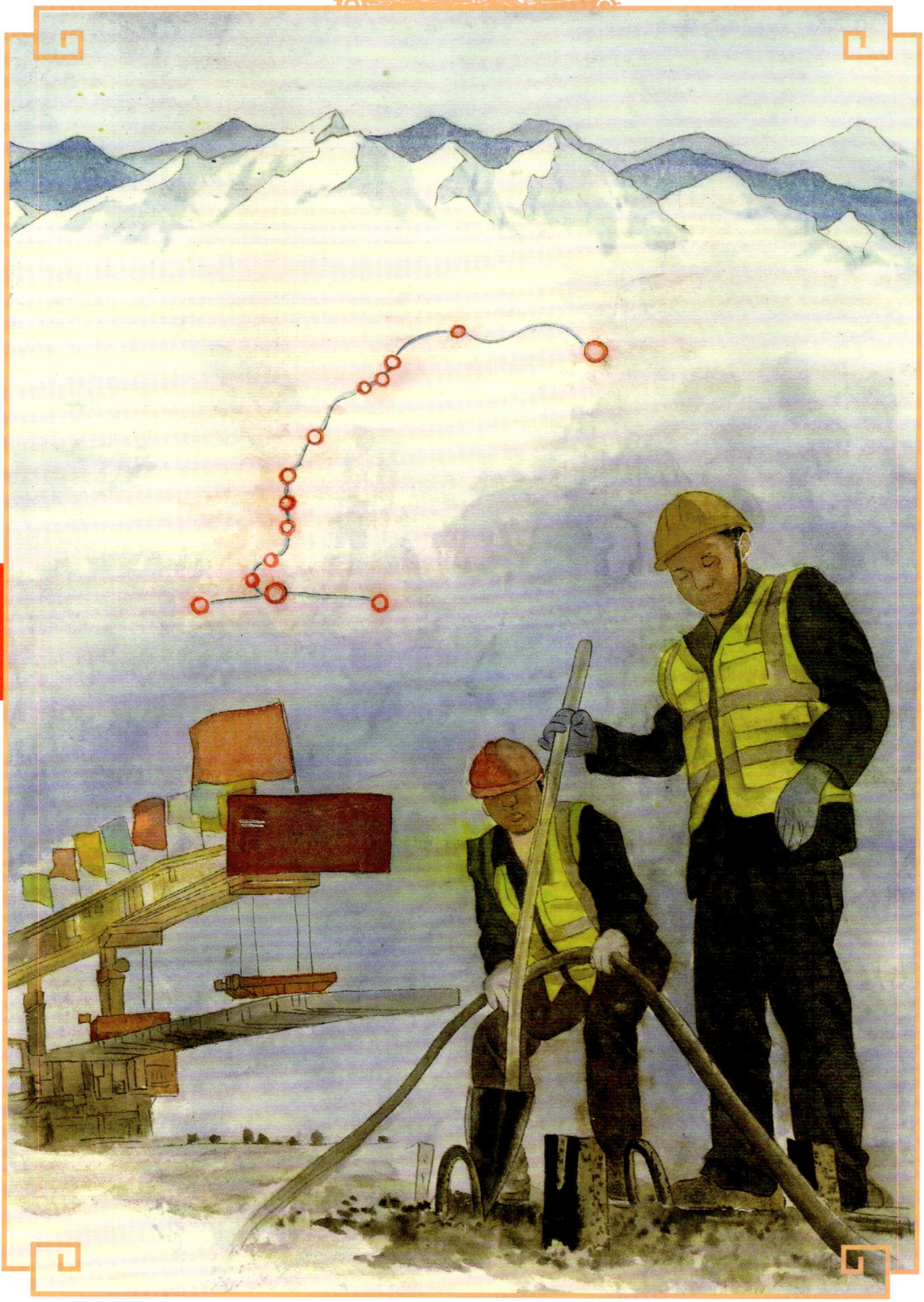

神奇的"天路"之梦

清晨我站在青青的牧场，看到神鹰披着那霞光；
像一片祥云飞过蓝天，为藏家儿女带来吉祥。
黄昏我站在高高的山冈，盼望铁路修到我家乡；
一条条巨龙翻山越岭，为雪域高原送来安康。
那是一条神奇的天路，把人间的温暖送到边疆。

…………

歌曲《天路》用真诚的赞颂表达了对修筑"天路"英雄们的敬仰；用真挚的情感唱出了"天路"通车后藏族人民的喜悦；用激昂的旋律讴歌了"天路"的伟大功绩！

"天路"是青藏铁路的别称。因青藏铁路穿越海拔 4000 米以上的地段近 1000 公里，火车能在相当于飞机飞行 3000 米高度以上的地方行驶而得名，用"天路"来形容青藏铁路既形象又贴切。她就像一条从人间修向天空的巨大神龙，翻山越岭，通往神秘的雪域高原，用神奇的力量，沟通了天堑与平地，密切了西藏与内地的时空联系，拉动了青藏带的经济发展，又被称为发展路、团结路、幸福路。这条神奇的"天路"，犹如一条吉祥的哈达，伴随着雪域儿女驶向发展和幸福之园。

青藏铁路创造了多个世界之最

青藏铁路，起自青海省西宁市，终抵西藏自治区拉萨市，全长 1956 公里。始建于 1957 年，从修建至竣工，历经 50 余年，其进入西藏的路段，仅勘探、设计工作就进行了 40 年。其中，青海西宁至格尔木段长 814

公里于 1979 年铺通，1984 年投入运营。2001 年 6 月 29 日，格尔木至西藏拉萨段正式开工，于 2006 年 7 月 1 日全线通车。2014 年 8 月 16 日，延伸线拉日铁路全线开通运营。2016 年 9 月 12 日，无缝钢轨换铺工程完成，青藏铁路全线实现了"千里青藏一根轨"。

青藏铁路青海省格尔木至西藏自治区拉萨段途经格尔木市、昆仑山口、沱沱河沿，翻越唐古拉山口，进入西藏安多、那曲、当雄、羊八井、拉萨。全长 1142 公里，从青藏高原腹地穿过，绝大部分路段处于海拔 4000 米以上的生态环境脆弱地区，全线要建桥梁 159.88 公里，涵洞 35611 横延米，开挖隧道 9.527 公里。除桥梁隧道外，要在青藏高原上平地堆垒起长 1110 公里、高 2 米以上，底宽 7 米至 10 米的路基，填挖路基土石方 7807 万立方米，经过连续多年冻土区 547 公里以及 11 个自然保护区……

美国现代火车旅行家保罗·泰鲁在《游历中国》一书中写道："有昆仑山脉在，铁路就永远到不了拉萨。"世界很多铁路工程专家都认为，铁路要穿越昆仑山的岩石和坚冰，根本不可能。

但是，中国的铁路建设者把这种不可能变成了现实。他们奋战在条件异常艰苦的雪域高原上，以惊人的毅力和勇气，战胜了各种难以想象的困难，用自己的心血和汗水，在世界屋脊上建成了一条海拔最高、线路最长的运输大通道，工程建设达到了世界一流水平，谱写了人类铁路建设史上的辉煌篇章。青藏铁路不仅是中国铁路建设史上的伟大创举，也是世界铁路建设史上的一大奇迹。国内外媒体评价青藏铁路"可与长城媲美""将成为世界上最壮观的铁路之一"。2009 年，青藏铁路工程荣获国家科技进步特等奖。2013 年，入选"全球百年工程"。

青藏铁路工程创造了多个世界之最。

——世界海拔最高的高原铁路：铁路穿越海拔 4000 米以上地段达 960 公里，最高点为海拔 5072 米。

——世界最长的高原铁路：格尔木至拉萨段，穿越戈壁荒漠、沼泽湿地和雪山草原，全线总里程达 1142 公里。

——拥有世界海拔最高的火车站：唐古拉车站。位于海拔 5068 米的唐古拉山垭口多年冻土区，占地面积约 7.7 万平方米。

——世界最长的高原冻土隧道：昆仑山隧道。隧道全长 1686 米，穿越多条断裂带，进口处有厚层地下冰，出口处为乱石堆积体，中间有裂隙水、地下水和融冻泥流，被称为高原地质的"万花筒"。

——世界海拔最高、横跨冻土区最长的高原永久冻土隧道：风火山隧道。位于海拔 5010 米的风火山上，全长 1338 米，轨面海拔标高 4905 米。

——架起了世界最长的高原冻土铁路桥（"以桥代路"工程）：清水河特大桥。飞架在平均海拔 4600 米以上的可可西里国家级自然保护区核心地带，全长 11.7 公里。

——创造了目前世界高原冻土铁路最高时速：列车在冻土地段行驶时速达到 100 千米。全世界在已建成的多年冻土区铁路行车时速只有 60 公里 ~70 公里。

——世界上穿越冻土里程最长的高原铁路：长达 550 公里。

——世界海拔最高的铺架基地：海拔 4704 米的安多铺架基地。

…………

青藏铁路建设克服了三大世界性工程技术难题

青藏铁路建设中面临多年冻土、高寒缺氧、生态脆弱三大世界性难题。多年冻土处理不好，容易导致冬季受冻胀起、夏季融化沉降，使路基变成高低不平的"搓衣板"和"橡皮路"，直接影响到运营安全和质量。青藏铁路沿线平均海拔 4500 米以上，空气含氧量只有内地的一半左右，自然环境十分严酷。青藏高原生态资源非常珍贵，野生动植物资源、水资源丰富，是南亚、东南亚地区的"江河源"和"生态源"，还是中国乃至东半球气候的"启动器"和"调节区"。但生态环境又极其脆弱，环境保护的难度很大。但青藏铁路的建设者们遵循科学，挑战极限，求实创新，勇创一流，一举攻克了三大世界性难题，将一个个奇迹镌刻在青藏高原。

首先，青藏铁路的冻土研究基地已成为中国乃至世界上最大的冻土研究基地。

世界各国在冻土区修筑铁路已有近百年历史，但因难度大，很多问题尚未解决。如俄罗斯运行近百年的第一条西伯利亚铁路，1996年调查的线路病害率为45%，而我国青藏公路1990年调查的病害率为31.7%。

在多年冻土区修建铁路工程，关键在于保护冻土地基不发生融化和退化，使工程结构置于稳固的地基上。为了攻克冻土难题，自青藏铁路开工建设以来，铁道部高度重视青藏铁路冻土攻关难题，先后安排了上亿元科研经费用于冻土研究，并组织多家科研院校的专家，对青藏铁路五大冻土工程试验段展开科研攻关，获得了大量科研数据和科研成果。青藏铁路冻土攻关借鉴了青藏公路、青藏输油管道、兰西拉光缆等大型工程的冻土施工经验，并探索和借鉴了俄罗斯、加拿大和北欧等国的冻土研究成果。

中国科学家积极探索新思路，在试验研究和理论分析的基础上，确立了"主动降温、冷却地基、保护冻土"的设计思路，利用天然冷能保护多年冻土。通过反复实践和分析，在多年冻土设计上实现了"三大转变"：对冻土环境分析由静态转变为动态；对冻土保护由被动保温转变为主动降温；对冻土治理由单一措施转变为多管齐下、综合施治，使地基始终处于冻结状态。采取了以桥代路、片石通风路基、通风管路基（主动降温）、碎石和片石护坡、热棒、保温板、综合防排水体系等措施，冻土攻关取得重大进展。

第二，青藏铁路建设实现高原病零死亡，创造了高原医学史上的奇迹。

青藏铁路海拔4000米以上的地段占全线85%左右，年平均气温在0℃以下，大部分地区空气含氧量只有内地的50%～60%。高寒缺氧，风沙肆虐，紫外线强，自然疫源多，被称为人类生存极限的"禁区"。

2001 年，青藏铁路格尔木至拉萨段工地有 1 万多名建设者；2003 年，工程建设全面展开，参建人员 4 万多人；2005 年 10 月，全程铺轨完成，前后共有 11 万人次参加建设。青藏铁路开工以来，累计接诊病人 45.3 万多人次，治疗脑水肿 427 例，肺水肿 841 例，无一例死亡，创造了高原医学史上的奇迹。

党中央、国务院高度重视青藏铁路建设者的身体健康，多次作出重要指示和部署。铁道部、卫生部对医疗卫生保障专门作出详细规定并组织实施。工程指挥和建设单位认真贯彻落实，从而使青藏铁路建设者能够战胜高寒缺氧的恶劣环境，在生命健康方面也创造了许多新纪录。

第三，青藏铁路是中国第一条环保铁路，也是世界级的生态铁路。

青藏高原独特的自然环境孕育了丰富的珍稀动植物和特殊的生态系统类型，被列为中国生物多样化保护行动计划优先保护区域，被世界自然基金会列为全球生物多样性保护最优先的地区。但由于青藏高原生态环境脆弱，一旦破坏具有不可逆转性。

党中央、国务院十分关注青藏铁路建设的生态环境保护工作，要求保护好青藏高原的一草一木。21 世纪的青藏铁路建设领导者，提出了努力建设具有青藏高原特色的"生态环保型铁路"的建设目标，从设计、施工建设到运营维护，始终秉持"环保先行"的理念，制定了独具特色的生态保护原则和对策，这也是中国工程建设史上的首创。

——国家环保总局、国土资源部、铁道部在铁路开工前，组成联合专家组对沿线生态环保工作深入调研，制定了具体的环保措施，仅环保投入就达 20 多亿元，占工程总投资的 8%，是我国政府环保投入最多的铁路建设项目。

——在全国工程建设中首次引进环保监理，并首次与地方环保部门签订环境保护责任书。

——为保护藏羚羊等野生动物的生存环境，铁路全线建立了 33 个野生动物专用通道，25处野生动物迁徙通道。

——在自然保护区内，铁路线路遵循"能绕避就绕避"的原则进行施工。施工场地、便道、砂石料场都经过反复踏勘，尽量避免破坏植被。对植被难以生长的地段，施工时采用逐段移植；对自然条件稍好的地段，则进行人工培植草皮。

——为保护湿地，在高寒地带建成世界上首个人造湿地。

——为保护沿线景观，实现了地面和列车的"污物零排放"。

——为改善沿线生态环境，打造出了一条千里绿色长廊。

…………

国家环保总局等部门的调查表明，青藏铁路开工建设以来，沿线冻土、植被、湿地环境、自然景观、江河水质等，都得到了有效保护，青藏高原生态环境未受明显影响。

列车在雪域高原上平稳地飞驰，路基两旁看不到任何工程建设的遗留物和垃圾，藏羚羊等野生动物迁徙和专用通道畅行无阻，成群牦牛悠闲地在绿草如茵的高原上吃草，远处山峦起伏，雪峰隐现，宛如一幅自然天成、赏心悦目的美丽画卷。

"天路"之歌唱响伟大的青藏铁路精神

"感动中国"2005年度人物特别奖颁给了青藏铁路的建设者，颁奖辞这样写道："每当汽笛声穿过唐古拉山口的时候，高原上的雪山、冻土、冰河，成群的藏羚羊，都会想念他们，想念那些有力的大手和坚强的笑容。他们能驱动钢铁，也会呵护生命。他们，是地球之巅的勇者，他们，缔造了世界上最伟大的铁路！"这是对青藏铁路建设者的崇高礼赞！

青藏铁路的建成，引发了国内外的强烈反响。新华社评论说，青藏铁路为人类开启了客运火车穿梭世界屋脊的历史，是人类铁路史上的奇观，在世界屋脊上建成青藏铁路，使青藏高原首次有了钢铁大动脉。美国广播公司的新闻称，通往西藏的青藏铁路，是中国向世界展示的一项建设工程奇迹。英国《每日电讯报》说，世界上海拔最高、志向最豪迈的铁路正式运营，是中国共产党利用大型工程项目来改变中国经济面貌、在世界一举成名的最新成就。西班牙埃菲社报道说，这项战胜了大自然的工程可与三峡工程相媲美。这是致敬伟大的青藏铁路建设者的赞歌！

西藏的迅速发展是中华民族复兴的重要一环。青藏铁路推动了青海、西藏两省区的旅游服务业发展，增强了两省区的可持续发展能力，对于加快两省区经济社会发展，增进民族团结和巩固祖国边防，都具有十分重大的意义。青藏铁路的建设者继承和弘扬中华民族艰苦奋斗、自强不息的优秀品质和敢为人先、勇于拼搏的光荣传统，在自然环境极为恶劣的条件下，进行艰苦卓绝的顽强奋战，用心血和汗水培育和铸就出"挑战极限，勇创一流"的青藏铁路精神，成为中华民族精神的宝贵财富。

青藏铁路精神具有丰富深刻内涵和鲜明时代特征，包括不辱使命的责任意识、顽强拼搏的奉献情操、务实创新的科学态度、关爱生命的人本理念等，充分展现了建设者崇高的思想境界、顽强的意志品质、高尚的精神追求和杰出的智慧才能。

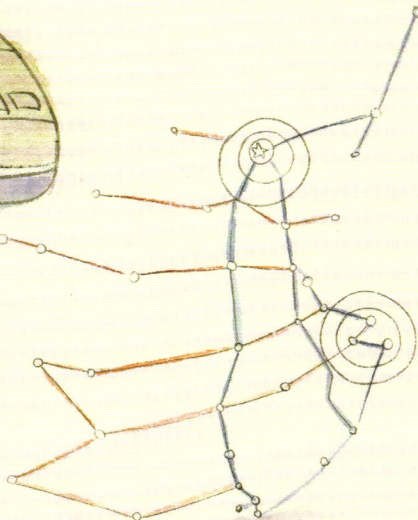

劳动最伟大

领跑世界的"国家名片"

2008 年，中国首条高速铁路京津城际铁路正式开通。2019 年，中国高铁营业总里程已超过 3.5 万公里，全球占比超过 2/3。从高铁运行"零的突破"到全球高铁大国，再到拥有全世界最大规模及最高运营速度的高速铁路网，中国高铁的发展速度用"一日千里"形容一点儿也不为过。短短10 余年，中国高铁就从无到有，从追赶到领跑世界，完成了西方发达国家半个世纪的铁路建设历程，不仅跑出了"中国速度"，更创造了"中国奇迹"，见证着新中国成立以来所取得的辉煌成果，成为展示中国改革开放发展成果烫金的"国家名片"。

同时，中国高铁作为新的"外交名片"和"形象代表"，在"走出去"和"一带一路"倡议中发挥着重要作用，熠熠生辉、光彩照人。通过对在华外国留学生进行的一项调查显示，来自 20 个国家的青年把高铁、网购、支付宝和共享单车选作他们眼里中国的"新四大发明"，是最想带回家的"中国特产"之一。

从京张铁路到京张高铁：
铁路巨变亦是中国从弱变强的巨变

2019 年 12 月 30 日，京张高铁开通运营，中共中央总书记、国家主席、中央军委主席习近平作出重要指示。他指出，1909 年，京张铁路建成；2019 年，京张高铁通车。从自主设计修建零的突破到世界最先进水平，从时速 35 公里到 350 公里，京张线见证了中国铁路的发展，也见证了中国综合国力的飞跃。回望百年历史，更觉京张高铁意义重大。

从京张铁路到京张高铁，中国铁路人经过一个多世纪的奋力追赶，实现了中国铁路由"中国制造"向"中国创造""中国智造"的转变，更实现了中国高铁从无到有、从追赶者到领跑者的历史性跨越。中国铁路用几十年的时间走过发达国家几百年的路，中国高铁更是谱写了一曲提速超越的蝶变篇章。这是中国铁路的巨变，也是中国高铁的巨变，更是国家发展从弱到强沧桑巨变的一个缩影。

提到京张铁路，自然就会想到詹天佑。1905年，中国人决定自主修建京张铁路时，被西方国家认为是个天大的笑话。一家外国报纸轻蔑地说："能在南口以北修筑铁路的中国工程师还没有出世呢。"面对羞辱，詹天佑用行动证明了中国人的能力。他骑着毛驴，背上标杆，勘测线路，克服重重困难，历经千难万险，率领工程技术人员终于战胜了沿线的崇山峻岭、千沟万壑。1909年，成功建成第一条由中国人自行设计、建造并投入运营的铁路。

京张高铁是国家《中长期铁路网规划》中在建的"八纵八横"京兰通道的重要组成部分，也是2022年北京冬奥会重要配套基础设施工程，于2015年12月开工建设。作为我国自主设计建造、世界上最先进的时速350公里的中国首条智能铁路，京张高铁列车引入了自动驾驶技术，能够实现车站自动发车、区间自动运行、车站自动停车、车门自动打开等功能，每一条钢轨的质量监造、供应和廓形设计打磨也运用了大数据并建立了"健康档案"。其中的八达岭长城站最大埋深102米，是国内埋深最大的高速铁路地下车站、国内最复杂的暗挖洞群车站，有着国内单拱跨度最大的暗挖铁路隧道，同时也是国内旅客进出站提升高度最大的高速铁路地下车站。

京张高铁的开通运营，标志着我国高铁从人工驾驶向自动驾驶的重大飞跃，进一步巩固和提升了中国高铁领跑世界的优势。这个涵盖多项世界第一的工程，绝对算得上是新时代中国的一个伟大创举。

——在雄伟的八达岭，地上是秦砖汉瓦的长城，地下是新时代人类壮举的高铁站。

——在深山坳里的青龙桥，地上是百年前的劳动者用智慧和自强以钢轨、道砟铺就的"人"字，地下是新时代劳动者用科技和创新铸就的"一"字盛世巨龙。

——中华历史上的文明创举，通过京张高铁实现了跨越千百年的交汇，迸发出中华五千年文明光耀世界的火花。新时代的中国劳动者，在这里用自己创造的奇迹向百年前的劳动者致敬问候。

从零起步到全球第一：
中国高铁实现从追赶者到领跑者的历史性跨越

根据国际铁路联盟的定义，高速铁路是指列车运行时速在既有线上达到 200 公里 / 小时，新线上达到 250 公里 / 小时的铁路。高速铁路是信息技术、自动控制技术和新材料、新工艺等多种技术门类、多种专业综合的高新技术集成，自 20 世纪 60 年代在日本发端后，迅速在德、法等欧洲国家蔓延，技术日臻成熟。

中国高速铁路的建设起步较晚，始于 20 世纪 90 年代初。1990 年，铁路主管部门下达了"中国高速铁路发展模式和规划的研究"科研课题。同年《京沪高速铁路线路方案构想报告》提交全国人大会议进行讨论，这是中国首次正式提出高速铁路兴建计划。2004 年 1 月，国务院常务会议讨论并原则通过我国第一个《中长期铁路网规划》，以大气魄绘就了超过 1.2 万公里"四纵四横"快速客运专线网。

2008 年 8 月 1 日，我国第一条具有自主知识产权、国际一流水平的高速铁路"京津城际铁路"正式通车运营，开启了中国高铁建设的新纪元。

2011 年 6 月，世界上等级最高的高铁——京沪高铁建成投入运营。

2012 年 12 月 1 日，世界上首条新建高寒高铁——哈大高铁投入运营。

2012 年 12 月 3 日，我国自主研发的"和谐号"新一代高速动车组在京沪高铁路段试车，再次以 486.1 公里的惊人时速刷新高铁世界纪录。

2012 年 12 月 26 日，世界里程最长的高铁——全长 2298 公里的京广高铁正式全线通车。

2014 年 12 月 26 日，世界上一次性建成里程最长的高铁——兰新高铁全线贯通。

2017 年 9 月 21 日，世界上高铁商业运营速度最快的高铁——京沪高铁"复兴号"实现 350 公里时速运营。

2016 年 7 月 13 日，我国发布了国务院批准的《中长期铁路网规划》，到 2025 年，铁路网规模达到 17.5 万公里左右，其中高速铁路 3.8 万公里左右。

目前，我国已成为世界上高速铁路发展最快、系统技术最全、集成能力最强、运营里程最长、运行时速最高、在建规模最大的国家。拥有高速列车保有量 1300 多列，世界最多；列车覆盖时速从 200 公里 ~500 公里各种等级的动车组，种类最丰富、谱系最完整；动车组累计运营里程约 16 亿公里，经验最丰富……中国高铁从无到有，从追赶者到领跑者，引领着世界高铁发展的新潮流。

我国高铁具有三大优势：技术先进、安全可靠；价格低、性价比高；运营经验丰富，中国每建设一条铁路其标准至少保证 20 年不落后。

——中国目前已经成功拥有世界先进的高铁集成技术、施工技术、装备制造技术和运营管理技术，具有组团出海的实力，可以挑战任何竞争对手。

——施工成本和效率方面，中国高铁更具优势。据测算，国外企业修建高铁平均成本为每公里 0.5 亿美元以上，中国企业只需约一半且工期短，施工效率又是外国企业的一倍以上。

——成本低，标准却更高。安全性能上，中国标准与欧洲标准基本一致，施工标准远高于欧洲标准。中国企业施工中用到的钢筋、水泥等材料，等级和用量都是偏高的。

从引进来到走出去：
高铁实现从中国制造到中国标准的华丽转身

短短 10 余年间，中国高铁技术就实现了技术创新和推广应用的"三级跳"：从技术引进的中国制造发展到逐步攻克技术难关的中国创造，再到拥有自主技术的中国标准。

2004 年开始，中国陆续引进日、德、法等国技术，联合生产时速 200 公里动车组。按照"引进先进技术、联合设计生产、打造中国品牌"的总体方针，中国高铁列车从"中国制造"向"中国创造"迈进。

2008 年 2 月，科技部和铁道部签署自主研制世界最快动车的联合行动计划。众多参研参制单位团结协作，奋勇攻关；科研人员和一线劳动者齐心协力，拼搏奋战。到 2011 年，研发制造出以"和谐号"CRH380 为代表的 17 种型号动车组，涉及 4 个技术平台，建成京津城际、武广高铁和京沪高铁，设计时速 350 公里。凭此出色成绩，中国加入了以欧洲发达国家为主的国际铁路联盟。

2012 年 6 月，为解决引进不同技术平台导致的不统一问题，也为掌握关键技术、核心技术，中国铁路启动了时速 350 公里中国标准动车组研制计划。

2017 年 6 月，中国标准动车组成功量产，被正式命名为"复兴号"，各项指标均达世界一流水平。

2020 年 10 月 21 日，时速 400 公里可变轨高速动车组在中国北车集团长春轨道客车股份有限公司下线。该动车组能够在不同气候条件、不同轨距、不同供电制式标准的国际铁路间运行，具有节能环保、主动安全、智能维护等特点，是新时代中国高速铁路装备具有里程碑意义的重大创新成果。该动车组既可以全面满足中国高速铁路未来的运营发展需求，还能对高端装备"走出去"以及"交通强国"战略的实施提供强大的技术支撑。

从被称为"高铁之脑"的动车组列车网络控制系统到被称为"高铁之心"的高铁列车最核心的部件——牵引电传动系统和网络控制系统，实现了 100% 的"中国创造"，中国高铁在技术上日益成熟，用自己的努力打造了拿得出、叫得响的"中国品牌"。这一发展历程，仅仅用了十年多一点儿的时间。

"中国高铁竖硬币"曾经成为网上热搜关键词，引发中外网友点赞。在行驶时速 350 公里的"复兴号"车厢内能竖硬币不倒，体现了中国高铁非常高的平顺性，而高铁的平顺性也正是高铁线路的核心。

高速动车组是一项庞大的系统工程，一列动车组光零部件就有数十万个。路基、桥梁、隧道、钢轨、线路……这其中涉及的环节、工艺、技术等方方面面，甚至是轨道上的一个扣件，都将中国高铁人的智慧、创新、坚持，发挥到极致。

从桥梁、隧道、无砟轨道等线路工程，到牵引供电和列车运行控制系统，再到高速列车的研制，中国的高速铁路走出了一条独具特色的高效而辉煌的引进、消化、吸收、再创新之路。"复兴号"高铁，在 284 项标准中，有超过 84% 是中国标准，是名副其实的中国标准列车。"复兴号"中国标准动车组构建了体系完整、结构合理、先进科学的高速动车组技术标准体系，标志着我国高速动车组技术全面实现自主化、标准化和系列化。

如果说"和谐号"高铁是中国制造的靓丽名片，代表中国装备制造业的水平，那么"复兴号"的横空出世，则标志着中国标准动车组成为全球动车企业的国际重要标准，实现了高铁从中国制造到中国标准的华丽转身。"复兴号"中国标准动车组的运行，开启了中国高铁的新时代，它提升的是中国高铁在全球的话语权和竞争力。

中国标准动车组遵循了安全可靠、简统化、系列化、经济性、节能环保的设计研制原则，在方便运用、环保、节能、降低全寿命周期成本、进一步提高安全冗余等方面加大了创新力度，具有创新性、安全性、经济性、智能化、人性化等特点。

"高铁一响，黄金万两。"国内目前"四纵四横"的高速铁路网、安全行驶的高速列车，已经向世界证明了中国高铁过硬的技术水平。它在给人们出行方式和生活方式带来巨大而深远影响的同时，对经济社会发展起到了极大推动作用。

中国高铁工程大步走向海外，开始角逐全球高铁市场。目前，中国已经或正在洽谈的海外高铁项目有 20 多个，承建了世界高铁网络中的 60%，主要涉及印度尼西亚、巴基斯坦、老挝、泰国、俄罗斯、埃塞俄比亚和美国等国家。

加快设施联通建设是共建"一带一路"的关键领域和核心内容，在"一带一路"倡议的指引下，中国铁路积极走出去，与沿线国家和地区分享建设发展成果，为世界贡献中国方案。

中国高铁编织出一张流动的巨网，不仅改写着整个中国社会的时空格局，也提供着助力世界发展的中国智慧。

高峡出平湖　当惊世界殊

　　长江三峡水利枢纽工程（简称"三峡工程"）是迄今人类治水史上规模最大的水利枢纽工程，被认为是世界上最伟大的工程奇迹之一。工程建设者创造了 100 多项"世界之最"，这里列举其中最主要的 10 个之最。

　　——最大的水电站。总装机容量 2250 万千瓦，年平均发电量 882 亿千瓦时。截至 2020 年 8 月底，累计发电量达 13541 亿千瓦时。

　　——建筑规模最大的水利工程。三峡大坝坝轴线全长 2309 米，泄流坝段长 483 米，水电站安装有 32 台 70 万千瓦和 2 台 5 万千瓦水轮发电机组。

　　——工程量最大的水利工程。整个工程土石方挖填量约 1.34 亿立方米，混凝土浇筑总量约 2800 万立方米。

　　——施工强度最大的水利工程。2000 年混凝土浇筑量为 543 万立方米，月浇筑量最高达 55.4 万立方米，创造混凝土浇筑的世界纪录。

　　——施工期流量最大的水利工程。截流流量 9010 立方米 / 秒，施工导流最大洪峰流量 79000 立方米 / 秒。

　　——泄洪能力最大的泄洪闸。泄洪闸最大泄洪能力 10 万立方米 / 秒。

　　——级数最多、总水头最高的内河船闸。双线 5 级、总水头 113 米的船闸，其最大工作水头、最大弃泄水量、边坡开挖高度均属"世界之最"。

　　——规模最大、难度最高的升船机。升船机的有效尺寸为 120×18×3.5 米，总重 11800 吨，最大升程 113 米，过船吨位 3000 吨。

　　——防洪效益最为显著的水利工程。三峡水库总库容 393 亿立方米，能有效控制长江上游洪水，保护长江中下游荆江地区 1500 万人口、150 万公顷耕地。

——水库移民总数世界最多。搬迁安置城乡移民131.03万人，相当于迁建一个欧洲中等国家。

如此多的世界之最，相信不用更多的言语，人们就能充分感受到三峡工程那举世无双的超级规模和宏伟气势。三峡工程在工程规模、科学技术和综合利用效益等许多方面都处于世界超级工程的前列，创造出人类文明史上的旷世奇观。

三峡工程是象征当代中国实力的"国之重器"

2018年4月24日，习近平总书记考察三峡工程和坝区周边生态环境，在听取了有关三峡工程发展历程、综合效益和科技创新的介绍后，他深情地说："三峡工程是国之重器，是靠劳动者的辛勤劳动自力更生创造出来的，看了以后非常振奋。三峡工程的成功建成和运转，使多少代中国人开发和利用三峡资源的梦想变为现实，成为改革开放以来我国发展的重要标志。这是我国社会主义制度能够集中力量办大事优越性的典范，是中国人民富于智慧和创造性的典范，是中华民族日益走向繁荣强盛的典范。真正的大国重器，一定要掌握在自己手里。"

三峡工程建设攻克了一系列世界性难题，将核心技术、关键技术牢牢掌握在自己手中。

——解决了大江截流、船闸深切岩体开挖、大坝混凝土连续浇筑和温控、重型金属结构安装、70万千瓦巨型水轮发电机组制造和安装等一系列重大技术问题。

——攻克了直立高边坡开挖边坡稳定的技术难题。三峡永久船闸是世界上最大的双线5级船闸，是从坚硬的花岗岩山体中整体开挖出来的，它的直立边坡最高达175米。在开挖过程中，建设者利用预应力锚索、高强锚杆、喷砼支护、光面预裂爆破等新工艺、新技术，使陡峭的岩体开挖出来如刀切豆腐一般，岩体边坡稳定性达到设计要求。

——攻克了大坝高强度混凝土浇筑的技术难题。在大坝浇筑中，建设者在大体积混凝土温控防裂技术、混凝土制冷技术、塔带机连续浇筑工艺等方面取得了重大突破。

——攻克了截流和深水围堰施工的技术难题。大江截流时河床最大水深 60 米，居世界首位，三峡工程创造出"预平抛垫底、上游单戗立堵，双向进占、下游尾随进占"的施工方案，解决了深水截流的一系列技术难题。

2013 年，三峡工程荣获国际工程领域最高奖——菲迪克"百年工程项目奖"。据统计，在三峡工程建设形成的科技成果中，被评为国家科技进步奖的有 20 多项，获评省部级科技进步奖的有 200 多项，还有技术创新、发明专利 1053 项，创造了 112 项世界纪录。三峡工程，推动中国工程建设能力和装备制造业赶超世界先进水平。

新中国成立以来，党和国家把治水兴水摆在关系国家事业发展全局的战略位置，以三峡工程为典范，一批批兼具防洪、发电、供水、生态等综合效益的重点水利工程陆续建成，充分发挥"兴水利、除水害"的巨大作用，为国家经济发展提供了强大支撑。

三峡工程承载中国人开发和利用三峡资源的梦想

三峡工程的成功建成和运行，使多少代中国人治理长江洪水和利用长江水资源的梦想变为现实，它是大国治水的典范，是改革开放以来我国发展的重要标志。

长江是我国第一大河，名列世界第三。干流自西向东横贯中国大陆流入太平洋，全长 6387 公里。它有 3600 多条支流，全流域集水总面积 180 万平方公里，占我国大陆总面积的 18.8%，年入海水量近万亿立方米。由于自然的变迁和人为的原因，长江也给中华民族带来了一定的灾难。

自汉代到清末的 2000 多年中，长江共发生水灾 210 多次，平均每 10

年一次，给沿线流域许多地方的百姓生命财产安全造成了巨大的破坏，损失难以计数。

驾驭长江洪魔、治水兴邦，是长江沿岸人民的千年期盼。兴建三峡工程、治理长江水患是中华民族的百年梦想。从孙中山先生提出设想到勘察、规划、论证、工程完工，历经近百年风雨。1919 年，孙中山就提出了开发三峡的宏伟设想。新中国成立后，三峡工程纳入国家战略。1953 年，毛泽东视察长江时，听取了关于长江治理的汇报，留下了"更立西江石壁，截断巫山云雨，高峡出平湖"的宏伟诗篇。20 世纪 50 年代至 70 年代先后开工建设了三峡试验坝、陆水水库大坝和三峡工程的航运梯级——葛洲坝工程，为建设三峡工程做了实战准备。

三峡工程因位于长江干流三峡河段而得名。三峡河段全长约 200 公里，上起四川奉节白帝城，下迄湖北宜昌南津关，由瞿塘峡、巫峡、西陵峡组成。选定的坝址位于西陵峡中的三斗坪镇。三斗坪距湖北省宜昌市区 40 公里，这里河谷开阔，基岩为坚硬完整的花岗岩，具有修建混凝土高坝的优越地形、地质和施工条件。

三斗坪坝址，是经过了大量的地质勘探，在 2 个坝区、15 个坝段、数十个坝轴线中，历时 24 年，经由专家充分论证才最终选定的。

改革开放后，我国国民经济发展对建设三峡工程提出了更为迫切的要求，但是由于技术水平、资金筹措、移民安置的制约以及生态环境、国防安全等方面的考量，三峡工程经历了久议不决的纠结期。随着我国国力逐步增强，建设三峡工程的条件日趋成熟。1986 年 6 月，党中央、国务院决定，围绕社会各界提出的问题和建议，组织各方面专家再次进行广泛深入的研究论证。1992 年 4 月 3 日，第七届全国人大五次会议审议表决通过了《关于兴建长江三峡工程的决议》。这也是新中国历史上唯一由全国人大代表投票决定上马的水利工程。

三峡工程的建设是科学决策的结果。面对来自一些人的质疑声和反对声，三峡决策者没有压制不同的声音，而是运用大量的勘测研究论证说服不同观点的反对者，并且通过民主和法律程序决定。国家投入了大量的人力、物力和财力，做了大量调查研究论证工作，光是工程涉及的研究部门就有 100 多个专业，工程师以上技术人员 1200 多人。

三峡工程的总体建设方案是"一级开发，一次建成，分期蓄水，连续移民"。施工工期从 1992 年开工，到 2009 年竣工分三期，总工期 17 年。一期工程（1992 年—1997 年）：除准备工程外，主要进行一期围堰填筑，导流明渠开挖等。二期工程（1998 年—2003 年）：主要任务是修筑二期围堰，左岸大坝的电站设施建设及机组安装，同时继续进行并完成永久特级船闸、升船机的施工。三期工程（2003 年—2009 年）：进行右岸大坝和电站的施工，并继续完成全部机组安装。到 2020 年 11 月，三峡工程建设任务全面完成，工程质量满足规程规范和设计要求，总体优良，防洪、发电、航运、水资源利用等综合效益全面发挥。

2020 年 11 月 1 日，水利部、国家发展改革委公布，三峡工程完成整体竣工验收全部程序，三峡工程建设任务全面完成。中国人苦苦追寻的三峡工程之梦终于实现。此时，距孙中山先生 1919 年在建国方略之二——《实业计划》中首次提出建设三峡工程的构想已经超过百年。

三峡工程树起一座中华民族治水兴邦的丰碑

三峡工程作为一个世纪工程，经历了几代人的不懈努力，凝聚了毛泽东、周恩来、邓小平等老一辈革命家的期望，凝聚了无数专家学者的心力，凝聚了数万名建设者辛勤劳动的汗水和热血。自运行以来，三峡工程防洪、发电、航运、水资源利用、节能减排与生态环保等巨大综合效益已全面发挥，它代表着中国工程设计建造、管理运行的先进水平，以恢宏昂扬的姿态，树起一座中华民族治水兴邦的丰碑，彰显"大国重器"的使命与担当。

2019 年 9 月 25 日，三峡水利枢纽工程设计总工程师、中国工程院院士郑守仁获得新中国成立 70 周年"最美奋斗者"称号。他说："对于三峡工程，我看得比自己的生命更重。三峡工程是长江水利委员会这个群体的心血，是我们水利人共同的孩子。'最美奋斗者'这一荣誉并不是属于我个人的。""三峡工程是国家的百年大计，设计标准更是千年一遇，不能出丝毫问题。我们要对工程负责，对历史负责。""我现在关心的不是我的身体，而是三峡工程能不能经得起历史检验。三峡工程经过了 10 年试验性蓄水，10 年跟踪，经受了汶川地震等各种考验，各项指标完全正常，对环境没有产生不利影响，已经取得良好效益。这一辈子把三峡工程搞完了，也算是了了我的一个心愿。"

正是有了一代代决策者、领导者的高瞻远瞩，有了无数设计者、建设者的劳动奉献，三峡大坝集合了人类的智慧，并为人类造福。

——三峡工程首要目标是防洪，有效控制长江上游洪水。经三峡水库调蓄，可使荆江河段防洪标准由现在的约十年一遇提高到百年一遇。2016年汛期，长江中下游地区发生 1999 年以来最大洪水。经科学调度，三峡工程成功削峰 38%，有效缓解了长江中下游地区的防洪压力。

从蓄水至截至 2020 年底，三峡工程累计实施拦洪运用 61 次，拦蓄超 5 万立方米每秒的洪峰 19 次，总蓄洪量 1841 亿立方米。中国工程院试验性蓄水评估报告测算，三峡工程多年平均防洪效益达 88 亿元。防洪减灾效益显著。

——它拥有 32 台 70 万千瓦机组，是稳定全国电网的支撑电源。截至2020 年 12 月底，三峡水电站累计发电超过 1.4 万亿千瓦时，相当于少燃烧标准煤 4.47 亿吨、减少二氧化碳排放 12.14 亿吨。2020 年 12 月 31 日24 时许，三峡电站全年累计生产 1118 亿千瓦时绿色电能，创世界单座水电站年发电量新纪录，不仅有效缓解了华东、华中、广东等地区电力紧张局面，而且为全国减少碳排放、治理雾霾作出了积极贡献，是世界上最大的节能减排工程。

——它成就了"黄金水道",让"自古川江不夜航"成为历史。三峡工程极大改善了宜昌至重庆段约660公里的通航条件,万吨船队可由上海直达重庆,船舶运输成本显著降低、安全性明显提升。2019年,三峡船闸全年共运行10627闸次,过闸通过量达1.46亿吨,再创历史新高。极大地促进了西南腹地与沿海地区的物资交流,有力地支持了长江经济带发展战略的实施。

——三峡大坝旅游区从无到有,从小到大。景区观光线路不断优化完善,基础设施不断提档升级,产品内涵不断丰富,服务质量不断提升,成为全国首批AAAAA级旅游景区,荣获全国文明单位、全国研学旅行示范基地、红色旅游经典景区等荣誉称号。

——随着三峡工程的建成运行,以三峡水库为骨干的长江上游水库群联合调度和跨流域水资源配置的格局逐步形成,标志着长江治理开发从控制洪水向洪水管理和水资源综合利用的重大转变,将为长江流域乃至全国经济社会发展和产业优化布局更好地发挥能动作用。

长江三峡,风光无限;三峡工程,福佑子孙。我们相信,对我国经济、政治、文化、社会、生态"五位一体"总体布局有极其重要战略价值的三峡工程,必将在现代化建设的宏伟大业中发挥出重要作用。

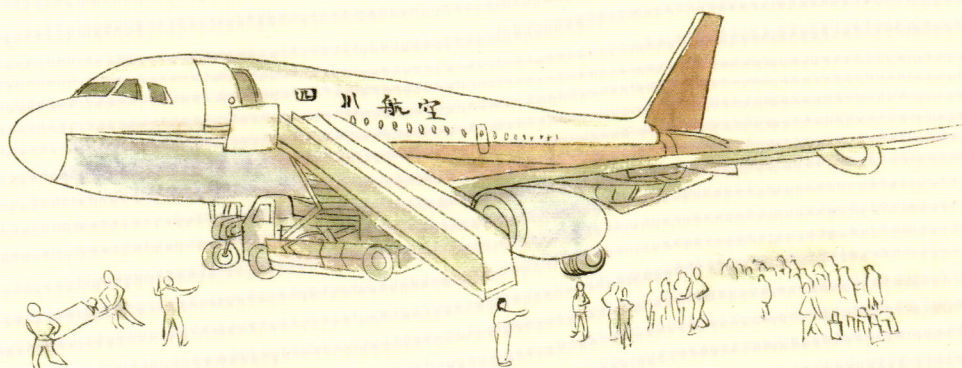

世界航空史的奇迹

2018 年 5 月 14 日，四川航空股份有限公司 3U8633 航班在执行重庆至拉萨的飞行任务时，在 9800 米的高空突遇罕见险情：驾驶舱右座前风挡玻璃爆裂脱落，玻璃碎片横飞，驾驶舱温度降至 −40℃，自动驾驶设备失灵，失压、缺氧、强风和飞机的剧烈抖动，瞬间袭来，随时可能机毁人亡。

在千钧一发的生死关头，机长刘传健带领机组全体成员，沉着冷静、果断应对，克服高空低压、低温、低氧和高噪音恶劣环境的影响，以及仪表盘脱落等突发情况，科学完成了险情判断、应急响应、旅客安抚等险情处置，实施紧急下降，在多部门的密切配合下，成功备降成都双流机场，确保了机上 119 名乘客和 9 名机组成员的生命财产安全。

这是一次极端而罕见的险情，危急程度堪比空难纪录片《空中浩劫》里英航 5390 航班遇到的情况。历时 34 分钟成功返航备降的难度堪称"世界级"，成为行业史上史诗级壮举，创造了世界民航史上的奇迹，受到了国内外社会各界的广泛赞誉。根据这一事件改编而成的电影《中国机长》一经上映，引发轰动。人们由衷敬佩："他们就是中国当代的英雄，也是大家身边的普通人，但正是他们创造了奇迹，挽救了这么多生命，让世界为之赞叹！"

当之无愧的"英雄机组""英雄机长"

2018 年 9 月 30 日，四川航空"中国民航英雄机组"全体成员参加了庆祝中华人民共和国成立 69 周年招待会。30 日下午国庆招待会前，习近平总书记在人民大会堂亲切会见他们，并同大家合影留念。

习近平说："5月14日，你们在执行航班任务时，在万米高空突然发生驾驶舱风挡玻璃爆裂脱落、座舱释压的紧急状况，这是一种极端而罕见的险情。生死关头，你们临危不乱、果断应对、正确处置，确保了机上119名旅客生命安全。危难时方显英雄本色。你们化险为夷的英雄壮举感动了无数人。得知你们的英雄事迹，我很感动，为你们感到骄傲。授予你们'英雄机组'、'英雄机长'的光荣称号，是当之无愧的。"

2018年6月8日，为表彰他们成功处置"5·14"事件，中国民用航空局和四川省政府授予四川航空3U8633航班机组"中国民航英雄机组"称号，授予机长刘传健"中国民航英雄机长"称号，并享受省级劳动模范待遇。此外，四川省委、省政府，中国民用航空局对机长及全体机组成员给予重奖。2019年5月，四川航空3U8633航班机组被授予"中国青年五四奖章集体"。

英雄机长刘传健当选"感动中国"2018年度人物，评选组委会给予他的颁奖辞是："仪表失灵，你越发清醒；乘客的心悬得越高，你肩上的责任越重。在万米高空的险情中如此从容，别问这是怎么做到的。每一个传奇背后，都隐藏着坚守和执着。"2019年9月，刘传健当选第七届全国道德模范"全国敬业奉献模范"，还被授予"最美奋斗者"称号。10月1日，他乘上"英模代表"花车，参加了庆祝中华人民共和国成立70周年庆祝活动。

"5·14"事件成功处置绝非偶然

习近平在会见"中国民航英雄机组"成员时强调："平时多流汗，战时少流血。'5·14'事件成功处置绝非偶然。处置险情时，你们所做的每一个判断、每一个决定、每一个动作都是正确的，都是严格按照程序操作的。危急关头表现出来的沉着冷静和勇敢精神，来自你们平时养成的强烈责任意识、严谨工作作风、精湛专业技能。"

机长刘传健，空军飞行员出身，是 A320 机型 B 类教员，总飞行时间 13666 小时；第二机长梁鹏，是 A320 机型 B 类教员，总飞行时间 8789 小时；副驾驶徐瑞辰，为 A320 机型副驾驶，总飞行时间 2801 小时；3 位机组成员均未发生过人为责任原因不安全事件。

刘传健 2006 年从空军退役后，成为一名民航飞行员。多年来，他飞行川藏线百余次，练就了过硬的飞行技术和严谨的工作作风，积累了高原飞行的宝贵经验。在空军第二飞行学院期间，作为飞行教员，刘传健每年都要带着学员进行"玻璃爆裂"训练。

2018 年 5 月 14 日，刘传健驾驶 3U8633 航班飞行在 9800 米的高空时，驾驶舱右风挡玻璃突然出现裂纹。据刘传健事后回忆，事发前没有任何征兆，风挡玻璃突然爆裂，"轰"的一声发出巨大声响。他往旁边看时，副驾驶身体已经飞出去一半，半边身体在窗外悬挂。还好，他系了安全带。驾驶舱物品全都飞起来了，许多设备出现故障，噪音非常大，无法听到无线电。整个飞机震动剧烈，无法看清仪表。

飞机失衡、低压，驾驶舱内温度骤降至 −40℃。刘传健，只穿着短袖衬衣，他和另外两位同事的第一直觉是：完了！他首先让自己镇定下来：不行，哪怕有一线希望，只要不坠落，就有希望，就要努力去争取！他先控制着仪器不让飞机直降，只要还在空中，就还有回旋、转圈的余地。

刘传健忍受着极端低温、缺氧、强风和巨大噪音，实施全手动操作飞机。他左手紧握操纵杆，尽力控制飞机状态，右手竭力去拉位于左侧的氧气面罩，飞机迅速左转飞向成都双流机场，并开始紧急下降。由于设备损坏和风噪，他无法得知飞行数据，无法通过耳机与地面塔台建立正常双向联系。看到重峦叠嶂，他想着是如何不让飞机触碰山巅。虽然与塔台失去联系，他极力操作去避免失控飞机与其他飞机相撞。同时，机组人员各就各位，全力做好突发事故处置工作。

刘传健凭借精湛技术和丰富经验，在充分考虑地形和安全高度的前提下控制航速和航迹，凭手动和目视，靠毅力掌握方向杆，操控飞机艰难下降。34 分钟后，刘传健以近乎完美的表现，操纵飞机成功迫降在成都双流机场。

事后，曾有人问刘传健：风挡玻璃爆裂后，你首先想到的是什么？

刘传健回答："脑子里闪了一下，觉得这一趟走远了，可能回不来了。"但刘传健马上想到的是：飞机不能失衡，必须保证飞行姿态，然后慢慢下降，不能太猛，避免撞山；后舱有 119 名乘客，9 名机组成员，"我得把他们带回地面去"；还有身上的使命感，如果这架飞机发生不测，中国民航的声誉就会受到很大影响。

刘传健说："哪怕只有一丝希望，我都不能放弃，必须坚持。"

究竟是什么给予刘传健和机组成员如此强大的勇气和力量？

——是信念！是勇当人民生命守护者的坚定信念。机组始终秉承"保证乘客和飞机安全"的信念，飞行安全是机组的最高职责，中国民航的飞行员都把安全飞行作为终生追求的目标，用忠诚践行最高职责，踏踏实实安全飞好每一个航班。生命是可贵的，人只有一次生命。在危急关头，他们想到的是 100 多人的性命。因此，即使千难万险，即使生死未卜，即使史无前例，他们依然要倾尽全力。当飞机成功备降后，驾驶舱沉默了整整 3 分钟，最后刘传健才说出了"我们还是活着的"。这时候，他们才想到自己，或者说他们欣慰自己履行了应有的职责，保全了所有人的生命。

——是敬畏！是对生命、事业、职责、规章的敬畏。回放那命悬一线的半个多小时，刘传健所执行的 36 个动作精准无误！这是要如何专业才能达到的水准？这是要多么好的运用才能成就教科书式的技能？如果没有专业的训练，没有业精于勤的执着，没有默默无闻的坚守，没有职业精神的支撑，没有对乘客生命的敬畏……紧急关头方显男儿本色。能有多少荣誉以事故做支撑？能有多少经验以生命作考题？每一个传奇背后都隐藏着坚守和执着。

——是合力！是机组成员、空管、地勤等通力协作的合力。关键时刻，英雄也很难孤军奋战，也需要团队的支持和协助。当刘传健颤抖的身体几乎不受自己控制时，战友一双宽厚的手为他抚摩肩膀传递信心：别怕，我也在！战友情给了他无限的勇气和力量；客舱里人心惶惶时，乘务员们倾尽所能安慰照顾乘客，为他们系上安全带，最后一位乘务员却无处稳固自己，好心的乘客抱着她直到迫降，却将热泪化作冰水浸透了她的后背。合力还体现在险情发生后，空管、地勤等各方密切配合、通力协作。有了这一切，才有了突发故障飞机的安全备降。

要在全社会提倡学习英雄机组的英雄事迹

习近平在会见"中国民航英雄机组"成员时强调："你们不愧为民航职工队伍的优秀代表。我们要在全社会提倡学习英雄机组的英雄事迹，更要提倡学习英雄机组忠诚担当、忠于职守的政治品格和职业操守。"习近平指出："伟大出自平凡，英雄来自人民。把每一项平凡工作做好就是不平凡。新时代中国特色社会主义伟大事业需要千千万万个英雄群体、英雄人物。学习英雄事迹，弘扬英雄精神，就是要把非凡英雄精神体现在平凡工作岗位上，体现在对人民生命安全高度负责的责任意识上。飞行工作年复一年、日复一日，看似平凡，但保障每一个航班安全就是不平凡。希望你们继续努力，一个航班一个航班地盯，一个环节一个环节地抓，为实现民航强国目标、为实现中华民族伟大复兴再立新功。"

近年来，为保证航空安全，中国民用航空局提出狠抓"三基"（抓基层、打基础、苦练基本功）建设工作要求，着力提升航班的应急能力建设。英雄机组的行为，是提升应急能力建设成效的一次重大检验。在这次重大突发事件中，机组反映出高超的技术水平和优良的职业素养，集中体现了"忠诚担当的政治品格、严谨科学的专业精神、团结协作的工作作风、敬业奉献的职业操守"这一当代民航精神，并为这笔精神财富添加了浓墨重彩的一笔。

世界民航史上，没有人经历过这样的险情：9800 米上空，3 层玻璃全爆，室外温度 −40℃，空气极度稀薄，仪表盘都立了起来，所有通信设施、雷达全部失灵，只能盲飞……

英雄机长和英雄机组临危不乱的无畏勇气、勤学苦练的执着追求、安不忘危的忧患意识，尤其值得每个人学习。刘传健说："如果没有发生这件事，大家都不会认识我。而我需要做的就是努力做好自己的工作，不辜负人民对我的信任。""平凡的事情做到极致就是非凡……我觉得只要在平凡的岗位上做出不平凡的工作，都是英雄。"

伟大源于平凡，高尚出于朴素。英雄来自平凡的岗位、平凡的人。时代在发展，各行各业都需要这样平凡的"英雄"，把每一项工作做好就是不平凡。每一个人都能站好自己的岗，我们的国家就会越来越美好。当人人都为了实现中华民族伟大复兴肯钻研、下苦功、立新功，民族就会更有希望！

第十二篇章

劳动最美丽

发掘艺术之美

这笔墨山水间

一幅美丽的画卷

我们载歌又载舞

歌颂着美丽的诗篇

不管南拳或北腿

还是生旦净末丑

这高山流水传世曲

弘扬祖国的魅力

中华上下五千年

经历过风雪变迁

琴棋书画蕴含着

那智慧的渊源

中华上下五千年

汇聚了无数先贤

江河湖海哺育了

我们幸福的今天

——《艺术中国》歌词节选

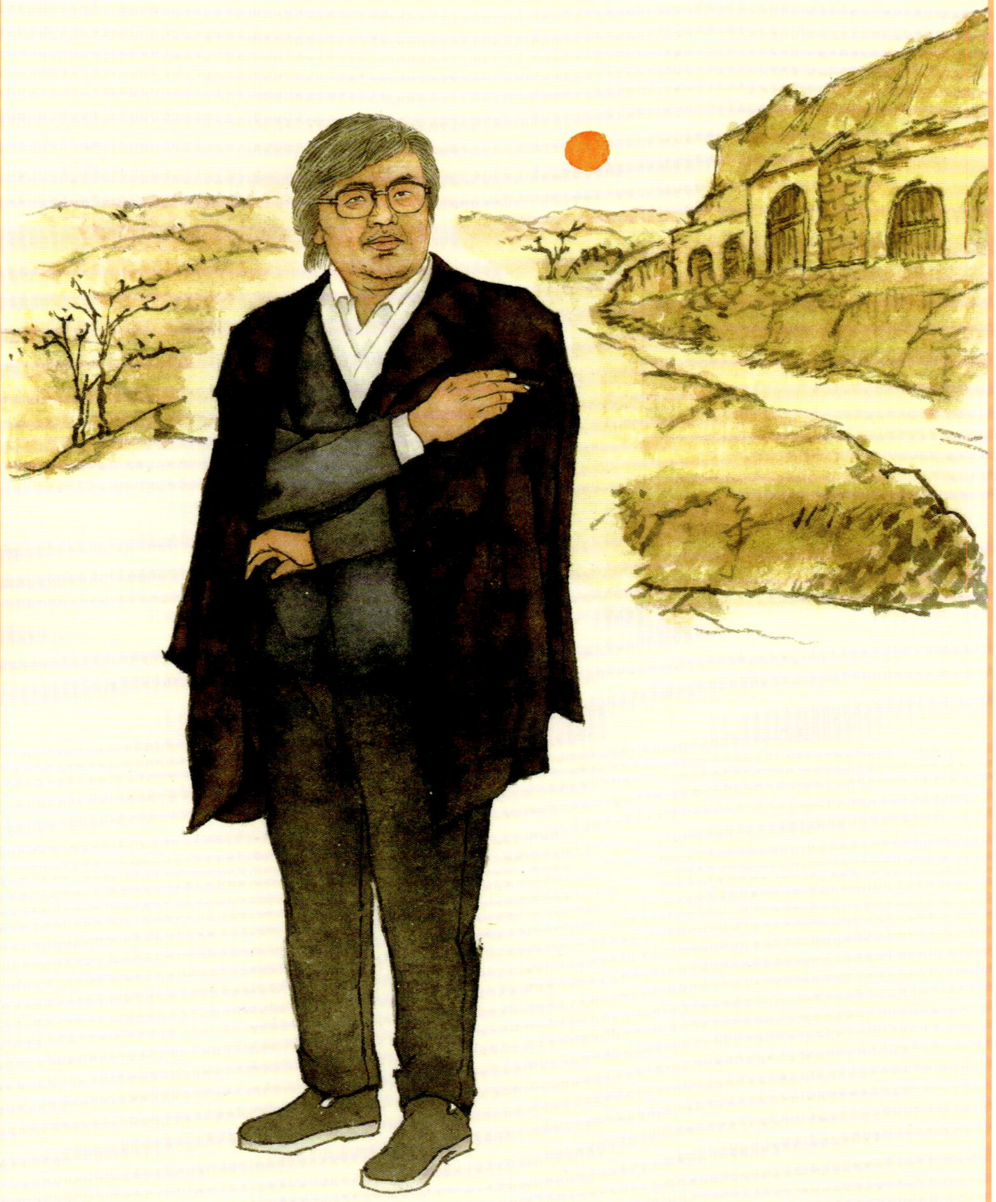

平凡世界里的路遥人生

从 2009 年到 2019 年底，10 年来，《平凡的世界》销量超过 1800 万册，成为中国当代文学史上广受赞誉与读者喜爱的文学作品。面世 30 多年来，《平凡的世界》小说及其各种改编作品，不知鼓舞了多少普通青年，让他们在大大小小的人生困境中获得精神力量，向着梦想勇敢前进，追求生命的闪光。

艺术境界源自作者的人生境界。和小说中的孙少安、孙少平一样，作者路遥是改革开放时期涌现出来的最美奋斗者——他不在困苦中沉沦，不满足于庸庸碌碌，不满足在小有成就后养尊处优。他用短短 42 年的生命践行着他的人生信条："只有拼命工作，只有永不休止地奋斗，只有创造新的成果，才能补偿人生的无数缺憾，才能使青春之花即便凋谢也是壮丽的凋谢。"

人，不仅要战胜失败，而且还要超越成功

在写《平凡的世界》之前，中篇小说《人生》已经为路遥赢得了文坛盛名。

1982 年，《人生》发表在文学杂志《收获》上，谁承想引发了一场社会讨论。小说主人公高加林通过关系，从农村来到城市，又被揭发遣返回农村，其间经历了"移情别恋"的挣扎，成为社会转型期青年命运遭遇与人生选择的典型。"人生的意义是什么""理想与现实的差距"被广泛讨论。

小说发表后，路遥形容他的生活"完全乱了套"。读者来信从全国四面八方邮寄而来，内容五花八门。除了谈论阅读小说后的感想和种种文学

问题外，读者们还跟路遥讨论人应该怎样生活。许多剧团、电视台、电影制片厂要改编作品，电报电话接连不断，常常半夜三更把路遥从被窝里惊醒。一年后，电影《人生》上映，作品影响持续发酵。

跟所有人一样，路遥并不拒绝鲜花和红地毯。至少在一段时间里，他为自己长期辛苦的劳动换来的"某种回报而感到人生的温馨"。但他没有被成功冲昏头脑，没有沉溺在鲜花和荣誉中。他意识到，只有沉重的劳动，才能让自己充实起来。

1982 年，路遥开始构思一部规模更大的作品，故事跨度从 1975 年写到 1985 年，至少有 100 个人物出场的现实主义长篇小说。真正的现实主义绝不简单，它不是流水账式记录见闻，不是凭空虚构一个传奇故事，而是要作者沉浸于社会生活，吃透种种资料，认清这个变动不居的时代，捕捉到人们的生活和精神状态。为此，路遥像春蚕般贪婪地寻找和消化一切生活和知识的"桑叶"。

更具激情地将自己浸泡在劳动的汗水之中

生活可以故事化，但历史不能编造。这 10 年，中国发生了什么？

路遥找来这 10 年间的《人民日报》《光明日报》以及一种省报、一种地区报和《参考消息》的全部合订本，逐月逐日地查看当天国内外发生的重大事件和社会反响。一页一页翻看，把可能有用的材料记下来。因为工作量太大，他的手指头被磨破了，只好用手的后掌继续翻阅。

光有资料还不够，写作更要沉入生活的深海，获得更加直观、更加生动立体的直接感受。路遥提着一个装满书籍资料的大箱子到处奔波，乡村城镇、工矿企业、学校机关、集贸市场；上至省委书记，下至普通老百姓，只要能触及的，就竭力去触及。有些生活是过去熟悉的，但为了更确切体察，就再一次深入进去。

不光要有普遍认识，还要尽量捕捉一切可以捕捉到的生活细节。路遥对那些常识性的、技术性的东西也不敢有丝毫马虎，一枝一叶都要考察清楚。比如，详细记录作品所涉及的特定地域环境中的农作物和野生植物，从播种出土到结子收获的全过程；当一种植物开花的时候，另外的植物处于什么状态；这种作物播种的时候，另一种植物已经长成什么样子；还有全境内家养和野生的飞禽走兽、民风民情民俗、婚丧嫁娶等等。一深入生活，路遥就贪婪地吸收着一切信息。他清楚地意识到，他占有的生活越充分，表现生活就越自信，自由度也就会越大。"作为一幕大剧的导演，不仅要在舞台上调度众多的演员，而且要看清全局中每一个末端小节，甚至背景上的一棵草一朵小花也应力求完美准确地统一在整体之中。"

在如饥似渴地吸收一切信息之后，路遥来到陈家山煤矿开始创作。

创作是艰苦的。一个开头就让他踌躇几天，无法下笔，他经历了自我怀疑、否定自己之后逐渐平静下来，用平静却暗含情感的开头奠定了《平凡的世界》的基调。找到感觉后，他在墙上贴上了进度表，每完成一章就划掉一个数字，证明自己又往前迈了一步。在万里长征的路上，这样一个小小的刺激，就像茫茫大海上一盏闪光的航灯，让路遥带着憧憬持续投入。

生活也是如此艰辛。当时的深山矿场，没有蔬菜、鸡蛋等副食供应。路遥早晨不吃饭，中午只有馒头米汤咸菜，晚上有时吃点面条，根本无法补充十几个小时高强度脑力劳动的消耗。河对面的矿区也许有小卖部，但连半个小时的时间路遥也不敢耽搁。为了强化自己的意志力，每天的写作任务都规定得很严格，完不成就不上床休息。

有一天，房间里来了"不速之客"。两只老鼠在地上乱跑，嬉闹追逐，甚至敢窜到写字台对面的沙发上目不转睛地盯着路遥工作。有人帮着路遥消灭了一只，另一只依然常常过来做客。后来，路遥索性跟老鼠和好，甚至每天款待它一个馒头。这只老鼠，成了路遥在这个孤独世界里唯一的伙伴。

被抛在了一个无人知晓的黑暗角落

经过春蚕吐丝般的辛苦创作，《平凡的世界》第一部终于完成。路遥对她似乎像自己孕育的婴儿般珍视，但这个婴儿起初的命运却颇为不顺。

路遥可是写出了轰动一时的《人生》啊，为什么发表和出版竟然遭遇困难？正如路遥后来总结的那样，最大的阻力来自于当时的文学形势：20世纪80年代中期，正值西方现代派在中国内地蔚为风潮，各种流派"各领风骚三五天"。而传统的现实主义被视为过时和陈旧的文学"遗老"，一般的刊物和出版社都对新潮作品趋之若鹜，对像《平凡的世界》这类作品则并不感兴趣。

对于用生命写作的路遥来说，这种巨大的压力是相当严酷的。路遥感觉自己被抛在了一个无人知晓的黑暗的角落里，自己也已经变成了一件入土的文物。他陷入了苦闷之中……

经过一番努力，《平凡的世界》还是发表了，并且得到了一些文学评论家的认可和好评。于是，路遥总结经验，又将全部身心投入到第二部的创作中去。这期间，他的体力和精神都运转到极限，路遥回忆道："似乎像一个贪婪而没有人性的老板在压榨他的雇工，力图挤出他身上的最后一滴血汗。"

用充实的劳动完成自己的生命过程

事实证明，一部作品过不过时，最终还是要由读者评判。

1988年3月，广播剧《平凡的世界》开始在中央人民广播电台播出。之后，听众们纷纷来信动情地谈论他们的感受。广播剧的热播，带动了小说的销量，数次加印仍供不应求。

一年后，14集同名电视剧在中央电视台播出，使《平凡的世界》影响力持续扩大。那时，作家王安忆正拿着路遥给的一摞"路条"行走在陕北，几乎每到一处，都能听到人们在谈论《平凡的世界》。"每天吃完晚饭，播完新闻，这部连续剧的片头主题歌响起时，无论是县委书记、大学教师，还是工人、农民，全都放下手里的事情，坐在电视机前。假如其时我们正在与某人说话，这人便会说：'等一等，我要去看《平凡的世界》。'"

1989 年，路遥的《平凡的世界》第三部正式出版发行，距第一部发表整整跨越 3 个年头。至此，这部凝结着路遥 6 年辛勤汗水的 100 余万字的长篇小说终于全部出齐，从此，它深深地镌入中国当代文学史和中国人的精神生活。《平凡的世界》以孙少安和孙少平两兄弟为中心，刻画了 20 世纪 70 年代中期到 80 年代中期中国社会众多普通人的形象，深刻地展示了普通人在大时代历史进程中所走过的艰难曲折的道路，颂扬了拼搏奋进、敢为人先的时代精神，全景式地展现中国当时城乡的社会生活。路遥在创作这部作品时不为当时的文学潮流所动，尽管作品起初在发表和出版过程中遭受了冷遇与曲折，但是 30 年来读者阅读热情丝毫不减的事实，证明了现实主义文学经典的隽永魅力。

他扎根生活，生活报之以博大和丰满；他为人民写作，在与人民的真诚对话中淬炼了文学的生命力；他投入时代的洪流，为时代精神传神写照，树立了一座时代的精神丰碑。

2015 年，新改编的电视剧《平凡的世界》播出，再次引发了新一轮的观剧热潮。"豆瓣读书"上，《平凡的世界》评分高达 9.2 分。2019 年 9 月，路遥被授予"最美奋斗者"荣誉称号。他和他的《平凡的世界》激励了一代又一代青年人向上向善、自强不息，积极投身改革开放的时代洪流之中，在献身集体事业的同时也充分实现个人价值，成为无愧于时代、无愧于民族的文艺创造。

最终，读者和时间把《平凡的世界》送上经典的殿堂。

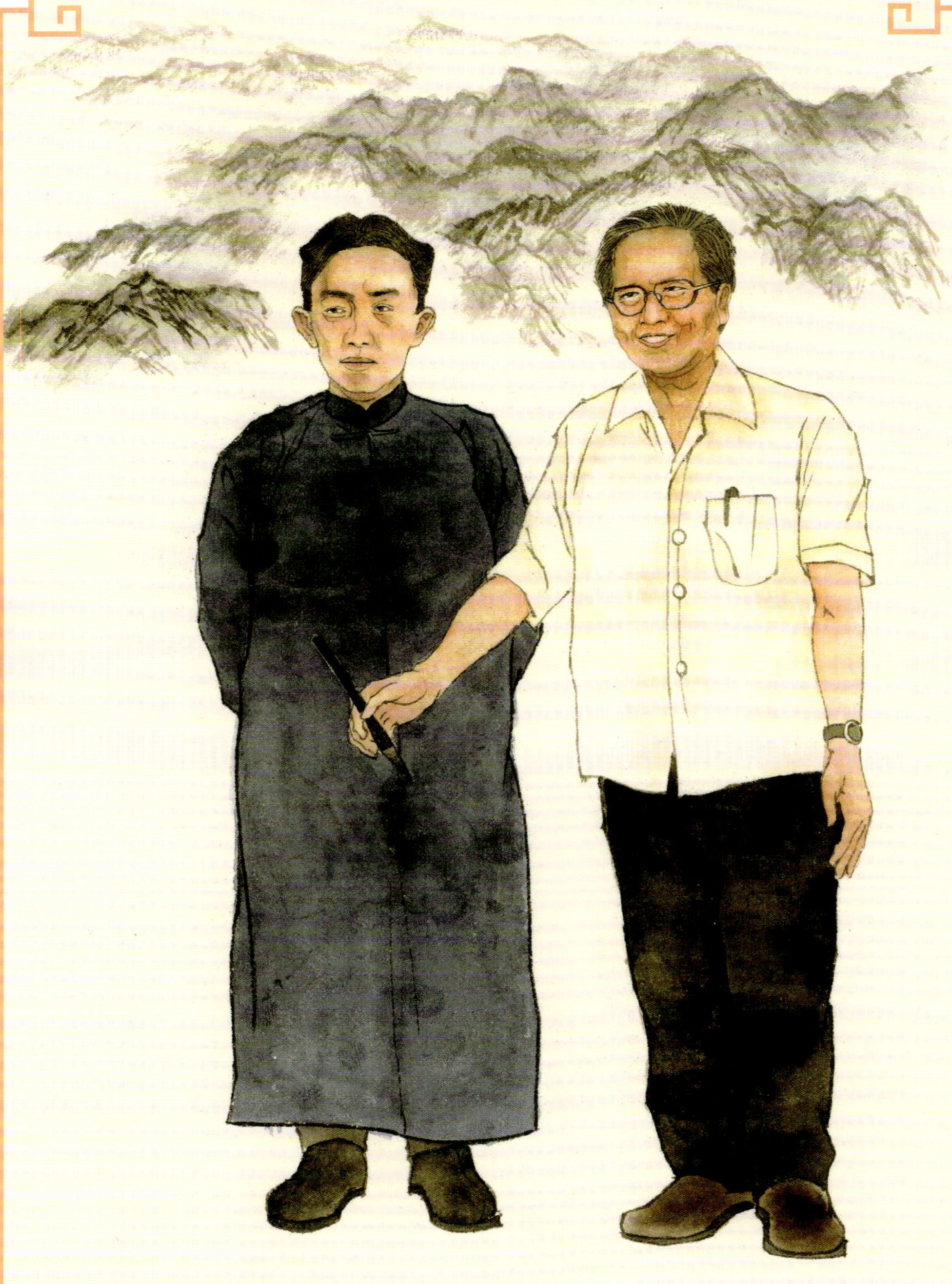

笔墨丹青绘宏图

国画是中华文化的重要组成部分，以毛笔、水墨、宣纸等材料进行创作，在古代称为"水墨丹青"。中国国画通过建构独特的透视理论，打破了时空的限制，展现出高度的概括力和想象力，在世界美术领域中自成体系。

新中国成立之后，傅抱石、李可染、关山月等一批中国山水画家，用蘸满激情的笔墨歌颂祖国的壮美河山，抒发对祖国的热爱和赞美之情。他们深受毛泽东诗词意境的感染，开启了一种极具时代特色的山水画品类，诗情画意，水乳交融，产生了强烈震撼的艺术魅力。其中傅抱石和关山月联合创作的《江山如此多娇》，作为新中国重大题材的美术创作，同时又是中国美术史上最大的纸本山水画，成为这一品类的集大成者。

沿着北京人民大会堂的北门拾级而上，迎宾大厅开阔的高墙上悬挂着巨幅国画《江山如此多娇》。整幅画面同时出现了春夏秋冬不同季节，东西南北、高山平原不同地貌，长城内外、大河上下的不同地域的瑰丽奇观。国画大师傅抱石描述说，近景是高山苍松，采用青绿山水重彩画法，长城大河和平原则用淡绿，然后慢慢虚过去。远处则云海茫茫，雪山蜿蜒。右上角的太阳，红霞耀目，光辉一片，冲破了灰暗的天空，使人感到"红装素裹，分外妖娆"。画作气势磅礴、壮丽雄阔，具有强烈的民族风格和时代感，令每一位参观者油然而生一种强烈的自豪感和爱国之情。那么，这幅巨制的创作过程如何，其中又有怎样的故事呢？

数易其稿绘江山

1959 年，为迎接新中国成立 10 周年，首都北京建设完成"十大建筑"

　　向祖国献礼，其中最宏伟的就是人民大会堂。在新落成的人民大会堂内部，步入迎宾大厅有一面高高的墙壁，将成为党和国家领导人接待外宾并与他们合影留念的背景。如此显要的位置，应该布设最具代表性、最有中国气派、最能彰显国家情怀的艺术品，国画自然成为了最为契合的不二选择。但是，在确定这幅国画的创作主题上却颇费了一番思量，后来周恩来总理和陈毅、郭沫若等人结合当时备受大家喜爱的毛泽东诗词，认为《沁园春·雪》最为脍炙人口，词中"江山如此多娇"6个字又最能展示祖国壮丽河山的豪迈与气势，所以最终决定就以"江山如此多娇"为题进行国画创作。画家人选几经斟酌，这项重任最终交由国画艺术造诣极深、享誉画坛的傅抱石和关山月两位大师联袂创作。

　　傅抱石、关山月两位国画大师接到任务时，既倍感光荣又深知责任重大。合作伊始，两位大师首先面临的问题就是如何把握题材和立意，以及作为不同画派的画家，如何能够在保持各自风格的前提下求得画面的和谐统一。几经沟通与磨合，两位大师配合默契，虽然分属金陵画派和岭南画派，但是在创作的过程中他们始终能够相辅相成，发挥对方所长。傅抱石负责画山石流水瀑布，关山月则完成前景的松树和远景的长城雪山，从而使得傅抱石豪迈雄浑的皴法风格和关山月柔美细腻的笔法相得益彰、浑然一体，呈现出最佳的艺术效果。

　　创作之初，傅抱石和关山月对题材和立意进行了反复推敲。因为画面开阔、意境深邃，二人日夜思考反复勾画草图，不断调整设计，但都不甚满意，一时陷入困惑。陈毅、郭沫若等人前来出谋划策。陈毅表示绘画和作诗一样，首先要立意。"江山如此多娇"，"娇"就是题眼，所以要在这上面做文章。"既要概括祖国山河的东西南北，又要体现四季变化的春夏秋冬；不仅要表现'长城内外'与'大河上下'，而且要描绘出'山舞银蛇，原驰蜡象'；要有江南，又有塞北；要有长城，又有雪山。只有在这'多'的气势中才能体现出'娇'来。"郭沫若说，毛泽东主席这首词作于解放前，所以词中是"须晴日"，但现在都已经解放10年了，画面上一定要有朗朗高照的太阳。综合大家的意见，傅抱石和关山月又多次进行了构思调整和设计修改，草图方案最终敲定下来。

从傅抱石和关山月接到任务开始着手设计，到数易其稿最终通过，这中间经历了长达两个月的煎熬。两个月来，两位大师一直以追求完美的态度，孜孜不倦的努力，力求呈现作品的高远立意，充分展示出生机勃勃的大国气象。这一年，傅抱石55岁，关山月48岁。两位大师不辞辛苦，不舍昼夜，将全部心血倾注于这幅宏图巨制的创作之中。

一笔画尽春夏秋冬、万里江山

方案确定之后，傅抱石和关山月开始着手绘画。所用的宣纸是清代乾隆年间存留下来的厚古宣，由专门的工作人员将其一张张粘好，铺陈开来组成一张纵约6米开外、横约10米有余的前所未有的大画纸。配套的画笔是由荣宝斋特制的1米多长的大笔和排笔，最大的甚至像拖把那般大小，调色用具都是拿大号的脸盆来充当的……运用特制的绘画工具进行这一前所未有的巨画创作，对两位大师来说，挑战性极高。

特别的绘画工具需要特别的绘画体姿，傅抱石和关山月有时需要猫腰站着画，有时需要蹲着画，有时只能坐在大纸中间画，有时甚至需要伏着身子趴着画，而且绘画的时候还要注意不能损伤已完成的地方。但不管哪种姿势，两人往往一上手就会沉浸在自己的艺术世界里……为了力争在国庆节前完成创作任务，面对如此鸿篇巨制，傅抱石和关山月两位大师整天一笔一笔地画、一寸一寸地填。每告一段落，两位大师都会因为长时间保持一种姿势导致腰酸背痛，但他们乐此不疲。

特别值得一提的是，在这幅巨画基本完成、挂到人民大会堂的现场请周恩来总理审定时，周总理表示基本满意，认为画得气势不凡。但同时提出画幅还是略显小了些，最好再加高加宽些。另外，画中的太阳和建筑物相比不大相称，是不是可以再放大些，否则这幅画悬挂起来的时候，就不能显示出太阳的壮美，其背后的象征意义也就不能突显出来了。

结合周恩来总理的建议，傅抱石对画作进行了修改：直接就地剪出一个圆形在画面上进行比对，几次下来觉得直径 1 米的太阳轮廓比较合适。大家又开始挑灯夜战，将原画中的太阳加大 1 倍，并用上好的朱砂涂画，画幅也从原来的宽 7 米、高 5.5 米扩展到宽 9 米、高 6.5 米。他们一丝不苟，不眠不休，最终赶制调整完成。在画作完成后，还专门邀请了中央工艺美术学院的张正宇教授将毛泽东主席亲笔题词"江山如此多娇" 6 个字放大描摹在画面上。经过傅抱石、关山月两位大师通力合作，众多工作人员的全力协助，这幅意义重大的宏图巨制《江山如此多娇》终于创作完成，赶在国庆盛典之前悬挂到了人民大会堂。

著名画家高云评价道："这幅作品，一笔画尽春夏秋冬、万里江山，是对传统中国画语言的一次创新。在此之前，从未有画家做过如此创新之举。"伟大的创举，是傅抱石和关山月两位国画大师以及各方人士心血与汗水的付出。正是这种团结一心、无私忘我的精诚合作精神，为这幅巨作增添了别样的光辉。

笔墨当随时代

当年，由谁来承担《江山如此多娇》这幅巨作的绘画重任，是几经挑选、众望所归的决定。当时，大家首先选定的人选之一就是傅抱石，这又有着什么样的缘由呢？

傅抱石是最早探索毛泽东诗意、词意并进行山水画创作的画家。他深入研究诗词意蕴，将其融入自己的绘画风格中，反复构思，如切如磋，如琢如磨，不断创新、不断突破自我。傅抱石深入生活采风，写生真山真水，在绘制《江山如此多娇》之前，他曾去毛泽东的家乡韶山进行写生，借助其独具特色的表现手法，将毛泽东激荡人心的诗词呈现在画面上。傅抱石几乎将当时公开发表的毛泽东诗词全部进行了诗意的阐释和艺术的加工，成为"毛泽东诗意、词意图"的开创者，也成为了《江山如此多娇》创作任务的不二人选。

20 世纪 50 年代，一大批中国画家在绘画创作上一直紧随时代潮流，秉持"笔墨当随时代"的画理，傅抱石就是其中取得突出成就的中国山水画代表性人物。在题材上，他们实现了中国山水画在表现内容上的拓展和创新，创作了大量具有时代特征的山水画。1953 年，傅抱石以红军长征过雪山的壮举，精心创作了《毛泽东〈更喜岷山千里雪〉诗意图》，整幅画面渗透出冰雪世界侵人的寒气，并突出了红军不畏艰险的主题，展示出高超的绘画技艺。1958 年，傅抱石在接到苏联"社会主义国家造型艺术展览"的创作任务时，历时 3 个月精心绘制完成了《毛泽东〈蝶恋花·答李淑一〉词意图》，"以浩大壮观的胸襟，激情挥洒的笔墨气韵，使天上人间情融意汇，为革命烈士和人民革命奏起了一曲赞歌"。傅抱石创作的《毛泽东〈忆秦娥·娄山关〉词意图》，"图中的近景以墨调和赭石设色，居画面中央的山、石，凸显山势险峻；队形略呈倒'之'字行走的红军，由下而上行军，基调沉暗厚实。图中的远景以朱砂涂抹，从而刻画了'苍山如海，残阳如血'的意境"。傅抱石一生中创作的近 200 幅以毛泽东诗词为题材的山水画，成为中国美术史上一颗颗璀璨的明珠。

挺拔的青松，雄浑的山峰，蜿蜒的长城，奔腾的河流……通过壮美宏伟的画境，国画大师用激情澎湃的画笔将对祖国山河深深的眷恋以及革命和建设的豪情壮志展现出来，真切地表达了文艺工作者对于艺术服务于人民的理解。他们不断在探索中变革，在变革中创新，开拓新的题材，创造新的表现形式，推动了中国画的改造。他们通过艺术作品，展示国家生机盎然、蓬勃向上的面貌，体现百折不挠、坚韧不拔的民族精神，激发广大人民群众的爱国热情和民族自豪感。笔墨只有真正表现出时代气息与风貌，才能使观者百看不厌，回味无穷，成为代表一个时代的传世佳作。

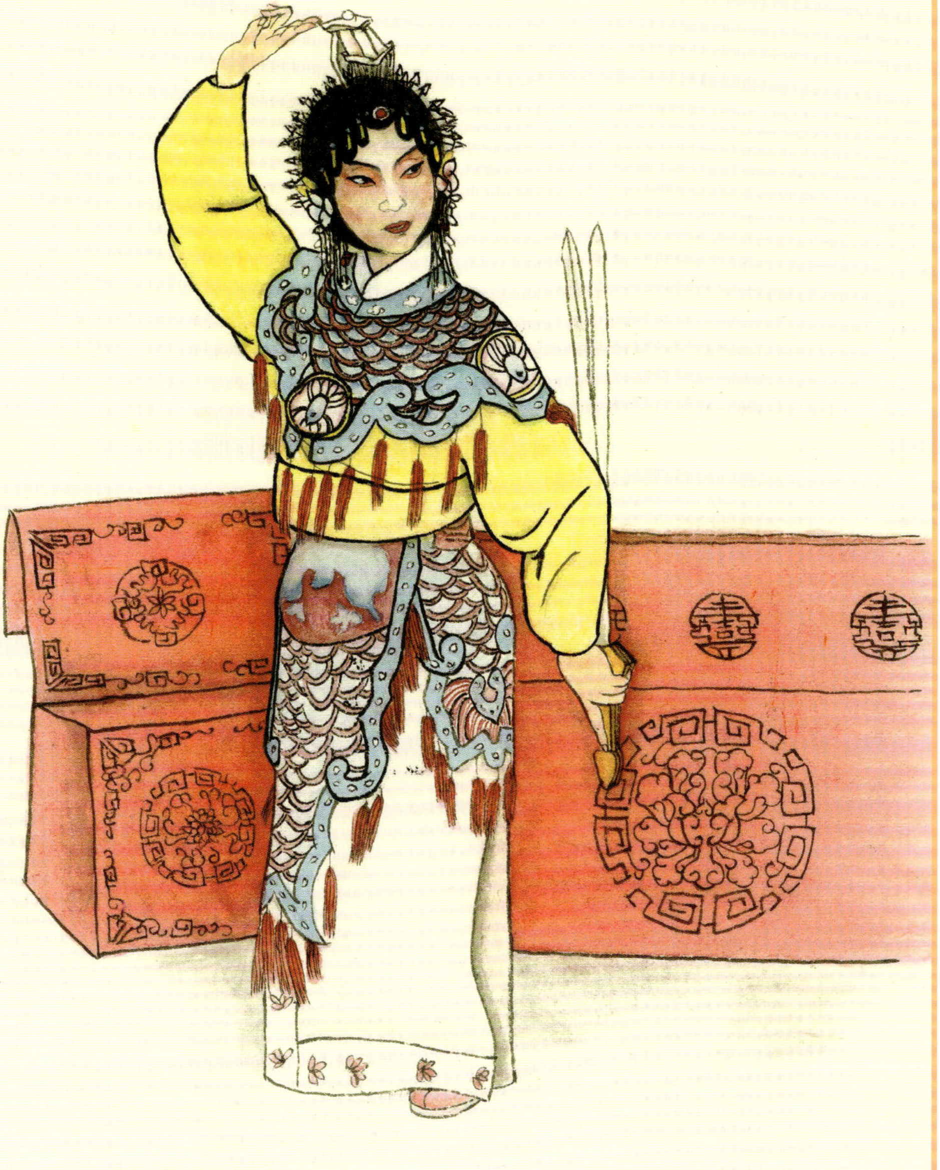

国粹生香梨园美

2010 年 11 月 16 日，京剧被联合国教科文组织列入《人类非物质文化遗产代表作名录》。中国戏曲成就辉煌，加上此前列入的昆曲、粤剧，"非遗名录"已有 3 种戏曲剧种列入。作为国粹的京剧，是在徽调、汉戏的基础上，吸收昆曲、秦腔等一些戏曲剧种的优点和特长逐渐演变而成的，集宫廷雍容华贵之气韵、南北风韵之精华、中国传统美学之大成于一体，以其最中国、最古典、最精粹的艺术与情味，堪称中国戏曲中的"国粹"，成为古老东方的一颗璀璨明珠。

中国戏曲艺术的典型特征是以歌舞演故事。有声必歌、有动必舞，将京剧舞台表演的华美与京剧演员的表演潜能推向了极致——唱、念、做、打和手、眼、身、法、步组成的"四功五法"，将特定情境中人物丰富真实的情感表现出来；借助水袖、翎子、髯口、马鞭等服装与道具，创造出生动鲜活的戏剧场面和人物形象，带给观众极致的视听体验。"台上一分钟，台下十年功。"京剧满载着荣耀与掌声的背后，是一代代京剧人不妥协的功夫打磨和不断传承中的创新，才使得今日的我们仍然能够感受到这些艺术作品所传递的美。

京剧鼻祖程长庚

中国戏曲、古希腊悲喜剧、印度梵剧并称为"世界三大古典戏剧"。希腊悲喜剧现在仅存舞台遗址，印度梵剧也早已失传，唯有中国戏曲流传至今。中国戏曲最早可以追溯到秦汉时期，京剧是在其一脉相承的发展和演变中形成的。

　　1790 年，三庆班进京为清乾隆皇帝的 80 寿辰进行贺寿表演。此后，扬州徽班进京的势头猛涨——徽班进京被公认为是京剧发展的最初源头。徽班进京后，经过"徽汉合流"，且不断吸收昆曲、梆子等戏曲剧种的精华，持续地融合、演进、发展，最终得以形成一个新剧种。当京剧作为一个独立的剧种演出时，第一代演员大多是由徽班中的徽戏和汉调演员过渡而来的。其中三庆班的程长庚，本身徽籍，又出身徽班，演出中带有明显的安徽口音，因而被称为"徽派老生""徽班领袖"，对京剧及后世的影响颇大。

　　《异伶传》中记载，程长庚第一次登台亮相并未成功，而且还吃了倒彩。但他发奋努力，"三年不声"，最终凭借《文昭关》一剧一鸣惊人，从此名震京城。程长庚嗓音条件出众，他在此基础上，兼收并蓄、博采众长，吸收借鉴昆曲、京腔、汉调的演唱技法，达到声情交融、余音绕梁的效果。《燕都名伶传》评价其"唱乱弹，则能穿云裂石，复于高亢之中，别具沉雄之致，故从学者众，独无人能肖"。程长庚为京剧的发展创造了新的唱腔和表演程式，并且与文人合作，大量移植改编了其他戏种的剧目。正是程长庚身上这种孜孜不倦的创新精神，为尚在"襁褓"中的京剧，找到了一条繁荣发展之路。

　　程长庚不仅是一名出色的京剧表演艺术家，还是一位慧眼识才、悉心育才，培养出了众多名伶的教育者。像后来京剧老生"新三鼎甲"中的谭鑫培、汪桂芬、孙菊仙以及杨月楼等人都曾受业于程门。晚年的程长庚创办了四箴堂科班，遍请名师培养了大批京剧人才，为日后京剧艺术走向鼎盛奠定了坚实的基础。

　　程长庚身处清末时期，社会黑暗，从艺艰难。但他凭借"咬定青山不放松"的进取精神、博采众长的创新精神、严于律己的敬业精神和通力合作的团结精神，立足于有着丰厚积淀的传统戏曲之上，推动了徽戏向京剧的嬗变，成为当之无愧的京剧创始人，为后人所缅怀和纪念。

四海一人谭鑫培

程长庚之前及同期的戏曲舞台，是一个诸腔杂陈、百花争春的时代，京剧尚未定型。而在程长庚之后，出现了一位集众家之所长、成一人之绝艺，上至达官显贵、下至贩夫走卒都交口称赞的伶界大王。在他的影响下，京剧成为国粹艺术，造就了百年辉煌。他就是梁启超先生口中的"四海一人谭鑫培，声名廿纪轰如雷"。

谭鑫培可谓是大器晚成的艺术大师代表，其青少年时期的从艺经历一路坎坷，中年之后才逐渐得到社会的认可，终于名声大噪。谭鑫培的天赋并不十分出众，后来之所以能取得如此大的成就，完全是他凭借超乎常人的付出和努力取得的。谭鑫培29岁时进入三庆班，拜入程长庚门下，但凡是程长庚的戏，他都会仔细揣摩、反复研究，加上时常为其配戏，因此谭鑫培对于程长庚的神气眼法、唱腔姿态皆是了然于胸。当时的戏曲舞台扮演老生的名角如林，各有所长，争奇斗胜。谭鑫培对他们的念白、唱腔、身段、扮相一一留意，孜孜不倦地从中汲取养分，从而集众人之长于一身。

谭鑫培的嗓音，论高亢峭拔绝非出类拔萃，所以他要想在唱腔上取胜，必须避开单纯追求音高嗓大的传统唱法，在腔调的曲折婉转、回环幽扬上进行突破。正是基于对自身嗓音条件的正确认识，谭鑫培对众多前辈和同辈的唱腔加以吸收融汇，不断革新实践，最终突破老生直腔直调的局面，自立一派——形成风格新颖、去古渐远、悠扬婉转、灵活多变，以声情并茂取胜的谭派唱腔。不止如此，谭培鑫始终不渝地刻苦钻研，浑然忘我地勤学苦练，立足传统，革故鼎新，创造出了众多深刻揭示人物内心的花腔与巧腔，将老生的唱腔向前推进了一大步。可以说，正是自谭鑫培始，京剧老生声腔艺术从"气势派"转向"韵味派"，为日后乃至今天的京剧音韵奠定了主要的基准和法则。

谭鑫培的弟子虽然不多，但受其艺术影响的京剧演员却比比皆是，北京一度形成"有匾皆书垆，无腔不学谭"的局面。时至今日，京剧舞台上的老生艺术也并未超越谭鑫培开拓的范畴。伴随着150多年来京剧的发展和对世界的影响，"伶界大王"谭鑫培之名，至今不仅没有湮灭于历史之中，反而熠熠生辉，回响不绝。

一枝独秀梅兰芳

在谭鑫培时代之后，京剧的行当和流派已经趋于成熟，此时京剧界最为有名的代表性人物是旦行中的梅兰芳、武生行中的杨小楼、老生行中的余叔岩，在当时被尊称为京剧界的"三大贤"，其中梅兰芳所创立的梅派艺术被视为中国京剧发展史上的里程碑。

梅兰芳虽然出身梨园世家，但少时并不被家人和师长看好，被认为"言不出众，貌不惊人"，但他却以超出常人的勤奋与毅力广学苦练，最终成为一位深深影响中国京剧艺术的大师。在梅兰芳回忆录中提到：搭喜连成班的时候，他每天还没等开锣就到，一直看到散戏才走。中间除了自己上台表演，其余时间都在下场门的场面上、胡琴座的后面全程观摩表演，看得最多的戏里有谭鑫培、杨小楼、王瑶卿等人，无一不是当时京剧领域的顶尖名角。日复一日的观摩、实践和开悟，为梅兰芳的艺术蜕变积淀了持久爆发的力量。慢慢地，梅兰芳在台上表演时都能做到一招一式了然于心、一哭一笑信手拈来，在不断地自我超越中展露出令人惊艳的美。

1911年辛亥革命爆发，中国发生了三千年未有之巨变。正是在这一年，梅兰芳凭借《玉堂春》的首演轰动京城。演出成功是建立在对老戏《玉堂春》唱腔调整改变的基础上，使之更为清新、委婉、动听，融入了很多新意，深受观众的追捧。从这次新腔老戏演出成功开始，梅兰芳开启了艺术自觉，结合时代变化进行艺术创新，不断修改、完善，探索具有自身特色的表演。1913年的上海演出，不仅令梅兰芳红遍大江南北，海派戏剧观念更是极大地冲击着梅兰芳的思想，推动着他在表演艺术上不断地求索创新。此后，梅兰芳把一生的心血都倾注在对京剧舞台表演艺术的革新中。正是在他对传统批判继承、不断超越前人和超越自己的过程中，将京剧旦行艺术推至前所未有的巅峰——梅兰芳创立的梅派以其醇厚流丽的唱念、美轮美奂的做打、载歌载舞的表演方式，营造出一种雍容华贵、中正平和的气韵，将京剧旦行艺术提高到一个全新的境界。后人将梅兰芳与斯坦尼斯拉夫斯基和布莱希特，并称为世界三大戏剧表演体系的代表人物。

梅兰芳不仅是一位对京剧旦行表演艺术进行大胆创新的突破者，同时还是将京剧艺术推广至世界的先驱。梅兰芳曾在 1919 年、1924 年、1956 年 3 次到日本表演，1930 年登上美国的舞台，1935 年、1952 年到苏联访问演出，他精彩绝伦的表演都在当地引发了巨大的轰动。尤其是 1930 年到美国的演出，前期梅兰芳及其剧团进行了大量精心细致的筹备——将演出的服饰、道具、器乐全部绘画出来并配上中、英、德 3 种文字，请专业人士将京剧曲谱第一次转化为五线谱等，顶着当时美国经济危机的巨大压力，以过人的胆识和魄力赢得了赴美演出的巨大成功。梅兰芳通过自己的表演，吸引了世界了解中国戏曲的目光，加强了中西方文化艺术的交流，更增强了中国人民对于戏曲艺术的自豪感和文化自信。

京剧之所以历久弥新、长盛不衰，是一代代大师呕心沥血的传承与创新。时至今日，我们珍视这些京剧大师们流传下来的艺术遗产和精神遗产，更致力于在传承的基础上不断与时俱进，弘扬中华优秀传统文化，传承中华文脉，让作为民族艺术瑰宝的京剧在新时代迸发出新活力，绽放出新光彩。

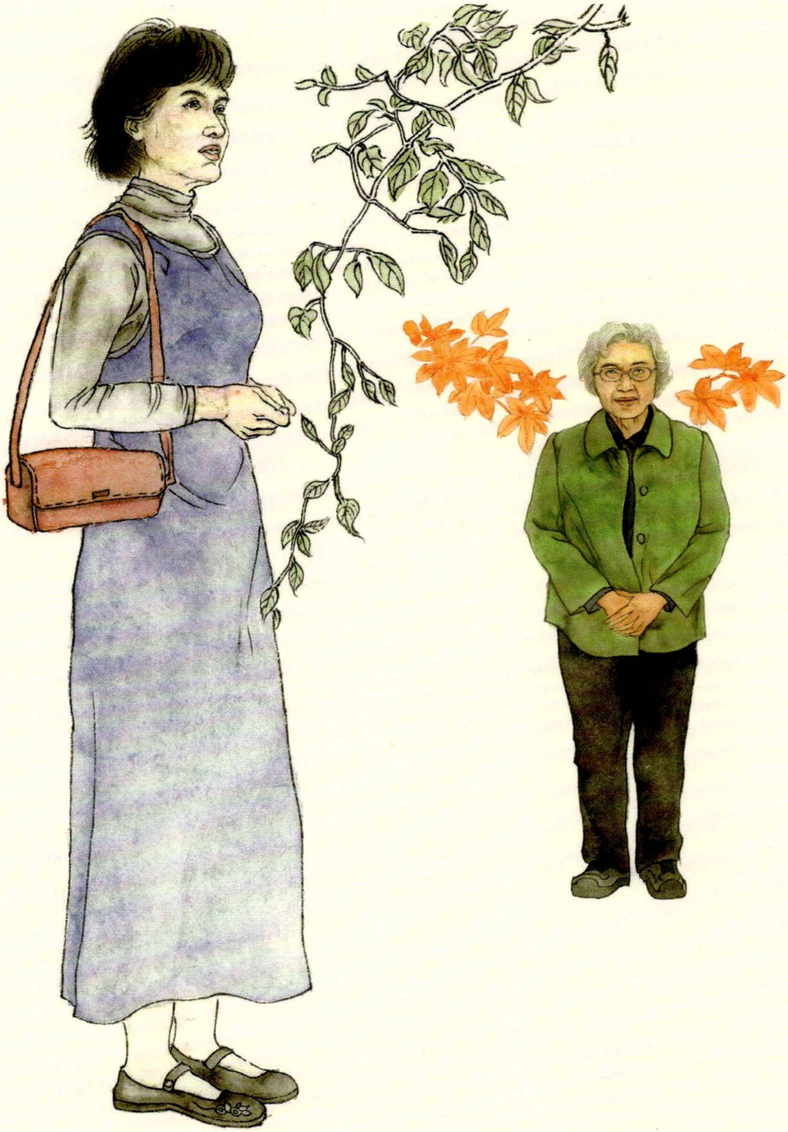

心中永驻芳华

　　她，被周恩来总理誉为中国最美丽的女性，将一个个时代女性的风采定格在黑白胶片上。她，走过时光一路前行，将藏于内心深处无人可解的苦楚抛诸脑后，用作品讴歌祖国。她，用"不是为谋生，而是为理想"的执着与认真，被世人送上"人民艺术家"的圣坛……她就是秦怡，用自己近一个世纪的坚守，谱写了银幕上一曲不老的"青春之歌"。

黑白胶片里的美丽人生

　　1922 年，秦怡出生在上海一个大家庭。1938 年，由于日军轰炸上海，秦怡离家奔赴抗战前线，到码头那一刻，跳板已经撤掉，船正在离岸。16 岁的她不管不顾，紧跑几步，纵身一跃。这一瞬间，像极了电影的定格镜头，具有丰富的象征意味，不仅把一个上海女孩的生活抛在身后，也开启了一段漫长而斑斓的艺术人生。

　　演员，作为一种职业，可以尝试不同的角色和不同的人生，更可以通过一个个鲜活的角色点燃人们向理想靠拢的信念之炬。《青春之歌》中共产党员林红、《马兰花开》中能顶半边天的拖拉机手马兰、《铁道游击队》中与敌人周旋的芳林嫂、《女篮五号》中敢爱敢恨的篮球手林洁、《林则徐》中抗击侵略者的女英杰阿宽嫂……这些人物形象刻画出中国女性的善良聪慧和坚贞果敢，为几代影迷津津乐道。这几部影片中，秦怡的戏份儿不论多少，她都能通过一个眼神、一个动作，深深抓住观众的心。对一个普通观众来说，看一场电影，可能容易记住主要人物和主要情节，或者一些特别引人注目的动作和充满睿智哲理的语言。而角色的表演，一个细小的眼神、手势，可能会被观众不经意间疏漏掉。观众哪里知道，这些表演中的散金碎玉，对忠诚于艺术事业的秦怡来说，注进了多少心血，付出了如何巨大的劳动，又经历了多少成功的欢乐和不得门径的苦恼！看一看秦怡对待表演艺术的态度，就可以窥见一个演员的辛苦和创造性劳动的艰巨。

秦怡在拍《马兰花开》时，住在秦岭沙场 9 个月，学习如何开推土机。在影片《女篮五号》中扮演饱受苦难的篮球运动员林洁，尽管她的动作戏不多，但依然与女篮演员们同甘共苦，每天坚持锻炼。拍《倔强的女人》时，她来到化工厂做女工。在《农家乐》拍摄过程中，她根据角色需要，与村民一起劳作 3 个月……

秦怡在《青春之歌》中扮演的林红，是一个英勇无畏的女革命者的光辉形象。这个人物戏不多，演员要靠内在精神的巨大冲击来展示人物高尚的思想情操。秦怡凭借自己深厚的表演功底，演得恰到火候，十分感人。她所塑造的林红，让观众每看一遍影片时都会有新的发现，新的收获。这个角色让秦怡征服了观众，也赢得了荣誉。

很多人说秦怡是最美女性，并不完全是说她长得有多好看，而是她的内心像金子一样散发着光芒。在秦怡心中，拍电影不是"为谋生"，而是"为理想"。她坚信，"作为演员，终身追求的理想，应该是把自己从文艺中得到的一切感人的精神力量，再通过自己的表演给予别人"，努力使自己的作品"有一些精神可以得到弘扬，给人心灵启迪"。所以，秦怡赋予角色的除了外表的美丽，更多的是一种内在。贵而不骄、华而不艳的气质，使她成为银幕上一道独特的风景。

喜欢跑龙套

在中国电影史上，秦怡这一章是十分精彩的，但没有一点儿炫耀和张扬。为艺术"跑龙套"是秦怡在自传《跑龙套》中对自己演艺生涯的总结评价。她说："我将书取名为《跑龙套》，并不是想把跑龙套提到什么很高的地位，只是我在很长的艺术实践中感到，哪怕是跑龙套，只要投入了，也会感到身心愉快。"多年来，只要观众需要、工作需要、剧本合适，她经常甘当"绿叶"，为了影片艺术的整体成功"跑龙套"。

　　1956年，上海电影制片厂决定筹拍我国第一部彩色故事片，在众多备选剧本中，挑中了基础较好的《女篮五号》。剧本挑选确定后，厂领导指定才华出众的谢晋任导演，而谢晋挑选的第一位演员就是秦怡，他要34岁的秦怡饰演《女篮五号》中的母亲林洁。从戏的分量说，林洁在全片中不是女主角，可秦怡二话不说就答应出演。后来谢晋回忆当年的拍摄过程时，曾感动地说："拍《女篮五号》时，我还是名不见经传的小导演，秦怡早就是大明星了。但她很尊重我，更没有一点儿明星架子，和大家一起睡通铺。"

　　对待电影表演，秦怡永远充满激情。为了帮助年轻演员快速成长，她在多部电影中心甘情愿跑龙套。2009年盛夏，秦怡不顾高温、不计片酬，87岁出演《我坚强的小船》中奶奶的角色，2017年在陈凯歌导演的《妖猫传》里客串老宫女，2018年上映的抗日题材电影《那些女人》中，她扮演了老年水芹……

　　秦怡在为《跑龙套》一书作自序时写道："一生都在追求中，活得越老，追求越多。"已经进入耄耋之年的她，还想跑跑龙套，再演些角色，为中国电影事业添一点儿砖瓦。这就是秦怡，一个被称为"亚洲最美丽的女性""世纪最佳女演员"的优秀艺术家。在80余年的艺术生涯中，她塑造了众多栩栩如生、脍炙人口的艺术形象，拓宽了人们对中国电影的认知，照见了对真善美的渴望。她用一生的时光，诠释了中国女演员最美的修养，也诠释了中国女性最了不起的责任和担当！"一个人活在世上，有再多的钱也好，再怎么被说漂亮也好，得再多的奖也好，总有一天，你是要走的。你走了，一切就都消失了，多好的东西你都拿不走。人活在这个世界上，最最要紧的东西是什么？还是一个价值——自己给予这个世界什么。别人不会在乎你得到了多少，而是看你付出了多少。"这就是秦怡朴素的价值观。

最美"90后"：我愿用一辈子讴歌党，讴歌祖国

秦怡不止一次地笑称自己是"90后"。虽然这个"90后"不同于现在俗称的"90后"，但她为我们展现了一个不同寻常的"90后"之美。

99岁的秦怡之美，不仅来自于她优雅的外表，更出自于她坚毅柔韧的性格和奋斗终生的信仰。在旁人眼中，秦怡总也闲不下来。2014年，已经92岁高龄的秦怡筹拍电影《青海湖畔》——讲述在建设青藏铁路的大背景下，发生在工程师和气象专家之间的故事。秦怡为写好剧本，四处奔波，了解生活，常常笔耕至深夜。她说："不管拍不拍得成，我先把它写出来，我想，感人的故事总是有人看的。"

2015年，秦怡以93岁高龄完成了编剧并主演了电影《青海湖畔》。她从写剧本到争取赞助，从邀请合作伙伴到出任主角并赴青海实地拍摄，都是亲力亲为。她说，作为一名演员，心里只想着要为中国电影多做一些、再多做一些。

《青海湖畔》的外景地设在海拔4000多米的青藏高原。自电影筹拍时起，秦怡就坚持亲自上高原拍戏，周遭的反对声不绝于耳，关心秦怡的人都劝她放弃。但秦怡直言，出演这样一部影片是她多年的梦想。"我对科学家们、高级技术人员、在这种地方工作的人特别佩服，他们特别不容易，要向他们学习。所以无论多么困难，一天走6个小时、一天走12个小时，我们也一定要意气风发，因为影片里面就是这样。"

在拍摄期间，秦怡奔波于驻地和片场，这对她的身体和精神都是极大的考验。她每天要经历6个小时的车程，并在海拔3650米的山地上进行拍摄。她透露，这个海拔高度基本等同于布达拉宫所处的海拔高度。"戏没有难度，但是拍电影有难度，因为是在山上。"但每当化妆完毕，站到镜

头前，秦怡便化身为神采奕奕的女工程师。这样的秦怡感染了身边的人，也常常让大家忘记她已经是 93 岁的老人。秦怡表示，自己的身体不错，能够爬得动山，也曾拒绝大家要用轮椅抬她的提议，甚至上了山都"不喘气"。她说："我上了山，导演跟我说秦老师你喘口气。我问他，喘口气干什么？他说，叫你喘口气是戏里头的，你爬了那么高的山是很累的。我说原来是这样，我自己没有喘气，就忘了戏里应该这样喘气。"

在漫长的艺术生涯里，秦怡见证了电影从无声黑白到充斥着让人炫目的特效。但她始终相信，只有扎实的角色和人性的光芒，才能真正打动观众。秦怡说，写《青海湖畔》这个故事的初心，就是希望她笔下刻画的人物所展现出的不畏艰难、无私奉献的精神，能够给人以心灵上的触动和启迪。

如今，已经 99 岁高龄的秦怡依然对电影保持着高度的热情。她说："无论是痛苦还是欢乐，我总要以满腔激情去拥抱事业，这是一支我永远唱不尽的歌。""人活着要有所追求，多做一些有益于大家和社会的事情。我愿意用一辈子讴歌党、讴歌祖国、讴歌人民、讴歌英雄。"

弹指 71 年，沧桑巨变。从新中国成立初期的一穷二白到决胜全面建成小康社会的今天，中国经济、文化、科技、民生等各个方面都发生了巨大的变革。秦怡作为一名杰出的影视艺术家，怀着对电影、对观众的满腔热忱，主动地走近人民、接近人民，感知他们的所思、所想、所求，用一个个能进入中国影视艺术殿堂的角色记录时代、歌颂时代，用漫长的艺术生涯沉淀出了"人民艺术家"的真谛。

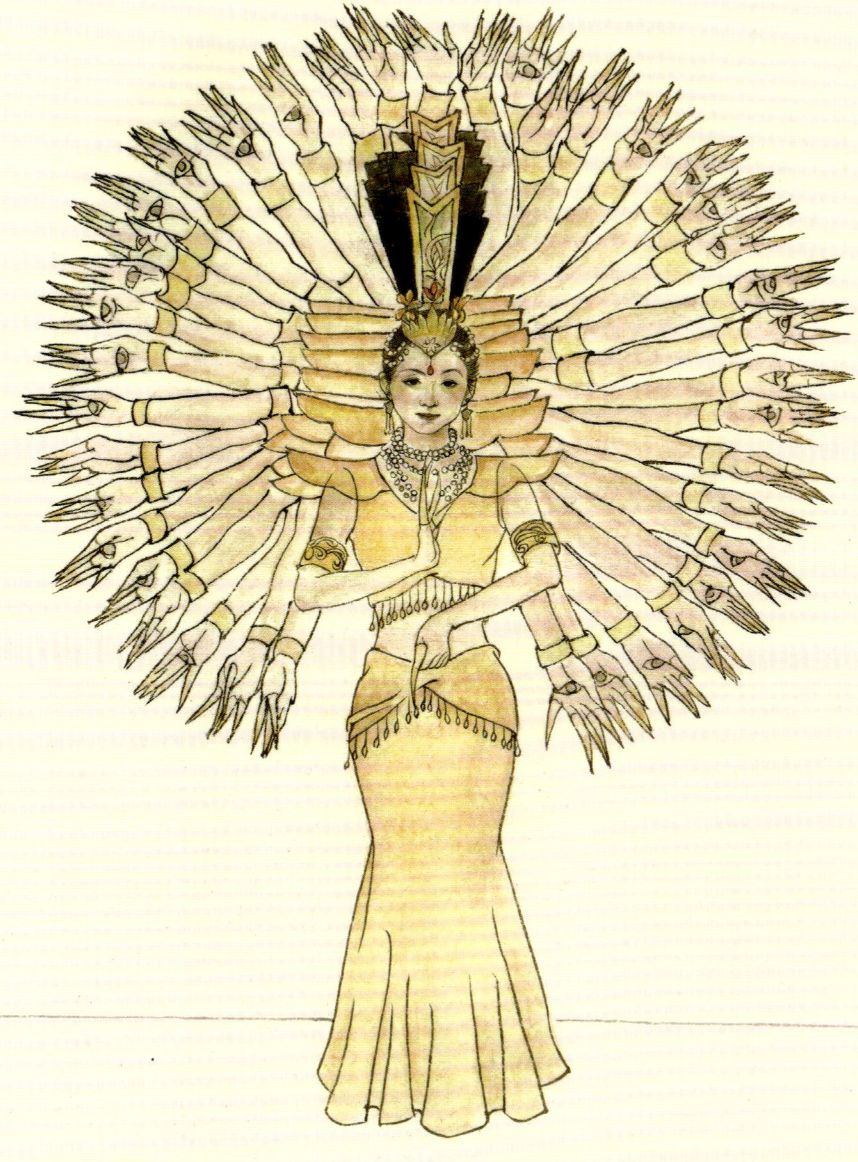

舞出生命的奇迹

在 2005 年中央电视台春节联欢晚会上，由聋哑人表演的一个舞蹈节目让全国人民领略到了美的别样韵味。那是一种源自心灵的震撼，他们以无声的挥洒、曼妙的身姿，为有声世界带来了最为精彩的传神画卷。这就是《千手观音》，一个在一夜之间被十几亿人记在心底的经典乐舞。

《千手观音》为什么能够这般美丽？因为这是表演者用生命的感悟创造的完美，他们用优美的身段和婀娜的体态表现无声世界的韵律与美感，实现了体态与灵魂、人为与人格的完美结合。可以说，《千手观音》的美源自于他们那纯洁而饱满的精神力量，是他们坚韧人格的化身。

热爱生命的"阳面"，也爱生命的"阴面"

邰丽华，这个名字对于许多人或许会感到陌生，但是要说舞蹈《千手观音》的领舞者，大家一定会印象深刻。担任领舞的邰丽华也是一位聋哑人，她凭借着在《千手观音》中的完美表演被评为"感动中国"2005 年度十大人物之一。评选组委会给予邰丽华的颁奖辞是："从不幸的谷底到艺术的巅峰，也许你的生命本身就是一次绝美的舞蹈，于无声处，展现生命的蓬勃，在手臂间，勾勒人性的高洁，一个朴素女子为我们呈现华丽的奇迹，心灵的震撼不需要语言，你在我们眼中是最美。"

邰丽华并不是先天残疾，而是因为 2 岁时发的一场高烧，她的世界从此安静了。一个美丽的女孩，就这样被命运剥夺了感受声音的权利。她自己虽然伤心，却没有放弃对生活的信心。

7 岁时，邰丽华进入聋哑学校。学校有一门特殊的课程叫律动课，老师踏响木地板上的象脚鼓，把震动传达给学生。"嘭、嘭、嘭"，有节奏的震动通过双脚传遍小丽华的全身。邰丽华说，一刹那，她震颤了——一种从来没有过的幸福体验撞击着她的心。她趴在地板上，用整个身体去感受这最美妙的声音！从此，她爱上了舞蹈，爱得痴狂，舞蹈成了她看得见的彩色音乐，也成为她表达内心世界的美丽语言。

邰丽华 15 岁进入中国残疾人艺术团，开始了正规舞蹈训练。后来，邰丽华成为由著名舞蹈家杨丽萍创编的经典作品《雀之灵》的独舞演员，这对于她来说简直就是在飞跃一个天堑。但她凭借着对舞蹈的执着和那满腔热情迸发出来的力量，不停地旋转、踢腿……终于，功夫不负有心人。起初她只能原地转几个圈，半个月后，她已能够转到 300 圈了。最后，她凭借着自己刻苦的练习和坚定的信念，完美地演绎了经典作品《雀之灵》。杨丽萍在观看邰丽华的演出后，万分惊讶："我创编了《雀之灵》这么多年，如果没有音乐，我都不知道自己还能不能跳出那种味道来，而你竟然跳得这么好，真不简单！"

舞蹈，让邰丽华凤凰涅槃，浴火重生！

热爱生命的"阳面"，也爱生命的"阴面"。在邰丽华看来，残疾只是缺陷，并不意味着不幸。因为有了舞蹈，虽处于一个无声的世界，生活依旧是充满欢乐的。她用这样一段文字，质朴地概括了自己的人生哲学："其实所有人的人生都是一样的，有圆有缺有满有空，这是你不能选择的。但你可以选择看人生的角度，多看看人生的圆满，然后带着一颗快乐感恩的心去面对人生的不圆满——这就是我所领悟的生活真谛。"正是这种"豁达"，奏响了邰丽华人生的华彩乐章。

"1/21" 与 "20/21"

2004 年雅典残奥会闭幕式上，中国残疾人艺术团在世界舞台上展现《千手观音》。为适应广场演出需要，舞蹈演员增至 21 人。欣赏舞蹈《千手观音》，关键是要看"手"。增加到 21 双手的《千手观音》，使"手"的形象比原有的壁画艺术形象更加繁复、更加丰富多彩，而且手的动作出其不意、变化无穷，这要求演员们能够一条直线，向前看齐。演员们用兰花指做基础手型，并戴长指甲。舞蹈第一个动作即邰丽华双手合十，随后中指并拢，其他手指依次离开，并做小五花、腕花等动作。邰丽华坦言："我只是 1/21 个'观音'，我始终知道自己身后还有 20 个人。"

因为是"千手观音"，主要是在手上做大文章，整个表演过程，手一直处于变动状态。依次出手、左右半边轮换出手、前后不规则出手……21个人身体紧贴，手与手之间距离还不到 1 寸，但演员要在 1 个节拍，相当于 1 秒钟内完成每个动作，同时还要保证整齐、统一、漂亮、出其不意地展示"千手"的神韵。为了达到整齐划一的效果，演员必须细致到一点一滴。在排练时对每一个动作、每一个手势，甚至每一个表情，都认真研磨确保准确无误。比如，表演时的队形是一纵队时，后一个演员的脚趾必须顶住前一个演员的脚后跟，鼻尖顶住前一个演员的后脑勺。这句话说起来简单，其实做起来非常有难度，一般人连几分钟都坚持不下来。但是在排练厅里，演员们时常一站就是几个小时地一动不动，只有这样严格的训练才能保证 21 位"观音"在 5.6 米高的莲花台上站稳。

为了表现好心中的"千手观音"，演员们无数次地练习舞蹈中的每个动作，因为感受不到音乐节拍，他们只好通过呼吸的调整保持动作的一致和流畅，真正做到了"同呼吸共命运"，21 个人在音乐和舞美中融为一体，浑然天成。

虽然《千手观音》的看点主要是手，而手的背后是演员之间的相互信任、相互激励、默契配合。《千手观音》使中国亿万观众由此记住了这个创造出至纯至美的团队。邰丽华和后面的 20 个舞者不仅是合作者，同时还是彼此精神上的支持和依靠。舞蹈的惊艳效果，最终诠释的就是团队协作精神。21 个人，全都身在无声的世界，听不到旋律，听不到"咚咚咚"的节奏，稍有不慎便会破坏整个舞蹈的美感以及协调性。但是他们从老师简单的1、2、3、4的节拍中，凭着相互的配合和共同的目标，努力描绘着音乐的境界，在无声寂静的世界里根据自己心中的旋律翩翩起舞。"万人操弓，共射一招，招无不中。"从雅典残疾人奥运会闭幕式，再到中央电视台春节联欢晚会演出现场，就在这浩大世界与这一方小小舞台的周转轮回之间，21个人始终是以同步的呼吸、化一的精神，以生命之灵在舞蹈。

改变命运：除了意志力，没有什么秘诀

对于一个健全人来说，练习一个舞蹈可能一两个月就能熟悉，而《千手观音》的演员们从基本功、软开度、动作、编排，再到复习、成品，需要付出十几倍的时间与汗水。在《千手观音》舞蹈组有这么两句口号："坚持到底就是胜利！""分秒必争，秒秒精彩！"

《千手观音》的参演人员有21人之多，出乎我们想象的是，他们并不全是女生组合，而是一个男女混合团队。"千手观音"的动作刚柔相济、柔中带刚，刚的动作对9个小伙子来说相对容易些，可做柔的动作就让小伙子们犯难了。这些小伙子们为了练好"兰花指"，付出了难以想象的努力与汗水，不光要压腿、压腰、练形体，还得每天压自己的手指，锻炼手指的柔韧性。最后，他们的兰花指动作甚至比一些女孩子的动作还要柔美。

为了保持《千手观音》舞蹈的整体协调性，21名演员的手臂粗细也要相差无几。所以，几个胳膊粗的演员需要迅速减掉手臂上的肉。于是，他们在训练的时候就用多层保鲜膜把手臂紧紧包裹起来，这样可以加强手臂的收缩力，让手臂出汗，经过一段时间的艰苦训练，终于达到了减细手臂的目的。

"千手观音"中的第21位观音，个子最高，臂展最长，因为他是最后一个，他的动作相对比较难也是最辛苦的。他每天练得最多的就是站直，两手合十上举。有一天，训练结束，教练看他练得不错，用手拍了拍他的

肩膀表示鼓励。可让教练意外的是，碰到的根本不是胳膊，而是"石头"，他的胳膊已无比僵硬。

领舞邰丽华说："有时候耳朵和身体练厌了，练烦了，自己还是忍着，从厌烦慢慢转变成喜爱，又慢慢渗入到自己的血液中去。"

泰戈尔曾说："只有经历地狱般的磨炼，才能炼出创造天堂的力量；只有流过血的手指，才能弹出世间的绝唱。"在地狱般的磨炼中，最重要的就是意志，只有坚强的意志，才会有创造奇迹的力量。生命本身是不完美的，残疾人比之于健全者，似乎这种不完美表露得更加明显。但是，生命又是奇妙的，它能使某些人所具有的不幸和缺陷，在其他方面得以弥补和消除。在舞蹈的世界里，坚强的意志力使生命的潜质有了惊人的发挥，有些健全人看似都很难做到的动作，残疾人通过千百次的反复练习竟能娴熟而自如地施展。《千手观音》舞者们的表演，让人看不到他们的软弱和无助，看到的是他们的自信和坚强。他们已经进入了一种境界——在无声里感悟音律，在坚韧中追求完美。他们用舞蹈，舞出了生命的奇迹，让生命的特殊放射出耀眼的光芒！

指尖上的"非遗"

　　中国剪纸是用剪刀或刻刀在纸上剪刻图案，用来装点生活，或者配合民俗活动的一种中国传统民间艺术。从新疆考古出土的魏晋南北朝时期的对马、对猴等团花剪纸实物算起，中国剪纸艺术已有 1500 余年的历史，并在今天焕发出新的活力。2006 年，剪纸艺术成为第一批被列入"国家级非物质文化遗产名录"的中国传统手工艺项目。2009 年，中国剪纸（Chinese paper-cutting）被列入联合国教科文组织"人类非物质文化遗产代表作名录"。这项指尖上的"非遗"，不仅是中华民族历史文化的见证，还成为世界艺术与人类文明的载体。

　　中国剪纸艺术以其独特的民族特征和写意风格令世界叹服，而这背后是一代又一代的中国剪纸匠人的智慧与汗水。他们用灵巧的双手、朴素的情感、不屈的精神和不懈的坚守，剪出了千家万户对美好生活的向往，刻出了无数普通劳动者对于美的追求，承载了一个民族内心深处的记忆与渴望。正如当代剪纸艺术家赵希岗先生所言："剪纸艺术是中国民族艺术家的抒情诗，是艺术家们浪漫情怀的表述方式。同时，它渗透了广大劳动人民对大自然、对生命、对人间理想的无比深沉的爱。"这一张张美丽的剪纸，浓缩了一位位剪纸匠人的百态人生，点燃了无数家庭的烟火气，也诉说着滚滚历史发展中不同时代的传奇故事……

红纸辗转，承载乡土民俗之情

　　中国剪纸艺术历史悠久。《史记·晋世家》中"剪桐封弟"的故事，记载了年幼的周成王用梧桐叶剪纸作为封地玉圭的趣闻。北朝民歌《木兰辞》中的"当窗理云鬓，对镜贴花黄"，传神地写出了剪纸镂花在民间女子妆发服饰上的美学功能。诗圣杜甫在《彭衙行》中"暖汤濯我足，剪纸招我魂"的绝句，是"剪纸"一词最早见诸文字，反映出剪纸在民间祭祀与风俗中的重要地位。李商隐也在《人日即事》中写道"镂金作胜传荆俗，剪彩为人起晋风"，生动描绘出剪纸的美轮美奂。

中华大地上延续千年的农耕文明滋养了民间剪纸艺术，并使其与广大劳动者的服饰、民居、祭祀、器物等各种生活形态紧密相连。作为民间美术造型的典范，剪纸虽简括却多奇趣，于平易中见深奥，天然带有广泛的群众性。在某个村落中，以血缘为纽带的人们共同生活与劳动，日子久了，就会逐渐形成某种信仰、习惯、风俗，并世世代代延续下去。一方水土养一方人。不同地域的自然和人文环境，孕育了当地独特的艺术审美追求，而不同地域的剪纸亦映射出当地独特民俗文化的内涵。北方剪纸往往带着如同北方汉子的粗犷、雄壮、简练和淳朴气势，而南方剪纸则宛若未出阁的秀女模样，更为灵动、细腻、精巧和婉约。郭沫若曾感叹"曾见北国之窗花，其味天真而浑厚，今见南方之剪纸，玲珑剔透得未有"，从中可见中国北方与中国南方剪纸风格中鲜明的地域特性。

发源于齐鲁大地的山东剪纸深受儒家文化的影响，反过来又以物质载体的方式，通过创意、构图、造型等展现儒家文化中孝悌、仁爱、中和、忠义、诚信等文化内涵，如讲述母亲通过割断织布等行为教育孩子坚忍刻苦、诚实不欺的剪纸作品《三娘教子》等。在老一辈人记忆中的山东农村，秋收后转入农闲的日子通常是剪纸的忙季。当午后的阳光斜斜地从窗外洒落，妇人们盘着腿儿坐在炕上，她们弯弯的眼角含着笑，拿起剪布裁衣的大铁剪和几张彩纸，随手就能剪出一个憨态可掬的胖娃娃，贴在窗格上引得街坊邻居家的孩子们争相模仿逗趣。窗户上的图案更是会随着时节而不断变化——正月初一，贴窗花，门上贴"剪爷"，再剪个"五福临门"；二月二，龙抬头，剪对黄龙与青龙镇宅门；三月三，上巳节，坟灯周围剪花草几枝……十二生肖轮到哪个，妇女们就剪哪个生肖，或剪金猪，或剪骏马，或剪腾龙，或剪猴子满山蹦跶……这一刀一刻，记录着生活的点滴，生活也因这剪纸变得更加多姿多彩。

发源于江南水乡的浙江"乐清细纹刻纸"被称作"中国剪纸的南宗代表"。宋代以来，江南商品经济的繁荣，极大地推动了当地民俗活动与民间艺术的发展。特别是随着始于南宋的"龙船灯节"的出现，乐清剪纸不再局限于女红手工，而是成为男女皆为的民间手工艺。乐清剪纸最大的特点在于以"刻"代剪，刻法精妙入微，能在1寸见方的纸上连刻51刀，每刀相隔不到0.5毫米，细如发丝。这种雕刻技艺的难度极大，学艺者一般要有数十年的雕刻功夫才能创作出精美的作品。完成一幅碗口大的刻纸，需要动用油盘、刻刀、磨石、粉扑、剪刀、挡拄等10余种工具，刻制的技法在于"先上后下，先细后粗，先左后右，先里后外，手眼一致"，特别是每刻完一小块，就要用刀尖轻轻一挑，使刻掉的部分自然跳出，直到整幅作品完成。在每年农历春节最盛大的民俗活动"龙船灯节"上，龙船花剪纸都是重要的组成部分。它的精美程度是评判一艘龙船灯制作是否精良的重要标准。龙船花剪纸已经成为了浙江乐清的一张文化名片，激励着一代又一代的乐清剪纸人不断精进技法，推陈出新。伴随着"一带一路"的贸易畅通，今天的乐清细纹剪纸产品已远销20多个国家与地区，深受人们的喜爱。

金剪浮沉，镌刻历久弥新之美

她是享誉世界的中国民间剪纸艺术家，也是国家级非物质文化遗产传承人；她不识字，但却因一手剪纸绝技被联合国教科文组织授予"民间工艺美术大师"称号；她10岁开始随母亲学习剪纸，50多年来，凭借着超越常人的艺术天赋和刻苦勤奋，在剪纸、布堆画等艺术领域成就斐然，她的作品被亚洲、美洲、欧洲等国家和地区的博物馆收藏，她就是从陕北热土走来的民间艺术家——高凤莲。

20 世纪 30 年代，高凤莲出生于陕北延川县城关镇高家圪台村。在贫苦的旧时代，剪刀成为了许多像高凤莲一样的农家妇女抒发内心情感的生产和创作工具，也成就了高凤莲得心应手的剪纸"绝活儿"。新中国成立后，在崭新的时代中，高凤莲"小剪手中拿，剪出幸福花"。成年后的高凤莲并没有将自己囿于家长里短的狭小天地，先后担任过民兵连长、妇女主任、村党支部书记，还成为延川县种田能手。这些精彩的人生履历，不仅锻炼了她"能顶半边天"的才干与魄力，更赋予了她乐观自信、坚韧不拔的性格与品质。黄土高原的雄浑壮阔和万千生灵，陕北人民群众的生产与生活实践，个人成长的独特经历等，都为她的剪纸作品注入了源源不断的能量与灵性，并使其作品风格大气磅礴、雄浑质朴。

自 20 世纪 90 年代中期以来，高凤莲开始了大型剪纸作品的创作，《陕北风情》《黄河人家》等带有独特黄土风情的作品应运而生。1995 年，第四次世界妇女大会在北京召开，高凤莲用 6 张大红纸拼接剪成的《牌楼》占据了中央美术学院陈列馆中最大的一个展厅，向世界展现了中华民族的灿烂文明和中国妇女的才华智慧。中央美术学院靳之林教授回忆："布展时间紧迫，她（高凤莲）根本没去过天安门，但她凭借着自己对于新中国的热爱、丰富的想象力和超群的技艺剪刻了三天三夜，按期完成了作品……她用龙凤代表中国，用天安门代表新中国的北京，把代表天安门的骑马门神放在中间。"新中国成立这个让中华民族热血沸腾的历史时刻，就这样在高凤莲的妙手中成为了一幅令世人拍案叫绝的巨型镂空艺术品。

民间美术的精妙在于"写意"，它不是对自然形态的再现与复刻，而是将客观物象予以丰富的主观想象。例如，在高凤莲剪纸艺术中代表性的抓髻娃娃，大胆地突破了四肢向下的"自然态"形态，而是向四方放射旋转；娃娃的双目以及身体分别刻以牡丹（阳）与莲花（阴），充分体现了中国本源哲学观念与民俗信仰，这些都是在传统剪纸中未曾有过的创新。从四五米见方的史诗般的神话故事剪纸，到随手拈来的小品之作，每幅作品都用独特细腻的艺术语言表达着高凤莲对于美好生活的体验与向往。高凤莲常说："纸花就是心花，只有心里有花，才能剪出心仪的纸花；假如心里没花，那就什么也剪不出来了。"剪纸，就是绽放在她心中幸福的花朵。

2017 年，剪纸大师高凤莲因病在延安溘然长逝，但她生前创作的各类作品，仍然在世界各地的博物馆内继续绽放着光彩。在高凤莲的影响下，她的小女儿刘洁琼和外孙女樊蓉蓉也逐渐成长为国内著名的民间剪纸艺术家。刘洁琼（第二代传承人）继承了母亲边剪边唱的创作风格，擅长表现温婉凄美的爱情故事，创作的《兰花花》《走西口》等作品浑圆饱满，生动流畅。樊蓉蓉（第三代传承人）作为陕北剪纸新生代，代表作《欢迎红军来陕北》《送夫参军、送子参军》等作品将传统造型融入现代题材，直抒胸臆，创造出别样的明快之感。祖孙三代人的坚守与传承，让延川剪纸从陕北窑洞走向世界，展现了不同时代劳动者的矢志奋进与美丽人生。

红纸辗转，金剪浮沉。守住指尖上的"非遗"——中国剪纸的意义是什么？它是一个人，一个民族，乃至一个国家的念想，承载着一个国家的乡愁、诗意与远方。让中国剪纸等民间艺术回归寻常百姓的生活语境，让"守艺人"重新获得现代社会的认可与关注，让更多年轻人了解并爱上剪纸艺术，让传统的技艺在新时代焕发勃勃生机，这是对"非遗"最好的保护。只有我们重新拾起这些在时代深处闪耀的"非遗"，找回乡土中质朴的根性味道，才能在工艺之美与匠心之情中体味艺术家和人民的辛勤劳动，涵养出更为深厚的文化自信。

故宫·文物·匠心

故宫，一座巍峨、庄严的城，矗立在北京的中心已经有 600 年的历史了，它是世界上现存规模最大、保存最完整的木结构宫殿建筑群，又称紫禁城。《后汉书》曾记载"天有紫微宫，是上帝之所居也。王者立宫，象而为之"。紫微、紫垣、紫宫等便成了帝王宫殿的代称，由于在封建社会里，皇宫属于禁地，常人不能进入，故称为"紫禁"。

1911 年，辛亥革命胜利后，封建王朝的统治被推翻，曾经贴着帝王标签的紫禁城也被赋予了新的注解。

1924 年，冯玉祥发动"北京政变"，将溥仪逐出宫禁，接管了紫禁城。后来，社会各界知名人士纷纷提议，将紫禁城改为故宫博物院。1925 年 10 月 10 日，故宫博物院正式成立。开放的第一天，前来参观的市民人山人海，人们以争先一睹这座神秘的皇宫及其宝藏为快，交通为之堵塞。故宫作为明清两代的皇家宫殿，陈列着数以万计的藏品，这些都是历代先贤、能工巧匠创造的精神财富和物质财富，慢慢掀开它的一角，已让大众神往不已。

故宫的创造者：用智慧和耐心打造一座城

走进这座城，我们会感觉行走在天地之间。历史和现实在这里交会，脚下的青砖、头顶的飞檐，都在跃跃欲试想要让你倾听它的故事。

1 两黄金在当时能买到什么？任你怎么猜测也想不到，它可能买到的仅仅是皇宫大殿中的一块砖。故宫地砖烧制的过程非常复杂，先是选用江南特有的黏土，经过掘、运、晒、椎、浆、磨、筛 7 道工序，露天放置整整 1 年，然后将泥土沉浸于水中，经过三级水池的澄清、沉淀、过滤、晒干、踏踩、摔打 6 道工序，炼成稠密的泥，再把泥放入用木板、木框做成的地砖模具里，放置在阴凉处，阴干 8 个月，烧制 130 天。最后，工匠爬上窑顶，向滚烫的窑内浇水降温，冷却四五天，才到了出窑的日子。漫长的过程中，稍有不慎，整窑砖都会毁坏。出窑的砖只是半成品，还需要经过复杂的砍磨、浸桐油的过程，每人一天只能砍磨 3 块。烧制着年代、规格、产地、督造府、工匠名的砖，由运河北上，直达北京通州。如此珍贵的"金砖"，也只有皇帝经常光顾的宫殿才有资格铺设，紫禁城大部分地方看不到它们的身影。无数工匠复杂而漫长的劳作，使原本不名一文的泥土，竟有了黄金的身价。

故宫是土木建筑，在它的木结构中技术最复杂也是最简单的组合，就是斗拱。斗上置拱，拱上置斗，斗上又置拱。结构千篇一律，造型却又千变万化。工匠们用祖先传承下来的技艺和智慧将斗托着拱，拱又托着斗，一点点堆叠，一点点放大，扩大了横梁的着力面积，将大屋顶的重量，向下传给立柱，架起一座宏伟的木建筑。当我们置身故宫大殿，抬起头来，就能领略到中国木建筑艺术的华彩篇章。

这座容纳众多文物的博物院，既是传统文化的载体，又是传统文化本身。设计者和建造者们倾尽心力，将中国传统的思想理念糅进了万千的锤炼之中，使得一座无声又浑厚的宫城和那些称为历史的东西，得以被今天的我们真实地触摸。

故宫的修复者：方寸之间挽住历史，留住文化

在故宫，除了默默记录着历史的器物们，还有着这样的一群人，他们是给国家顶级文物"治病"的医生。他们的着装言谈与我们无异，和我们一样生活在机器工业时代，但他们的手艺，却有着几千年的生命。当我们被展台上熠熠生辉的文物吸引的时候，谁也不会想到，它可能经历过残损

破败和一次次小心翼翼、如履薄冰的修复。

唐代张祜有诗云："精华在笔端，咫尺匠心难。"如今，故宫里的文物修复师们正如诗中所云，既传承了修复文物的手艺，又将细细打磨、慢慢雕琢的匠心精神发挥到了极致。

一道道厚厚的宫门，将这些身怀绝技的修复师与大殿上的喧闹游人隔开，外面的时间在快速地流淌，而在属于自己的一方天地里，时间却仿佛定格一般。他们用几个月甚至更长的时间去刮掉画纸上的粒粒灰渣，去织补几寸的缂丝。"故宫的东西是有生命的，人在制物的过程中总是要把自己想办法融到里头去，这样的物自然就承载了人的意识，承载了人的审美。""你看一件器物，谁做的东西，就知道他这个人是什么状态，和画如其人是一个道理。"所以，这些"守旧"到底的工匠们，择一事终一生，在方寸之间用一把刷子、一柄刻刀、一支画笔，让那些历史上流光溢彩的瞬间在他们手上鲜活起来。

王津，负责故宫文物钟表的修复工作。清朝皇帝酷爱钟表收藏，王津师徒二人曾经修复过乾隆皇帝时期所收藏的铜镀金乡村音乐水法钟。钟表修复不同于其他文物，除了表面的修复之外，更要恢复文物钟表的机能。历经 100 多年，图纸零件早就不见了，修复工作全靠王津依据平日的经验和对历史的把握，一点点揣摩、清理、打磨、添补、镶嵌。"修复一座钟表，少说得几个月。"王津师傅说。特别是有着复杂的机械传动系统的宫廷钟表，代表着当时世界上最先进的机械制造水平，修复难度是极大的，更别说还原度了，这些都需要时间来慢慢沉淀。恢复走时功能还不算完工，恢复它的演艺功能是最难的。历经 8 个月，清乾隆铜镀金乡村音乐水法钟修复工作大功告成，在故宫博物院建院 90 周年的修复成果展上大放异彩。

故宫博物院院藏纺织品文物丰富，形式、用途各种各样，各种纺织手法在绢布上争奇斗艳，这其中最为费时的就是缂丝制品了。用缂丝工艺织就的纺织品只能看到纬线的图案而看不到经线的图案，在绘画中一笔可以得到的变化，缂丝中就要分解成无数的色块，因此极度烦琐严苛。

2004年毕业于中国戏曲学院戏曲服饰设计专业的陈杨，是故宫博物院文保科技部副研究馆员，专攻纺织制品文物的修复。一幅《出门见喜》春条，民间是用春联的红纸边条，而在皇家却用到了缂丝工艺。在修复的过程中，陈杨把画稿衬在经线下，根据图形和色彩进行搭配，每一个过渡色都需要不停变换小色梭，这样穿上一天，却只得几寸。职业的使命感和责任感推动着陈杨去承担繁复的织物修复，缂丝补配材料仿旧织造、捻金线种类及成分分析、嵌补修复技术等难题，都随着科技的发展——得到了解决。10余年间，陈杨在故宫修复院藏纺织品文物百余件。

在这个迅猛发展的社会里，一辈子只做一件事，做好一件事是难以想象的——城外的世界充满了诱惑和变数，人们紧张忙碌来去匆匆，坐得住、有耐心反而会错失很多东西。可在这群故宫文物修复师的身上，时间仿佛故意放慢了脚步，与他们一起等待历史的灯光被重新点亮。

故宫的开发者：让故宫走进大众，长久地活起来

故宫博物院自1925年成立以来，历经多轮院长人事更迭，这座庞大的庭院，稳稳地矗立在北京的中轴线上，离不开历任院长的辛劳与坚守。随着人们对精神需求和向往的不断增加，故宫博物院作为文物的栖息之地，在保护和修复文物之余，如何让故宫所承载的传统文化融入人们的生活之中，更好地实现文化的传承，成为了值得关注的问题。

最近几年，人们发现故宫似乎和以前有些不一样了。午门前人山人海的游客排队盛况不见了，广播喇叭里寻人启事的播放量减少了，取而代之的是网上预约无纸化门票进入故宫，整个过程不超过10分钟。原先故宫的各大殿为了保护文物，光线暗淡，游客只能趴在窗棂的玻璃上，眯起眼睛，竭力去看清皇室的生活掠影，而如今的这些大殿被彻底点亮了，通过

反复挑选特制不发热的 LED 冷光源，解决了故宫室内光线暗不利于参观的问题。以前的故宫，多处竖立着"游客止步"的牌子，来参观的人们带着意犹未尽的遗憾，不得不掉头折返。如今故宫的开放面积在逐年增加，从之前的 30% 增加到 2015 年的 65%，2016 年增加到了 76%，到今天已经突破了 80%，大量过去的非开放区变成了展区、展场，为游客呈现一场场文化盛宴。而这一切，不得不提故宫博物院的第六任"看门人"单霁翔。

2012 年 1 月，单霁翔就任故宫博物院院长。上任伊始的单霁翔，做的第一件事，就是走访、察看故宫的一间间房屋。他走进了故宫 9000 多间房屋，历时 5 个月，磨破了 20 多双布鞋，故宫里的一器一物、一树一木、一砖一瓦，一一印进他的心里，在他心里扎了根。了解完故宫情况的单霁翔，痛心于很多文物不能得到妥善的维护，游客观赏体验不尽如人意，传统文化得不到良好的传承。于是，单霁翔开始着手解决这些难题。

首先转变故宫博物院的管理理念，由此前的以方便管理为中心转变为以服务游客为中心，从解决细节问题做起，致力于服务好每一个观众，比如网上便捷购票，增设人性化座椅，增加路牌标识，增设女性卫生间等。

故宫作为世界上最负盛名的综合性博物院（馆）之一，其本质是文物资源的收藏与展览，在高效率、高利用率地展示珍贵文物的同时，更多地利用创新手段去增加整个产品线的曝光，让古文化与古文物不再囿于 3 米红墙。"故宫淘宝"带着一股清流快速"侵袭"大众。故宫将古老的筋骨血脉融进了各种文创产品中，文创产品成为故宫亲民的最直观体现。纪录片《我在故宫修文物》激起了很多年轻人参观故宫的热情，甚至有 4 万多人申请报考故宫博物院的岗位招聘。故宫科研团队推出的手机应用软件"每日故宫"，让人们随时随地都可以浏览下载图文并茂的展品介绍，一年365 天累积下来就是一个掌上的故宫博物院。

故宫的文化开发者们，深入研究现代人们的生活，深入挖掘故宫的文化资源，和现代人的文化生活对接，让故宫除了展示庄严肃穆的一面之外，更增加了轻快与活力，跳脱出原有的建筑、器物形式，活动在人们的指间、身边，让更多的人在潜移默化中接触到厚重的历史，自觉地成为了历史的传承者和创造者。

2020 年，故宫建成 600 周年，它既古老又焕发着年轻的活力，这其中离不开历代先贤和工匠们的勠力同心，也离不开今天的故宫守护者们的初心和坚持，而这也是当代中国的一个创造维新的缩影——曾经的文明古国，正在全民齐心共建中走向全新的征途。

故宫，愿你所有过去，皆是未来！

第十三篇章

劳动最美丽

创造生活之美

生活呀生活

多么可爱

多么可爱

像春天的蓓蕾

芬芳多彩

明天的遍地鲜花

遍地的鲜花哟

要靠着今天的汗水灌溉

……

——《青春多美好》歌词节选

川流不息的美丽与传奇

京杭大运河，是人类历史上里程最长、工程最大的运河，甚至都不用加上"之一"。晚唐诗人皮日休写下了这样两句流传千古的诗句："尽道隋亡为此河，至今千里赖通波。若无水殿龙舟事，共禹论功不较多。"千百年来，将近 2000 公里的京杭大运河静静地沟通着中国的南北地区，见证着时代的变迁，孕育着无尽的美丽。时至今日，依然焕发着勃勃生机与活力。

隋唐运河，看城镇兴起

早在公元前的春秋末期，为了改善交通、壮大国力，地处长江下游的吴国就开始了最初的运河修建。为了北上讨伐齐国，吴王夫差征调民夫修建了沟通长江和淮河的邗沟，又对长江三角洲地区原本密布交织的河道进行引导疏浚，便有了后来从扬州经苏州到达杭州的江南运河。邗沟和江南运河都成为了后来京杭大运河的重要组成部分。现如今，我们已经很难想象，在铁器刚刚发展、尚未得到充分普及的遥远年代，成千上万的普通劳工是如何用着笨重原始的工具，凭借自身的力量修通这数百公里的人工河道的。正是因为他们默默无闻的辛勤劳动，原本潮湿僻远、不宜居住的江南泽国才得以改头换面，重新粉墨登场，并逐渐壮大成为中国历史上不容忽视的富庶之地与文化之乡。运河沿岸的村落城镇，凭借着其便利的水利运输条件不断发展，才有了后来扬州淮左名都的"二十四桥明月夜"，才有了秦淮如梦如幻的"烟笼寒水月笼沙"，才有了姑苏诗情画意的"一川烟雨，满城风絮"，才有了钱塘烟柳画桥的"参差十万人家"，才有了后来深耕于每一个中华儿女心中"人人尽说江南好"的江南梦。

在此后的几百年里，无论是硝烟四起的分裂时期，还是和平安定的统一年代；无论是为了运输军队粮草，还是为了整治洪涝干旱，历朝历代的统治者们从来都没有停止修建运河的脚步。在无数劳工百姓热火朝天的锹镐锄铲之中，中国中东部的水路交通得到了极大的改善，在数百万平方公里的广袤地区，各支水系纵横交错、四通八达，天然河道与人工运河交织，人们通过各条水道甚至可以顺利地将货物从华北运至岭南。隋朝成为了运河发展史上的一个重要节点，经历了长时间的战乱分裂，中央王朝终于再次归于一统，这也为地方性运河重新疏浚沟通提供了有利条件。隋文帝率先对汉代槽渠进行疏通，修建了自长安大兴城经洛阳到潼关黄河的广通渠。在此基础上，隋炀帝则以洛阳为起点，向北修建了直至涿郡的永济渠，向南修建了沟通淮水的通济渠，又再次修缮整合了前朝的邗沟和江南运河。至此，隋唐大运河的雏形已经完成，流淌的河水滋养出了生生不息、博大精深的华夏文明，东都洛阳则随着运河的开凿一跃成为当时世界上最繁华的大都市。西域的商人风尘仆仆，经丝绸之路一路向东抵达长安和洛阳；南北的货船穿梭不止，经隋唐运河在南关码头歇脚或是装卸货物，这都为洛阳这座陆路与水路的交通枢纽带来了前所未有的生机与活力。"玉楼金阙慵归去，且插梅花醉洛阳。"洛阳又一次成为华夏文明的聚焦高光，成为了文人墨客心目中美好的精神故乡。唐朝刘克庄曾写下这样的诗句："洛阳三月花如锦，多少工夫织得成。"但如果没有这运河水的汩汩流淌，没有万千人民的默默劳作，又哪来这"花开时节动京城"的绚烂风光，哪来这"红绿荫中十万家"的繁华景象呢？

京杭运河，看技术更替

元朝以后，中国的政治中心迁移到现在的北京一带。为了更加方便地将江南地区的粮食通过水路运输送抵京城，元朝和明朝的统治者们在隋唐运河的基础上截弯取直，重新开凿了洛州河和会通河，把天津至江苏淮安之间的天然河道和湖泊连接起来，又重新挖掘了沟通京津的通惠河，再加上淮水以南的邗沟和江南运河，便构成了现如今京杭大运河的前身。作为粮仓的长江三角洲与华北平原的联系变得更加直接而又紧密，也带动了新一批山东、江苏等地运河沿岸的城镇发展。山东南部的枣庄成为了后来运河的新宠，这里拥有着京杭大运河中仅有的东西走向，人们辛勤开采出的煤炭顺着京杭大运河被运送到了全国各地，带动着中国近代工业在夹缝中艰难发展。

　　沧海桑田，京杭大运河同样经历着属于自身的繁华与衰落。进入近代，工业时代的到来带动了公路和铁路运输技术的飞速发展，而运河水道则由于泥沙淤塞、运输速度等自身条件的限制，从人们的视野焦点中慢慢消失了。尤其是 1911 年津浦铁路的全线通车，京杭运河的漕运作用一落千丈。新中国成立后，在党中央的领导下，京杭运河再次经历了大规模整修，在新的历史阶段重新发挥航运、灌溉、防洪和排涝的多种作用，部分河段已进行拓宽加深，截弯取直，新建了许多现代化码头和船闸。尤其是 21 世纪"南水北调"工程方案提出以后，京杭运河作为工程东线开始承担新的历史使命。长江下游的水通过京杭运河北上，源源不断地滋养着华北平原的缺水地区。淮安水上立交即是这浩大工程的一个微缩剪影，京杭运河在此上跨淮河，构成了世所罕见的河道水上立交。从空中俯瞰这一地标性建筑，入海水道大堤像两条巨臂，忠实守护着水上立交。上部航槽是现如今京杭运河的航道，满载货物的船只络绎不绝；下部 15 孔巨大涵洞已没入水中，作为苏北灌溉总渠的淮河自西向东奔流入海，蔚为壮观。巧合的是，这里也是明清时期清口水利枢纽所在地。明代著名水利工程专家潘季驯总结了前人的历史经验，在实践中探索出了"筑堤束水、以水攻沙、蓄清刷黄、济运保漕"的工程思路，最后的枢纽建筑堪称人类水运水利技术整体的杰出范例。千百年来，从清口水利枢纽到淮安水上立交，技术在不断更新，设施在不断新建，中国人的辛劳与自强从未改变。勤劳的中国人积极克服自然条件的不利因素，用智慧与勤奋改造客观环境，守护着世代家园的和平安宁，也缔造出了运河两岸千年的繁荣景象。

文化运河，看人生百态

京杭大运河既是一条水路运输的黄金纽带，更是一道光彩夺目的文化风景线。两岸一代代勤劳朴实的华夏儿女，用自己的双手书写着动人的诗篇，创造出五彩斑斓的历史文化。若是有幸顺着历史上鼎盛时期的京杭运河，自北京出发一路南下，沿途的自然风光与风土人情，一定会让你深深地感受到运河文化的根与魂。

我们从通州东南号称"大运河第一码头"的张家湾启程，河岸边商贾云集，船湾里桅杆林立，远道而来的客商与游子在此摩肩接踵，万千挑夫忙活着将漕船上的货物转移到小船或是马车上好继续运送进北京城，南腔北调在此汇集，汇成一首生动响亮的劳动进行曲。进入天津、河北，扑面而来的是煎饼馃子散发的诱人香味，喷香薄脆的煎饼既可以是单独的主食，也可以卷上当地的食材和酱料，变幻出各种令人难以忘怀的家常美味。到了永济渠和京杭运河分道扬镳的临清城，一定要去看一看占据临清古城1/4、在明朝有着"天下第一仓"之名的临清仓，最多的时候这里曾经储存着全国3/4、多达300万石的漕运粮食，每一粒饱满的籽实背后都包含着一个对丰收最真诚的期盼。继续向南，山东的台儿庄有一种特色的运河石头大饼值得一尝，在石头上烤出的大饼外酥里嫩，别有一番风味。这种简单的食物也曾是运河上劳累的纤夫和跑船的人们最实惠的美食，久而久之就以"运河"命名。到了江苏和山东交界之处的微山湖，一顿丰盛的荷花宴是对忙碌了一年的渔民的最佳犒赏。当地居民因地制宜，泛舟湖上采摘下最新鲜的荷花、荷叶和莲蓬，制成黄金炸荷花、荷叶肉卷等一道道特色美味，不由得让人啧啧称赞、齿颊生香。继续南下抵达宿迁一带，不妨去听听被当地称为"拉魂腔"的柳琴戏。据说这种节奏明快、流畅活泼的地方戏曲，源自于农民农忙时节抒发内心喜悦之情的秧歌与号子，经过加工润色，再结合当地的传说轶事，便逐渐变成了鲁南苏北独特的"拉魂腔"，给老百姓带来了无穷乐趣。跨越淮水长江后，苏州西北的山塘街绝对不容错过。唐朝白居易曾任苏州刺史，在任期间他疏浚了阊门到虎丘之间的水路，开凿运河的淤泥堆积成堤，人称"白公堤"，也就是后来闻名遐迩的山塘街。这是曹雪芹笔下"最是红尘中一二等富贵风流之地"，也是乾隆时期画家徐扬所作《盛世滋生图》的原型所在。在这里，听着婉转昆曲与吴侬软语，感受着列肆招牌、灿若云锦的市井气息，真可谓心旷神怡。抵达浙江湖州，南浔镇辑里村生产着全世界最华贵考究的蚕丝，当地村民们摸索出一套最高超的缫丝技术，所生产的辑里湖丝富于拉力、丝身柔润、色泽洁白，在明清时期便是帝王黄袍的指定原料，在 1851 年首届伦敦世博会上初次登场就荣获金、银大奖，享誉全球。最后，我们抵达京杭运河的另一端杭州城，用一杯手工采摘精心炒制的西湖龙井为这次震撼心灵又大快朵颐的旅程画上一个灵动的休止符。自北向南，运河沿线城镇精彩纷呈，各种特色文化你方唱罢我登场，这是大运河给我们带来的精神食粮，更是淳朴的劳动人民用不同形式给我们缔造的关于美的享受。

2014 年 6 月 22 日，在卡塔尔多哈举行的联合国教科文组织第 38 届世界遗产委员会会议上，"中国大运河"被批准列入《世界遗产名录》，成为我国第 32 处世界文化遗产和第 46 处世界遗产。当今的大运河，并没有尘封在历史的记载中，依然在新的时代焕发着新的活力。南来北往的货运船队依然活跃在运河之上，带动着南北地区经济与文化的交融与发展。滚滚长江水，顺着河道通过层层水闸奔流而上，滋养灌溉着水资源匮乏的北方土地。在时间与空间的双重维度中，大运河川流不息，满载着团结勤劳的运河人民奔向希望与幸福，共同缔造新的美丽与传奇。

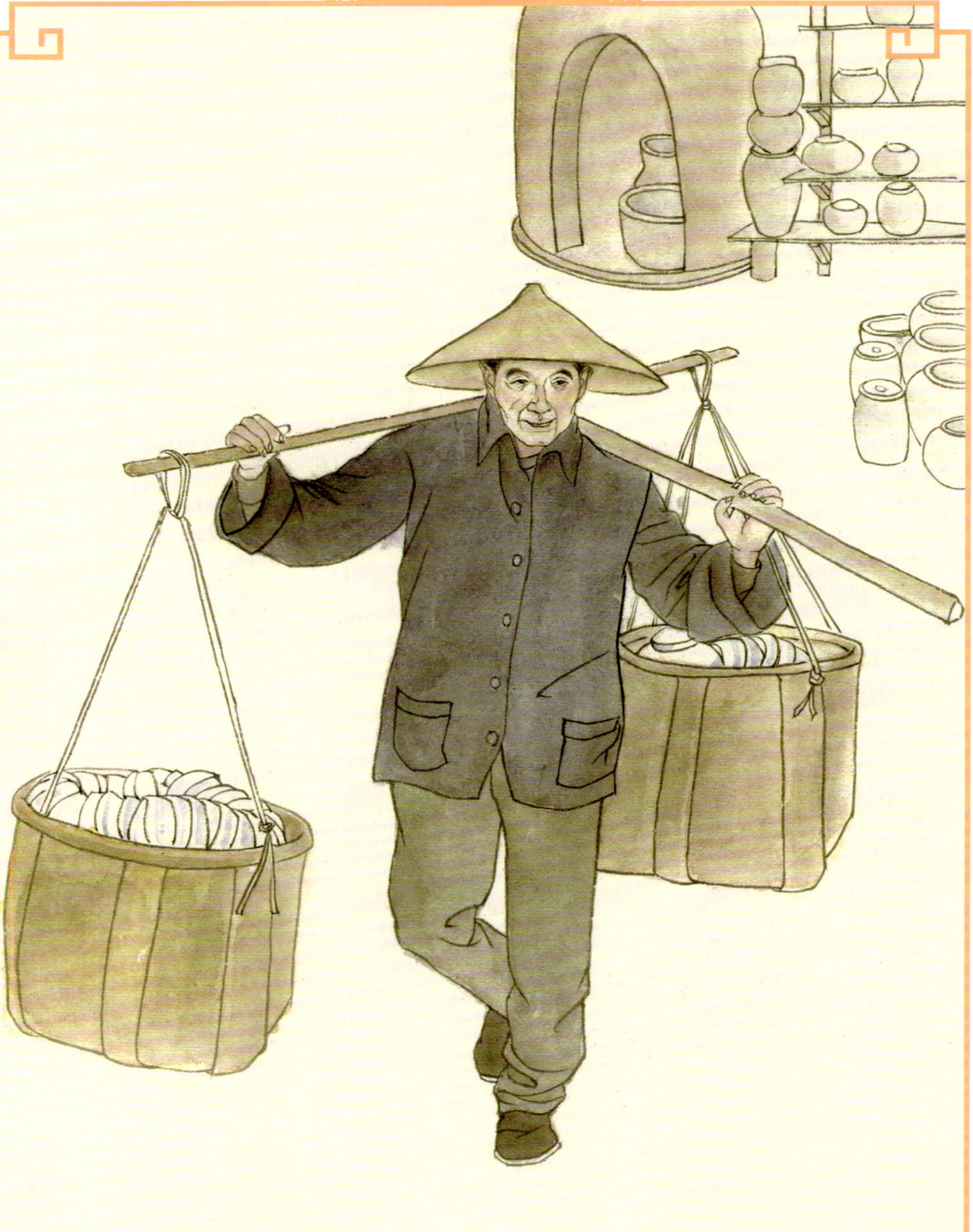

千年窑火话陶瓷

现如今，越来越多的人文学家热衷于发掘"中国"这一词的无穷内涵。若是把这个问题放置于更广阔的视野中进行考察，我们会发现，这个让我们引以为傲的"China"，实则是起源于作为瓷器的"china"。在全球化尚未发展的千百年前，作为一张光彩夺目的名片，瓷器已然成为西方世界对东方这个神秘大国的最初印象。而现如今，作为中华优秀传统文化的重要代表，这些巧夺天工的瓷器依然在折射着泱泱大国博大精深的文化魅力，向我们默默诉说着自古以来这片土地上人们的生活。

明代科学家宋应星在《天工开物》中曾对制瓷的手艺有这样的描述："……共计一坯之力，过手七十二，方可成器。其中微细节目，尚不能尽也。"在传统手工制瓷业中，从最初不起眼的瓷石，到最后让人陶醉痴狂的艺术作品，往往要经历漫长的时光。无论是宋徽宗笔下"雨过天晴云破处"的梦幻天青色，或者是明成化帝为了博取美人欢心的斗彩鸡缸杯，还是多少人梦寐以求的宣德洒蓝釉，以及后来融入时代元素而家喻户晓的元代青花瓷，其中制作的每一个环节都蕴含着瓷器匠人们的智慧和心血。

给瓷土以温情

并不是所有的土石都有幸披上华丽的釉彩外衣，被开采出来的瓷石首先需要经历匠人们手工挑选的严苛关卡。不同品质的瓷石在经历了淘澄、冲刷后被捶打成瓷泥，并根据需要再与其他瓷土按照特定比例进行混合。不同的瓷土在瓷器中也发挥着不同的作用，有的用来支撑瓷器主体，有的用来做后期细节装饰。在经历了千百年的探索后，不辞辛劳的匠人们终于获得了上天的恩赐，他们在江西景德镇的高岭村发现了一种神奇的泥土，掺入了这种高岭土的泥坯在高温环境下表现出了极强的稳定性，解决了从前烧制过程中极易出现的变形坍塌以及色泽泗黄的问题。景德镇也由此开始名声大噪，并在漫长的历史进程中逐渐成为"中国瓷都"。

制泥这个过程看似简单，实则大有学问，原料从开凿出山的那一刻起，就开始不断汇集匠人的心血和温度。手工匠人们先将精心挑选的瓷石敲成小块，然后交给水碓完成10多天的捶打，所得到的细腻泥土再经过多个沉淀池的过滤，之后进一步排除空气、压制成模，才能够成为真正可以用于制作瓷器的瓷不（dǔn）。直到今天，依然有人在坚守着最传统的制作瓷不的方式。他们不时地用脚踩踏泥土，来感受并挤出其中残存的气泡，这样的工序需要持续将近1个月。从坚硬的瓷石到柔软的瓷泥，这些幻化中的原料在接受着时间洗礼的同时，也在接纳着匠人们的执着与温情。而这种极具美感的劳作韵律，不仅呈现给世人一件实在的器物，同时也蕴藏着匠人内心对于美的憧憬与期待。

给瓷泥以生命

瓷不被交到了拉坯匠人的手里。他们凭借着自己的手艺，让原本没有固定形状的瓷泥华丽变身，幻化出后人眼中啧啧赞叹的曼妙造型。拉坯匠人的手触碰着陶轮上飞速转动的陶泥，就仿佛对其施加了神奇咒语，多余的泥块被利落剔除，一道道完美的曲线从混沌之中慢慢浮现。瓷器的大小、形状不同，拉坯的手艺也有不同的学问——小件瓷器的精细化程度要求高，拉坯匠人会借助简单的竹片检验最后的弧度和厚度是否一致；大件瓷器的拉坯则需要多人的默契配合，几近半人高的瓷土在旋转时产生的阻力并不小，需要几个大力士做辅助，数人同时将力量平稳地传递到最后一位拉坯匠人的手上，以完成塑型的工作；一些特殊形状的瓷器则可能需要分部件单独制作、最后再拼接，这种工艺更容不得一丝马虎，更需要拉坯匠人对衔接处瓷泥厚薄和尺寸的精确感知，才能有最后浑然天成、严丝合缝的黏合。拉坯需要匠人们极为强大而稳定的手上力量，炉火纯青的拉坯匠人们也往往带着泰山崩于前而色不变的镇定与气魄。在拉坯成型的那些瞬间，飞转的陶轮也似乎慢了下来，慢得足以让人感受到从手掌传递到瓷泥中的情谊，感受到初生瓷器中蓬勃旺盛的生命力。双手摩挲过每一处留下的旋纹，是每一个手工瓷器独一无二的名片，也无声传递着每一个匠人内心纯净的审美情趣。

在瓷坯阴干之后，便是利坯匠人一显身手了。他们利用手中不同型号的利坯刀，对拉坯匠人的心血成果进行更加精细的修理与打磨。此时的瓷身已经基本定型，利坯匠人的每次出手都是在成败的万丈悬崖边谨慎游走，稍有不慎就将前功尽弃。经验丰富的利坯匠人早已是成竹在胸，心无旁骛地用全身的每一处感官悉心感受着利坯刀与瓷泥摩擦所产生的每一丝细微变化，用近乎苛刻的态度雕琢出现代化机器生产所无法呈现的完美造型。利坯匠人的手上功夫在薄胎上展现得淋漓尽致，经过粗修、细修、精修等反复百次的修琢，最为老道的利坯匠人甚至能将原本 2 毫米到 3 毫米厚的粗坯修至 0.5 毫米左右，使成品薄似蝉翼，亮如玻璃，轻若浮云，几乎可以像纸张一样透明轻盈。但越是接近成功，也越是暗流涌动，每一次轻车熟路的完美利坯背后，都包含着匠人们无数次功败垂成后的毫不气馁、从头再来。凭借着精妙细腻的手感，秉承着精益求精的追求，沉稳淡定的利坯匠人们才能为世人呈现出一件件完美无缺的天工之作。

给瓷器以灵魂

至此，一件手工瓷器的基本骨架才基本定型，装饰匠人们从利坯师傅手中接过这一件件饱含着心血与智慧的半成品瓷器，继续精心为它们打造风姿绰约的迷人外衣。瓷器的表面涂饰主要可以分为釉下彩和釉上彩两种。釉下彩的代表种类是青花瓷，通常色彩清新淡雅又富有层次变化，给人以沉稳恬静之感。釉上彩的代表种类则包括粉彩瓷、珐琅彩等，颜色更为丰富明丽，画面内容也更加丰富。而斗彩瓷器等则是将釉下彩和釉上彩相结合，以其绚丽多彩的色调，沉稳老辣的色彩，形成了一种别有风味的装饰风格。虽然有着不同的分类，各位装饰匠人们却都怀揣着同样的虔诚之心。一件复杂的瓷器画作甚至需要多位装饰匠人的合作分工，有的负责线条花纹的勾勒，有的负责花鸟鱼虫的描摹，有的负责草木山石的装点，有的负责人物神佛的绘制，彼此各司其职却又互相配合。所有的部分并非简单的罗列，匠人们在构思时不仅要思考各自图案的绘画效果，更要考虑整体器形的布局、色彩的搭配、比例的协调。勾勒、分水、洗染、填粉、描金，每一个步骤都有条不紊地进行着。这其中蕴含着的不止是匠人们潜心钻研的技术手艺，还有他们沉稳从容的画笔之下含蓄而又炽热的情感。那是对大千世界的热爱，对过往时光的依恋，对美好未来的向往，对人世情感的珍惜。一件完美的手工瓷器，无论外部时空如何变幻，这种已融入每一个细节的美好匠心与独特灵魂，将不会被轻易磨灭。每一道轻巧的笔触，每一个灵动的图案，每一幅生动的画面，都在诉说一个有趣的故事，即使穿越了千百年的荏苒时光，依然可以触碰到我们柔软的内心，惊艳到每一个用心聆听的后来人。

烧制是每件瓷器在成品之前最后的考验。上千摄氏度的窑火将赋予泥坯新的灵魂力量，它使得瓷身变得坚硬清脆、不再变形，使得图案就此凝固的同时还凸显分明的层次，充满立体感。而且，不同的颜料在炉火的淬炼之下还能幻化出各种让人惊叹的色彩。可别小瞧了这一个环节，不同形态与颜色的瓷器对烧制的要求都有着细微的差别，一个窑能放多少个匣钵，匣钵放什么样的泥坯，不同的泥坯放在什么窑位，甚至是烧制时天气的好坏、湿度的大小、燃料的种类，这其中的每一个细节，都可能关系着最后这个成品能否登堂入室，涅槃重生。传统的把桩师傅从多年的烧火中练就了一双火眼金睛。在各类电子温度计问世之前，他们凭借自己丰富的经验和敏锐的观察，就能准确判定出窑炉内的温度情况。在温度攀升的关键阶段，匠人们分秒必争，及时添柴加火，让泥坯在长时间的高温环境中彻底绽放出迷人的色彩。幽淡隽永的北宋汝窑天青色、深艳猩红的康熙郎窑牛血红、简洁质朴的南宋龙泉青、淳美尊贵的明清官窑黄……这些让人沉醉的颜色，既要归功于釉料匠人对釉彩的精确调配，也是把桩师傅对窑火温度精准把控的最好回报。

开窑是最令人期待的瞬间。经历了把桩师傅长达数十小时不眠不休的看护，泥坯终于迎来了破茧成蝶的出炉时刻。令人不能把控的是，并不是所有的努力和祈祷都可以催开成功的花朵，瓷器的诞生需要天时、地利、人和的完美搭配，而在匠人对瓷器的评价标准里，也容不得一点儿瑕疵的存在。古代御窑厂有这样的规矩，存在缺陷、没有被选中的瓷器都要被砸碎深埋，不能流出。直到现在，有些执着的手工瓷器匠人依然恪守着老祖宗留下来的传统。这个严苛到不近人情的规矩，不仅为每一件传世之宝赋予了更加珍贵的价值，也折射出一代代瓷器匠人矢志不渝的有关美的坚定信仰。

今天，机器的使用大大提高了瓷器用具的生产效率，流水线标准化生产的结果是质量更为可控，却少了匠人们在制作时不断融入的丰富情感，少了每件手工瓷器所独有的神韵与故事。不过这也无妨，随着时代的发展与生活的进步，瓷器也比古时承担着更多的使命。如若有机会到景德镇一游，便会看到其乐融融的一家人在瓷吧里感受手工制瓷的乐趣；会看到摆满瓷器的街市地摊上熙熙攘攘的淘宝人；会看到怀揣理想和抱负的当代陶瓷艺人努力用手中的瓷泥实现心中的创意……他们或是神采飞扬，或是聚精会神，或是欢声笑语，或是沉默专注，都沉浸于瓷器所创造的美丽世界之中。瓷器之美，美在造型，美在图案，美在颜色，更美在从瓷石走来，注入的每一滴心血、每一点智慧、每一丝情感和每一个不曾言说的故事。

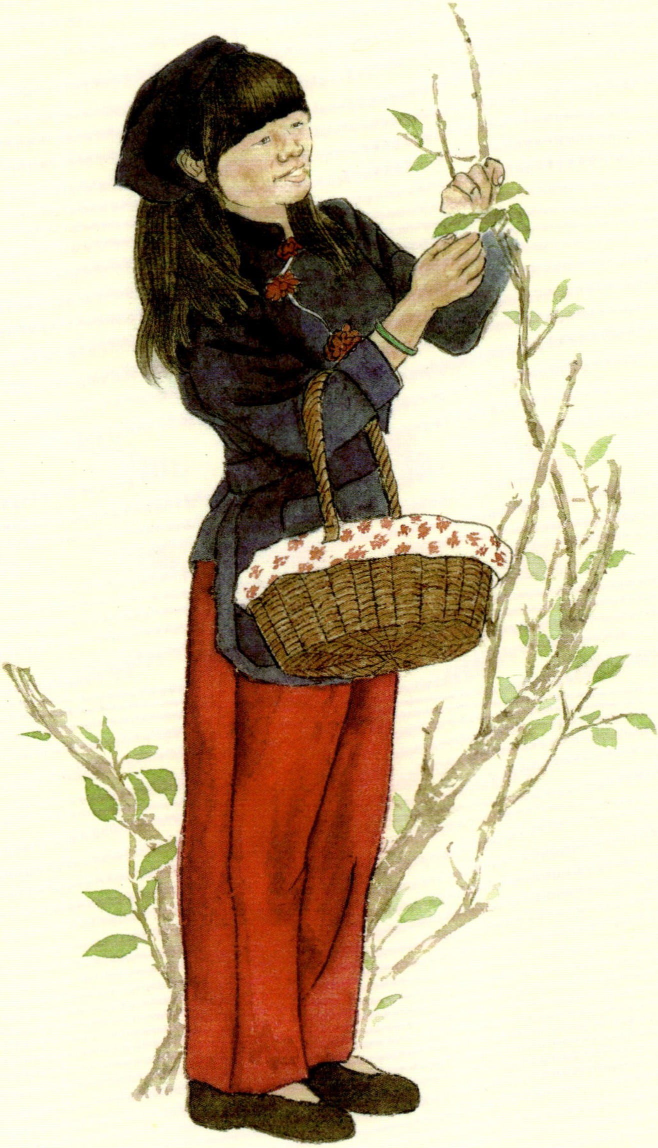

人与一片绿叶的邂逅

中国是茶的故乡，也是茶文化的发源地。从古至今，种茶制茶已成为中国茶人世代相传的技艺。无论是平民百姓的柴米油盐酱醋茶，还是文人骚客的琴棋书画诗酒茶，茶文化早已深深融入了中华民族的血脉。于中国人而言，茶不仅是许许多多茶人的生计，是一份技艺的传承，也是一门艺术，是一种文化。千百年来，茶以中国为起点，沿着茶马古道和丝绸之路走向世界，获得了世界各国人民的喜爱。

茶在中国，雅俗共赏

关于茶最早的传说可以追溯至上古时期，相传神农尝百草，日遇七十二毒，得茶而解之。"茶"泛指能够解毒的植物，也包括了茶叶。人们采集这种芬芳的树叶，煮水敬神，并消食解毒。根据考古发现，人类最早的人工种植茶树的遗存，可以追溯至距今 6000 年左右河姆渡文化田螺山遗址出土的山茶树根。茶树品种被人类驯化并成为一种农作物，最早的文字记载出现于西汉王褒的《僮约》，"牵犬贩鹅，武阳买茶"。意思是说，仆人要负责遛狗卖鹅，并到武阳（今四川彭山地区）买茶。这也从侧面印证了自西汉时期，西南地区的普通百姓已经开始喝茶了，茶叶种植正是起源于中国的西南地区，饮茶习俗源自中国，而非西方人相信的印度或斯里兰卡。

"茶"字据说是唐代"茶仙"陆羽发明的，他在《茶经》中将荼字减去一横，以强调"草木中的人"。陆羽的《茶经》对茶的定义来自佛教僧人对茶的早期研发。那时中原地区种茶还不普遍，僧人为了喝茶，就得自己种茶、自己制茶，现今很多重要的茶叶产区最早的开拓者都是僧人。唐朝人陆羽开创了中国茶道，将饮茶上升到"品茶"的高度，他的茶叶专著《茶经》，介绍了中国茶的起源、器具、种类、制作、饮用的方法等，被誉为茶叶百科全书。而敦煌文献中发现的唐代《茶酒论》，则从侧面反映了当时茶和酒在观念层面的论争，证明茶已经从众多植物饮品中脱颖而出，开始与酒平起平坐。唐代的李白、白居易，宋代的苏轼，明代的袁宏道等历朝历代众多文化名人都曾赋诗为茶背书，推动茶成为风靡全国、雅俗共享的国民饮品。

到了宋代，由于北宋皇帝宋徽宗的推崇，茶达到高峰。宋徽宗所著的《大观茶论》详细介绍了宋代茶的种植、制作、饮法等。宋徽宗还在福建设立官方茶园，据说采茶一定要用指甲而不能用手指，因为手指上的汗会污染珍贵的嫩芽，在制法上则必须蒸过之后再压成小饼，苏轼的"赐茗出龙团"说的就是这种名贵的团饼茶，得皇帝赏赐才有的喝。宋代商业的发达，让路边茶肆成为市民们饭后的娱乐场所，实惠的散茶成为市民家中的必备饮品。明代朱元璋以团饼茶过于奢侈为由，废除团饼茶改饮散茶，使几百年来积累的工艺、饮法等全都废除。然而，这场危机并未让中国茶文化衰落，反而让茶发展得更为多元和丰富。我们现在使用的泡茶法、炒青绿茶的制作工艺、品明前茶的习俗以及西湖龙井、黄山毛峰、君山银针等名茶，都始于明代。

现今中国很多中学和小学，不仅开设"茶文化""茶艺"等理论知识课程，还开辟了茶文化劳动教育实践基地，从采茶、炒茶、泡茶、敬茶等各个环节，让学生深刻了解我国茶文化，传承我国茶文化。

因茶致富，因茶兴业

在 20 世纪，由于种种原因，中国一度在世界茶叶生产国排行榜上跌到第三，落后于印度和斯里兰卡。2008 年以来，随着中国经济的高速发展，中国重新崛起为世界第一大茶叶生产国。2019 年，中国茶叶年产量约 280 万吨，其中约有 1/3 用于出口，2/3 在国内消费，这也让中国同时成为世界第一大茶叶生产国和茶叶消费国。作为重要的经济作物，茶产业已经成为我国精准扶贫计划中的一个重要抓手。根据中国茶叶流通协会统计，全国已有 100 多个县开展了 2045 个茶叶扶贫项目，脱贫人口已达 77 万。做好茶产业扶贫，对于提高西南地区以及少数民族地区茶农收入，具有重要意义。

茶，集天时、地利、人和于一身，是山川土地的恩泽，更是大自然送给人类最宝贵的礼物。一杯好茶，既是人与自然和谐共生的杰作，同时也蕴含着劳动的艰辛和收获的喜悦。"采茶姑娘茶山走，茶歌飞上白云头。满山茶树亲手种，辛苦换得茶满园。"一首《采茶歌》，生动描绘出云南傣族采茶女们辛勤劳作的画面：她们穿梭在一行行茶树间，头戴斗笠，身背茶篓，灵巧的双手在茶冠上采摘绿茶的鲜叶。拥有万亩古茶园的澜沧拉祜族自治县景迈山，是云南普洱茶的重要产区之一。这里有世界上最古老的茶树以及悠久的制茶历史，当地茶农利用大自然恩赐的茶树资源代代传承着手工制茶的工艺。普洱生茶采摘后，还需经过鲜叶摊晾、杀青、揉捻、晒干、蒸压、干燥等繁杂的制茶工艺。其中杀青，也叫炒茶，是普洱茶制茶中最为关键也是最难的一道工艺。手工炒茶是一项体力活儿，茶人需要在温度高达 120℃的铁锅壁上，以每分钟不低于 40 次左右的速度用手在茶叶间翻炒、揉搓，以防炒煳。每锅茶至少耗时半个小时，要不停地翻炒，稍有停顿就会杀青不均匀。即使是技术规范、手艺娴熟的老茶人，工作 12 个小时也只能制出 20 斤顶级手工普洱茶。在今天的景迈山，现代化制茶设备开始运用于茶叶的加工生产，从而减轻了茶农的劳动强度。普洱茶工业和传统手工两种制茶方式，已成为当地支柱产业发展的两张名片。

如今，从上游种植采摘，中游生产加工，再到下游市场销售，全产业链已成为我国茶产业的核心竞争力。市场催生出的许多茶饮衍生品对中国茶的继承性创新，也吸引着年轻一代的消费热情。此外，线上直播带货也成为茶产业的新潮流。随着线上交易市场规模的迅猛增长，线上销售已经成为后疫情时代营销模式的新常态。抗疫助农活动在多家电商平台的火爆，为帮助茶企、茶农破解销售难题打开新通道。茶文化和茶产业的良性互动，不仅让千万茶农家庭脱贫致富奔向小康生活，而且推动了中国茶走向世界。

茶行世界，共品共享

"茶马古道远，人间到天堂"。肆虐的塞外西风，崎岖的古道小路，负重的骡子马匹，经过了漫长的岁月，中国茶沿着茶马古道，从我国西南地区出发，通过马帮打破各国藩篱送至亚欧各国。来自中国的茶，最初是只有欧洲王室贵族才能享受的奢侈珍品，随着古丝绸之路和跨国贸易的发展，茶逐渐进入普通民众的日常生活。例如在 18 世纪末，仅英国人年消费茶叶总量就达到了 6800 吨，而当时英国的总人口还不足 5000 万，英国人将茶称作"温柔素纯而神圣的饮料"，中国茶的传入影响了几乎所有英国人的日常生活和文化习俗。在历史的长河中，中国茶不仅是中国与世界各国贸易往来的重要商品，茶文化也成为了中华文明传播于世界的重要象征。

历史进入到新时代的今天，由中国提出的"一带一路"倡议得到了越来越多沿线国家和地区的认同，开放的中国正在重新面向世界，茶和茶文化成为让"一带一路"沿线国家和地区贸易畅通与民心相通的桥梁和纽带。作为咖啡大国，在埃塞俄比亚的首都亚的斯亚贝巴陆续出现了专卖中国茶的茶馆，很多年轻人喜欢享受中国茶的风雅，痴迷于茶文化的博大精深。

2017 年 12 月，中国共产党与世界政党高层对话会在北京召开，来自120 多个国家、200 多个政党和政治组织的领导人齐聚北京。会场上，两幅以茶为主题元素创意的海报令人印象深刻：其中的一幅构图是独具东方神韵的青花瓷茶杯，一品清茗呈现出世界地图的映像，寓指世界各国人民"共饮一泓水"；另一幅的构图是茶桌上中式、西式、阿拉伯式三种不同类型的茶杯共同出现，象征着不同的国别、文化传统以及意识形态的政党坦诚交流，杯中茶汤呈现的太极阴阳图形，则蕴含"和而不同""和谐相生""美美与共"等中国传统哲学观点。一杯茶的"和"意，让来自世界各国的政党领导人品得出，让全世界也体味得到。

中国茶文化的核心在于"和"，这也是中国儒家思想的精髓。以茶敬客、以茶赠友、以茶敦亲、以茶睦邻等，都体现了中国人"以和为贵"的深刻思想内涵。中国茶就像一张中国的国家名片，更像一座沟通中国与世界的文化桥梁，正积极承担新时代民族文化传播的重任。

2020 年 5 月 21 日，是联合国确定的首个"国际茶日"。国家主席习近平向"国际茶日"系列活动致信表示热烈祝贺，他指出，茶起源于中国，盛行于世界。联合国设立"国际茶日"，体现了国际社会对茶叶价值的认可与重视，对振兴茶产业、弘扬茶文化很有意义。作为茶叶生产和消费大国，中国愿同各方一道，推动全球茶产业持续健康发展，深化茶文化交融互鉴，让更多的人知茶、爱茶，共品茶香茶韵，共享美好生活。

茶香飘逸，美不胜收。源远流长的茶文化，是中国人永远的守护，也是全世界热切的向往。

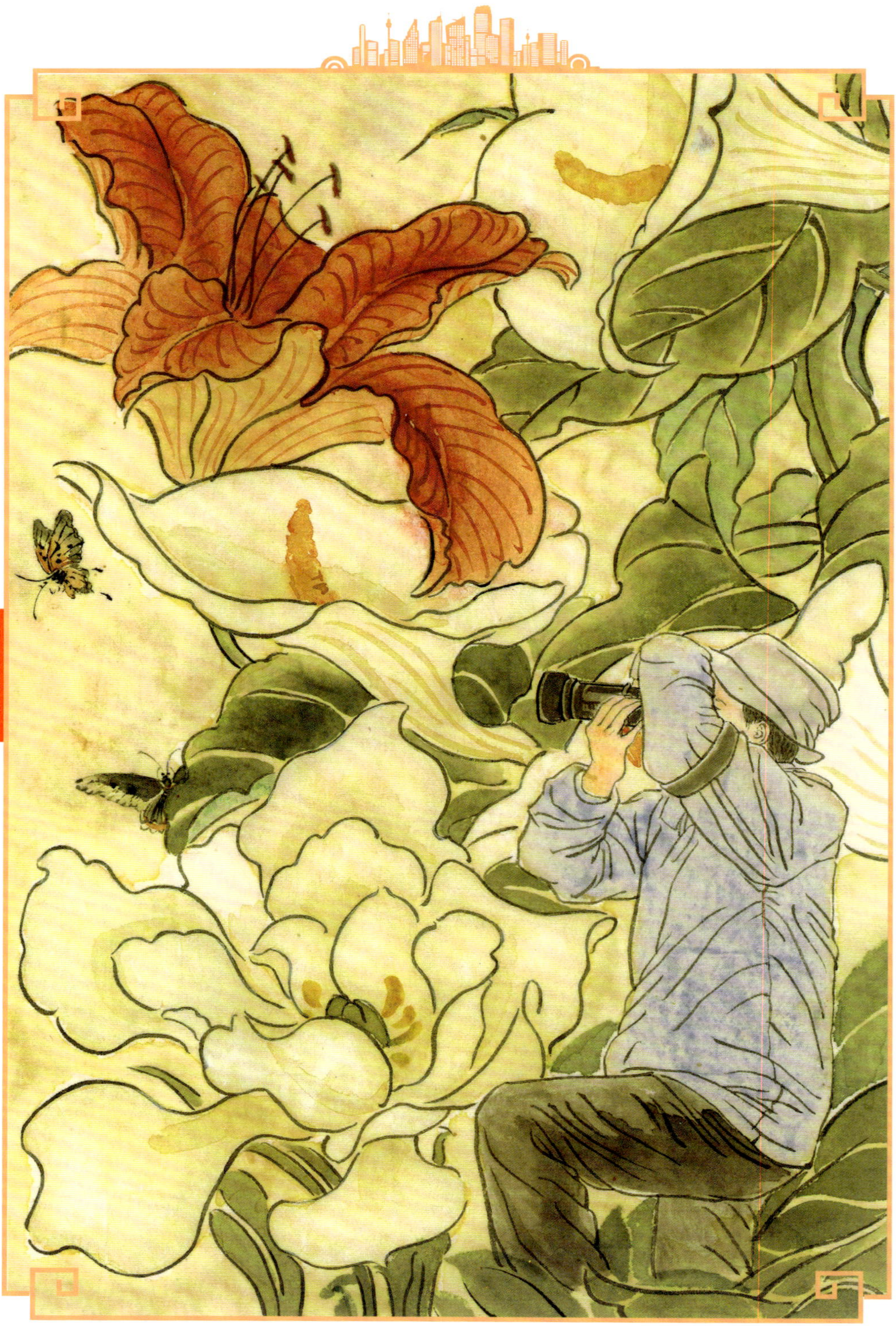

绽放的美丽

唐诗《花开四季》有云："正月百花云里开，二月杏花送春来。三月桃花红似火，四月芦花就地开。五月栀子心里黄，六月荷花满池塘。七月菱花铺水面，八月桂花满村香。九月菊花黄似锦，十月芙蓉赛牡丹。十一月无花无人采，十二月梅花斗雪开。"时序更替，花开不败。我国跨越了地球上大多数的气候带，历经亿万年的岁月沉淀，是世界上众多花卉植物的起源地和分布中心，拥有"世界园林之母"的美誉。

花，是植物生长过程中最为绽放的生命状态，不管是历经风霜雨雪的摧折，还是在自然的磨砺中生长，总能汲取生命的力量，绽放最美的瞬间，成就自身的芬芳。从兀自生长到人的悉心浇灌，从中国到世界，从远古到今天，这种对花的热爱引领着一代又一代人追寻它、观察它、研究它、撷取它，让花的美得以流传至今。

探寻中追求花之美

从高耸入云、寒风刺骨的雪域山峰到水草丰茂的沼泽湿地，从荒凉缺水的戈壁沙漠到湿热多雨、森林茂密的热带雨林，到处都能发现令人惊叹的美丽花卉，到处都能感受大自然造物的神奇。

兴起于隋朝，繁盛于唐宋的牡丹，被国人视为太平盛世与生活富贵的象征。历代园艺大师精心培育，牡丹珍品不断涌现。"一个物种决定一个国家的命运，一个基因影响一个国家的经济。"秉持这一信念的植物分类学家洪德元院士长期从事牡丹、芍药的研究。植物分类学家的任务就是把纷繁复杂的植物界分门别类一直鉴别到种，并按系统排列起来，以便于人们认识和利用植物。通俗地说，就是将所有植物的种类、分布地域、生长环境、潜在价值了解清楚，为以后农业、医学部门的研究打下基础。耄耋之年的洪德元院士为了寻找牡丹，坚持攀上喜马拉雅山 5200 米的高度，不畏困境，一心向前，他自信满满地表示："凡是有牡丹、芍药生长的地方，都有我洪德元的足迹！"

芍药一般生长在灌木丛中，为了寻到法国科西嘉岛上的芍药，洪德元院士一行曾在长满硬刺的灌木丛中迷失方向，最后在满是刺的植物隧道里匍匐爬出，双腿被划得鲜血淋漓，而当时的洪德元院士已是 60 多岁的高龄。这种苦痛在发现岛上的芍药时瞬间烟消云散，洪德元院士表示为科学探索而经历的困苦是值得的，因为可以换得更有成就感的快乐。有人问他，如果把自己比作一种植物的话，会选什么植物，"那我就选择沙漠里的仙人掌，无论多么恶劣的环境，都能生存"，洪德元院士希望自己具备顽强的生命力和坚忍的内心。正因如此，80 多岁高龄的他如今依旧坚守在植物探索的一线，坚持在海拔 5000 多米的高山进行科考，在对科研的无限热爱中向我们展示了劳动奉献之美。

科研中发现花之奇

花儿吸引了人类的视线，也与人类社会的发展变迁休戚与共。在探究这些神奇物种的道路上，我们也收获了科学的发展。人与花，在荒野中相遇，在科学中相知。

在没有见到牡丹的真容之前，西方人痴迷于中国画中的牡丹花，认为牡丹和龙一样是中国虚构出来的花卉图腾。直到见了栩栩如生的花卉标本或牡丹的真容时，才知道了牡丹这种雍容华美的花竟是真实存在的。我国古人也极爱牡丹，诗词书画中留下了不计其数的咏颂牡丹的佳作，像"天下真花独牡丹""唯有牡丹真国色，花开时节动京城""何人不爱牡丹花，占断城中好物华"……正如诗句中所说的那样，牡丹美得流光溢彩，美得绚烂娇艳，美得名动天下。

为了揭开牡丹之美的奥秘，上海辰山植物园对其进行了基因组破译。通过深入研究牡丹基因组，进一步了解牡丹的前世今生。从一组数字对比中，我们就能感受到牡丹基因组的复杂程度——人类的基因组只有 3 个 G 的大小，牡丹基因组却是 15 个 G，是人类的 5 倍；人类的基因只有 2 万多个，牡丹的基因有 8 万多个，是人类的 4 倍。上海辰山植物园的袁军辉博士和同事们对牡丹基因组测序进行了长达 7 年的研究，从基因层面发现了重瓣牡丹花形成的机理：两个基因在同一个部位的共同表达，令牡丹的花瓣增多。袁军辉博士表示，基因组是一切信息的来源和基础，解析基因组就是解析遗传密码，从而能更全面地了解牡丹，了解牡丹如何在野外生存。

洪德元院士率领的牡丹、芍药科研团队于 20 世纪 90 年代开始调查和研究牡丹植物资源，通过广泛的野外考察、居群取样和统计分析，确认牡丹一共有 9 个野生品种，它们全部产自中国。通过转录组分析，科研团队开发出 25 个单拷贝核基因标记。利用这些基因标记，研究人员重建了 9 个野生种牡丹的系统发育关系。同时，研究人员通过比较分析叶绿体基因组，找出 14 个高分辨率的叶绿体基因。研究人员在对随机抽选的 47 个牡丹传统品种进行 14 个叶绿体基因和 47 个高分辨率的单拷贝核基因进行分析后发现，这些传统品种全部来自于我国中原地区的 5 个野生品种之间的杂交，而分布于西藏、云南和四川西北部的 4 个野生品种则未参与杂交。据宋代欧阳修的《洛阳牡丹谱》记载的花王牡丹形成的人文线索，居住在中原地区的先人喜爱牡丹，遂把附近不同的野生牡丹品种引入庭院栽培，这为在野外互不相遇的品种创造了相遇并发生天然杂交的机会，导致种间遗传整合，使后代的花色、花形千变万化。因此，传统牡丹品种汇集了中原地区 5 个野生品种的遗传资源，从而解释了花王牡丹如此姹紫嫣红的原因，揭开了传统牡丹品种来源之谜。

一花一世界，每一朵花的背后都隐藏着神奇的进化历程，在人类和进化的共同作用下，繁衍出各种各样我们所喜爱的品种。借助科学的力量，我们发现这种美、研究这种美、留存这种美，实现花与人的和谐共生。

收获中感受花之惠

从古至今，中国人不仅种植、培育、采集、观赏着花儿，还熬制、萃取、酿造、加工着花儿，用朴素的工艺将美丽的花卉转化为各种奇妙的食材和药物，通过辛勤劳动创造美好生活。

在北纬30°至北纬45°区域内，自东向西分布着中国的山东平阴县、甘肃苦水镇、新疆和田市以及巴基斯坦、伊朗、土耳其、保加利亚、法国及摩洛哥等国家和地区，是世界玫瑰产业集中种植加工生产区，形成了"一带一路"玫瑰产业经济带。苦水玫瑰距今已有200多年的栽培历史，随着时代的发展和苦水玫瑰的深层次开发，其经济价值和社会价值日益突显，对当地农民的生活产生巨大的改变。苦水镇农民施秀英抓住机遇，成立以大规模玫瑰种植产业为主的科技公司，带领当地群众以花致富。作为土生土长的苦水人，施秀英说："兰州的特点是一条河（黄河）、一碗面（牛肉面）、一本书（《读者》），我想给兰州再加上'一枝玫瑰'，让苦水玫瑰飘香万里。"

在6个月的时间里，施秀英独自驾车跑了3万多公里，寻找适合玫瑰生长的最佳土壤。公司成立之后的第一步就是改变花农原有的种植方式，采用科学方法种植。起初，施秀英的决定遭到花农的抵触。但实践证明，按照科学方法培育的玫瑰，无论是品相还是质量均为上乘，而且能够带来更高的经济效益。

在玫瑰种植过程中，施秀英为了解决玫瑰花含油量低的问题，决定施用农家肥，于是她开始在种植园里饲养生态鸡。如此一来，鸡的粪便可以供应玫瑰所需的有机养料，而玫瑰采摘后剩余的花蕾又可以磨粉入水成为鸡的日常生态饮品，一个"零污染"的玫瑰种植循环经济链也因此建成。而企业呢，不仅有了玫瑰花，还有了"玫瑰鸡"和"玫瑰蛋"。施秀英还和自己的团队利用从瑞士引进的先进技术，研发出了可以直接涂抹皮肤的玫瑰精油，独创性地研制出了"玫瑰花冠茶"——风干的玫瑰干花，在遇水的瞬间如鲜花般绽放，美不胜收。

通过规模化种植苦水玫瑰，当地形成了以玫瑰种植为支柱的"企业＋农户＋基地"的产业发展模式。农民一方面通过土地流转获得一定的流转费，另一方面到玫瑰种植基地参与除草、摘花、晾晒玫瑰等劳务活动，获得相应的报酬。苦水玫瑰一年只有一季，花期只有短短不到 20 天的时间。每到 5 月下旬玫瑰盛开的时节，也是苦水花农们最为忙碌的时候，从早上 5 点一直采摘到晚上 8 点左右，辛劳中饱含着对生活的美好期望。

花开四季，花开中国。不同地域的中国人借助这片热土所特有的花卉就地取材，创造性地将花朵的物性转化为各种令人叹为观止的药物与营养，被世人叹服和喜爱。花儿以其顽强的生命力穿越时空，承载着博大精深的中华文化，展示源远流长的中华文明，为人类带来福祉。

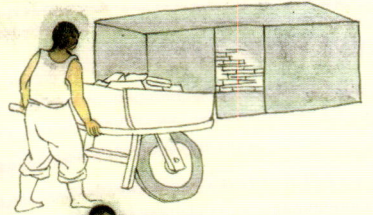

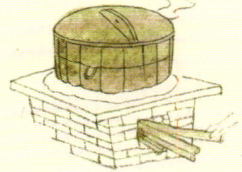

滴滴香醇，独领风骚

中国古法酿酒讲究"天时"，从夏做酒药、秋制麦曲、冬酿新酒，直到春分破晓时节封坛结束，历经 30 余道手工程序，漫长的等待与繁复的过程，只为将一粒米酿制成一滴好酒。一坛好酒，蕴藏的不仅有天地之精粹、四季之冷暖，更有酿酒匠人精湛的技艺与手心的温度。

中国是酒的故乡，中国酒文化以其历史悠久、博大精深而在世界酒文化中独领风骚。2015 年 2 月，经由中国科学院自然科学史研究所专家近一年半的集体调研，酒的酿造被评选为 85 项"中国古代重要科技发明创造"之一。从古至今，酿酒不仅是中国人世代相传的古老技艺，而且已深深地融入中华民族的血脉与文明之中。作为非物质文化遗产的典型代表，黄酒和白酒都是中国所独有的，更是中国酒文化最鲜明的两个符号。

何以解忧，唯有杜康

黄酒是世界上最古老的酒种之一，它与啤酒、葡萄酒并称为"世界三大古酒"，以酒性和顺、酒味醇美、酒体丰满而在世界酒界中独树一帜。米为酒之肉，曲为酒之骨，水为酒之血。上好的黄酒需采用稻米、黍米等优质米类，经加曲、酵母等天然发酵，取鉴湖水之精华，经由浸米、蒸饭、落缸发酵、开耙、入坛发酵、煎酒等繁复工艺，方才酿造出这一中华民族所独有的人间佳酿。不淡不浓的黄酒，恰与中国人淳朴醇厚的中庸气质相吻合。

东汉许慎《说文解字》载："杜康始作秫酒。"杜康，又名少康，夏朝国君，道家名人。据说黄酒最早的发明者是杜康，故杜康被后世尊为酒圣。曹操在《短歌行》中的名句"何以解忧？唯有杜康"，更是让杜康成为了酒的代名词。然而，古人对杜康发明黄酒的说法也存在疑问。例如，晋代江统在《酒诰》中记载："酒之所兴，肇自上皇。或云仪狄，一曰杜康。"由此推测，早在三皇五帝时，华夏大地就有了酿酒之术。现代科学研究发现，早在 8000 年前中国古人就已开始酿造含酒精饮料，中国人酿酒的历史仅次于其栽培水稻（距今不少于 1 万年）以及驯化家猪（距今已约 8500 年）的历史。据河姆渡遗址考古发现的谷米和陶制酒具考证，早在 5000 年前河姆渡（今浙江省境内）一带即已出现人工发酵酒。绍兴黄酒与中国酒的历史起源缠绕在一起，悠久而神秘。

酒，与绍兴有着不解之源。中国是酒国，绍兴是酒乡。越王勾践卧薪尝胆，率领三千铁甲出征吴国前，饮的就是越地百姓自酿的黄酒，后来大破吴军复建越国。东晋王羲之于醉意微醺之时，写下千古奇书《兰亭集序》，自此"绍兴酒、兰亭帖、曲水觞"成为历代文人骚客的雅趣。清朝乾隆南巡江南，品尝绍兴酒后，龙颜大悦，钦定东浦花雕酒为朝廷贡品，并赞誉"越酒行天下，东浦酒最佳"。

1915 年，绍兴东浦酿酒大师周清接任云集酒坊第 5 任掌门人。当听说首届"巴拿马太平洋万国博览会"在美国旧金山举行后，周清携带其精心酿制的 4 坛绍兴黄酒漂洋过海前来参赛。那琥珀色的液体、浓郁芳香的酒味，彻底征服了万国博览会挑剔的评委，从而夺得一枚国际金奖，自此绍兴酒扬名海内外。1949 年 4 月，中国人民解放军打响渡江战役，绍兴人民迎来了解放。1951 年，云集酒坊经过公私合营改名为"绍兴县公营云集酒厂"。1967 年，更名为"绍兴东风酒厂"。改革开放以来，绍兴东风酒厂通过引入外资，并不断深化企业改制，于 2005 年更名为"会稽山绍兴酒有限公司"，并于 2007 年成立"会稽山绍兴酒股份有限公司"，正式启动股份制进程。2014 年，该公司在上海证券交易所成功挂牌上市。

生于 1954 年的金良顺 14 岁便来到这家酒厂，从普通学徒工成长为一名高级工程师。金良顺率先提出"传统工艺、现代工具、智能控制"的制酒理念，推动了黄酒传统酿制工艺的创造性变革，其主持和参与研发的科研项目两次被评为国家级新产品，7次被评为国家重点新产品，多次获国家及省部级科技进步奖，引领了国内黄酒自动化、智能化生产线的革命。

如何让古老的黄酒适应今天市场的变化，让现代人喜爱这秉承自然、回归淳朴的味道？如何让中国的黄酒走向世界，让国际友人喜欢并接纳这细腻醇厚的酒香？现代黄酒制造企业已不再是"酒香不怕巷子深"，而是"酒好也需叫卖声"，大力宣传中国的黄酒文化，不断改革创新，积极打造黄酒品牌。同时，针对现代人口味的变化，在继承古法的基础上引入高科技和新技术，开发出低度酒精营养酒产品。2016年，在G20杭州峰会多个隆重的餐饮场合，"典雅30年陈花雕酒"被摆上餐桌，浓郁醇厚的酒香，古朴典雅的仿宋瓷瓶，琥珀般透亮的酒色，引得来自世界各国的宾客赞不绝口。

国酒茅台，香飘万里

作为大曲酱香型白酒的鼻祖，茅台酒产于贵州省仁怀市茅台镇，以云贵高原原产的优质糯红高粱为原料，以泥底窖池为酒酵容器，以"酱香突出，幽雅细腻"为特点，一直享有盛誉。茅台酒多次荣获国际酒界金奖，并与法国科涅克白兰地、苏格兰威士忌并称世界三大（蒸馏）名酒。

据《史记》记载，西汉南越国（今贵州仁怀市）盛产绝美的"枸酱酒"。清代《旧遵义府志》记载，"茅台烧房不下二十家，所费山粮不下二万石"，可见当时茅台酒业的繁荣盛况。然而，从汉代直至清末，当时有身份的社会中上层大多饮用黄酒，文人墨客在诗词歌赋中所赞颂的也多为黄酒，宫廷用酒也以黄酒为主，因此有"黄酒价贵买论升，白酒价贱买论斗"的民间俗语。而从民国初年至新中国成立，持续多年的战争令中国酒业悄然发生变化，曾更多为坊间百姓所喜爱的白酒，也开始得到社会各阶层的认可，国人逐渐改变原有的味觉记忆，更为青睐口感更重、味道更浓、刺激更强的高度烈酒。战争年代，浓烈的茅台酒既是壮士们的死别之酒，也是英雄们的凯旋之酒。1935年3月，中央红军四渡赤水，成功地粉碎了敌人的围追堵截，到达茅台镇时已极度疲惫。根据耿飚将军回忆："指战员向老乡买来茅台酒，会喝酒的组织品尝，不会喝的装在水壶里，行军中用来擦腿搓脚，舒筋活血。"当时，国民党反动派在报刊上发表文章，污蔑红军在茅台酒的酿酒池里洗脚。黄炎培先生挥笔写下一首《茅台诗》，嘲讽国民党反动派的无知："喧传有客过茅台，酿酒池里洗脚来。是真是假吾不管，天寒且饮两三杯。"1949年，新中国成立在即，周恩来总理亲自指定茅台酒为开国大典的"国宴用酒"。至此，茅台美名天下扬。1951年，荣和烧房、成义烧房、恒兴烧房经赎买及合并组建为"国营仁怀酒厂"。1997年，成功改制为有限责任公司。1999年，贵州茅台酒股份有限公司正式成立，并于2001年在上海证券交易所挂牌上市。

茅台的成功，离不开"坚守"二字。生于1939年的季克良，是茅台酒发展历史上的一个里程碑式的人物，他是国家级非物质文化遗产传承人，更是世界级的酿酒大师和著名的白酒专家。从普通科研人员到酒厂厂长、茅台酒历史上第一位总工程师，从青春年少到白发老人，季克良用50余载岁月的坚守成就了茅台酒厂，用现代微生物工程科技理论解读出茅台酒的历史与酱香。2012年全球白酒发展论坛上，季克良带领科研人员破析出的茅台酒中有近千种芳香物质和微生物，让茅台酒成为世界蒸馏酒之"最"，为中国白酒赢得世界之美誉。以季克良为代表的茅台酒人始终坚持古法酿制，坚持酱香白酒，恪守储存时间，这种对传统工艺的坚守，是茅台酒长期以来始终品质如一、被海内外消费者所追捧的根本原因。

茅台酒的工艺古老而悠久，被称作中国白酒工艺的"活化石"。茅台酿酒取法于自然天地，采用的是独特的高温制曲、高温发酵、高温接酒的工艺。酿酒程序遵循四季时节，端午踩曲、重阳投料，经过9次蒸煮、8

次发酵、7 次取酒、3 年以上的陈坛贮藏、2 次投料、1 年成品勾兑，方得以酝酿。人工踩曲在茅台镇中已有 600 余年的历史，这种踩曲工艺颇为讲究：踩曲者必须是窈窕健康的青年女子才能胜任。这是由于女子的足部出汗较少，从而避免破坏酒曲的酸碱平衡；妙龄少女轻盈的体态、力度刚好能踩出标准的龟背型曲块。直到今天，踩曲工作仍要求女工们具备超常的体力和娴熟的技术：凌晨四五点天还未亮就要起床到岗，经过严格消毒后在湿热的车间内工作一整天，踩出的曲块需控制在 13 厘米 ~14 厘米见方，从而成型龟背状的曲块。滴滴香醇的茅台酒，不知凝聚着多少制曲女工的心力和汗水，也是多少代酿酒匠、品酒匠、检验师傅和勾兑师傅的劳动结晶。

从春夏到秋冬，从一粒米到一滴酒，汇集了一代又一代酿酒工匠们的辛勤劳动。当我们举起酒杯畅饮美酒时，端起的不仅是集天地五谷之灵气的琼浆，也是历经匠心打磨和历史沉淀的佳酿。历史上，中国酒曾一路沿着西南地区的茶马古道由陆上传播，一路经由"海上丝绸之路"向东南亚传播，西出戈壁黄沙，东破万里波涛。现如今，中国酒及酒文化正伴随着"一带一路"走出国门，成为中外文化交流互鉴的重要纽带。

卤去浆飞白练柔

如果必须在博大精深的中华美食中挑选一个作为唯一代表，恐怕是最有经验的老饕也难以做出绝对令人信服的选择。"安身之本，必资于食"。中国人用自己的辛勤和智慧，将许多原本不起眼的原材料，摇身一变，成为了餐桌上让四方宾客大快朵颐的美味佳肴。而在这诸多有关美食的神奇转化中，豆腐大概会是必不可少的一样。它可能是年幼生病时母亲端上的一碗鲫鱼豆腐汤，也可能是求学苦读时用以解馋的一包香辣豆腐干；可能是开春时街坊四邻熟悉的香椿拌豆腐，也可能是冬至前江南小镇热腾腾的胡葱笃豆腐；可能是朱自清笔下冬天"小洋锅"中的白水豆腐，也可能是汪曾祺口中"寰中一绝"的豆腐宴……从嘴里到心里，我们有关豆腐的记忆总是软软的，暖暖的。

卤水中的神奇变化

说起豆腐的起源，大多数的故事中都出现了一个相同的人物——西汉淮南王刘安。宋代文人朱熹曾写过一首《素食词》："种豆豆苗稀，力竭心已腐。早知淮南术，安坐获泉布。"朱熹还在这首小诗的结尾添加了自注："世传豆腐本为淮南王术"。李时珍在《本草纲目·谷部豆腐》中也曾记述道："豆腐之法，始于前汉淮南王刘安。"这些古文记载，都印证着刘安作为豆腐发明者的历史地位。相传 2000 多年前的西汉时期，淮南王刘安痴心于求仙问道，以求获得长生不老。一次偶然的操作"失误"，他将原本用于炼制丹药的石膏不小心滴入了乳白色的豆汁之中。误打误撞间，世界上第一块豆腐就这么神奇地诞生了，并由此登堂入室，成为祖祖辈辈中国

人生活中必不可少的滋味。

时至今日，在淮南王的封地——安徽寿县的八公山，当地的居民们还世代恪守着制作豆腐的传统技艺。虽然刘安并没有能亲自实现他长生不老的梦想，但这块穿越数千年的豆腐却依然活跃在中国人的厨房里，并不断变化出新的花样与能量。豆皮、百叶、腐乳、豆干、千张、干丝、豆花，还有总会让南北方人们为甜咸口味争个面红耳赤的豆腐脑。现实中的豆腐呈现出各种形态，慷慨地满足着我们的口腹之欲。虽然古人没有发达的技术手段和现代化的科学体系，不了解蛋白质、氨基酸这些微观的营养成分，但是在漫长的农业社会里，豆腐的营养价值已经被人们悉心发掘。易消化的植物蛋白、丰富的亚油酸，为古往今来的中国人默默提供着养分与动力。在那些个肉制品并不充裕的年代里，豆腐成为了百姓生活中必不可少的能量来源。

俗话常说："卤水点豆腐，一物降一物。""心急吃不了热豆腐。"制作豆腐的工艺可不仅仅只是那看似闲庭信步的点卤，每一个环节都影响着最后的豆腐质量。从前期的清理浸泡黄豆，再到初步的磨浆、过滤、煮浆，之后就是关键的点卤凝固，最后经过压制切割，才有了厨房里那白白嫩嫩的一小块豆腐，才有了大厨手中煎炒炸拌的无限可能。虽然机械的广泛运用使得豆腐的生产工艺越来越向着统一化、标准化不断迈进，但许多小镇小巷依然有许多招牌店铺保留着最传统独到的手工制法，从黄豆的挑选、豆浆的磨制到盐卤的配方，乃至于最后压制挤水的力度和比例，都需要人的精心和静心，每一位豆腐匠人都有着自己不轻易外传的独特秘诀。

为了不让每天晨曦里的第一拨老主顾失望，许多豆腐匠人都从前一天晚上就开始忙活筹备，亲手挑选饱满丰盈的豆子，后半夜就起身亲力亲为，郑重期待着晶莹剔透的豆腐从混沌的浆水中慢慢沉淀，就好像是从黑暗蒙昧中慢慢浮现出的新一天的曙光。天刚蒙蒙亮，街头巷尾一碗碗香喷喷的豆花便已出锅，等待着鱼贯而出奔走劳作的街坊乡亲们。一声声带着乡音的亲切叫卖，唤醒了沉睡着的城镇，崭新忙碌的一天就这么紧凑着从豆腐匠人手中正式开启。

餐桌上的无限可能

要说起和豆腐相关的经典美食，红遍大江南北乃至走出国门的麻婆豆腐大概会是当仁不让的头名。无论是在居家日常的便饭里，还是在酒楼的高档宴席上，一盘冒着热气的麻婆豆腐总是能在一刹那勾起胃里的馋虫。麻婆豆腐的特色在于麻、辣、烫、香、酥、嫩、鲜、活 8 个字，嫩滑的豆腐与筋道的肉末形成了绝妙的搭配，再加上香气浓郁的豆瓣酱，鲜艳明亮的色泽让人不觉垂涎欲滴，搭配上一碗再普通不过的白米饭，即能成为万千劳动人民的一顿实惠而又可口的午餐。

据说在清朝同治年间，四川成都万福桥是往来客商和挑夫们必经的歇脚之地，店主陈春富和他的妻子在这里苦心经营着一家名叫"陈兴盛饭铺"的餐馆，后来陈春富不幸去世，店里的大小事务就由陈氏老板娘一手操持。苦力之人通常囊中羞涩，却又食量惊人，淳朴善良的老板娘以物美价廉的豆腐为主要食材，搭配上些许牛肉末，逐渐开创了这一道深受当地人喜爱的菜肴，餐馆的名气也越来越大。由于老板娘脸上长着些许麻斑，人们便把这道菜称之为"陈麻婆豆腐"，口耳相传又简化成了"麻婆豆腐"。随着挑夫与货商的足迹遍布天南海北，麻婆豆腐的名气也流传到了五湖四海，最终成为了今天川菜的金字招牌，乃至于是中国饮食文化的重要代表之一。

在漫长的历史进程中，这位陈氏老板娘甚至都没有留下自己的姓名，但这道香喷喷的麻婆豆腐却一直流传至今。它慰藉了数不清的平凡挑夫货商，进而哺育着日新月异的天府之国，润物无声地滋养着时代的进步与发展。时至今日，国外街头那正宗抑或不正宗的中餐馆里，总有麻婆豆腐无法取代的一席之地。一盘麻辣鲜香的麻婆豆腐，依然是无数海外游子魂牵

梦萦的精神寄托。

饮食挑剔的中国人并不会满足于味觉与嗅觉的享受，色香味俱全才是对一道美食最高的赞美，而细滑软绵的豆腐也成为了检验大厨刀工的一道考题。勤劳智慧且充满创意的厨师们也从不会让人失望，从平凡无奇的长正方体，再到令人赞叹的各种造型，豆腐在大厨手中经历了又一次神奇的转化。

以中华名菜菊花豆腐为例，手起刀落，一块不足巴掌大的豆腐如行云流水般被雕琢出了丝丝花瓣，放到清汤里随着水波漂动，让人不忍下口。若是下刀用力过猛，这朵花将不再完整；若是切得过浅，那花朵将全无轻盈灵动之感。刀工最厉害的大厨甚至可以用这切出来的豆腐细丝穿过针眼，整块豆腐在水中宛若一团曼妙的蒲公英。而在淮扬地区，大厨可以将一块普通的豆腐干切成薄如蝉翼却又吹弹不破的豆腐皮，进而切成细如发丝且大小均匀的豆腐丝，再配以火腿、香菇、木耳，经高汤烹制成为一碗入口即化、令人回味无穷的文思豆腐羹。数年的潜心磨炼转变为了出刀时的成竹在胸与气定神闲，这时候的厨师，更是一个登峰造极的生活艺术家，用辛勤劳动诠释着他们对于美的理解，传递着他们对于美的信仰与崇拜。

然而，并不是所有的豆腐菜肴都会向着同一种美的方向努力，其中臭豆腐可能是豆腐界一个特立独行的存在。乍一看黑黢黢的其貌不扬，闻着气味让人一言难尽。厌恶的人唯恐避之不及，遑论想要尝试一下味道的冲动；可喜爱的人却将其捧在手心，一块接着一块欲罢不能。南京夫子庙的臭豆腐干是小方块，用竹签像冰糖葫芦似的串起来卖；昆明的臭豆腐不用油炸，在炭火盆上搁一个铁箅子，臭豆腐干放在上面烤焦，别有风味。可无论是哪个城市，臭豆腐的出现都一定伴随着浓郁的烟火气，折射着这个城市喧嚣而又温和的一面。

华灯初上，都市里忙碌了一天的人们卸下工作的重担，三三两两来到街市，和远道而来的游客们一起，在不知名的臭豆腐摊前排起长龙。初夏的风夹杂着一丝暑热，轻盈地掠过每个人的发梢。来一块刚出锅的臭豆腐，蘸一下丰富浓郁的酱汁，咸鲜香辣的口味似乎可以中和掉生活中所有的烦恼，即使被烫着嘴了也依然和朋友嬉笑怒嗔着要再来一块。臭里带香，不那么令人愉快的气味之后留下的却是无穷的回味，这种最为酣畅淋漓的享受，竟掩藏在这么一块儿不起眼的臭豆腐里。

食物外的深刻智慧

豆腐不仅是中国人餐桌上的一道菜肴，更深刻地影响着华夏儿女的日常生活与处世智慧。"小葱拌豆腐——一清二白。"这既是这道家常凉菜的色彩，也是中国人为人处世的基本原则。评价他人时我们也常说"刀子嘴豆腐心"，透过表面犀利严苛的言语，我们更加珍惜对方内心那份带着含蓄的善良与温暖。可剩下的豆腐就没有那么好的命运了，不是掉进了灰堆里（吹也吹不得，打也打不得），就是被头发、丝线之类的给时不时地穿一下（提不起来），或者是和骨头鸡蛋之流打个不可开交（欺软怕硬），甚至作为近亲的豆腐渣在各种俗语歇后语中成为了质量差、瞎糊弄的代名词。可豆腐虽不在乎自身的形象，也从不斤斤计较，不作攀比，却也不甘堕落，依旧默默无闻地为辛勤忙碌的人们提供着丰富美味的菜肴——也像极了历史长河中每一个劳作奋斗的普通人，带着最善良和朴实的心，用双手创造出最美丽的生活，谱写出最恢宏的历史画卷。正如梁实秋先生在他的散文《豆腐》中写道的那样："我常看到北方的劳苦人民，辛劳一天，然后拿着一大块锅盔，捧着一黑皮大碗的冻豆腐粉丝熬白菜，稀里呼噜地吃，我知道他自食其力，他很快乐。"

汪曾祺曾写过一首诗，名为《豆腐》。

淮南治丹砂，偶然成豆腐。

馨香异兰麝，色白如牛乳。

迄来二千年，流传遍州府。

南北滋味别，老嫩随点卤。

肥鲜宜鱼肉，亦可和菜煮。

陈婆重麻辣，蜂窝沸砂锅。

食之好颜色，长幼融脏腑。

遂令千万民，丰年腹可鼓。

多谢种豆人，汗滴其下土。

　　臻于严选，有了一粒粒精致的黄豆；忠于初心，磨出了一块块白嫩的豆腐；匠人技艺，让舌尖享受到豆的美味。豆腐这一大众食品，不仅承载着浓浓的百姓情怀，更承载着朴素、淡雅、方正的中国文化。

第十四篇章

劳动最美丽

践行奋斗之美

汗水洒田野，飞船遨苍穹。

高桥通天堑，深海潜蛟龙。

那里有我们勤劳的身影，

那里有我们创新的劳动。

劳动托起中国梦。

中国梦，幸福梦，富强梦，

实现梦想靠劳动；

中国梦，你的梦，我的梦，

共同筑起中国梦。

——《劳动托起中国梦》歌词节选

新中国的建筑与建设者

被誉为"中国近代建筑之父"的梁思成先生曾言："建筑是民族文化的结晶，是凝动的音乐，是永恒的艺术。"建筑最能代表一个民族的思想与文化，具有近 5000 年历史的中国古建筑是中国古代传统建筑艺术的结晶，而近现代中国建筑则深深地打上了革命文化与社会主义先进文化的烙印。

回望新中国成立 71 年来的建筑史，一栋栋新式建筑在华夏大地上拔地而起，"中国速度"与"中国精度"不断令世界惊叹。这些建筑，不仅是中国现代化进程的一面镜子，也是中华民族从站起来、富起来到强起来的一座座里程碑。铸就这些时代丰碑的，是一代又一代共和国的建设者们对理想信念的执着坚守，是对工匠精神的生动诠释，是对祖国人民的无私奉献。

人民的殿堂——人民大会堂

人民大会堂位于北京中轴线西端，每当全国人大、全国政协"两会"召开之时，代表们从祖国四面八方来到这座带有五星穹顶的神圣殿堂。"走进人民大会堂，使你突然地敬虔肃穆了下来，好像一滴水投进了海洋，感到一滴水的细小，感到海洋的无边壮阔。"作家冰心在《走进人民大会堂》中这样描述她对这座宏伟殿堂的初印象。人民大会堂由能容纳 1 万多人的大礼堂、面积相当于半个足球场的宴会厅和风格朴素典雅的办公楼三大部分组成，整组建筑面积约 17.18 万平方米，比故宫的全部地上建筑面积之和还大。令人惊奇的是，这座世界上最庞大的会堂建筑，从建筑选址、规划设计、工程完工到正式使用，仅用了 10 个月的时间，被当时的外国媒

体称作是"建筑史上的奇迹"!

　　1958 年，新中国即将迎来第一个 10 年华诞，建造一座"人民的殿堂"成为了当时党和全国各族人民的共同心愿，首都北京到处洋溢着为共和国建设而奉献的热情。1958 年夏，数千名 20 岁出头的青年工人来到大会堂建筑工地，组建了 20 多个建筑青年突击队，夜以继日地挥汗奋战、激情奉献。为了工程能够如期建成，时任北京市第三建筑公司一工区青年突击队队长的张百发带领 300 多名钢筋工，每天天还没亮就将刚从钢铁厂运来还有些余热的钢材卸货，由于当时工地缺少塔吊，100 多公斤一捆的钢筋就靠工友们手抬肩扛，顺着木板搭成的简易马道往上送，紧接着就开始进行钢筋搬运、除锈、调直、连接、切断、成型等一系列工序。当时作为木工队队长，李瑞环独创了 9 种简易计算表和公式，用科学高效的方法代替了传统"放大样"的办法，率领团队成功地在 8 天内完成了 200 米长的屋顶外檐模板制作。他的先进事迹后来还被搬上了银幕，电影《青年鲁班》成为了一代人的学习榜样和青春记忆。作为大礼堂穹顶上那颗熠熠生辉的红色五角星的制作者之一，如今年近九旬的刘志明老先生依然骄傲地说："那时尽管没有现代化的建筑器械，但大家都有一颗建设世界一流建筑的决心，全身心投入……如今从屏幕上看到红色的五角星还是那样的光艳，我乐得从睡梦中都能笑醒。"

　　正是在周恩来总理"古今中外，皆为我用"原则的指导下，在数十位国内一流建筑师废寝忘食的精心设计创作下，在数千名建筑工人不舍昼夜的团结奋斗下，在近万名参加义务劳动的普通群众的无私奉献下，人民大会堂在 1959 年 9 月 14 日竣工，顺利迎接了新中国成立 10 周年庆典，也从此作为党和国家举行政治和国务活动的重要场所，成为了一座名副其实的"人民的殿堂"。

　　回望 20 世纪 50 年代，年轻的新中国尚处在国民经济恢复和发展时期，人才、技术和物资都还比较落后。然而，就是在这样的时代背景下，融合西洋古典与中式传统的人民大会堂、带有苏联式风格的军事博物馆、注重中国传统文化再创新的民族文化宫、全国农业展览馆等首都十大建筑，成为我国建筑史上的创举，为现代中国建筑史描绘了浓墨重彩的一笔，更成为新中国第一个 10 年华诞最好的贺礼。革命与建设时代的千千万万中国劳动人民凭借着"螺丝钉精神"，造就了一座又一座社会主义大厦，也向世界展现了中国向现代化迈进的崭新面貌。

奥运的符号——北京"鸟巢"

2008 年北京奥运会的成功举办，向世界展现了一个开放、现代、繁荣昌盛的中国，而北京奥运会开闭幕式举办地——国家体育场——"鸟巢"，更是让全世界的观众眼前一亮。"鸟巢"坐落于郁郁葱葱的北京奥林匹克公园，建筑面积 25.8 万平方米，总用钢量约为 11 万吨，外形结构为辐射式门式钢桁架围绕碗状坐席区旋转而成的独特造型，宛如由大树和树根编织而成的生命之巢。凭借着顽强拼搏的精神和科学严谨的态度，中国建筑人攻克了一系列无法想象的难关，在建筑新材料、新技术、新方法上取得了重要突破，向世界展现出当代中国自信、自立、自强的国家形象。

李兴钢出生于 1969 年，是当时中国建筑设计研究院最年轻的副总建筑师，也是"鸟巢"的中方总设计师。李兴钢独创的"胜景几何"理念意在将建筑与自然的空间诗意相结合，力求实现中国古人所追寻的"天人合一"境界。独特的东方韵味与现代的建筑技艺碰撞出独特的创意灵感，"鸟巢"的设计方案最初由瑞士建筑大师雅克·赫尔佐格和皮埃尔·德梅隆提供，而最终的施工图是由李兴钢率领中国设计团队完成。由于"鸟巢"的结构复杂异常，设计师必须在图纸上绘制出数以万计的异形空间曲面，还要精准计算出数万个部件的施工尺寸。通过中瑞技术合作，引入一系列三维与有限元分析设计软件，经过无数次演算，才将抽象的概念设计转化为最终的施工图纸。除了独特的巢式钢结构外观，"鸟巢"内部设计同样

劳动**最美**丽 *践行奋斗之美*

别出心裁。为了保障场内 9.1 万座席上的每位观众都获得更好的观赏体验，看台采取连续起伏、东西高南北低的碗形设计。李兴钢说："虽然外部更受瞩目，但事实上内部赛场和看台的设计才是一个体育场的核心部分。我们最大的设想就是，让 2008 年奥运会主体育场回归体育建筑和人类体育活动的本质，也就是以竞赛和观赛、以运动员和观众为本。"通过与瑞士设计师上千次的方案讨论与修订，李兴钢团队成功结合了中国传统文化与现代科学技术、奥林匹克精神与中外建筑艺术，让诞生于瑞士的"鸟巢"原型与北京奥运会实现了完美融合。

毫无疑问，由中瑞设计联合体共同完成的"鸟巢"施工图堪称世界顶级建筑设计方案，然而再精致的设计蓝图，也要通过建设者之手来将其实现。体量如此庞大的异形钢结构建筑，面临的技术难题在世界上无任何先例可考，施工难度之高在体育场工程建设史上前所未有。由于"鸟巢"外部灰色钢结构与内部混凝土结构相互独立，4.2 万吨的建筑重量只能依靠倾斜的混凝土柱相互支撑，混凝土柱的施工成为工程建设面临的一大难题。来自河南安阳的董树恩，通过创新"倒灌法"采用泵送顶升，使浇注一根混凝土斜柱的时间从 4 小时缩短至 0.5 小时，创造了国际浇注斜柱技术的新标杆。面对超大巨型构件的安装挑战，户献习等组装工人通过建模找出构件的重心，通过吊点的设置和加固措施在降低风险性的同时，极大地提高了项目安全性。

2008 年 8 月 8 日，北京"鸟巢"得以如期在世界舞台亮相，"鸟巢"的 24 根钢桁架柱上永久地刻下了数千名筑巢者的姓名。在美国《时代》周刊评选出的"世界 100 个最有影响力的设计"中，"鸟巢"夺得建筑类的桂冠。数千名像李兴钢、董树恩、户献习一样的中国建筑人通过 5 年多的科技攻关和不懈努力，生动诠释了北京奥运会"绿色、科技、人文"的理念，创造了中国乃至世界建筑史上又一个奇迹。北京奥运会后，"鸟巢"作为标志性建筑，不仅成为了国人参与、享受体育娱乐活动的大型场地，还将继续作为北京 2022 年冬奥会冰上项目场地，迎接新的挑战。

习近平总书记指出："社会主义是干出来的，要靠我们的工人阶级，靠我们的劳动者，大家齐心协力去干。"我劳动，我自豪；我奉献，我光荣。新时代的共和国建设者们接过了前辈手中的旗帜，足迹不仅遍及了祖国的大江南北，而且积极拓展海外市场，创造着一个又一个人间奇迹。从艰险如天路的"川藏铁路"到凤凰展翅般的"大兴机场"，从创造"深圳速度"到见证"雄安高度"，从援建"丝绸之路经济带"的一条条繁荣之路到架起"21 世纪海上丝绸之路"的一座座友谊之桥，中国建筑人用智慧与汗水绘制出了一道道令中外人民心心相印的彩虹，谱写了一曲曲荡气回肠的铿锵长歌。

为复兴的梦想加速

复兴代表着春回大地、万物复苏，代表着重整行囊、再创辉煌。这两个字，凝聚着中华民族的希冀与梦想，凝聚着几代中国人的夙愿和期盼。2017 年，由中国铁路总公司牵头组织研制、具有完全自主知识产权、达到世界先进水平的中国标准动车组被命名为"复兴号"。从"大脑"到"心脏"全部"中国创造"的"复兴号"成功开行，标志着我国铁路成套技术装备特别是高速动车组已经走在世界先进行列，迈出了从追赶到领跑的关键一步。回望近 30 年从蹒跚学步到引领世界的风雨历程，一群勇于创新、追求极致、匠心筑梦的大国工匠们，以"中国速度"创造着世界装备制造史上的"中国传奇"，使我国装备制造工业拥有了一张亮丽的名片。

不忘初心强本领

2015 年初，中车长春轨道客车股份有限公司（简称中车长客）在试制生产我国首列标准化动车组（即"复兴号"动车组）的过程中，作为高速动车组的 9 项核心技术之一的转向架制造技术面临着前所未有的难题——转向架很多焊缝的接头形式是员工们此前从未接触过的，其中转向架侧梁扭杆座不规则焊缝和横侧梁连接口斜坡焊缝质量要求极高，射线探伤检查必须零缺陷，不容任何瑕疵。此外，由于不规则焊缝接头过多，极易导致焊接缺陷，严重制约了"复兴号"动车组的顺利生产。面对这一技术难关，有一个人挺身而出，率领团队攻坚克难，经过反复论证和多次试验，最终成功攻下了这一阵地。他，就是大国工匠李万君。

"一把焊枪，一双妙手，他以柔情呵护'复兴号'的筋骨；千度烈焰，

万次攻关，他用坚固为中国梦提速。"这是中央广播电视总台"大国工匠"2018年度人物颁奖典礼上组委会给予李万君的颁奖辞。作为我国第一代高铁人，李万君凭借精湛的焊接技术、坚韧不拔的创新精神和敬业精神，为我国高铁事业作出了巨大贡献，被誉为"高铁焊接大师""工人院士"。面对这些荣誉，李万君表示自己就是一名技术工人，只不过用了30年的时间一直待在一个地方，做着一件事。

1987年，19岁的李万君毕业之后进入长春客车厂（中车长春轨道客车股份有限公司的前身）工作，成为焊接车间的一名焊工。他需要时时穿着厚重的工作服，头戴封闭的焊帽，整天待在烟雾弥漫、火星子乱蹦的生产环境里。夏天，焊枪的火焰足足有2300℃，烤得人喘不过来气。冬天，脚蹬水靴在水池子里作业，身上挂着一层冰霜。由于劳动强度大，一年后，和李万君同来的28个伙伴调走了25个，只留下了3个人。当时李万君也动了调走的心思。曾连续多年被评为工厂劳动模范的父亲与他谈心："啥活儿都得有人干，啥活儿干精了都会有出息。"从此，李万君摒弃了杂念，将自己"焊"在车间，一头扎进"精"的路上苦练技术，也在烟熏火燎中淬炼着意志。

为了提高技术水平，李万君经常在休息的时候用废料进行练习，曾经每天焊掉近300根焊条。车间要求每人每月焊100个水箱，他总会多焊20个。别人一年磨坏两三套工作服，他一年得磨坏五六套工作服。遇到技术难题，他总是追着老师傅们问问题问个没完……正是这一股拼劲儿使李万君练就了一身过硬的焊接本领，在当时的车间创造了千个水箱无泄漏、万米焊缝无缺陷的惊人纪录。1997年，李万君首次代表公司参加长春市焊工大赛，是其中最年轻的参赛选手。他一举夺得三种焊法的第一名。凭借高超的焊接技术，他不仅相继取得了碳钢、不锈钢焊接等6项国家焊工技师资格证，更是在2011年赢得了"中华技能大奖"。这一大奖是国家对一线技术工人的最高褒奖，审批严苛程度堪比评选"两院"院士。李万君作为

518

车辆转向架构架焊接的世界最高水平的代表，因而能够从全国数十万技术工人中脱颖而出，成为名副其实的"工人院士"。

当然，属于李万君的奇迹不止于此。

匠心铸就高铁梦

2007年，作为全国铁路第6次大提速的主力车型，时速250公里的"和谐号"动车组在长春客车公司试制生产。承载50多吨车体，被称为是高铁双腿的转向架对质量要求极其严苛，其焊接工艺必须做到天衣无缝才能让高铁成为"没有翅膀的飞机"。试制初期，因为转向架横梁与侧梁连接处的环口焊缝接头过多，时常出现铁水不熔合的惯性质量问题，正是这小小的环口直接影响到了整个动车组的试制推进。李万君为此茶饭不思，倾尽全力地反复钻研。正是凭着这股钻劲儿，一个月后，李万君终于摸索出了一枪完成转向架环口焊接的绝活儿，实现了600毫米周长的环口焊接一气呵成，不留任何瑕疵，彻底解决了关键性的技术难题。这一焊接技术被称为"架构环口焊接七步操作法"，超越法国的两段式焊法，登上了世界焊接领域的最高峰。如今，在李万君的指导下，这一焊接技术已成为生产线上人人必备技能，极大地提高了动车组系列转向架生产的品质和效率。2015年，中车长客公司生产的转向架就超过了9000个，比西门子、庞巴迪、阿尔斯通这三大世界轨道车辆制造巨头的生产总和还要多。

2015年，在试制生产"复兴号"动车组的时候，为了攻克难题，李万君带领团队夜以继日地加班加点埋头钻研，经过半个多月的反复论证试验，总结出了一套"下坡焊创新焊接法"，一下子将生产效率提高了4倍，填补了我国在这一技术领域的空白。2016年，李万君带领团队成功完成了美国纽约地铁转向架厚板焊接的31项工艺评定，为我国试制生产40毫米厚板转向架提供了可靠焊接规范及操作依据。2017年初，在此基础上，李万君亲自参与试制生产4个美国纽约地铁转向架，通过美国有关方面的权

第十四篇章

劳动最美丽 *践行奋斗之美*

519

威认证。2018 年 6 月 27 日，中车长客公司成为我国首家取得美国纽约地铁转向架生产资质的生产单位。

正是凭借这种精湛的焊接技术和迎难而上不服输的精神，李万君在高铁焊接领域不断取得一个又一个新的突破，先后进行技术攻关 100 多项，其中 31 项获得国家专利。2018 年，第五届中国工业大奖在北京揭晓，"复兴号"中国标准动车组获得了我国工业领域的最高奖项。李万君表示："我们要想尽一切办法创新和突破，这是中国高铁工人义不容辞的责任。"这种创新突破，不仅代表着"李万君们"对世界先进技术的赶超精神，更代表着中国高铁所搭载的中国梦的提速。

弦歌不辍，薪火相传

"一枝独秀不是春，百花齐放春满园。"短短 6 年间，中国高铁完成了时速从 250 公里到 350 公里，再到 380 公里的"三级跳"。高速度离不开高技术人才的支撑。为高速动车组培养了大量的新生力量，是李万君对中国高铁的又一突出贡献。

2008 年，中车长客公司从德国西门子公司引进了时速 350 公里的高速动车组技术，但德国人提供的转向架焊接试验片，只有李万君一人能够完成焊接工作，根本无法满足生产需求。为了解决这一问题，中车长客公司特地招进 400 多名技校学生进行专门的培训，李万君主动请缨承担起这一重任。那段时间，李万君常常是白天在生产线上工作，晚上研究工艺标准、编制培训教材，睡眠时间不足 5 小时，生病用药顶着，一个月体重掉了 10 多公斤……为了加快培训进度，他将复杂的工艺操作过程分解成具体操作步骤，并图文并茂地逐一详细描述，便于学员理解掌握。功夫不负有心人。2009 年，经李万君培训的 400 多名学生全部提前半年考取了国际焊工证，创造了中国高铁焊接技术培训史上的又一个奇迹，为"中国制造"储备了实力雄厚的生力军。

2010 年，李万君牵头组建了公司的焊工首席操作师工作室，借助这一平台对公司焊工采用"大""小"穿插、"横""纵"结合的培训方式，集中培训 400 多次，累计培训 2 万多人次。经过培训的焊工考取各种国际、国内焊工资质证书 6000 多项，大大地满足了高速动车组、城铁列车等 20 多种车型的生产需求。此外，为了进一步发挥工作室的技能传承作用，李万君带领团队与其他企业资源共享，交流焊工技能，推动传承创新。2012 年，他还远赴新疆进行技术援疆，为阿勒泰市 400 多名技术工人传授技艺，让工匠精神遍地开花。2012 年，他的焊工首席操作师工作室被国家主管部门命名为"李万君国家技能大师工作室"。

"啥活儿都得有人干，啥活儿干精了都会有出息。"30 年前父亲的这句话，李万君一直牢记在心，并按照自己的方式传承给了徒弟："只要你爱这个工作，肯钻研，不断创新创造，每个人都能走出人生的精彩之路。"代表着中国制造业技术世界领先的中国高铁这张名片，彰显着中国产业工人的伟大创造。中国产业工人就如一排排坚实的高铁转向架，承载着中华民族伟大复兴的列车，向着中国梦所追求的目标高速前进。

相知港珠澳　同心圆梦桥

你把桥放在梦中，我把梦放在桥上

你筑一个有形的梦，我筑一个无形的桥

你从天上来，我自海中过

相知港珠澳，同心圆梦桥

你让桥上的梦美丽，我让梦中的桥矗立

你在桥头听涛语，我在海中看天宇

天之骄，海之骄

相知港珠澳，海天共逍遥

…………

2019年夏，这首凝炼桥梁艺术之美的歌曲嘹亮悦耳，一场大型交响音乐会"梦桥——向港珠澳大桥及其建设者们致敬"在中国国家大剧院拉开帷幕。在雄浑磅礴的歌声中，港珠澳大桥的伟岸雄姿愈发清晰；在优美动人的旋律中，千万名筑桥人的身影又是那么坚定美丽。他们将金色年华献给了港珠澳大桥，也献给了珠江口边蔚蓝的海洋。铿锵跳动的音符，不知不觉地将在场的所有桥梁建设者们又带回了那段凝聚着汗水、拼搏与梦想的筑梦岁月。

横跨伶仃，屹立东方

历时6年论证、9年建设，2018年10月23日，一座连接香港特区、珠海市和澳门特区的世纪工程——港珠澳大桥正式开通。55公里跨海大桥，7公里海底隧道，相当于98个足球场的桥面铺装，454项技术专利，7项

世界之最……这项集桥梁、隧道和人工岛于一体的超级工程，一举创下世界总体跨度之最、钢结构桥体长度之最、海底沉管隧道深度之最等多项世界纪录，可谓是国际基础设施建设的珠穆朗玛峰。

横跨伶仃洋畔，屹立世界东方。这座由中国自主设计并建造完成的桥隧工程，被海外媒体评选为"现代世界七大奇迹"。这些荣誉和奇迹，凝聚着千万名桥梁建设者们敢闯敢拼、勇攀高峰的创新精神，海纳百川、兼收并蓄的开放精神，爱岗敬业、精益求精的工匠精神，逢山开路、遇水架桥的奋斗精神。

伴随着改革开放的不断深入，理论研究和关键技术攻关与试验的不断突破，"一国两制"条件下粤港澳三地首次合作共建的超大型基础设施项目——港珠澳大桥最终得以成功建成。正如习近平总书记所说："这是一座圆梦桥、同心桥、自信桥、复兴桥。大桥建成通车，进一步坚定了我们对中国特色社会主义的道路自信、理论自信、制度自信、文化自信，充分说明社会主义是干出来的，新时代也是干出来的！"港珠澳大桥不仅标志着我国从桥梁大国向桥梁强国的重大飞跃，也书写着改革开放以来中华民族走向繁荣富强的崭新篇章。

逢山开路，遇水架桥

过去，由于珠江口地区地势复杂，外加天堑阻隔，广东省珠海市与香港特区之间的陆路只能绕行虎门大桥，往返通行超过半天时间，致使珠三角西岸远远滞后于东岸的经济发展。如何打破限制经济发展的交通壁垒，激活珠三角沿线的经济活力？粤港澳经济生活圈的构建至关重要，而这也是港珠澳大桥工程建设的直接动因。而今，通车后的港珠澳大桥，成为蔚蓝海面上一道优雅靓丽的风景线。珠江口浪花涌动，伶仃洋波浪飞舞，中国结、风帆塔、人工岛、海豚塔交相辉映，莲花的洁白、紫荆花的艳丽与三角梅的鲜红绚丽夺目。这座粤港澳地区的地标性工程，不仅充分彰显了中国桥梁建筑艺术的精美绝伦，而且为粤港澳大湾区"1小时生活圈"铺设了一道彩虹之桥。当人们再次伫立于桥头，看着两岸车水马龙，大湾区的美好未来似乎尽收眼底。共同被历史所铭记的，除了这项奇迹工程和美丽景色，还有凝结着无数设计师及其建设者多少年来的智慧与汗水、浇筑与耕耘。

他被同事们称作"桥痴"。与桥结缘40余载的他，每到一个城市都先去看那儿的桥，桥似乎就是他生命的灵魂。厦门海沧大桥、南京长江大桥、青岛海湾大桥等20多项国内外著名特大型桥梁工程都源自他的设计，他就是著名工程勘察设计大师孟凡超，也是港珠澳大桥的总设计师。从2004年最早率领团队驻扎珠江口进行项目可行性研究，再到大桥主体工程和深水区桥梁施工图的设计图稿，以及后续10余年粤港澳三地施工的跟进，他对这座大桥再熟悉不过。如何在"一国两制"条件下，根据香港、澳门和珠海三地不同地理环境、城市建设等确定最佳的大桥登陆点？大桥项目究竟是使用常规性的全桥方案、全隧方案，还是挑战巨大的桥、岛、隧组合方案？伶仃洋海面台风等自然灾害多发，怎样才能确保大桥的安全性？珠江口海域同时也是中华白海豚国家级自然保护区，大桥施工应如何降低施工噪声和避免海域污染？这样一个超级跨海工程，面临的施工安全、工程技术、建设管理、环境保护等综合性挑战前所未有。由于经常连夜工作，积劳成疾，孟凡超不得不接受手术治疗，然而出院没过多久又再次奔赴珠江一线投入到紧张的工作中。6年来，大桥设计师团队几乎跑遍了粤港澳三地所有岛屿，完成了百余份大桥项目的调查、预测与方案设计报告，提出了"大型化、工厂化、标准化、装配化"的创新建设理念，使依靠中国自主研发的港珠澳大桥能抗8级地震，抵御住16级台风，使用寿命长达120年。

在港珠澳大桥开通仪式后，习近平总书记在接见孟凡超等大桥建设者代表时说道："港珠澳大桥的建设创下多项世界之最，非常了不起，体现了

一个国家逢山开路、遇水架桥的奋斗精神，体现了我国综合国力、自主创新能力，体现了勇创世界一流的民族志气。"港珠澳大桥一项项完美的设计方案，不知凝聚着多少像孟凡超一样的建筑工匠的心血，他们用一张张精心创作的图纸，描绘出大国重器的蓝图，设计出一张张耀眼的中国桥梁名片。

蛟龙出海，筑岛奇迹

站在港珠澳大桥桥头，远远就能看到两座东西相望的巨型人工岛屿，在蔚蓝的伶仃洋上散发出明珠般的耀眼光芒。在东西人工岛上共有 4 只青铜鼎，分别雕刻着"蛟龙出海""梦缘伶仃""筑岛奇迹""海底绣花"的图案，记载着港珠澳大桥建设过程中的传奇故事。4 只古朴的青铜鼎将港珠澳大桥建筑精神与中华民族传统文化底蕴融为一体，既体现着中华文化的源远流长、博大精深，同时也象征着"一国两制"下粤港澳三地共创大湾区的美好未来。

港珠澳大桥的这两座巨型离岸人工岛屿建设堪称"筑岛奇迹"。一方面，由于港珠澳大桥临近香港国际机场，为了保证每天 1800 多架次航班的飞行安全，桥塔高度不得超过 150 米。另一方面，由于恰好穿过伶仃洋主航道，为了确保每日穿梭于粤港澳近 4000 艘轮船的正常通行，桥梁又不能太低。为了同时满足这两个相互排斥的限制要求，大桥的建设者采用了海底隧道的连接结构，建设人工岛就成为大桥横跨伶仃洋的关键承接点。作为海底隧道和大桥转换衔接的枢纽，"稳"是人工岛建造的最基本要求。一旦人工岛发生沉降或位移必将牵一发而动全身，致使桥梁变形或隧道漏水，后果不堪设想。在茫茫大海中，两座面积 10 万平方米的人工岛屿是如何建成的？以林鸣等为代表的港珠澳工程师团队首创了一种快速成岛方法：将一组巨型钢圆筒直接插入并固定于海床上，然后再向钢圆筒中间填砂土，最终形成人工岛屿。每只钢圆筒的横截面积约为一个篮球场大小，高度接近 18 层楼，体量相当于一架空中客车 A380 飞机。这样的巨型钢圆筒有 120 组，为了将这些庞然大物成功嵌入深海，施工人员克服了常人难以想象的困难，才迎来了人工岛屿建造的完工。与国际上最常使用的抛石填海的方法相比，这项技术不仅减少淤泥开挖量近千万立方米（相当于堆砌 3 座胡夫金字塔），而且还极大地压缩了建设工期，确保了港珠澳大桥如期建成。

除了人工筑岛，外海沉管隧道的修建也是港珠澳大桥工程面临的巨大挑战。一截沉管重达 8 万吨，需要先用船从工厂运送至施工地点，然后再精准沉放到外海指定位置，并与前面的沉管完成精准对接。每次对接都好比是开着挖掘机在针尖上跳舞，在麦芒上绣花，需要上百名港珠澳大桥建设者持续数日的精准发力。港珠澳大桥建设者凭借着超人的意志力和耐力，几乎突破了生理和心理的承受极限，完成了世界上唯一的深埋沉管隧道建设工程。在潮湿闷热的基坑里，由于信号不通而难与千里之外的家人通话，港珠澳大桥的建设者只能以涛声为伴，以天上繁星和明月寄托对故土的思念。看着国内外航班千百次起落香港机场、快船千百次进出澳门口岸，都市的繁华与热闹就在眼前，可建设者始终甘于寂寞，心无旁骛扛起建设超级工程的责任。施工期间，当超级台风以排山倒海之势扑向大桥时，港珠澳大桥的建设者依然坚守在桥头第一线……岁月匆匆，不变的是千千万万个造桥人攻坚克难越天堑的勇气。而变化的，则是新时代大跨步向"制造强国"迈进的中国。世界级的超级工程，如今要看"中国造"！

一桥越沧海。港珠澳大桥是一座书写着强国梦新篇章的"圆梦桥"，是一座连接着粤港澳大湾区的"同心桥"，是一座彰显中国制度优势的"自信桥"，更是一座连接着两岸三地经济脉动的"复兴桥"。改革开放 40 多年来，港珠澳大桥浓缩着中华民族从站起来、富起来到强起来的时代巨变，展现着"一国两制"下香港特区、澳门特区与内地共进步、同发展的光明前景，彰显着中国精神、中国智慧和中国力量的强大感召力，引领着亿万中华儿女齐心共圆伟大复兴之梦。

最美的微笑

作为一道流动的风景线，公共交通是城市形象的名片，是城市文明的重要标志，也是人民群众幸福生活的具体体现。

20世纪八九十年代，作为一名北京21路公交车上的普通售票员，李素丽以热情周到的服务成为"在平凡岗位上作出不平凡业绩"的岗位明星、先进典型。当时，她的名字家喻户晓。2019年9月25日，在北京人民大会堂召开的"最美奋斗者"表彰大会上，李素丽获此殊荣。当她回到大众视野的时候，她的脸上仍然是人们记忆中真诚的微笑。

微笑，就像是李素丽的名片，真诚热切地呈现了她积极乐观的人生态度。

面对现实微笑，干公交一样光荣

李素丽最初的梦想是成为一名播音员，遗憾的是1980年参加高考以12分之差落榜。落榜后，李素丽情绪低落了一阵子。李素丽的父亲是位"老公交"，他劝女儿说："考不上大学，跟我干公交一样很光荣。"李素丽觉得职业没有高低贵贱之分，干公交也挺好的。于是，她就进入北京市公交公司参加工作，准备当一名售票员，那时的李素丽还只是个梳着两条大辫子的小姑娘。公交车售票员上岗前需要先进行培训，凭借扎实的基本功和优秀的嗓音条件，李素丽在考试时不用拿扩音器报站名和使用服务用语，声音洪亮，准确无误，成绩出色，顺利上岗。

李素丽的声音甜，微笑甜。为了把这个"甜"字送给乘客，在10米车厢这个特殊舞台上，她把自己的声音优势充分发挥出来，努力追求声音

表达的优美动听。如何吐字用气，怎样把握声调和语气，怎样控制时间，是她在车下反复练习的项目。面对乘客，如何绽露动人的笑容，是她在镜子前无数次揣摩演练的"节目"。自己的家人成为她忠实的听众和严格的教练，墙上的镜子成为她诚恳的观众和挑剔的裁判。正是有了车下的刻苦练习，才有了车上热情、大方的表情和举止，才有了柔美、悦耳的嗓音和语言。有人说，李素丽是一个有着出众口才的优秀售票员。的确，口语的艺术和艺术的口语，为李素丽的服务工作插上了翅膀。

李素丽曾说："如果你把工作当作是一种乐趣，那么，工作会越来越好。如果你能找到工作的乐趣，那么，再苦再累也是心甘情愿的。"当了售票员以后，她感觉自己既是播音员，又是主持人。在 18 年的售票员生涯里，李素丽"小姑娘"逐渐成长为一棵"大树"，她也在公交车上实现了当"播音员"的梦想。

时代在淘汰人，同时也在挑选人

"各位乘客，您好！欢迎乘坐我们 21 路 1333 号车。您可能来自祖国的大江南北、四面八方，我将用北京人热情、好客的传统，为您提供周到的服务。途中，如果有什么困难、有什么要求，请不要客气，我会热心帮助您。"伴着扩音器里李素丽甜润的声音，汽车启动了。

21 路公共汽车的始发和终点站都设在火车站，这样，南来北往的外地客人一下火车，往往就通过这路车接受北京人的第一次服务。这路车沿线 10 公里分设 14 个车站，李素丽就在这平凡的岗位上，用自己日复一日的劳动为乘客送上真诚的笑脸、热情的话语、周到的服务、细致的关怀。

30 多年前的北京公交车可没有数字电视可以看，大家也没有手机可以消遣。21 路公交车的行车路线是北京最繁忙的二环路，遇到堵车，乘客就会有些烦躁，细心的李素丽在车上准备好报纸和杂志，给有需要的乘客读一会儿，缓解焦急情绪……乘客们也会和她说："素丽，你跟我们说说话呗。"她就拿着车上的小喇叭，给乘客们讲新闻，讲北京城的历史文化……大爷大妈们怕她说话累，就泡好了菊花胖大海在站台等她，车一停就递给她。有的老人跟儿媳妇吵架了心情不好，也会乘上车跟李素丽唠叨唠叨。

李素丽为她的岗位感到自豪。她说："是它给了我每一天都能向他人奉献真情的机会。如果我能把这 10 米车厢、3 尺票台当成为人民服务的岗位，实实在在去为社会作贡献，就能在服务中融入真情，为社会多增添一份美好。即便有时自己有点儿烦心事，只要一上车，一见到乘客，就不烦了。"她"岗位作奉献，真情为他人"的精神风貌，给乘客们留下难以忘怀的美好印象，被人们誉为"盲人的眼睛、病人的护士、乘客的贴心人、老百姓的亲闺女"。

为了更好地服务百姓，加强社会各界对公交整体运营、安全、服务、管理等方面的监督，1999 年，北京公交开通了"公交李素丽服务热线"，由她负责管理工作。工作场所变化了，李素丽将此视为人生很大的转折："以前是售票台，现在变成一个信息平台，我的服务可能让老百姓受益更多。"比起在公交车上售票，在服务热线工作，需要面对更多的服务需求和服务对象。为了适应服务领域的拓宽，满足新的工作需要，提高服务质量，来到热线工作以后，李素丽业余时间把精力全部投入到学习知识和业务提高上，她报考了北方交通大学的电子信息工程的研究生，并且用了 5 年的时间完成了学业。这些，对一个 40 多岁，上有老下有小的中年人来说，并不是一件容易的事情。

因为李素丽的知名度，热线真的很"热"，最热时 1 天 4 万多个来电。来电内容五花八门，有公交范围的，也有其他方面的，但不管分内还是分外，只要能帮群众解决问题，李素丽都事无巨细承接下来，包括飞机晚点了、下水道堵了、两口子打架了、孩子不听话了，等等。"当时能解决的就解决，不能解决的就先记下来，下了班再给来电者回电。帮助别人，快

第十四篇章 劳动最美丽 践行奋斗之美

531

乐自己。"在李素丽看来，大家相信她，才会寻求她帮助，这份信任不能辜负。

多年来，李素丽的工作岗位在不断变化中，但不变的是一直为百姓们提供"美"的服务，传播"美"的力量。2008 年至 2015 年，李素丽先后担任过北京交通服务热线主任、北京公交集团客户服务中心经理等职务。工作中，她制定了"衣着整洁仪表美，热情周到服务美，和蔼可亲心灵美，敬业爱岗精神美"的"四美"服务标准，努力为市民出行提供优质服务，争创公交服务品牌。李素丽在热线咨询的岗位上一干又是 18 年，直到 2017 年 4 月，她才结束 36 年的公交职业生涯。

2019 年，为隆重庆祝中华人民共和国成立 70 周年，大力弘扬"幸福源自奋斗、成功在于奉献、平凡造就伟大"的价值理念，中共中央宣传部、组织部等 9 部委组织开展了"最美奋斗者"学习宣传活动，评选表彰新中国成立以来各地区各行业涌现出来的来自生产一线和群众身边的先进模范。历经推荐报送、初步审核、群众投票、部门复审、媒体公示等环节，最终评选出 278 名个人、22 个集体成为"最美奋斗者"，李素丽被授予"最美奋斗者"称号。李素丽再次出现在公众视野，人们看到的，依然是她最美的微笑、不变的精神。

售票员李素丽是平凡的，在售票员职业逐渐被科技手段替代的今天，时代却挑选了这名平凡的劳动者给予嘉奖，不是因为她的名气，而是因为她的奉献精神。从她的身上我们可以看到，努力奉献社会的人，自己也是受益者。"微笑天使"李素丽总是说："每一条公共汽车的线路都有终点站，但为人民服务没有终点站，我会永远用自己的真情和奉献同大家一起走向明天！"

微笑着，再启程

李素丽是个闲不住的人，刚一退休就又积极投身到社会公益活动中去——抗癌公益活动、"社区英雄·为爱行走"大型公益活动、"点亮平凡的世界"全国贫困幼儿教育扶助大型公益活动……都有李素丽的身影。

2020 年春节，新冠肺炎疫情暴发，李素丽用自己的方式参与抗"疫"行动。她开设公益课，给疫情中的老百姓做心理疏导；参加《中国妇女》杂志社与《学习强国》联合推出的"声传家书，致敬天使"主题活动，为一线的医务工作者朗读家书，加油鼓劲。

李素丽做了 18 年公交售票员，又做了 18 年热线服务。如今，她走上了公益之路，继续用爱温暖世界，用情助人为乐。虽然，随着社会的发展，售票员这一职业已经越来越淡出人们的生活，人们的工作岗位和服务对象会发生一定的变动。但是，只要有一颗在劳动中奉献自我的美丽心灵，我们在任何岗位上都可以像李素丽那样，传递给社会无微不至的服务、温暖似火的热情和永远春风拂面的微笑……

啊，看那一片茫茫绿洲

　　在我们中国的版图上，有这样一个地方。在这个地方，爷爷种树，儿子种树，孙子还是种树；在这里出生的孩子，很多人的小名叫苗苗、森森；这里的人们特别认同一句话："如果没有树木，人类将会怎样，如果没有森林，世界将会怎样？"

　　——"感动中国"2017年度人物颁奖典礼介绍辞

　　塞罕坝机械林场历史上曾是清宫皇家猎苑"木兰围场"的重要组成部分，位于河北省承德市围场满族蒙古族自治县北部坝上地区。蒙古族与汉族人民的世代交往，孕育了当地一种极为特殊的语言——蒙汉合璧语。在蒙语中"塞罕"意为美丽的，汉语中"坝"的意思是高岭，塞罕坝意为"美丽的高岭"。

　　曾经，由于晚清政府的吏治腐败和财政颓废，滥垦滥牧致使塞罕坝的万里松林惨遭破坏。日本侵略者掠夺式的采伐和连年的山火，使这座美丽的坝上绿洲沦为树木稀疏、人迹罕至的茫茫荒漠，"山泉秀美、林壑幽深"的太古圣境销声匿迹，"猎士五更行""千骑列云涯"的壮观场面更是不复存在。

　　而今，在内蒙古熔岩高原和冀北山地之间，几代塞罕坝林场建设者们响应党的号召，用50载的执着坚守，用舍家为国的无私奉献，在"黄沙遮天日，飞鸟无栖树"的荒漠中，始终坚持以植树造林为己任，创造了将沙漠变林海的"绿色奇迹"，铸就了"牢记使命、艰苦创业、绿色发展"的塞罕坝精神。

六女上坝谱壮歌

　　1964 年的夏天，为共和国而奋斗的火热激情洋溢在承德中学校园的每一个角落，"到祖国最需要的地方去"成为了当时青年们的普遍信仰。听闻刚成立不久的塞罕坝林场急缺造林人手，只有 20 岁的陈彦娴与同宿舍的甄瑞林、王晚霞、史德荣、李如意、王桂珍 6 个好姐妹给林场场长写了一封特殊的"求职信"，毅然决定奔赴坝上。就这样，6 个风华正茂的高中女学生放弃了高考，毅然决然地加入到塞罕坝艰苦创业的大军，用青春和热血演绎出"六女上坝"的一段传奇故事。

　　在来到塞罕坝林场前，陈彦娴还憧憬着自己也能像北大荒的女拖拉机手一样，开着重型机械在原野上驰骋。谁承想，来到林场的第一份工作竟然是在苗圃浇大粪。粪桶又沉又臭，姑娘们不仅要忍受刺鼻的恶臭，还必须跟上男职工的流水式作业节奏，转着圈儿地把粪水倒进上百个苗坑中。一天下来，她们累得腰酸背痛，然而她们从未抱怨，还积极向老工人们请教怎样才能干得更快更好。春季造林，姑娘们每天要在坝上劳作十几个小时，纤细的双手不停歇地取苗、放苗，饿了就啃窝头吃咸菜喝雪水，累了穿着带泥水的工作服倒头就睡。冬季伐木，坝上气温常低至 −40℃，大雪满天狂舞，北风像刀子似的，刮得脸生疼。姑娘们跟着其他职工一道上山清理残木，为来年春天造林做好准备。由于没膝的大雪掩盖了道路，她们只能一边小心翼翼地跟随领队的脚步，一边扛起沉重的大麻绳，跋涉六七里山路来到山上。林场男职工们挥起斧子对树木旁生的枝桠进行修理，姑娘们则负责用麻绳将木头捆好，靠着绳子拖、肩膀扛，使出浑身解数将木材运送到场里。她们用实干证明了巾帼不让须眉，塞罕坝林场的女人同男人一样能吃苦、敢拼搏。

　　作为第一代塞罕坝人的代表，当年上坝的 6 个女孩如今早已相继退休，有的也已离开人世。从青春少女到白发老妪，当"六女"中依然在世的 4

个年逾七旬的好姐妹再次相聚于承德，她们谈论最多的还是在塞罕坝林场的那段艰苦岁月和曾经亲手浇灌的那一棵又一棵树木。陈彦娴说："每每想到自己亲手栽下的树苗长起来，成为一片树林，那种幸福和自豪感，是很难用语言形容的。虽然退休了，离开了那片林子，但看到塞罕坝越来越美，曾经的艰辛和付出也就算不了什么了……"

科学造林显担当

1984 年，刘海莹舍弃了家乡秦皇岛优越的工作条件，来到塞罕坝担任林场技术员。当时的塞罕坝林场虽然不再是风沙弥漫，但生产生活条件仍然十分艰苦。由于林场交通不便，刘海莹只能背着笨重的仪器徒步 10 余公里山路定期开展森林抚育作业。一次，随身携带的干粮途中掉落，为了如期完成任务，他和技术人员在全天粒米未进的情况下，凭借着顽强的毅力和娴熟的技术完成了高强度的工作。就这样，每天来得最早、走得最晚的刘海莹逐渐成为生产施工一线的技术骨干。这时，塞罕坝的林场面积也已初具规模，正在掀开历史新的一页。站在第一代塞罕坝人用 20 年青春浇灌的大树下，刘海莹发誓要做好第二代塞罕坝人，用科技打造出高寒荒漠上的一片绿洲。

第二代塞罕坝人的创业史，也浓缩着中国在高寒沙地造林攻关的生态文明建设史。过去，从苏联引进的科洛索夫植苗锹是造林首选工具，塞罕坝林场的科技工作者根据当地造林实际，将铁锹重量从 3.5 公斤减轻为 2.25 公斤，改造后的"三锹半缝隙植苗法"不仅使造林效率翻倍，还极大地降低了造林成本。面对年降水量不足 400 毫米的自然环境挑战，塞罕坝人用"容器苗"的造林方法，极大地增强了苗木的抗旱能力；全光育苗技术的首创，填补了我国在高寒地区育苗技术领域的空白；柳条筐客土造林、沙棘带状密植等一系列方法攻克了沙地造林的技术与实践难题；云杉、樟子松、彰武松、景观树的引进和品种更迭，极大地丰富了塞罕坝的树种和生态的

多样性；荒山造林成活率不低于85%，迹地造林成活率不低于95%，创下了荒漠地带造林成活率的纪录。

2017年，塞罕坝荣获联合国环境领域最高荣誉"地球卫士奖"……塞罕坝机械林场的科学造林，直接带动了河北省乃至全国护林造林技术的突破。如今的塞罕坝林场，已经成为中国乃至世界高寒地区科技造林的成果高地，在全球环境治理中树立了"中国榜样"。

对科学的尊重和对技术的钻研，融入到新时代塞罕坝人的血液中，也贯穿在了塞罕坝人的科技造林史中。塞罕坝人的许多成果已荣获国家级和省部级科技创新奖励，部分成果甚至填补了世界林木业研究领域的空白。塞罕坝林场的技术数据和制度建设，为多项国家级和省级的造林、防火标准提供了重要参考，为新中国的环境保护事业和生态文明建设作出重要贡献。

绿水青山展抱负

2005年，从林学专业毕业的于士涛，来到了他心生向往的塞罕坝机械林场。这位出生于平原地区的"80后"小伙儿，被老一代造林人坚守深山几十年如一日、爬冰卧雪植树造林的事迹所感动，克服了山地生活条件的艰苦，立志要在塞罕坝机械林场干出个样儿来。在塞罕坝机械林场工作近20年，于士涛不仅借助林学专业优势，领导团队开展了一系列科研项目研究，还积极利用塞罕坝独特的地理环境与生态资源优势，发展森林生态旅游、绿化苗木销售等第三产业，走出一条具有塞罕坝特色的多元化现代森林经营模式。虽然多次荣获省和市级技术标兵及劳动模范表彰，但于士涛总是谦虚地说："干林业的都默默无闻，也高调不起来。因为你做的事情，差不多40年以后才能看到结果。"越来越多的像于士涛一样的年轻人选择投身绿色产业之中，自称为"林三代"的"80后"林场工作者时辰说道："我爷爷那代人最让我钦佩的地方，就是他们屡败屡战，但从不放弃，反倒越挫越勇。正是这种'打不死'的劲头儿，才成就了今天这片林海。"三代林场人牢记使命，驰而不息，艰苦奋斗，久久为功，不仅将茫茫沙漠变成绿水青山，还把绿水青山变成了金山银山。

伴随着改革开放的不断深入，森林旅游逐渐成为塞罕坝机械林场二次创业的支柱产业，塞罕坝的生态旅游探索之路也越走越宽。为了实现森林资源保护与旅游资源开发的良性互动，塞罕坝国家森林公园于 1993 年 5 月正式成立。110 万亩的森林景观，20 万亩的草原景观，千万种动植物在此繁衍生息，作为世界上面积最大的人工林海和国家 AAAAA 级旅游区，塞罕坝成为备受国内外游客喜爱的文化旅游胜地，被人们盛赞为"河的源头、云的故乡、鸟的乐园、花的世界、林的海洋"。经过三代林场人的不懈奋斗，曾经水源丰沛、森林茂密、鸟兽繁集的"塞上江南"之景再度重现于塞罕坝。这座位于河北承德的 112 万亩林海，每年都为京津冀地区释放约 55 万吨氧气，供给约 1.37 亿立方米的清洁水，构筑了华北地区的"天然氧吧"和"自然空调"。除了显著的生态及社会效益，塞罕坝也创造了巨大的经济效益，成为周边群众脱贫致富的"绿色银行"，生动诠释了"保护生态环境就是保护生产力、改善生态环境就是发展生产力"。

岂曰无碑，山河为证；岂曰无声，林海为名。一代接着一代干，撸起袖子加油干。从一棵树苗到百万亩林海，塞罕坝的清泉绿柏，见证了三代林场建设者的跋涉不止、躬耕不息；从黄沙漫天到塞上江南，塞罕坝的绿水青山，见证了塞罕坝 58 载的沧桑巨变、焕然一新。如今，塞罕坝的森林覆盖率已从 11.4% 提高至 80%，造林 112 万亩，植树 4 亿多棵，按 1 米的株距排列，塞罕坝人种下的树可绕地球赤道 12 圈。他们用青春与汗水浇灌了脚下的土地，用智慧与勤劳种下了绿色的希望，用绿水与青山描绘出美丽的中国，向世界展现了中国正在创造的绿色文明奇迹。

生命的守护

"一切处于异乎寻常的寂静中。小鸟哪里去了？房屋后花园里的饲料盆始终空着。尚能瞥见的少量鸟儿也已濒临死亡：它们浑身直抖，不能再飞。那是个听不见声音的春天。"这是美国女作家蕾切尔·卡逊在 1962 年出版的一本著作《寂静的春天》中描述的一个情景。50 多年后的今天，蕾切尔·卡逊笔下的情景在很多的地方正在成为现实。

然而，也有一些平凡的人，在这个世界的某些角落里，正在做着伟大的事。为了保护野生动物，他们付出了无数的心血，为了对抗盗猎者，他们变得勇敢而坚强，不惜以命相搏，谱写了一曲守护野生动物的慷慨悲歌。

鹤有丹顶，人有丹心

"很多年，一直想去叫作扎龙的那个地方。只是因为那些白色的大鸟——丹顶鹤……"仙鹤姑娘徐秀娟的侄女徐卓，在中央广播电视总台《朗读者》节目中动情地讲述着《白色大鸟的故乡》，在场的许多观众湿润了眼眶。这一家三代人只做一件事：用生命守护美丽的丹顶鹤，在默默奉献中诠释了什么叫作"初心"。

丹顶鹤，高洁优雅，飘逸出尘，自古以来为世人所喜爱，被冠以"仙鹤"之名。它们曾经广泛分布在华夏大地上，与中华民族共发源，同繁衍，是最中国的鸟儿。但是，丹顶鹤是对湿地环境变化最为敏感的指示生物之一，由于人口的不断增长，丹顶鹤的栖息地不断遭到破坏，它们的数量急剧减少，全世界的丹顶鹤总数估计仅有 2200 只左右。尽管经过多年

保护，但丹顶鹤的数量回升仍旧缓慢，在世界范围内仍处于濒危甚至极度濒危状态。

徐秀娟，被誉为"中国第一位训鹤姑娘"，人们亲昵地叫她娟子。1964年，她出生在齐齐哈尔市的一个养鹤世家。父亲是扎龙保护区的鹤类保护工程师，母亲是在保护区待了10年的养鹤人。徐秀娟小时候就和弟弟一起帮着父母配食喂小鹤，久而久之，耳濡目染，姐弟俩也深深地爱上了丹顶鹤。

1981年，徐秀娟跟随父母来到保护区当起了临时工，主要任务就是养鹤、驯鹤。她到保护区工作没几天，就能准确地记住每只鹤的编号和出生年月，并很快掌握了饲养、放牧、繁殖、孵化、育雏的全套技术，她饲养的幼鹤成活率达到100%。

1985年3月，徐秀娟自费到东北林业大学野生动物系进修。在校期间，她省吃俭用，刻苦学习，用一年半的时间修完了全部功课，成绩优秀。

1986年5月，刚刚毕业回家的徐秀娟就接到了江苏省盐城自然保护区的工作邀请，为了热爱的事业，她不顾人地两生、别亲思乡的困难，踏上行程。

在去盐城的路上，徐秀娟除了必备的行李，就带了3枚鹤蛋，用她自己的话来说，这是带给盐城保护区的礼物。2000多公里的路程，在徐秀娟无微不至的呵护下，3枚鹤蛋完好无损地带到了盐城。徐秀娟从此开始了丹顶鹤在保护区的孵化，一天又一天，她想方设法……终于有一天，从1枚鹤蛋壳里面传出"笃"的一声。这一声，是一个新生命诞生的宣言；这一声，标志着一个奇迹的出现。丹顶鹤在低纬度越冬区孵化成功，这可是个世界级的难题呀！没有人知道，对那3枚鹤蛋，徐秀娟付出了怎样的心血。

在徐秀娟的日记里，写满了她对丹顶鹤的爱："我宁可把这一辈子的青春贡献给鹤场，我可以不要舒服，不要金钱，甚至命也不要了。"谁能想到，一语成谶。1987年9月15日，两只在水塘里嬉戏的白天鹅突然挣断绳子飞走了，心急如焚的徐秀娟连忙循声追去，虽然很快找回了一只，但剩下的一只，众人苦苦寻找了一天却依然没有找到。徐秀娟放心不下，第二天她又从早上一直寻找到傍晚5点多。当她刚回到宿舍时，又听到有人说，西边传来天鹅的叫声。徐秀娟不顾劳累，挽起裤管，试图从一条河里蹚过去寻找……后来，同事们在河里找到了徐秀娟的遗体。那一年，徐秀娟才23岁，她被追认为我国环保战线第一位烈士。

"走过那条小河，你可曾听说，有一位女孩她曾经来过；走过那道芦苇坡，你可曾听说，有一位女孩她留下一首歌……"徐秀娟的事迹被创作成歌曲《一个真实的故事》广为传唱，每当凄婉的旋律响起，听众都感慨万千。

徐秀娟牺牲之后，她的弟弟徐建峰继承了姐姐的事业。令人心痛的是，2014年，弟弟徐建峰同样为看护小鹤，竟然和他的姐姐一样倒在了沼泽地里，意外去世。为了保护挚爱的精灵，姐弟两人双双殉职。他们来过这世界，却并不曾离开，悠悠爱心，随鹤一起深情起舞……

没有什么能够阻止徐家人爱鹤护鹤的坚守与情怀。徐家第三代人——徐建峰的女儿徐卓，放弃学校保送读研究生的机会，毅然回到了扎龙自然保护区，继续守护丹顶鹤。

如今，黑龙江扎龙国家级自然保护区已是丹顶鹤生活的天堂。从1975年到2020年，跨越45年，扎龙的丹顶鹤数量从濒临灭绝的100多只，已经繁衍到现在的800多只。

可可西里，生命禁区里的守护之战

保护大自然并非只有浪漫的守望，有时也充满着以命相搏的风险。在海拔4768米，把1937千米青藏公路劈开的昆仑山口，矗立着一座也许是全世界海拔最高的雕像——"环保卫士"杰桑·索南达杰的纪念碑。27

年前，索南达杰壮烈牺牲在可可西里反盗猎第一线。后来人记住他，更多的是通过电影《可可西里》，他就是电影主人公日泰的原型。

可可西里是藏语，翻译过来有"青色的山梁""美丽的少女"之意，它有着很多的标签："世界第三极""无人区""生命的禁区"……

在可可西里，最广为人知的就是藏羚羊。走私藏羚羊的皮毛在欧美黑市常能高价交易，被称为"软黄金"，藏羚羊毛织成的一条"沙图什"披肩可从一枚小小的戒指中穿过，售价几千美金。20世纪八九十年代，一些不法分子为牟取暴利，不断进行偷猎藏羚羊的罪恶活动，短短几年，藏羚羊从100万只迅速锐减到了不足1万只……这个古老的物种面临着灭绝的危险。

"这个地方必须要死人，是盗猎分子死，还是我死！""如果需要死人，就让我死在前面！"1992年，时任青海省玉树藏族自治州治多县县委副书记的杰桑·索南达杰，面对盗猎分子的猖獗活动，放出这样的狠话。

1994年1月18日，40岁的索南达杰和4名队员在可可西里抓获了20名盗猎者，缴获了7辆汽车和1800多张藏羚羊皮。在押解盗猎者的途中，索南达杰他们又遭到了盗猎者同伙的袭击，18名持枪歹徒集中火力疯狂地向索南达杰射击，然后四散而逃。当保护区支援队伍赶到时，索南达杰已经流尽了最后一滴血，被可可西里-40℃的冰天雪地塑成一尊冰雕。

索南达杰之死牵动着所有人的心。1995年，国家环保局和林业部联合追授索南达杰"环保卫士"称号，他成为获此殊荣的第一人。1997年，国务院批准成立"可可西里国家级自然保护区"。为了纪念索南达杰，可可西里保护区的第一个保护站便以他的名字命名。2017年7月，可可西里保护区在联合国教科文组织第41届世界遗产委员会大会上被列入《世界遗产名录》。藏羚羊有了一片宁静的生存净土。如今，可可西里的藏羚羊数量已经恢复到了7万多只。

索南达杰化作一座不朽的丰碑巍然屹立，他用生命守护可可西里的精神感召着世人。他的大儿子索南仁青，成为一名森林公安民警，继承了父亲的环保事业。全国各地每年都有很多环保志愿者到可可西里保护站工作，共同护佑着天地之间的万千生灵。

致敬！最亲爱的"生命卫士"

我国幅员辽阔，地形地貌复杂，气候多样，是世界上野生动物种类最丰富的国家之一。中国自 1981 年加入《濒危野生动植物种国际贸易公约》（CITES）以来，认真履行国际义务，采取了一系列比《濒危野生动植物种国际贸易公约》更加严格的措施。为拯救濒危野生动物，我国专项实施大熊猫、朱鹮、扬子鳄等 7 大物种在内的拯救工程。

拯救工程开展以来，建立了大熊猫保护区，建立了陕西朱鹮保护观察站，建立了扬子鳄自然保护区，还有坡鹿、野马、麋鹿等等，成就令世人瞩目。这是无数野生动物保护者们的默默劳动和无私奉献。事实上，大多数野生动物保护者的劳动都是平凡甚至枯燥的，对观察到的现象反复记录，等待动物出现，等待雨雪停止，有时候等待很久也并没有结果。远离尘世的浮华，要耐得住寂寞，要经受得住艰苦环境的考验，甚至还要面对不知何时而来的生命危险。但是，每一名长期从事野生动物保护的工作者，依靠坚定的信仰、内心的执着，以及对于自然的热爱，心有迷茫却不曾绝望，心有恐慌却不甘示弱，心有疲惫却未曾退缩。作为"生命卫士"，他们平凡而伟大的劳动值得我们去赞美和致敬。

"万物各得其和以生，各得其养以成。"一部中华文明史，是一段人与自然和谐共处的悠然岁月。中华民族历来尊重自然，保护人类共有的家园。在现代工业文明发达的今天，我们更要努力建设生态文明，不负大自然的恩馈，通过我们的守护，让美丽的鹤飞翔，让可爱的大熊猫健康成长，让子孙能看到世界万物的丰富与精彩。

小喇叭开始广播啦

1950 年 5 月 28 日，北京市第一届"文代会"在劳动人民文化宫召开。根据大会代表资格要求参与大会的，一是从事文学艺术工作并有一定成绩的人；二是在文学艺术活动或创作上有贡献的人；三是北京市文学艺术机构的主要负责人；四是在本市的文学艺术专家或与本市文学艺术工作有联系的人。梅兰芳、程砚秋、尚小云、赵树理、俞平伯、欧阳予倩、老舍、齐白石、戴爱莲……许多文艺界的知名人士都出席了大会。

他们当中，有一位 50 岁上下的中年人，胸前佩戴着代表证，上面的编号是 100 号。他是谁？他为什么能够出席第一届"文代会"呢？

他叫孙敬修，当时是北京市汇文第一小学的老师，课余时间在广播电台为儿童讲故事。在大会发言中，他说道："我是从事儿童教育工作的，我现在代表小娃娃、小朋友，向诸位说两句请求的话。请诸位同志们，在为成人写作以外，抽出一些时间来，专为儿童写些东西，会后叫小朋友们能看到专门为他们创作的电影、戏剧、音乐、歌舞、美术和更多的儿童读物。因为有诸位的照顾，才能使儿童们得到更多的教育，更多的幸福！"

在此后的岁月里，他身体力行，一直为小朋友们写故事、讲故事。据统计，孙敬修一生讲了上万个故事，有自己创作的，也有广泛借鉴古今中外的优秀民间故事并结合儿童的心理特点进行再创作的。他用自己的声音塑造了一个个栩栩如生的人物形象，更借助故事把真善美的道理传达给听众小朋友，成为了陪伴几代人成长的"故事爷爷"。

用爱引导成长

　　"故事爷爷"讲故事的生涯是如何开始的呢？这，还要从他的青少年时代说起。

　　孙敬修 1901 年出生于北京的一个贫苦家庭。少年时代的孙敬修刻苦读书，除了背诵大量古典诗词外，还阅读了《红楼梦》《西游记》《三国演义》《水浒传》等许多文学名著。他还喜欢评书、相声、大鼓等民间说唱艺术。在此后写故事、讲故事的过程中，他从中吸取了不少情节，充实所讲故事的内涵，同时也借鉴这些艺术形式，丰富自己的表现手法。

　　1921 年，20 岁的孙敬修从京兆师范毕业，成了一名小学教师。后来，他开始在汇文第一小学任教，教国文、算术、自然、历史、地理、美术和音乐，还担任过年级主任、教导主任、代理校长等职务。虽然教师的收入微薄，但孙敬修非常投入地工作，他爱孩子，爱教育事业，希望用爱来引导孩子们成长。

　　孙敬修讲的第一个故事，是给住校生讲的。一天晚上，他偶然在学生宿舍看到孩子们在吵闹，便给他们讲了《一地鸡毛》的故事，大家就全部被吸引住了。刚开始只是因为同情住校生们周末不能回家，才萌发了给大家讲故事的想法，而这"同情"和"爱"也成了他讲故事的起点。应孩子们的要求，每周六晚上在礼堂讲故事成了孙敬修的"必讲课"。此后的日子里，不管怎么忙，他始终信守承诺，风雨无阻。20 世纪 50 年代就读于汇文第一小学的学生们还记得，学校里的美术和音乐老师孙敬修，每周六晚上都会放弃自己的休息时间，与校园里的学生一起度过，给大家讲故事。他在用故事为学生们创造了一个温暖的精神家园的同时，并开始深入思考如何用讲故事的方式对孩子们进行教育。

　　1932 年的一天，汇文第一小学接到北平市教育局发来的通知——北平广播电台邀请汇文第一小学的同学们到电台去做节目。由于孩子们的节目时长不够，带队教师孙敬修只好临场应变讲了一个《狼来了》的故事。没想到，《狼来了》开始了他在广播电台为孩子们讲故事的生涯。

1951 年春，有一天，中央人民广播电台两位工作人员来到汇文第一小学，邀请孙敬修到电台继续给孩子们讲故事。于是，他在 50 岁那年进入了新成立的中央人民广播电台，作为特约播音员播出儿童节目《小喇叭》——"小朋友，小喇叭开始广播啦！嗒嘀嗒、嗒嘀嗒、嗒嘀嗒——嗒——嗒——"，《小喇叭》节目的旋律和动听的故事，成为了很多人的童年回忆。

用心追求艺术

在讲故事的几十年时光里，孙敬修收获了数不清的"粉丝"。西班牙记者莫拉雷斯说"孙敬修先生是世界受崇拜的人中，崇拜者人数最多的人"，还有人称他为"东方安徒生"。

很多人都能讲故事，为什么孙敬修的故事这么吸引人？他的故事究竟好在哪呢？好就好在他用心去讲，用心的背后是他对听众小朋友的挚爱。

孙敬修常常琢磨怎样才能把故事讲得生动有趣，他不断地学习、了解儿童的心理和语言，并把这些运用到讲故事的过程中。

比如，孙敬修讲《红军的故事》，其中有"干粮袋""爬山越岭"等词，孩子们可能不太理解。他就从孩子们的生活经验入手，用类比的方法讲起——孩子们只知道装饭的东西叫饭盒，可红军那时没有饭盒，吃的装在一个用布缝的袋子里，里面装上炒熟的米、面或豆子，背在身上非常方便，这个袋子就叫"干粮袋"。"爬山越岭"非常形象地说明了红军走山路的情形，山路陡了就用手抓着石头、草根或者树枝往上爬，所以叫"爬山"；"越"就是翻过，"岭"就是山尖，从山这边到山那边叫"越岭"。一座山一座山翻越前进，体现了红军叔叔顽强拼搏、自强不息的革命精神。

孙敬修还善于根据儿童的心理特征，采用夸张的手法，以取得更好的

艺术效果。比如用"扑啦扑啦"来形容大雪的声势，也许有人会说，"扑啦扑啦"是形容声音的，用它来形容下雪这样无声的场景好像并不贴切。但如果再仔细琢磨一下，会觉得很妙。与其说是象声，不如说是象形——鹅毛大雪漫天飞舞。"扑啦扑啦"既能够形容雪势之大，又把雪花下落的情景形象地表现出来，有声有色。

孙敬修常常总结讲故事的经验，把自己多年钻研思考的心得娓娓道来。他说，要把故事讲好，首先要认真分析故事。如果讲故事的人对自己所讲的内容不熟悉，只是照着书本念出来，干巴巴的语言，没有丰富的词汇和语调，根本无法引起孩子们的兴趣。在分析的基础上，要针对不同的故事类型——神话故事、童话故事、革命烈士故事、科学故事等，设计不同的讲述结构，安排好故事叙述的节奏，抑扬顿挫、跌宕起伏，以此吸引小听众。而后，要熟记故事。熟记，就要熟记故事的情节脉络，熟记故事中的人物及他们的对话，熟记故事中的重要词句。除此之外，还要把经过分析后设计的重音、停顿，故事中众多人物的表情、动作、音色、节奏等熟记下来。必要时，还要多试讲。找来几个小听众，通过观察他们听故事时的表情和神态，看看是否有注意力不集中或是眼神迷茫的情况，就可以判断出故事讲得是否有趣。讲故事时要给孩子们留下一个良好的第一印象，要有一个好的"亮相"，就需要讲故事的人做到仪容端庄、态度大方、和蔼可亲……

这样的一些文字，今天读来依然让人感觉细致入微、充满温度，一位亲切慈祥的"故事爷爷"跃然纸上。

用生命点亮光明

1978 年，年近八旬的"故事爷爷"回到了阔别多年的中央人民广播电台，继续为孩子们讲故事。晚年的他似乎更忙碌了，除了给孩子们讲故事，他还要到一些院校讲授儿童心理学和教育方法，无私地跟大家分享自己的经验。他总是希望有更多的人能够给孩子们讲故事，讲好故事，因为他心里装着对孩子们的爱，对儿童教育事业的爱。他说："我只要一看见孩子们的笑脸，精神就上来啦。我爱孩子，孩子也爱我。我虽然80多岁了，是个蜡烛头了，但我还要燃烧，有一分热发一分光。我的座右铭是：甘为春蚕吐丝尽，愿做红烛照人寰。"

孙敬修把对国家、对孩子、对教育的爱融会在一个个故事当中，用绘声绘色的语言、生动活泼的讲述，潜移默化地教育和影响着一代又一代的孩子们，在他们幼小的心灵中播撒下爱国、正直、善良的种子。

1990年3月5日，"故事爷爷"永远地离开了孩子们。在万安公墓，一座墓碑上雕刻着孙敬修生前为少年儿童拟就的一段话——亲爱的小朋友、少年朋友们！你们好！我祝福你们，愿你们都能珍惜时间，努力学习，使身体好、心灵美、知识丰富，学有专长，不受坏思想的污染，不受坏人的引诱，健康成长，早日成才！为祖国、为人民多做有益的事，成为受人民敬爱之人。

时至今日，依然经常有人去为北京市少年宫文体楼前的孙敬修塑像戴上红领巾，其中既有现在的小朋友，也有曾经的小朋友——那些由"小喇叭"陪伴着长大的人们。大家都会想起孙敬修，想起他真诚、深厚、炽热的爱，想起永远不老的"故事爷爷"。